(1998)
L6
gen
15/8

FORAGES
EN EAU PROFONDE

Les secrets de l'affaire Elf

DU MÊME AUTEUR

Airy Routier :

LA RÉPUBLIQUE DES LOUPS, Calmann-Lévy, 1989. Prix du meilleur livre financier ; prix de la Vie catholique.

Valérie Lecasble et Airy Routier :

LE FLAMBEUR, *la vraie vie de Bernard Tapie*, Grasset, 1994.

VALÉRIE
LECASBLE *et* AIRY
ROUTIER

FORAGES
EN EAU PROFONDE

Les secrets de l'affaire Elf

BERNARD GRASSET
PARIS

A Philippe

A Imelda

« Il n'y a pas de vérités, il n'y a que des histoires »

JIM HARRISON.

Prologue

Au théâtre

La puissance et la gloire. Et la suffisance, par surcroît. Tel le Grand Mamamouchi, en haut des marches de l'escalier d'honneur, le président de la société nationale des pétroles Elf-Aquitaine accueille ses 700 invités, chefs d'Etat étrangers, ambassadeurs, ministres, patrons en vue, artistes de renom. Le théâtre des Champs-Elysées brille de toutes ses lumières. Au programme, *Les Capulet et les Montaigu*, un opéra de Gaetano Donizetti. Mais aussi caviar, champagne et célébrités. Cette fête du Tout-Paris, l'une des plus belles de cette année 1990, Elf l'a offerte pour célébrer la création de l'Association pour la participation et le développement qui deviendra, deux ans plus tard, la Fondation Elf, lorsqu'elle aura reçu son agrément d'utilité publique, avec le soutien de François Mitterrand.

Ce soir-là, chacun est venu pour voir et être vu. Pourtant, certains ont décliné l'invitation tandis que d'autres ricanent sous cape, en particulier parmi les cent vingt dirigeants d'Elf conviés. Car flotte sur cette soirée hors norme un délicieux parfum de scandale. Le maître de cérémonie n'a jamais été vraiment admis dans le cénacle des grands patrons français. L'establishment des affaires ne supporte pas ce barbu de quarante-sept ans, tonitruant et prétentieux. Il ne se déplace plus qu'en R25 blindée avec gyrophare, protégé par cinq gardes du corps, qui interdisent sa rue à la circulation quand il s'apprête à sortir de chez lui le matin ! Dès que le président doit se rendre à l'étranger, il emprunte le Falcon 900 qu'il a fait acheter à Elf : aucun autre groupe français ne possède alors cet avion d'affaires long courrier de 100 millions de francs... Les gens bien n'admettent pas que François Mitterrand ait confié la plus grande entreprise française – la plus riche aussi – à cet homme jugé vulgaire, qui ne respecte aucune convenance, qui n'appartient à aucun grand corps de l'Etat et ne sort même pas de l'ENA, ni de Polytechnique. De plus, de méchantes rumeurs courent sur son compte. On affirme que, lors de son départ forcé de Rhône-Poulenc, en 1986, il a employé tous les moyens pour se faire verser une rente par son successeur. On le décrit comme un parvenu cupide, magouilleur et sans scrupules, courant après les jetons de présence dans les conseils d'administration. On dit qu'il est corrompu et qu'il mange à tous les râteliers.

De ces ragots, Loïk Le Floch-Prigent n'a cure : il se croit l'un des maîtres du monde. Il méprise ouvertement la valetaille. Ce cynique brise tout ce qui peut lui faire obstacle. Il est le Roi-Soleil et agit selon son bon plaisir. Or, depuis un an, Loïk Le Floch-Prigent est amoureux. Il vit avec Fatima, une petite brune de trente-cinq ans, visage d'ange et physique passe-partout, qui se fait appeler, en toute occasion, « Madame la présidente ». Les anecdotes les plus incroyables courent sur elle du haut en bas de la tour Elf, qui domine le quartier de La Défense, à l'ouest de Paris. Un jour, Fatima aurait débarqué des cadres du Falcon 900 en leur disant qu'elle « voulait voyager seule avec le président »; une autre fois, elle aurait fait couper un arbre centenaire pour agrandir la piscine de la maison d'hôtes d'Elf à Brazzaville et exigé qu'on y installe des paons, comme chez Pascal Lissouba, le chef d'Etat congolais du moment; certains cadres d'Elf, membres du golf très huppé de Saint-Nom-la-Bretèche, l'ont même entendue insulter devant eux Le Floch, parce qu'il avait commis le sacrilège de l'emmener dans un endroit où elle croisait des sous-fifres. Et le patron, s'étonnaient-ils, n'avait pas bronché.

Quelle est la part de vérité, de fantasme, de mesquinerie, dans tous ces racontars? Personne, à l'époque, ne sait vraiment, au fond, ce qu'il en est. Pourtant, ce soir-là, au théâtre des Champs-

Elysées, beaucoup craignent le pire. Car cette fois, il ne s'agit plus de rumeurs : Loïk Le Floch-Prigent a osé. Il a bel et bien installé Fatima à la tête de la future Fondation Elf, à laquelle il a souverainement attribué – en dépit de l'opposition de son état-major – une dotation initiale de 50 millions de francs.

A la tête de ce budget colossal, supérieur au chiffre d'affaires de 80 % des entreprises françaises, sans le moindre garde-fou, l'inconscient a imposé sa femme ! Sa femme ? Loïk a épousé Fatima quelques semaines plus tôt, en dépit de l'opposition ouverte de sa mère, une Bretonne en granit, catholique pratiquante et péremptoire qui l'avait vertement rabroué. L'antiracisme du président d'Elf ne peut être pris en défaut. Les réticences culturelles de sa mère à voir un Le Floch (le page en breton) épouser une Fatima Belaïd étaient plutôt de nature à le pousser à passer à l'acte. Il avait été marié quinze ans. Puis il s'était amusé quelque temps, avec Maurice Bidermann chez sa sœur Régine, reine de la nuit. Maurice, qui a fait entrer Loïk à son conseil d'administration est, en retour, administrateur de la Fondation Elf.

Depuis plus d'un an, le président d'Elf vivait une passion amoureuse. Le statu quo lui convenait mais ni Fatima, ni les dirigeants d'Elf ne l'admettaient. C'est ainsi qu'André Tarallo, le n° 2 du groupe, RPR pur jus, issu de la même promotion de l'ENA que Jacques Chirac, un Corse proche de Charles Pasqua qui avait la haute main sur les réseaux africains, l'avait lui-même mis en garde à plusieurs reprises :

— Loïk, vous devriez vous marier. En France, nous avons les idées larges, mais dans de nombreux pays, votre situation n'est pas comprise, surtout avec quelqu'un comme Fatima. Tout ceci pose des problèmes de protocole et peut nuire à la compagnie. Pourquoi ne vous mariez-vous pas ? Cela ne vous coûterait rien et ce serait beaucoup plus simple pour tout le monde...

Son plus proche collaborateur, son ami Alfred Sirven, lui avait prodigué les mêmes conseils. Cet homme de l'ombre, attiré par l'argent, sera d'ailleurs le témoin de son mariage. Le Floch l'avait fait entrer à Elf, à la demande de Roland Dumas, ministre des affaires étrangères et compagnon depuis cinquante ans de François Mitterrand, pour faire pièce à Tarallo et verser des commissions sur les contrats décrochés dans les nouveaux pays de conquête – notamment l'ex-URSS et les pays de l'Est, Allemagne comprise.

C'est ainsi que Fatima Belaïd, née à Bordeaux d'un modeste maçon algérien et d'une Allemande, est devenue Mme Le Floch-Prigent, sur l'insistance de deux des plus influents dirigeants d'Elf. Enfin présidente, pour de vrai ! En haut du grand escalier, dans une robe noire de Givenchy, aux côtés de son Falstaff de mari, c'est Fatima qui reçoit le Tout-Paris, avec son sourire désarmant derrière ses grandes lunettes incongrues, son allure un peu gauche, mais aussi sa façon bien à elle de donner à penser qu'elle n'a jamais attendu que vous. Elle tend une main blanche et fine, que chacun baise respectueusement. Y compris ses plus féroces détracteurs ! Elle est la reine de cette soirée inoubliable. Radieuse. Comme transportée.

PREMIÈRE PARTIE

1

A la Santé

Sans un mot, le gardien a refermé la lourde porte avec un claquement sec. Loïk Le Floch-Prigent reste debout, hébété, son baluchon au sol. Dans ses doigts souillés d'encre, il tient la pomme, la miche de pain et l'œuf dur qu'on vient de lui donner. Assommé de stress. Poisseux de transpiration. Son cauchemar dépasse tout ce qu'il avait imaginé, dans ses pires moments d'angoisse. Le Tout-Paris, celui qu'il avait réuni six ans plus tôt au théâtre des Champs-Elysées, se délectait depuis plusieurs semaines de « l'inévitable incarcération du président de la SNCF ». Et le voilà, à 2 h 30 du matin, ce 5 juillet 1996, entre quatre murs de la prison de la Santé, jeté dans un cul-de-basse-fosse. En France, les cellules d'admission sont les pires. Personne ne les nettoie jamais, ni les gardiens, ni les détenus : ils n'y font que passer. Le Floch découvre le lit à deux étages, avec des matelas défoncés, pleins de taches suspectes. Un autre, plus récent, a été posé à même le sol. Les cafards grouillent. L'odeur est pestilentielle. Le lavabo est gris de crasse, la cuvette des toilettes noire de merde séchée. Bien entendu, il n'y a pas de papier.

Le président de la SNCF est anéanti. L'après-midi, dans le bureau d'Eva Joly, le juge d'instruction qui a pris la décision de l'incarcérer, il était encore un homme de pouvoir se battant contre une femme de pouvoir. Et puis, à 1 h 40 du matin, tout a basculé. Dans les sous-sols du Palais de Justice, les gendarmes lui ont enlevé sa ceinture et ses lacets, comme dans les films. Rapide fouille avant d'entrer dans un fourgon, direction la Santé. Passage au sous-sol, pour la photo anthropométrique. Retour à l'accueil. On prend ses empreintes digitales – tous les doigts de la main droite, l'index de la main gauche.

— Avec quoi vais-je m'essuyer les mains ?

— Il n'y a rien de prévu, vous vous nettoierez tout à l'heure. Suivez-nous à la fouille.

Le président de la SNCF se déshabille sur un treillis de bois, devant quatre gardiens. Arrive une jeune femme ensommeillée. C'est l'interne de service, appelé pour la visite médicale réglementaire. Il est nu comme un ver. Elle l'observe :

— Comment avez-vous pu vous mettre dans cet état ?

De la tête aux pieds, le prévenu est couvert de rougeurs et de plaques sanguinolentes.

— J'ai du psoriasis. Je suis soigné pour cela depuis trente-cinq ans. Ça me démange. J'ai une grosse éruption déclenchée par le stress...

— C'est pas beau, il va falloir vous faire soigner, a résumé l'interne avant d'aller se recoucher.

Mais elle a fait un signe et, ce soir-là, le président de la SNCF échappera à la fouille complète d'admission.

Epuisé, affamé, malade d'angoisse, Le Floch n'a qu'une obsession : dormir. Il mange rapidement sa pomme, sa miche de pain et son œuf dur, sort les deux draps de son baluchon, cherche un oreiller, n'en trouve pas, fait son lit et se couche. Puis se relève, pour éteindre la lumière. Mais il n'y a pas d'interrupteur, ou plutôt il est à l'extérieur, à la disposition des gardiens, qui éteignent et allument, au rythme de leurs rondes, pour s'assurer que tout va bien, avec une vigilance particulière pour les nouveaux arrivants, surtout s'ils sont connus. Le matin, Loïk Le Floch-Prigent était à la tête d'une armée de 180 000 cheminots. Le soir, il n'a même plus le droit d'éteindre lui-même sa lumière. En quelques heures, il a tout encaissé, mais c'est ce détail qui, soudain, ouvre les yeux de l'ancien président de Rhône-Poulenc, d'Elf, de Gaz de France et aujourd'hui de la SNCF : il s'est fait piéger comme un rat.

Trois mois plus tôt, Anne-Marie Idrac, secrétaire d'Etat aux Transports d'Alain Juppé, l'avait convié à assister à un « Club de la presse » d'Europe 1 dont elle était l'invitée. Interrogée sur le cas Le Floch, elle avait été claire : « Etre mis en examen, c'est être présumé innocent ; ne pas être mis en examen, c'est être doublement présumé innocent. » Sur son matelas glaireux, le prisonnier tente de se persuader que la raison va prévaloir, que la chambre d'accusation va le remettre en liberté au plus vite, qu'il va retrouver son bureau de la rue Saint-Lazare pour achever la réforme qu'il a mise en route. Mais, au fond de lui, couché au ras du sol, frôlé par les cafards, Loïk Le Floch-Prigent sait bien qu'il est fini. On a tiré la chasse d'eau sur lui. Mais qui ? En dépit de son épuisement, il ne fermera pas l'œil cette nuit-là. Et revivra, minute par minute, le film d'horreur de cette journée d'enfer.

Toute la matinée, le 4 juillet, il a tourné chez lui comme un lion en cage. Depuis des mois, il attendait ce premier contact avec Eva Joly qui le traquait sans relâche, interrogeant un à un tous ses anciens subordonnés, ainsi que Maurice Bidermann, les mettant en examen, parfois en prison, sans l'avoir jamais lui-même entendu. Il est partagé entre la peur et l'envie de s'expliquer, de trouver avec cette juge une issue à une affaire qui n'a que trop duré. Persuadé qu'il saura faire valoir ses arguments pour convaincre cette femme réputée intelligente. Et trouver un terrain d'entente. A l'arrière de la Safrane qui conduit Loïk Le Floch et son avocat vers le Palais de Justice, où ils sont convoqués à 14 heures, Olivier Metzner tente, une dernière fois, de préparer son client au pire. Le Floch n'a pas touché au repas pourtant léger que lui avait préparé Marlène, sa troisième femme, rencontrée fin 1992, peu après sa rupture avec Fatima. Il a l'estomac noué à l'idée de sa mise en examen déjà annoncée par tous les journaux. Il est convaincu que le juge et le procureur ne le ménageront pas. Mais il n'arrive pas à imaginer qu'il ne sortira pas libre ce soir, avec une caution à payer et un contrôle judiciaire plus ou moins sévère :

— Comment Eva Joly pourrait-elle prendre la décision de me jeter en prison alors que je suis en phase finale d'une négociation pour mettre en place la réforme la plus audacieuse jamais engagée à la SNCF depuis sa création, avec l'accord tacite, fragile, et sans doute provisoire de la CGT ? Et que je suis soutenu par Jacques Chirac ?

Comme d'habitude, Loïk Le Floch-Prigent ne fait pas dans la dentelle. Son ego débordant l'a toujours conduit à se surestimer et à se croire irremplaçable...

— Vous savez, la justice a sa propre logique, qui n'est pas celle de l'Etat et encore moins la vôtre, risque Olivier Metzner.

En réalité, l'avocat ne croit pas, lui non plus, à l'incarcération. Mais il veut parer à toute éventualité.

— Certes, mais même si l'on s'en tient aux principes judiciaires de base, aux fondements de notre démocratie, Eva Joly ne peut pas m'envoyer en prison, alors que l'affaire est à l'instruction depuis un an et demi, que je n'ai jamais été mis en examen, que je n'ai jamais été entendu ni par la Commission des opérations de Bourse, ni par la Cour des comptes, ni par la justice et que je n'ai jamais eu accès à mon dossier !

— Méfiez-vous quand même. La loi, ça s'interprète, en fonction des rapports de forces. Les principes sont une chose, la réalité une autre. Vous êtes un symbole, surtout depuis que Chirac vous a nommé à la tête de la SNCF. Eva Joly a pris cela comme un affront personnel. Elle n'est pas la seule. Beaucoup de gens vous détestent et seraient heureux de vous voir dormir en prison.

Les grilles du Palais s'ouvrent devant la Safrane. Des photographes saisissent au vol l'arrivée du patron de la SNCF, visage sombre, en costume-cravate. Pas question pour lui de se placer en situation d'infériorité, face au juge, en se présentant en chemise polo et mocassins, comme on le conseille à tous ceux qui sont susceptibles d'être mis en garde à vue. Le PDG et son avocat se rendent d'un pas décidé à la galerie financière, sous les combles du Palais. Les deux hommes attendront un petit moment sur un banc de bois, avant d'être invités par Eva Joly à entrer dans le bureau 126, une petite pièce de 18 m^2 encombrée de dossiers. Après les formalités d'usage, le juge notifie d'emblée à Loïk Le Floch... 12 chefs de mise en examen pour abus de biens sociaux, abus de confiance, recel d'abus de biens sociaux, en tant que président d'Elf ; et pour présentation de comptes inexacts et publication d'informations fausses en tant qu'administrateur de Bidermann. Le Floch tente de l'interrompre :

— Madame, puis-je m'expliquer sur les différents points soulevés ?

— Bien sûr, mais auparavant, je dois vous dire que j'envisage de vous incarcérer. Comme la loi l'exige, un débat contradictoire va donc avoir lieu, entre M. le substitut et votre avocat...

« J'envisage de vous incarcérer » : Eva Joly a prononcé cette phrase d'une voie douce, avec son étrange accent scandinave. Le Floch sursaute :

— Mais nous n'avons pas eu connaissance du dossier !

— Me Metzner et vous allez le consulter ici même pendant tout l'après-midi et je propose que le débat contradictoire ait lieu à partir de 18 h 30. Mais si vous souhaitez faire des déclarations, nous les recevrons immédiatement.

Le ciel vient de tomber sur la tête de Loïk Le Floch-Prigent. Toutes les rumeurs étaient donc fondées. Se défendre, contre-attaquer tout de suite :

— Je voudrais faire une déclaration préliminaire.

— C'est votre droit. Allez-y.

Le Floch a encore toute sa morgue de grand patron intouchable. Malgré les mises en garde de son avocat, il n'a pas encore compris que devant Eva Joly, il n'était plus qu'un prévenu comme un autre. Pour lui, il y a forcément complot. Si elle l'accable à ce point, pense-t-il, c'est qu'elle n'a pas saisi toute la dimension du dossier ou bien qu'elle s'est laissé influencer par Philippe Jaffré, son successeur à la présidence d'Elf. « Il m'a fait suivre pendant plusieurs mois par un policier privé, Martin Bauer », indique Le Floch à la juge, avant de partir dans une grande diatribe, où il se décrit comme un « militant des droits de l'homme, particulièrement républicain » et assure à Eva Joly : « Je trouve absolument odieuse la rumeur qui a été colportée visant à faire croire que je vous surveillais. Je n'ai jamais fait surveiller personne. » Il rapporte des propos tenus par le préfet Jean-Paul Davin, un ancien du cabinet d'Edouard Balladur qui s'est mis au service de Philippe Jaffré, propos selon lesquels Eva Joly aurait confié à l'actuel patron d'Elf qu'elle allait « faire écrouer

Le Floch ». Cette mise en cause rend Eva Joly furieuse : elle signifie que Le Floch cherche d'emblée à se mesurer à elle, à la disqualifier. Qu'il la traite, non comme un juge impartial, mais comme une adversaire, alliée à son successeur pour le faire tomber, dans un strict rapport de pouvoir. Inadmissible !

Le Floch s'enfonce un peu plus. Il affirme qu'il est « présent 24 heures sur 24 à la SNCF » où il n'a « ni jour ni nuit » et, toujours modeste, précise même : « J'ai arrêté les grèves de décembre et j'ai réussi à remettre au travail les cheminots. » Il explique à la juge que le PDG d'Elf « ne peut pas suivre les modalités d'exécution de l'ensemble des décisions qui sont prises par ses 4 000 filiales ». Le Floch assure enfin qu'il ne souhaite pas s'expliquer sur le fond d'un dossier dont il n'a pas eu connaissance, mais précise : « Je suis étonné de l'importance que l'on attache à l'investissement d'Elf dans le groupe Bidermann qui, après tout, ne représentait que 17 % du total des investissements dans cette entreprise. Où sont les représentants de la BNP, du Crédit Lyonnais, d'Axa et des AGF ? »

Loïk Le Floch a terminé. Il lui reste trois heures pour prendre connaissance, avec son avocat, d'un dossier de plusieurs milliers de pages, qui les attend dans une pièce voisine, plus vaste, où les juges de la galerie financière organisent les confrontations. Cette mise en examen tardive, suivie d'une consultation à la va-vite d'un énorme dossier, dont seuls les éléments à charge ont été largement publiés dans la presse, en préalable à une incarcération souhaitée, sera vigoureusement dénoncée par les avocats. Elle illustre l'évolution de certains magistrats, trop longtemps bafoués et qui privilégient le souci d'efficacité sur le code de procédure pénale et les droits de la défense. Sans provoquer jusque-là de réactions – en dehors d'un cercle très étroit de hauts dirigeants – tant la volonté populaire d'en finir avec la corruption et la protection des élites paraît devoir l'emporter sur toute autre considération, y compris le respect des libertés individuelles. On ne fait pas d'omelettes sans casser des œufs : telle est la règle qui semble désormais s'imposer au Palais de Justice.

Mais cet après-midi de cauchemar va réserver encore des surprises. Au cours d'une interruption, Loïk Le Floch croise le substitut du procureur dans le couloir. Il tente de plaider sa cause :

— M. le substitut, il faut que vous sachiez que la réforme de la SNCF est très avancée et qu'un conseil d'administration décisif doit avoir lieu le 11 juillet, pour la rendre irréversible. Puisque vous souhaitez m'incarcérer, je pense que ce serait mieux, dans l'intérêt du pays, de le faire la semaine prochaine, à partir du 12...

— On ne peut pas prendre cela en considération, rétorque François Franchi.

— Mais pourquoi ?

La réponse du substitut cingle :

— Parce qu'il faut que vous compreniez une fois pour toutes que la Justice passe avant la République.

Voilà qui a le mérite d'être clair. Et de bien mettre en perspective ce qui se passera tout au long de l'année suivante lorsque les plus hauts intérêts de la France seront mis en péril...

Le débat contradictoire commence à 18 h 40 par le réquisitoire de François Franchi. Le substitut évoque « l'ampleur de ce dossier », qui « se révèle exemplaire (...) par l'attention particulière portée à son développement par la presse et les milieux politiques ». Le cadre est fixé. François Franchi doit justifier la détention provisoire par deux éléments. Comme toujours, la protection de l'ordre public, cette notion fourre-tout, est mise en avant. « On voit rarement des montants de l'importance de ce dossier, affirme-t-il. L'investissement dans Bidermann effectué par le mis en examen n'obéissait pas à une logique économique. L'ordre public est en cause car nous ne sommes pas en présence d'un chef d'entreprise ayant investi sur fonds personnels. » Affirmant que Le Floch « a utilisé l'argent des Français », Franchi s'aventure dans le subjectif : « On peut aussi penser que le gestionnaire d'une entreprise à capital public est plus tenu à une véritable vérification sur le fond, à plus de sérieux sur l'action, qu'un autre dirigeant[1]. » Franchi poursuit en affirmant que Le Floch « s'est évertué à court-circuiter les structures propres d'Elf

---

1. Il s'agit là d'une opinion morale et politique largement répandue mais sans aucun fondement juridique : la loi ne fait pas de différence, en matière pénale, en fonction du caractère privé ou public des entreprises.

au profit d'une équipe d'hommes venant avec lui et dont certains l'ont suivi à la SNCF : Sirven, Fa, Le Blanc-Bellevaux[1] ».

Le substitut aborde alors le deuxième élément qui justifie, à ses yeux, la détention : « Un climat délétère de déstabilisation règne dans ce dossier, des rumeurs persistantes ont cherché à mettre en cause votre honorabilité ou votre moralité, explique-t-il à Eva Joly. Ce climat n'est pas favorable à une sérénité qui sied à la justice. Des éléments de pression sont rapportés par plusieurs témoins (...). Actuellement, il y a manifestement en détention une personne qui assume des responsabilités qui vont au-delà de sa compétence[2]. Il y a des individus en fuite et il y a des témoins réticents qui ne se trouvent pas sur le territoire national... »

Etrange argument, puisque Le Floch, lui au moins, n'est pas parti à l'étranger, comme il en avait caressé l'idée, fin 1995, quelques jours avant sa nomination par Jacques Chirac à la présidence de la SNCF. Il est venu de son plein gré à la convocation de la juge. Mais Le Floch n'a pas tout vu : « Je ne pense pas que, malgré l'adresse imprécise du mis en examen, il présente des garanties suffisantes de représentation en justice », affirme, devant lui, le procureur. Mais si le président de la SNCF n'offre pas de garanties suffisantes pour la justice, qui peut y prétendre ? François Franchi, qui sera nommé quelques mois plus tard dans une autre section, se découvrira dans sa conclusion : « De même qu'un chef d'entreprise se sert de toutes ses armes pour défendre son entreprise, il n'est pas anormal que le juge d'instruction se serve du pouvoir qui lui a été donné par le Parlement pour faire avancer son enquête dans la clarté et la sérénité. » Finie l'hypocrisie : Le Floch ira en prison afin qu'il craque et qu'il avoue. C'est là le cœur de la tradition judiciaire française, issue de l'Ancien Régime, bien décrite par Patrick Devedjian[3]. L'aveu ne remplace pas seulement la preuve, c'est le préalable à la

---

1. C'est une erreur factuelle. Ni Alfred Sirven, ni Hubert Le Blanc-Bellevaux n'ont suivi Le Floch à la SNCF. Hubert Le Blanc-Bellevaux, simple intervenant extérieur du temps de Le Floch, deviendra même salarié d'Elf, sous son successeur Philippe Jaffré.

2. Il s'agit de Jean-François Pagès, ancien responsable des activités immobilières d'Elf.

3. *Le Temps des juges*, Flammarion.

contrition, donc au pardon ! Et la détention est encore le meilleur moyen de l'obtenir, de faire parler les suspects, comme l'avait reconnu le procureur Eric de Montgolfier[1], tombeur de Tapie dans l'affaire de la corruption du match OM-VA et qui n'hésitait pas, lui non plus, à employer cette méthode, y compris en incarcérant Christophe Robert, un des joueurs de Valenciennes achetés, et en menaçant de réserver le même sort à sa femme Marie-Christine, pour qu'il implique Tapie.

Olivier Metzner parle à son tour. Cet avocat célèbre est surtout réputé pour sa façon de débusquer les nullités de procédure. Or, il a constaté qu'une partie du dossier était restée à la brigade financière :

— La loi n'est pas respectée car je n'ai pas eu accès à l'ensemble des pièces.

Mais cette approche strictement juridique, efficace avec les petits délinquants ou avec les truands, c'est-à-dire avec la justice ordinaire, se révélera inopérante dans ce dossier politique, sur fond de bras de fer entre le pouvoir et les juges. Franchi balaie l'argument :

— Il n'est pas utile, à 20 h 20, de faire revenir l'ensemble des scellés de la brigade financière, où ils sont conservés pour les nécessités de l'enquête.

Olivier Metzner reprend la parole, sans illusions, évoque un « réquisitoire très politicien », dit que Le Floch a été « présenté comme coupable », déplore que la publication d'extraits des procès-verbaux dans *Le Monde* « paraisse normale au parquet qui n'a pas engagé de poursuites », puis interpelle directement le juge :

— Vous instruisez ces faits depuis août 1994. M. Le Floch est placé dans l'impossibilité matérielle de s'expliquer (...) sur un dossier dont il ne connaît pas le contenu. Aujourd'hui, devant vous, il dispose de moins d'éléments que certains journalistes !

Après avoir affirmé que la procédure suivie « est contraire aux principes français et européens », Olivier Metzner va s'efforcer de contester les principales accusations d'un dossier complexe

---

1. Au « Club de la presse » de Nancy, le 28 octobre 1993.

qu'il n'a pu que survoler. Il justifie rapidement chaque investissement contesté et rappelle que lorsque Le Floch a pris la présidence d'Elf, sa valeur boursière était de 52 milliards de francs et qu'au moment où il en a été chassé, elle était de 112 milliards. « L'accusation prétend que mon client a détourné les fonds publics, mais loin d'avoir dilapidé l'argent des Français, il a valorisé leur patrimoine. » Les pressions et les menaces ? Olivier Metzner relève que personne ne dit, dans le dossier, que Le Floch a fait pression sur quiconque. Le trouble à l'ordre public ? Rappelant son rôle pacificateur à la tête de la SNCF au sortir d'une grève très dure, l'avocat affirme que c'est au contraire son client qui en est le garant. Puis il conclut : « Je suis frappé de la facilité avec laquelle on peut demander des mesures aussi graves qui peuvent mettre un terme à une carrière brillante. »

La juge interrompt la séance. Eva Joly souffle le chaud et le froid. Elle fait monter des sandwichs, s'isole dans son bureau, répond au téléphone. Loïk Le Floch espère encore qu'une intervention politique à haut niveau va ramener le substitut et la juge à la raison et le sortir de ce pétrin. L'atmosphère se détend un peu. Pas pour longtemps. A 21 h 50, Le Floch parle à son tour. Il est sonné et tente, maladroitement, d'inverser le cours des choses en évoquant François Mitterrand, qui lui a accordé sa confiance, et Jacques Chirac, qui lui a demandé de prendre la présidence de la SNCF tout en sachant qu'il risquait d'être mis en examen. Exactement le genre d'argument qu'il ne fallait pas employer. Face à ses juges, il parle comme depuis une autre planète : « J'espérais avoir la possibilité, pour la première fois, de m'expliquer sur les faits qui me sont reprochés, avec une disponibilité suffisante... car les cheminots partent en vacances la semaine prochaine et reviennent fin août. Je ne peux imaginer la décision envisagée autrement que comme une présanction, plus à l'égard des cheminots que de moi-même (...). Si vous me placez en détention provisoire, vous m'empêchez d'accomplir mon devoir. » Sa ligne de défense est dérisoire : ce n'est pas lui, mais la SNCF qu'on assassine...

Le Floch peut bien dire ce qu'il veut, les dés sont jetés. Alors que tous les journaux attendent le verdict — le président de la

SNCF ira-t-il ou non en prison ? – un communiqué est publié à la hâte par le parquet. Celui-ci annonce... qu'il a requis l'incarcération de Loïk Le Floch. C'est sans précédent. L'objectif de ce communiqué est double : empêcher une intervention tardive – et écrite – du procureur général qui obligerait François Franchi à réviser sa position puisque pour un procureur, chacun le sait, « la parole est libre mais la plume est serve » ; mais il s'agit aussi de faire un pied de nez au garde des Sceaux qui n'a pas osé adresser de réquisitions écrites. Par ce communiqué, les juges du parquet, qui cherchent à conquérir, eux aussi, leur indépendance, entendent marquer leur terrain vis-à-vis de Jacques Toubon, du gouvernement et aussi du chef de l'Etat.

Après une nouvelle interruption de séance, pendant laquelle Eva Joly passe plusieurs coups de téléphone, elle rend enfin son ordonnance. Celle-ci ne laisse pas la moindre place au doute : « Le mis en examen (...) a abusé de la position qui était la sienne de PDG, de 1989 à 1993, de la première société industrielle française, disposant d'une trésorerie abondante et discrète à travers la centralisation de la trésorerie des filiales financières du groupe en Suisse et à travers la trésorerie des filiales africaines, pour poursuivre un but d'enrichissement personnel de sa famille et de ses amis. » Le Floch, poursuit Eva Joly, « s'est servi de réseaux qu'il n'a pas tous créés et qui, entre les mains d'hommes animés par le sens de l'intérêt de l'entreprise publique, à la limite et dans certaines conditions, pouvaient rendre des services » au groupe pétrolier. « Mais ces mêmes structures, animées par des personnes poursuivant d'autres buts que l'intérêt social, sont également des outils de détournements organisés. » Ce texte est un sophisme d'anthologie : les circuits financiers parallèles d'Elf sont admissibles s'ils sont contrôlés par des hommes honnêtes. Mais Loïk Le Floch est malhonnête. Donc ces circuits ne sont plus admissibles et le délit est constitué. Cette argumentation étrange traduit surtout toute la difficulté de l'instruction, qui navigue encore entre les contraintes liées à la raison d'Etat et la volonté de punir le dévoiement de ceux qui s'abritent derrière elle pour organiser de la corruption à leur profit – à très grande échelle. Eva Joly est alors convaincue que Le Floch, pour lui-même et pour l'entourage de François Mitterrand, a fait déraper un système qui était défendable... lorsqu'il était contrôlé par les obligés du RPR au nom de la raison d'Etat et des intérêts de la France. Un peu plus tôt, alors que Le Floch s'étonnait devant Eva Joly qu'elle fasse deux poids deux mesures, en l'accablant et en exonérant notamment André Tarallo, patron d'Elf-Gabon, filiale d'Elf et de l'Etat gabonais, qui a directement participé aux financements contestés de Bidermann et dont on apprendra un peu plus tard qu'il menait un train de vie de maharadjah, celle-ci lui avait d'ailleurs rétorqué, d'un air courroucé :

— Quand je pense que vous m'avez obligée à mettre en examen ce pauvre M. Tarallo !

C'est fini : Le Floch est anéanti. Son ordonnance rendue, Eva Joly ne lui adressera plus la parole. Il lui présente, par l'intermédiaire de son avocat, deux ultimes requêtes : être incarcéré à la prison de la Santé – à Paris – et être dispensé des menottes. Déjà, le président n'est plus lui-même. Ravalant sa superbe, il n'a pas réclamé son droit : selon le code pénal, le port des menottes est expressément réservé aux individus dangereux [1]. Il a plutôt cherché à amadouer la juge en mettant en avant... sa maladie de peau. Lui qui n'a jamais fait son service militaire a compris la règle de base de la vie de caserne : profil bas. Eva Joly apprécie, en connaisseuse, le changement de ton. Elle lui donnera d'ailleurs satisfaction sur les deux points et les incidents qui auront lieu par la suite, s'agissant du port des menottes, proviendront d'une mauvaise transmission de ses consignes...

Tout a été parfaitement bouclé, à commencer par Le Floch, mais il n'empêche que le visage offert par la justice, cet après-midi du 4 juillet, ne fait pas l'unanimité au Palais. Certains juges enverront même des signaux discrets. Un magistrat de la brigade

---

1. Ce principe rarement respecté a pourtant été, une nouvelle fois, fermement rappelé dans une circulaire du garde des Sceaux Pierre Méhaignerie, datée du 9 mars 1994 : « Je rappelle que seules doivent être soumises au port des menottes les personnes considérées comme dangereuses pour autrui et pour elles-même ou susceptibles de prendre la fuite, conformément aux dispostions de l'article 803 du code de procédure pénale. » Précision ajoutée par Pierre Méhaignerie : « Seule la réalité des risques justifie le port des menottes. »

financière, il est vrai hostile à Eva Joly, estimera utile de faire sortir les procès-verbaux, tant il était choqué par cette incarcération de longue date programmée par le juge et le substitut, en limitant au maximum les droits de la défense. Plus tard, la commission Truche, chargée par Jacques Chirac de réfléchir aux réformes indispensables de la justice, renouvellera une proposition déjà ancienne et jamais retenue, faute de moyens financiers mais surtout en raison de l'obstruction des magistrats instructeurs : que la mise en détention soit décidée par trois juges, réunis dans un collège auquel ne participerait pas le juge d'instruction. Une proposition de réforme que reprendra à son tour Elisabeth Guigou, garde des Sceaux du gouvernement Jospin, en instaurant un « juge des libertés » seul compétent pour décider, ou non, l'incarcération.

Etendu sur son lit, en proie à de terribles démangeaisons, le prisonnier se remémore tout ce qu'il a vécu lorsqu'il présidait Elf, de 1989 à 1993, et qui lui vaut d'être enfermé aujourd'hui. Comment a-t-on pu en arriver là ? Depuis des mois, il sentait bien que le piège se refermait sur lui, même s'il avait tenté de fuir la réalité en se focalisant sur sa mission à la SNCF. Les journaux annonçaient sa mise en examen imminente et dressaient le réquisitoire de ses turpitudes. N'apparaissait encore que l'écume. Pendant les quatre années de sa présidence, Elf avait multiplié le versement de commissions, pour des montants jusque-là inégalés, à des destinataires connus et inconnus, officiellement pour arracher plusieurs grands contrats pétroliers. Une partie de ces commissions était revenue en France, dans la poche d'hommes politiques en vue. Au fil des mois, certains circuits avaient été mis au jour. Notamment via la Sipar, filiale immobilière du groupe, qui avait surpayé des immeubles à Tokyo, Madrid et Lisbonne, entraînant des pertes évaluées à 550 millions de francs. Cette filiale avait également racheté pour 20 millions de francs la propriété, à Louveciennes, dans l'Ouest parisien, d'un certain docteur Raillard, compagnon de golf de François Mitterrand. Pour lui, Elf avait eu toutes les prévenances, lui permettant de rester dans les lieux, le dispensant de loyer et payant ses charges !

Mais c'est surtout l'affaire Bidermann, étalée dans la presse, qui vaut à Le Floch de coucher ce soir à la Santé. Le procureur l'accuse d'avoir, sous sa présidence et selon ses instructions, fait soutenir par Elf l'entreprise textile Bidermann en France et aux Etats-Unis. A travers différentes filiales, selon le réquisitoire, ce sont plus de 780 millions de francs qui auraient ainsi été investis dans ce groupe en perdition. Investis ? Engloutis, disent la Commission des opérations de Bourse (COB), la Cour des comptes, le procureur, le juge et les journaux, sans aucune exception. Plus grave : l'accusation reproche à Le Floch, qui était en même temps administrateur de Bidermann et président d'Elf, d'avoir reçu des avantages personnels de Maurice Bidermann. Parallèlement, des sociétés étrangères appartenant au roi du Sentier auraient versé 30 000 francs par mois à Fatima Belaïd, après sa séparation d'avec Loïk Le Floch, de 1992 à 1994. Elles auraient aussi acheté un appartement de 3 millions de francs à Londres, mis à sa disposition. Enfin, Maurice Bidermann aurait payé les voyages et la location d'une maison de vacances pour les époux Le Floch, aux Etats-Unis.

Depuis près d'un an qu'avaient progressivement filtré ces accusations, dans la presse, dans les dîners en ville, et dans les allées du pouvoir, Loïk Le Floch-Prigent avait eu le temps de peaufiner sa ligne de défense. Les commissions versées ? C'est, dit-il, une pratique habituelle dans les milieux pétroliers, en omettant bien entendu de préciser que, sous son règne, elles avaient explosé, leur montant étant passé de 300 millions de francs chaque année à 800 millions, si l'on s'en tient à celles qui ont été officiellement déclarées. Le financement des partis, des hommes politiques et des services secrets français ? Chacun, assure-t-il, s'en accommodait depuis la création d'Elf, en 1967, sous l'égide du général de Gaulle et de ses barbouzes. Les errances immobilières ? Elf, soutient-il, a été victime comme les autres du krach, particulièrement violent à Tokyo. Pour le reste, si des malversations ont été commises, rien ne prouve au dossier qu'il en ait été l'initiateur. Le Floch sait notamment que Jean-François Pagès, président de la Sipar et responsable des affaires immobilières d'Elf, malgré sa mise en examen et sa longue incarcération, ne s'est pas défaussé sur son ex-président. Les deux hommes ont dit, devant le juge, la même chose : le grand patron donnait des instructions d'ordre général que Pagès exécutait à sa guise.

Reste l'affaire Bidermann. Pour Le Floch, il n'y a pas de quoi fouetter un chat. Compagnie publique, Elf a toujours joué le rôle d'une banque d'investissement, attentive aux souhaits des politiques. Un ministère de l'Industrie à soi tout seul – avec une abondance de moyens financiers que la Rue de Grenelle n'avait pas : président de 1977 à 1983, Albin Chalandon disait volontiers que « le problème, chez Elf, n'est pas de gagner de l'argent mais de le dépenser ». Pour sauver l'entreprise textile, au nom de la défense de l'emploi, Le Floch avait même obtenu le soutien de Dominique Strauss-Kahn, alors ministre de l'Industrie[1]. Celui-ci, plus tard, écrira même directement à Maurice Bidermann, en réponse à une de ses demandes : « Un montage financier est à l'étude en liaison avec des investisseurs institutionnels français, dont le Crédit National, et le ministre du Budget, M. Sapin, a été saisi afin de dégager une solution. » Les contreparties en faveur de Fatima ? Sa justification vaut ce qu'elle vaut : Le Floch voulait une séparation rapide et sans histoires et son ami Bidermann s'était proposé pour négocier un arrangement. En la calmant et en puisant dans la cagnotte de 100 000 dollars que Le Floch s'était constituée aux Etats-Unis, entre 1986 et 1989, alors qu'il conseillait le président de la compagnie pétrolière américaine Occidental Petroleum (Oxy). Cet argent placé à l'étranger ne rapportait, selon lui, pas assez. Sur les conseils de Maurice Bidermann, dont les comptes américains étaient mieux rémunérés, Le Floch avait placé son argent dans une des sociétés de portefeuille améri-

---

1. Dans une lettre datée du 12 mars 1992, adressée à Loïk Le Floch, PDG d'Elf, Dominique Strauss-Kahn écrit : « Je vois avantage à ce que votre groupe – par l'intermédiaire de la Safrep ou d'une société de gestion de portefeuille – maintienne à cette occasion [une augmentation de capital] le niveau de sa participation dans Bidermann SA. » Le 25 mars suivant, Le Floch répond à son ministre de tutelle en forçant un peu le trait : « Cette recapitalisation [de Bidermann] me paraît, comme à vous, indispensable (...). C'est la raison pour laquelle nous sommes prêts aujourd'hui – allant ainsi dans le sens de votre vœu de voir renforcées la position et l'audience internationale de ce groupe – à envisager une participation substantielle... » Plus tard, la publication de ce courrier gênera DSK, qui en minimisera le sens.

caines de son ami et l'avait confié au même gestionnaire de fortune que lui.

Bonne nature, désireux d'aider les amis en se mêlant volontiers de ce qui ne le regarde pas, Maurice avait tenté à plusieurs reprises de raccommoder Loïk et Fatima, en les emmenant aux Etats-Unis. Toujours grand seigneur, il aurait tenu à payer les billets d'avion et la location de la maison. Président de la première entreprise française, disposant d'un Falcon 900 et de toute une logistique, Le Floch ne s'était pas posé trop de questions sur ces facilités, habitué qu'il était à mener grand train, sans s'occuper des détails subalternes. C'étaient les années quatre-vingt...

Le Floch enrage : qu'a-t-il fait de si différent des autres présidents d'Elf ou des grandes entreprises protégées par le secret-défense ? Il sait qu'il a dépensé sans compter mais il a la conviction d'avoir agi d'abord comme un capitaine d'industrie, au service de l'entreprise dont il avait la charge, de l'Etat et de François Mitterrand, qui l'avait nommé. Il sait qu'il a rendu des services au chef de l'Etat et à son entourage. Il se doute qu'une partie des commissions était destinée à certains proches du Président. Comment peut-on lui faire porter ce chapeau, trop grand pour lui ? Il sait qu'il a versé des commissions pharaoniques et connaît un certain nombre de destinataires finaux, souvent les chefs d'Etat eux-mêmes, en Afrique mais aussi en Europe. Il sait qu'une partie de ces commissions est revenue en France – les spécialistes parlent alors de « rétrocommissions » – pour financer des partis politiques mais aussi pour enrichir des corrompus. Lui faudra-t-il livrer au juge les secrets d'Etat qu'il détient, alors que la presse est informée, au jour le jour, de ce qui apparaît dans le dossier d'instruction ? Parlera-t-il de la raffinerie de Leuna, en ex-Allemagne de l'Est et du financement de la campagne électorale d'Helmut Kohl ? Pas question. Il va falloir tenir, protéger les intérêts supérieurs de l'Etat contre une justice qui, à ses yeux, s'égare. Et surtout ne rien avouer. En aura-t-il le courage et la force ? Pendant combien de temps ?

2

Au Gagne-Petit

Le jour commence à poindre et Loïk Le Floch n'a toujours pas trouvé le sommeil. Peu à peu, dans ses pensées, Eva Joly et François Franchi ont cédé la place à Marlène, sa femme, et à Vincent et Fanny, ses enfants. Mais surtout à Gabrielle, sa mère. A la rage et la fureur succède un sentiment irrépressible de honte. Celle d'avoir été mis en prison, ne serait-ce qu'une nuit et quelle qu'en soit la raison. Comment ses proches le supporteront-ils ? Rien ne les avait préparés à subir une telle épreuve. Et rien ne prédisposait non plus cet enfant unique et choyé à se retrouver un jour entre quatre murs. Né à Brest, le 21 septembre 1943, entre deux bombardements américains, il est issu d'une famille où l'on exerce de nobles métiers. Un grand-oncle, Mgr Dubourg, a été cardinal-archevêque de Rennes. Un de ses oncles est curé, un autre juge d'instruction à Paris, comme Eva Joly. Son père, Gérard Le Floch-Prigent, externe des hôpitaux de Paris, est pédiatre à Guingamp. C'est un homme sévère, taciturne et économe. L'hiver, ce médecin à l'ancienne reçoit en pardessus, car la pièce qui lui sert de cabinet est glaciale ! Heureusement, sa femme Gabrielle, qui assure son secrétariat, rhabille à la cuisine les enfants bronchiteux qu'elle réchauffe parfois avec un bol de chocolat. Gabrielle Julienne est une fille de commerçants qui possèdent un grand magasin de confection, à l'enseigne du... Gagne-Petit. Situé juste en face de la basilique Notre-Dame du Bon Secours, le Gagne-Petit était jadis une entreprise florissante qui, depuis Guingamp, envoyait dans toute la région ses représentants de commerce, en voiture à cheval. Le magasin est toujours là, ainsi que la vaste maison familiale, avec les restes des remparts de la ville au milieu du jardin, qui témoignent de l'opulence passée. Loïc – son prénom s'écrit alors avec un « c » – n'a ni frères ni sœurs. Gabrielle n'a jamais pu avoir d'autres enfants, alors que chez les Julienne, comme chez les Le Floch, on en a rarement moins de six et parfois plus de dix. Loïc est adoré : c'est un enfant pieux, sage et docile, réservé mais volontaire, qui travaille bien à l'école. « Je me rendais compte de la chance que j'avais », dit sa mère. Elle a gardé sa chambre telle qu'il l'avait laissée, encore pleine aujourd'hui d'albums de Tintin, de Spirou, de Buck Danny, de maquettes de bateaux, de crucifix et d'images pieuses. Le jeudi, Loïc va à l'œuvre de Saint-Vincent-de-Paul, avec son copain Pierre Le Picard, le fils du chirurgien. « Pour les pauvres », ils mettent dans des sacs en papier le lait en poudre que les Américains fournissent en bidons de 50 litres. Après quoi les bonnes sœurs, avec leurs immenses cornettes, passent aux enfants des films de Charlot. « Les bobines cassaient tout le temps, se souvient Pierre Le Picard. Pendant que l'une tentait de réparer, une autre nous faisait prier Jésus pour que ça marche ! »

Chez les frères, à Saint-Léonard, Loïc est premier de sa classe. Mais plusieurs fois, il se fait taper avec une règle sur les doigts parce qu'on l'a surpris en train de répliquer en ce qui semble être du breton à des camarades de classe d'origine plus modeste. Or, l'usage du breton est à l'époque strictement interdit. Quand il quitte Saint-Léonard, couvert de prix, pour rejoindre, en sixième, l'Institution Notre-Dame, le proviseur lui souhaite bonne chance :

— C'est bien, Le Floch, mais oublie le breton !

— Vous savez, je ne parle pas breton...

— Pourquoi ne me l'as-tu pas dit ?

— Vous êtes le proviseur, c'était à vous de le savoir...

La réplique est sortie toute seule. Car si Loïc a du caractère, il est toujours sage et fort respectueux de l'autorité. A Notre-Dame, il est encore le premier de sa classe. Avec Pierre Le Picard, ils continuent d'aller à Saint-Vincent-de-Paul, mais c'est désormais pour distribuer aux pauvres de la paroisse des biscuits, du sucre et du café. « On allait dans la périphérie, dans des baraquements préfabriqués où vivaient des vieux, se rappelle Pierre Le Picard. On essayait de bavarder mais la plupart, bretonnants, ne comprenaient pas le français. Ils vivaient dans la crasse et le dénuement extrême. Je me souviens en particulier de l'un d'entre eux. On lui nettoyait son bol de café quand on passait, une fois par semaine ! » La bonne action terminée, les enfants se retrouvaient chez les Le Floch, rue du Général-de-Gaulle, où Gabrielle leur avait préparé des crêpes. Bien sûr, tous sont scouts et Le Floch est chef de patrouille.

Parce qu'il n'y a qu'un enfant, la famille est à l'aise. Loïc est l'un des rares de sa classe a avoir une collection de petites voitures Dinky Toys. Les parents possèdent une maison de pêcheur à Trébeurden. L'été, les Le Floch sillonnent l'Europe en 403. En août 1957, Pierre Le Picard part ainsi avec eux, jusqu'à Naples. « Il y avait deux tentes, on faisait parfois du camping sauvage, on se lavait à l'eau glacée, on allait chasser les papillons, on cherchait des bouts de poteries romaines dans les champs. » Beaucoup plus rare, à l'époque, pour des Bretons : chaque année, les Le Floch et les Le Picard partent une semaine avec leurs enfants, à la montagne, d'abord à Morion, ensuite à Courchevel. Il faut dire que le pédiatre et le chirurgien ont tous les deux fait leurs études de médecine à Paris ce qui, dans l'univers guigampais de l'époque, suffisait à vous mettre en marge de la société...

Gabrielle Le Floch va à la basilique plus souvent qu'à son tour mais ce n'est pas une femme bégueule. Au contraire, règne dans cette famille une liberté de ton inhabituelle. Un jour, sur fond de rivalités de clochers entre villes bretonnes, Pierre se moque de Loïc, natif de Brest :

— Toi, tu es né dans le pot de chambre de la France.

Gabrielle l'interrompt, faisant mine d'être furieuse :

— Pierre, tu n'as pas honte de parler de moi comme ça !

Interloqué, Pierre Le Picard devient rouge pivoine...

La famille Le Floch n'aime pas le général de Gaulle, qu'elle juge « un peu trop grande gueule ». On pense et on vote « modéré », parfois au MRP, parfois chez les indépendants. Mais Loïc se démarque de ces jeunes bourgeois qui se contentent de soutenir les œuvres missionnaires et de stocker le papier d'argent des tablettes de chocolat pour « aider les colonies ». Il est nettement plus à droite. A l'Institution Notre-Dame, tout le monde est pour l'Algérie française, mais lui l'est plus que les autres. En mai 1958, pendant les événements d'Alger, il noircit ses cahiers de slogans favorables à l'action des généraux. C'est là un engagement affectif, sans aucune base politique.

Loïc passe son premier bac à quinze ans, avec l'option A' (latin, grec et maths), la plus difficile. Pour tout le monde, il est clair qu'il entrera à Polytechnique. Sa facilité pour les études commence d'ailleurs à énerver ses copains. Il boucle en une heure ce que les autres font en trois, dispose d'une capacité de concentration exceptionnelle qu'il exerce notamment au bridge, où il se révèle très tôt un excellent joueur. Mais sa tendance à la mégalomanie commence à poindre. Il en rajoute, laisse entendre qu'il sait tout faire, prend parfois de haut les petits camarades. Certains rigolent. Il sait tout faire ? Tout sauf draguer. Alors que les autres vont en surboum écouter « Only You » des Platters en tentant d'embrasser les filles et parfois de passer des mains sous leurs robes-sacs, Loïc affecte de préférer les maths, les maquettes de bateau et le bridge. Est-il complexé par sa corpulence, son aspect pataud et les vilaines plaques rouges qui commencent à lui manger le visage ? Est-ce pour cela qu'en pleine puberté, il se met à se caricaturer ? Il accentue son côté bourru et se glisse peu à peu dans un étrange personnage de paysan breton folklorique : il porte des vestes en velours côtelé et des sabots, des vrais *bottou coat* (souliers de bois, en breton). Et s'amuse à prendre tout le monde à contre-pied avec sa personnalité contradictoire : aussi intelligent, malin et orgueilleux en dedans que balourd au-dehors !

En juin 1960, se produit un événement majeur dont ni lui ni ses parents ne mesurent les conséquences. Après une année de math élém. brillante, à seize ans, Loïc Le Floch est reçu à son bac. Mais sans mention. Ce détail fera basculer sa vie. Car faute

de mention – alors qu'il a été le premier de sa classe de la mater-
nelle à la terminale ! – il ne peut pas intégrer Sainte-Geneviève, à
Versailles, où les jésuites vous préparent aux grandes écoles
d'ingénieurs. En France, chacun admet que toute une vie se joue
ainsi, sur un coup de dés. Plus question de Polytechnique ni de la
voie royale des grands corps de l'Etat. L'ENA, d'ailleurs, on n'en
parle même pas. Comme beaucoup de provinciaux, à l'époque,
les parents Le Floch connaissent à peine l'existence de cette
école. Et, pensent-ils, Loïc doit devenir ingénieur, pour épouser
son temps. Sans être polytechnicien ? La différence n'est pas si
grande, croit-on alors dans cette famille de médecin. S'ils avaient
su ! Loïc ira passer l'été à Trébeurden, avant d'aller faire sa taupe
au lycée Hoche, à Versailles, sous le regard sévère de l'oncle
Raymond, celui qui est juge d'instruction à Paris et habite Viro-
flay.

A Guingamp, soudain, la maison est vide. Gabrielle Le Floch
bêche son jardin en retenant ses larmes. C'est une femme d'une
autre époque qui n'a jamais mis de bas de sa vie et n'a été qu'une
seule fois chez le coiffeur, lorsqu'elle a vu qu'elle avait des cheveux blancs : juste pour apprendre à les teindre elle-même ! Une
femme dévote et hyperactive, du genre à tricoter des pulls pour
les petits Maliens, qui ne pense qu'à faire le bien autour d'elle,
parfois avec un peu trop d'insistance. D'ailleurs, la maison ne va
pas rester vide bien longtemps : Gabrielle Le Floch accueille le
petit frère de Pierre Le Picard, Olivier, qu'elle élèvera comme
son second fils, sous le regard éberlué de ses parents naturels.

A Versailles, Loïc Le Floch, lui aussi, est toujours habité par la
religion, le souci de bien faire et d'aider son prochain pour acheter son salut. Curieusement, loin de Guingamp, il accentue encore son caractère breton. C'est un genre qu'il se donne. Il porte
toujours ses bottou coat, totalement incongrus dans l'Ouest parisien. Il exerce néanmoins une forme d'ascendant sur ses camarades grâce à son sens de l'organisation et à son absence totale de
complexes – du moins en apparence. C'est lui, par exemple, qui
va organiser le bal de la Taupe. Politiquement, il vire de plus en
plus à droite, à la limite de l'activisme, avec des mots parfois
violents à l'égard des communistes comme des francs-maçons. Il

n'est encore qu'un adolescent, mais il profère déjà des paroles outrancières et provocatrices, sa façon à lui de se faire remarquer, de sortir du lot. Tandis que son meilleur copain, Didier de Vulpillières, issu d'une famille de militaires, avait des sympathies affichées pour l'Algérie française. La police débarquera un jour dans leurs chambres d'étudiants pour une perquisition. La première et, croit-il, la dernière...

Mais Le Floch – qui sera exempté du service militaire en raison de son psoriasis – n'a pas l'esprit guerrier. Sa démarche serait même inverse. Il soutient le faible et l'opprimé. Dès qu'il peut, il va à Orly, avec sa Citroën Ami 6, pour s'occuper des cohortes d'Algériens qui débarquent, complètement paumés. Il y a des pieds-noirs, mais aussi des musulmans. Un jour, il appelle Guingamp :

— Maman, j'ai recueilli cinq enfants perdus.

— Ils sont tout seuls ?

— Non, ils ont une mère.

— Eh bien, comme ça ils seront six. Envoie-les-moi !

Ils étaient kabyles. Le père avait été harki. Ils sont restés à Guingamp plusieurs mois, sous la coupe de Gabrielle qui s'est activement occupée de leur réinsertion. Intégration réussie. Beaucoup plus tard, l'aîné des Kaïr donnera à son fils un prénom bien peu musulman : Loïc.

En 1967, Loïc Le Floch entre à l'Ecole nationale supérieure d'hydraulique et de mécanique de Grenoble (ENSHMG), qui fait partie du groupe Institut national polytechnique de Grenoble. Polytechnique ? Pendant plusieurs années, il jouera de cette parenté sémantique, avant d'assumer la modestie relative de ses études et finalement d'en tirer gloire. Au bord de l'Isère, il est toujours pieux, toujours altruiste, toujours original. C'est politiquement qu'il évolue. Par manque de personnalité, ou par adhésion au milieu qu'il fréquente ? Versaillais à Versailles, il vire à gauche dans le chaudron de Grenoble où est en lice, pour la conquête de la mairie, la figure de proue de la gauche pacifiste de l'époque, Pierre Mendès France. C'est dans l'air du temps. Et de Grenoble, qui est alors une ville en pointe, un centre de recherche et un pôle universitaire actif. Le creuset de mai 1968. Le Floch s'inscrit à l'Unef et participe à la campagne de Mendès France. Il se laisse pousser la barbe. Pas pour singer ces jeunes gens qui, pipe au bec, commencent à refaire le monde dans les arrière-salles enfumées : la mode, il s'en fiche. Ni même pour cacher ses rougeurs – il n'est pas plus coquet que sa mère –, mais parce que sa peau déjà abîmée ne supporte pas le feu du rasoir.

Au sortir de l'Ecole, en 1967, Loïc Le Floch décide... de devenir chercheur aux Etats-Unis où, lui a-t-on dit, ceux-ci disposent de moyens financiers et de considération. C'est en réalité un prétexte pour voir du pays. Il affirme s'être inscrit à l'université fort peu réputée du Missouri, où l'on ne trouve pas trace de son passage dans les registres. Mais au Salk Institute de San Diego, il est embauché comme assistant en biologie. Assistant de qui ? Coup de pouce du destin : de Jacques Monod, prix Nobel de médecine pour ses travaux sur la biologie cellulaire, obtenu en 1965 en compagnie de François Jacob et d'André Lwoff. Plus tard, en 1969, de retour en France, c'est grâce à une recommandation de Monod auprès de Pierre Aigrin, alors délégué général à la Direction de la recherche scientifique et technique (DGRST), qu'il entrera comme chargé de mission dans cet organisme public dépendant alternativement du ministère de l'Industrie ou de la Recherche. Il semble promis à une carrière de fonctionnaire sans histoires, mais aux perspectives limitées.

Loïc Le Floch ressemble alors à des milliers de jeunes cadres sans soucis, entrés facilement dans la vie active après mai 1968 et qui voient l'avenir en rose. Il avait viré à gauche, le voilà qui s'éloigne soudain de la religion, sous l'influence d'une jeune femme, connue à Grenoble, qui l'a rejoint aux Etats-Unis et qu'il épousera en octobre 1968. Elle s'appelle Jeanine Fournier. C'est avec elle qu'il aura ses deux enfants : Fanny naîtra en 1970 et Vincent en 1973. C'est grâce à elle que, plus tard, par une voie détournée, il entrera dans l'intimité de François Mitterrand. Jeanine Fournier, elle aussi, est fonctionnaire – au ministère de l'Environnement. Elle a des idées modernes, en tout cas vu de Guingamp : elle est baba cool et athée. Et, de plus, elle a du caractère, et ne s'en cache pas, même devant sa belle-mère ! Loïc

Le Floch a trente ans et prend de l'embonpoint. Il est alors une caricature, à la Claire Bretécher, du papa-poule post-soixante-huitard, qui s'occupe avec soin de ses enfants, partage équitablement les tâches ménagères et met un tablier pour faire la cuisine quand il reçoit ses copains dans son petit appartement du XVe arrondissement de Paris. Pour compléter le tableau, il a même sa carte du Parti socialiste, prise au lendemain du congrès d'Epinay, celui de la conquête du pouvoir par François Mitterrand. Au même moment que des milliers d'autres jeunes fonctionnaires barbus. A la veille de l'élection présidentielle de 1974 pour laquelle il fait campagne, sur le terrain, dans les préaux des écoles du XVe arrondissement, Loïc Le Floch-Prigent paraît se préparer une vie pépère et, en tout cas, protégée, bien loin des vertiges et des risques de la grande Histoire. Et bien loin de la prison de la Santé...

Soudain, vers 7 heures, un bruit de clés. C'est un Antillais qui pousse le chariot du petit déjeuner. Il y a un grand broc de café tiède. Le président de la SNCF n'aime pas le café. Depuis vingt ans, c'est thé de Chine et rien d'autre. Il se contentera donc de la miche de pain, avec sa portion de beurre sous emballage individuel. A 7 h 30, un gardien vient lui dire de réunir ses affaires pour son transfert dans sa cellule définitive, dans la troisième section, celle des détenus protégés, qui sont, pour la plupart, soit des personnalités connues, soit des policiers, soit... des gardiens de prison. C'est-à-dire ceux qui pourraient être l'objet d'agressions de la part du tout-venant des droit commun. A 8 heures, Il est dirigé, son baluchon sur l'épaule, vers la 3-214. La cellule est propre. Il y installe mécaniquement ses affaires, se passe la tête sous l'eau – froide – du lavabo. Et se couche sur le lit. Pour se reposer, peut-être enfin dormir.

Le même jour, en fin de matinée, sa secrétaire appelle le journaliste de Radio Monte-Carlo Philippe Reinhard. Venue d'Elf, Mlle Grandemange a été détachée à Gaz de France, puis à la SNCF, pour suivre son patron. Sa voix, nouée, s'efforce d'être neutre :

— Je vous appelle pour vous dire que votre déjeuner avec le président est annulé. M. Le Floch a un empêchement.

— Ah bon, fait mine de s'étonner le chroniqueur, alors que l'incarcération du patron de la SNCF, son ami, fait la une de tous les journaux. Mais que lui est-il arrivé ?

— Il est en détention, lâche la secrétaire avant d'éclater en sanglots.

— Je le sais bien, je voulais plaisanter, ne vous mettez pas dans cet état. C'est sans doute une erreur. La chambre d'accusation va rectifier le tir. Il sortira vite.

Philippe Reinhard était prêt à dire n'importe quoi pour arrêter ce torrent de larmes.

3

Jaffré jubile

Alors que Loïk Le Floch se morfond dans sa cellule et que sa secrétaire pleure au téléphone, c'est une tout autre ambiance qui règne au quarante-quatrième étage de la tour Elf, celui où est installé l'immense bureau d'angle, inondé de lumière, du président. Une ambiance de lendemain de match, lorsque la coupe tant attendue a enfin été décrochée. Le Floch enfermé à la Santé, à côté de Maurice Bidermann et du mercenaire Bob Denard, voilà qui comble d'aise Philippe Jaffré. Autour de lui, on exulte. Et si on ne sable pas le champagne, c'est parce que ce n'est pas l'heure. Mais le président d'Elf et son bras droit Geneviève Gomez sont satisfaits : l'emprisonnement de Loïk Le Floch couronne une stratégie qu'ils ont conduite ensemble depuis plus de deux ans, avec constance et méthode. Ni l'un ni l'autre ne mesurent la gêne d'un certain nombre de témoins, y compris parmi ceux qui étaient les plus sévères vis-à-vis du précédent président. Un homme haï par certains, contesté par d'autres, mais qui a néanmoins laissé une image forte et plutôt positive dans la compagnie. Ce dont Philippe Jaffré se rendra compte peu à peu, d'abord avec étonnement, puis avec colère : dans son univers particulier, Le Floch appartient à un monde inférieur au sien, qui ne peut rien produire de bon. Mais Jaffré réalise que ce sous-diplômé savait jouer auprès des salariés de la corde affective, les faire rêver, alors que lui est perçu comme sec et hautain. « Il est incapable d'aimer ou même de prendre autrui en considération, note un de ses amis : c'est pour cela qu'il a de la peine à entraîner spontanément les gens derrière lui. » Ses failles personnelles, ses difficultés à communiquer autrement que par l'agressivité ou la dérision, Jaffré les connaît mieux que personne. Il supporte mal la comparaison quand elle ne lui est pas favorable. Aussi n'aura-t-il de cesse de vouloir effacer dans la mémoire collective de l'entreprise le souvenir de son prédécesseur.

Le passage du relais, entre les deux hommes, avait été réduit au strict minimum. Sans agressivité déclarée, mais sans la moindre chaleur. En une petite heure, le 3 août 1993, l'ancien et le nouveau président font le tour des sujets chauds. Sur le vaste bureau, pas un seul document n'est visible. Quand Jaffré s'étonne que Le Floch ne lui transmette pas les papiers originaux concernant les dossiers les plus sensibles, celui-ci balaie le reproche d'un revers de main :

— Allons, je ne garde rien ici. Vous trouverez tout ce dont vous aurez besoin chez mes collaborateurs.

Philippe Jaffré est agacé. D'entrée de jeu, il considère que Loïk Le Floch-Prigent cherche à lui mettre des bâtons dans les roues, comme s'il répugnait à lui transmettre le témoin. En partie, cette incompréhension vient de leurs méthodes de travail, diamétralement opposées. Le Floch adopte volontiers une posture mitterrandienne : il définit la stratégie, les grandes orientations puis laisse à ses subordonnés le soin de les mettre en musique, tout en restant très attentif aux nominations, ainsi qu'à tout ce qui peut lui donner barre sur autrui. Jaffré, en revanche, s'occupe de tout, se méfie de tous, entre dans les moindres détails, vérifie l'exécution de ses décisions, ne laisse rien passer. Dans les ascenseurs, il est tout autant capable de compter fleurette à une hôtesse d'accueil que de prendre violemment à partie un employé qui ne porte pas correctement son badge d'identification...

Et surtout, il n'hésite jamais à donner des leçons. Trois mois auparavant, alors que la droite vient de gagner les élections législatives, Philippe Jaffré est placé à côté de Marlène Le Floch – la nouvelle épouse du président d'Elf – au cours d'un dîner organisé au Musée de la chasse et dont Michel Rocard est l'invité d'honneur. Jaffré est alors à la tête du Crédit Agricole, mais il sait déjà de la bouche du Premier ministre Edouard Balladur qu'il va être nommé à la tête d'Elf. Il attaque :

— Votre mari est fou, il fait beaucoup trop de voyages. Un patron doit rester à son bureau pour serrer les boulons. Sinon, tout fiche le camp...

Au cours du même dîner, Le Floch croise Jaffré en allant aux toilettes. Quelques semaines auparavant, il l'avait appelé à plusieurs reprises, mais l'autre avait refusé de le prendre au téléphone. De peur que les Caves de Roquefort ne soient reprises par un étranger, Le Floch voulait lui proposer de lui racheter cette marque prestigieuse que le directeur général du Crédit Agricole cherchait à céder. L'idée était de la rapprocher d'Entremont, un autre fromage dans lequel Elf, via sa filiale Sanofi, avait une participation. Dans l'escalier, Le Floch fait enfin sa proposition de vive voix :

— A prix égal, vendez donc les Caves de Roquefort à Sanofi plutôt qu'à un étranger...

— Il n'en est pas question. Ce n'est pas le rôle d'un groupe pétrolier d'investir son argent dans le fromage !

Jaffré parlait-il en futur président d'Elf ou exprimait-il là une opinion personnelle ? Voilà qui illustre, en tout cas, les deux visions antagonistes des affaires et du rôle des sociétés publiques qui, à travers les deux hommes, ne cesseront plus de s'affronter.

Sans, bien entendu, jamais parler des commissions et autres dessous de table, Le Floch et Jaffré vont donc évoquer de façon sommaire et formelle les principaux dossiers en cours : les rapports avec les différents chefs d'Etat africains, l'éventuelle dévaluation du franc CFA à laquelle Le Floch est opposé alors que Jaffré y est favorable, les investissements pétroliers à risque dans les Républiques du sud de l'ex-URSS ainsi qu'à Leuna, dans l'ex-Allemagne de l'Est, le rachat d'Ertoil, en Espagne, etc. Sont aussi abordés les investissements dans diverses sociétés non pétrolières. Le Floch est surpris : Jaffré l'interroge, de façon appuyée, sur la participation prise par Elf dans Bidermann. Un sujet qui semble avoir de l'importance pour le nouveau président, alors que l'ancien le présente comme subalterne par rapport aux investissements stratégiques de la compagnie pétrolière. Curiosité d'autant plus inattendue que Jaffré connaît bien ce sujet : parmi les établissements financiers qui ont apporté leur concours à Bidermann, entre

1990 et 1993, on trouve le Crédit Agricole à hauteur de 73 millions de francs. Alors qu'il était présidé par... Philippe Jaffré !

Autre abcès : Le Floch entend négocier certains aspects de sa situation personnelle, en dépit des réserves de Jaffré. Le sortant demande ainsi à son successeur de pouvoir rester administrateur de Banco Central. Jaffré accepte, sans comprendre la raison d'un tel intérêt pour cette banque espagnole, dans laquelle Elf avait lourdement investi. De toute façon, le nouveau président répugne à aborder ces questions d'argent, par éducation – y penser toujours, n'en parler jamais, telle est la règle dans le haut establishment des affaires – mais aussi parce qu'il a été mis devant le fait accompli. François Mitterrand ayant posé comme préalable au limogeage de Le Floch sa nomination à Gaz de France et son accord sur les conditions matérielles de son départ, un contrat en bonne et due forme avait été directement négocié avec le ministre de l'Industrie, Gérard Longuet. Le Floch devait ainsi conserver son salaire, son appartement, sa secrétaire et son chauffeur, comme c'était d'ailleurs la règle tacite pour tous les anciens présidents et directeurs généraux d'Elf. A l'inverse de Jaffré, Le Floch évoque crûment ces problèmes matériels. « Sans aucune gêne, il discutait les moindres détails, se souvient un membre du cabinet de Longuet. Le Floch a montré à cette occasion à quel point il pouvait être âpre au gain, alors qu'il ne s'agissait pas de grosses sommes. » Jaffré n'a aucune envie de s'attarder, même s'il ne lui déplaît pas de voir Le Floch se mettre, devant lui, en situation d'infériorité. Tout juste se montre-t-il étonné quand le prochain président de Gaz de France lui signale qu'il a commandé quelques semaines plus tôt des meubles de jardin avec la carte de crédit de l'entreprise dont il dispose, mais que ceux-ci n'ont pas encore été livrés :

— Que comptez-vous en faire ?

— C'est pour ma maison de l'Orne. Mais si vous le désirez, je réglerai la facture.

— Ce n'est pas un problème, évacue Jaffré, qui marque de plus en plus ses distances, agacé de perdre son temps avec ces contingences vulgaires.

Le nouveau président ne sait pas, à ce moment, que la facture des meubles de jardin s'élève à 80 000 francs et qu'elle sera débitée... le lendemain de la passation des pouvoirs. Plus tard, cette acquisition sera utilisée contre Le Floch, qui se défendra en affirmant qu'elle était justifiée par l'usage professionnel qu'il comptait faire de son petit château. Et en soulignant que Jaffré, au courant, lui avait donné son accord !

Jaffré ne sait pas non plus – il l'apprendra plus tard – que les jetons de présence que touche Le Floch comme administrateur du Banco Central Hispano sont de 1,2 million de francs par an ! Elf a investit 700 millions de francs pour une participation qui n'en vaut plus que 400, mais qui a rapporté 3,2 millions à son président[1] !

L'entretien terminé, Philippe Jaffré fait installer, en bonne place dans son immense bureau, une sculpture d'Igor Mitoraj, avec deux têtes, l'une vide, l'autre les yeux bandés, que les cadres du Crédit Agricole lui ont offerte pour son départ. « Sans doute un hommage à ma pensée pour la première et à mon action pour sa seconde », plaisante-t-il. Puis, il fait vider une vitrine pleine de chinoiseries que Le Floch a laissées pour poser à leur place la maquette du *Victory*, le vaisseau que commandait l'amiral Nelson à Trafalgar.

En ce mois d'août 1993, les sentiments de Jaffré vis-à-vis de son prédécesseur sont mitigés : avec ses gros sabots, sa prétention de parvenu et les relations étroites avec François Mitterrand dont il se prévaut, ce plouc représente tout ce qu'il exècre. Mais, en même temps, pour Jaffré, Le Floch ne mérite pas qu'on perde du temps à le détester : « Pour lui, il y a – en tout cas, il y avait – deux catégories de personnes, les inspecteurs des finances et tous les autres, assure un de ses amis les plus proches. Le Floch faisait simplement partie du magma de ceux qui n'appartiennent pas à l'élite de la nation et n'avait donc pas le moindre intérêt. » Méprisé comme homme, respecté comme patron ? Quelques jours

---

1. C'est *Libération* qui révélera les largesses de cette banque espagnole vis-à-vis de ses administrateurs. Loïk Le Floch n'est pas le seul à en avoir profité : il était accompagné par Jean Peyrelevade, à l'époque président de la compagnie d'assurances publique UAP et par Martin Bouygues, PDG du groupe familial. Patrons de groupes publics, Peyrelevade et Le Floch ont gardé l'argent pour eux mais affirment que Pierre Bérégovoy, alors ministre des Finances, leur en avait donné l'autorisation. Par la suite, Philippe Jaffré demandera à la banque de ne pas renouveler le mandat d'administrateur de Le Floch. Et fixera pour règle, pour lui et pour ses cadres, de reverser intégralement tous les jetons qu'ils reçoivent.

plus tard, Jaffré fera installer, dans le couloir qui mène à son bureau, les photos des quatre présidents d'Elf : Pierre Guillaumat, Albin Chalandon, Michel Pecqueur et... Loïk Le Floch-Prigent. « Pour que mon successeur y ajoute la mienne... Plus sérieusement, pour marquer la continuité », dit-il alors[1].

Mais très vite, le ton va changer. Dès le lendemain de sa nomination, Philippe Jaffré fait venir une jeune femme dynamique qu'il installe à ses côtés avec le titre de « directeur à la présidence ». Geneviève Gomez a carte blanche pour court-circuiter les baronnies du groupe : avec ce fameux rictus qui déforme parfois ses lèvres fines et ne présage rien de bon, le nouveau patron lui a fixé un objectif clair : « Vous mettrez de l'ordre dans la maison. » Le choix de Geneviève Gomez n'est pas innocent. Jaffré a toute confiance en cette amie de vingt ans, sœur d'Alain Gomez, alors patron de Thomson, lui aussi inspecteur des Finances : il l'a bien connue, jadis, alors qu'elle était la femme de Philippe Lagayette, ancien directeur général de la Caisse des dépôts et consignations et lui aussi, bien sûr... inspecteur des Finances ! Quand il était directeur général du Crédit Agricole, Philippe Jaffré avait déjà confié à Geneviève Gomez une mission de nettoyage des participations immobilières. Plus tard, responsable des activités immobilières de la banque Indosuez, elle avait pris sa part dans les investissements malheureux qui ont conduit la filiale du groupe Suez au bord du gouffre. On lui doit notamment l'achat désastreux, à la veille du krach, de l'immeuble des NMPP. Une opération qui s'est soldée par une lourde perte et par son départ, vite négocié. Pourtant, Philippe Jaffré a repris contact avec elle dès qu'il a su qu'il récupérerait la présidence d'Elf-Aquitaine. Un jour de juin, il lui a téléphoné :

— Geneviève, êtes-vous toujours disponible ?

— J'ai quelques trucs en cours et je pars bientôt en vacances, mais je suis libre.

— Parfait. Laissez-moi vos coordonnées de vacances et tenez-vous prête à rentrer à Paris.

Geneviève Gomez est une femme décidée. « Elle est *tough* », dira d'elle Jaffré en la présentant à ses cadres. Ce qui, en anglais, signifie « dure » et se prononce « teuf ». Mais les anglicismes à la

---

1. *Les Echos* du 20 janvier 1994.

Neuilly-Auteuil-Passy – en réalité Philippe Jaffré parle un anglais sommaire – passent mal dans cette entreprise nationaliste et franchouillarde qu'est Elf. On y affublera désormais la femme-lige du nouveau président du sobriquet de « Teuf-Teuf » alors que Jaffré, lui,est depuis longtemps surnommé Macintosh en raison de sa froideur, de son goût pour les chiffres et de son côté binaire. Teuf-Teuf va, sans traîner, donner de grands coups de pieds dans la fourmilière, en s'attaquant d'abord aux problèmes immobiliers, sa spécialité. Ce qu'elle découvre est effrayant. N'apparaît alors que la partie émergée des icebergs mais en quelques semaines, la religion de Philippe Jaffré et de Geneviève Gomez est faite : du haut en bas, Elf a été mise en coupe réglée.

Chauffés par un certain nombre de dirigeants mis sur la touche par l'équipe précédente, qui dénonceront ses turpitudes et en rajouteront parfois pour se faire bien voir, Teuf-Teuf et Macintosh se convaincront, à ce moment-là, que Le Floch est le principal, sinon le seul, initiateur de tous ces versements de commissions occultes et autres malversations qui ont conduit à détourner, au fil des ans, plusieurs milliards de la compagnie pétrolière. En tout cas le principal responsable. Dès lors, l'indifférence hautaine de Jaffré va se transformer en animosité. Il va s'attacher à démolir consciencieusement tout ce que son prédécesseur avait construit. Dans la plus grande discrétion, de nombreux responsables seront limogés les uns après les autres, à commencer par les hommes de la garde rapprochée de Le Floch que sont Alfred Sirven et Pierre Fa. Ainsi que deux cadres du Crédit Commercial de France venus chez Elf, à la demande de Le Floch... pour mettre de l'ordre dans le fouillis des participations. L'un d'entre eux, Charles-Henri Filippi, directeur du CCF, détaché à temps partiel chez Elf, avait pourtant tout pour séduire Jaffré qui, pendant des années, l'avait couvert d'éloges. Comme lui, il avait été major de l'ENA, inspecteur des Finances et ancien secrétaire général du Comité interministériel des restructurations industrielles (Ciri). Mais le patron d'Elf, justement, ne supporte pas que quelqu'un de sa caste se soit mis au service d'un Le Floch. C'est une tache sur le corps de l'Inspection des finances, qui suffit à transformer en paria son ancien poulain du Trésor : il a refusé de le rencontrer jusqu'au jour de son départ !

Partout où il met son nez, le tandem Philippe Jaffré-Geneviève Gomez dérange. C'est l'affolement dans les étages élevés. Des contre-feux sont allumés au plus vite. Quatorze dirigeants d'Elf, de façon anonyme, écrivent ainsi à Jacques Chirac, Charles Pasqua, Hubert Védrine et... Marie-Josèphe Balladur une lettre acide dont le double sera envoyé dans plusieurs rédactions : « Comment diriger le personnel dont nous avons la charge et le convaincre de la nécessité d'une nouvelle rigueur, écrivent-ils, lorsque le sommet de la hiérarchie offre le spectacle d'un jeu d'influence mené par une favorite dont le passé professionnel devrait inciter plutôt à une certaine retenue ? » Délicat, d'autant que le terme de « favorite » s'applique mal à Geneviève Gomez et aux relations anciennes et complexes qu'elle entretient avec Philippe Jaffré... On apprendra plus tard que cette lettre n'a pas été rédigée par quatorze cadres, comme annoncé, mais qu'elle a été fabriquée par les « services de sécurité » d'Elf, une cellule noyautée par des anciens des services secrets. De toute façon, le mal est fait : *L'Evénement du Jeudi* publie cette lettre, *Le Nouvel Observateur* en fait état. Matignon est obligé de réagir. Nicolas Bazire, le jeune directeur de cabinet d'Edouard Balladur, appelle son copain Philippe Jaffré :

— Philippe, c'est embêtant. Il faut que tu te calmes. Balladur est furieux, tu sais bien qu'il déteste ce genre d'histoires.

Pour Jaffré, cette intervention est inopportune. Pas question de rester sur le mode copain-copain avec Bazire :

— Ecoute, Nicolas, tu me connais bien. Vous m'avez confié la privatisation d'Elf en connaissance de cause. Ce n'est pas le moment de discréditer sa direction.

La privatisation ! C'est pour l'organiser à son profit politique qu'Edouard Balladur a installé Philippe Jaffré à la tête d'Elf. Et c'est pour la réussir que Jaffré et Geneviève Gomez vont jeter, pendant des mois, un voile sur ces affaires. Privatisation, chape de plomb. Toutes les opérations suspectes de l'équipe précédente – et, bien sûr, de l'actuelle – seront systématiquement dissimulées au grand public et à la presse. Même l'affaire Bidermann restera soigneusement masquée, alors que Philippe Jaffré s'y intéresse pourtant de près. A l'époque, on l'entendra, à plusieurs reprises, s'insurger contre le fait qu'Elf ait « financé ce type du Sentier ». La liberté de ton et les provocations systématiques de Jaffré ne sont pas toujours faciles à décoder par son entourage et peuvent être mal interprétées dans une entreprise de 85 000 personnes.

Les sommes englouties dans Bidermann alimenteront en tout cas l'essentiel de la conversation au cours du seul repas que Jaffré et Le Floch prennent ensemble, en tête-à-tête, à une table du restaurant Chez Laurent, avenue Gabriel, en janvier 1994, quelques jours avant la privatisation. Le nouveau président d'Elf avait alors contesté, devant l'ancien, à la fois l'opportunité et la valeur de cet investissement.

Alerté sur les engagements pris par Elf auprès de la filiale américaine du groupe textile français, Jaffré va faire appel, pour y voir plus clair, non à un financier mais à un... avocat, Kristen Van Riel. Un avocat d'un genre un peu particulier. C'est son ami Edouard Stern, alors jeune et impétueux associé-gérant de la banque Lazard, qui a soufflé à Jaffré de prendre les conseils de ce personnage précieux, raffiné, féru d'art[1], moralisateur, tout en violence contenue, qui masque mal son aversion vis-à-vis des dirigeants de gauche en général. Van Riel est prompt à clouer au pilori les proches de François Mitterrand, sans exception. Il ne supporte pas Jack Lang. C'est un adepte du « tous pourris », version beaux quartiers. Van Riel est alors membre du cabinet d'avocats d'affaires Willkie Farr & Galagher. Le choix de Jaffré pour ce cabinet anglo-saxon pouvait se justifier compte tenu des connexions de l'affaire Bidermann aux Etats-Unis, mais ses opposants ne manqueront pas de souligner qu'il a ainsi fait entrer le loup dans la bergerie des intérêts nationaux français.

D'autant que la piste américaine ne mènera nulle part. Même en cas de faillite de Bidermann USA, Elf ne risque rien. C'est ce qu'apprend Van Riel au cours d'un voyage éclair aux Etats-Unis, fin octobre 1993. Mais, là-bas, on lui assure qu'en revanche l'investissement d'Elf dans Bidermann France n'est pas net. Maurice Bidermann, aux abois, appelle à la même époque Philippe Jaffré tous les jours, pour lui réclamer un investissement supplémentaire de 50 millions de dollars, « comme promis par

---

1. Changeant de métier, Kristen Van Riel deviendra directeur général de Sotheby's France, la firme britannique spécialisée dans les ventes aux enchères d'œuvres d'art.

son prédécesseur ». Il faut absolument nettoyer le dossier avant la privatisation. Or Van Riel ne comprend rien aux détails des montages qu'on lui présente, d'où il ressort que 645 millions de francs ont été versés à cette entreprise et aussi à son patron. Fin novembre, il appelle Jaffré :

— Je veux bien continuer, mais je n'arrive pas à avoir d'informations.

— Qu'est-ce qu'il vous faut ?

— Votre autorisation écrite me permettant de m'installer sur place pour tout éplucher.

Jaffré donne ses instructions. Le 22 novembre 1993, à 10 h 30, Van Riel se rend donc au siège de la CPIH, une filiale d'Elf-Gabon de droit luxembourgeois, à travers laquelle Elf conduit de nombreuses opérations. Alain Bechtel, le directeur des filiales de portefeuille nommé par Le Floch, lui donne des documents qui, selon Van Riel, ne correspondent à rien. L'avocat appelle Jaffré :

— Autorisez-moi à faire venir mes collaborateurs et à emporter les caisses de dossiers à mon cabinet.

— Allez-y, j'envoie un fax.

L'opération prendra cinq heures. Chaque document est relu, parfois photocopié. Plus tard, Van Riel découvre qu'Elf n'a pas investi 645 millions de francs, comme stipulé officiellement, mais peut-être 800 millions. Le problème est que les chiffres ne correspondent toujours pas. Van Riel découvre pourquoi : il y a eu un versement secret, via Elf-Gabon, pour régulariser une opération antérieure. Van Riel appelle immédiatement Jaffré :

— C'est pire que ce que vous croyez, il y a du planqué.

— Comment ?

— Par Elf-Gabon. Au moins 163 millions de francs.

C'est la tuile. Car les explications données par Elf à la Commission des opérations de Bourse, qui enquête parallèlement sur Bidermann, deviennent fausses. L'affaire est empoisonnée. D'abord parce que le président d'Elf-Gabon, donc le coupable officiel, est André Tarallo, ce vieux gaulliste des réseaux Foccart, protégé des chefs d'Etat africains, dont Jaffré a besoin. Ensuite parce que le dernier versement, de 80 millions de francs, a été effectué le 20 septembre 1993, alors que Philippe Jaffré était président d'Elf depuis un mois et demi et que Geneviève Gomez participait pour la première fois au comité des investissements du groupe, présidé par André Tarallo. L'un et l'autre affirmeront plus tard que ce versement a été effectué à leur insu. Ce que nient plusieurs de ceux qui étaient chez Elf à cette époque.

Jaffré marche sur des œufs. Pas question de lever ne serait-ce qu'un coin du voile sur la face cachée de la compagnie. Pour pouvoir attirer les 4 ou 5 millions de petits porteurs espérés, Elf doit offrir une image lisse, propre. Un investissement de père de famille dans une entreprise sérieuse et performante, la première en France. Il faut à tout prix effacer ce qui peut apparaître risqué ou sulfureux. Gommer l'image de cette compagnie créée par le général de Gaulle, en 1967, sur des bases avant tout politiques, pour assurer l'indépendance énergétique de la France et rompre le cartel des grandes compagnies anglo-saxonnes – qu'on appelait alors « les sept sœurs ». Et pour garder une emprise forte sur les pays africains francophones devenus indépendants. Une mission que refusait la Compagnie française des pétroles (devenue Total), appelée « la huitième sœur » parce qu'elle était associée de longue date, au Moyen-Orient, avec les Anglo-Saxons[1]. Il faut aussi oublier qu'au sein d'Elf, les services secrets français ont joué, dès l'origine, un rôle primordial : son premier président, Pierre Guillaumat, était issu de leurs rangs et les a dirigés. Pendant la guerre, il avait été l'un des fondateurs de la Direction générale des services spéciaux (DGSS) ancêtre du SDEC et de la DGSE et, en 1958, le général de Gaulle avait fait de lui son ministre de la Défense. Clin d'œil : le siège historique d'Elf, rue Nélaton, à Paris, abrite aujourd'hui la DST, c'est-à-dire le contre-espionnage français ! Oublier aussi que le nom d'Elf, depuis la guerre du Biafra[2], est cité, malgré ses démentis, à l'occasion de plusieurs coups d'Etat en Afrique, comme il le sera encore en 1997, avec le renversement de Pascal Lissouba, président démocratiquement élu du Congo et son remplacement par l'ancien président marxiste Sassou N'Guesso, le propre gendre

---

1. Créée en 1924 par Raymond Poincaré, la CFP avait hérité, au titre des dommages de guerre, d'une participation de la Deutsche Bank dans le consortium qui exploitait les gisements irakiens.

2. A la fin des années soixante, pendant la guerre du Biafra, dans la province pétrolière du Nigeria qui a voulu faire sécession avec le soutien des Français, certains chefs de guerre arboraient les insignes de Shell ou d'Elf pour bien identifier qui étaient les amis et les ennemis...

d'Omar Bongo. Oublier enfin que le groupe a été accusé de financer les chefs d'Etat, les leaders de l'opposition et souvent les uns et les autres en même temps ; d'avoir largement fait vivre le parti gaulliste, sous ses dénominations successives. Pour l'heure, il ne faut parler que de performances économiques, de ratios, de rentabilité et de cash-flow. Dans ce domaine, Elf-Aquitaine n'a rien à envier à aucune autre entreprise française. Sa valeur en Bourse atteint 112 milliards de francs : les marchés ont validé la stratégie conquérante de Le Floch – en dépit de l'accroissement de l'endettement qu'elle a engendré.

En perspective de la privatisation, le traitement des dossiers pourris, par Teuf-Teuf et Macintosh, est donc purement financier : ils décident de faire des provisions – c'est-à-dire de mettre de l'argent de côté – pour tous les risques latents dans les affaires bizarres qu'ils découvrent les unes après les autres. Les comptes seront donc délibérément noircis en 1993[1], mais tous les risques futurs supprimés. Il ne peut plus y avoir, financièrement, que de bonnes surprises. La Bourse, d'ailleurs, ne s'y trompe pas. Elle va saluer ces mauvais résultats par une hausse brutale des cours !

Il n'empêche. La décision prise par Philippe Jaffré de garder le silence va avoir sur lui un effet psychologique inattendu : son agressivité vis-à-vis de son prédécesseur va s'accumuler et, sans soupape de sécurité, explosera de façon irrationnelle pour avoir été trop longtemps contenue. Jaffré va faire une véritable fixation sur Le Floch, dont il se convainc peu à peu qu'il anime une campagne de dénigrement contre lui, dans la presse et les milieux politiques. Surtout, il n'admet pas que celui qu'il tient désormais pour un gredin, continue de parader à la tête de Gaz de France, entretienne des contacts dans son dos avec certains de ses interlocuteurs naturels dans le monde de l'énergie. Il souhaite l'éliminer, le sortir de son champ de vision, ne serait-ce que pour mettre fin au désagrément de se retrouver face à lui à chaque conseil d'administration de Gaz de France, où, par tradition et par communauté d'intérêts, le patron d'Elf-Aquitaine a toujours occupé un siège. Ce silence forcé aura d'autres conséquences. D'un point de vue judiciaire, il peut vite prendre des allures de collu-

---

1. Jaffré a inscrit des provisions pour dépréciations d'actifs sur le pétrole, la chimie et les participations financières pour un total de 2,2 milliards de francs.

sion, voire de complicité vis-à-vis des pratiques antérieures. Comment sortir de ce piège ? En se dédouanant. « Attaquez pour que l'on ne vous soupçonne pas d'être complice » : c'est l'argument qui sera utilisé, notamment par Kristen Van Riel, pour convaincre Jaffré de porter plainte, au pénal, contre son prédécesseur.

Mais d'abord, priorité des priorités, il s'agit de mener à bien la privatisation. C'est la plus grosse opération de cette nature jamais réalisée en France. Le 20 janvier 1994, Edmond Alphandéry, ministre des Finances, annonce le préplacement de 8,5 % des titres, auprès d'entreprises qui constitueront le futur noyau dur d'actionnaires[1]. Quinze jours plus tard et jusqu'au 10 février, commence la véritable offre publique de vente, au prix de 385 francs. Le succès est clamé haut et fort : la privatisation d'Elf a attiré plus de 3,09 millions d'actionnaires individuels. C'est le record, devant Rhône-Poulenc (2,9 millions) et la BNP (2,8 millions). Mais l'ambiance n'est plus celle de la première vague des privatisations, en 1986 et 1987. Pour une entreprise comme Elf, le résultat est, en réalité, mitigé. On est loin des 4 à 5 millions d'actionnaires espérés. La participation des salariés a été moyenne[2]. Au total, l'opération a rapporté 33 milliards de francs à l'Etat.

Jaffré est enfin devenu un homme libre, président de la première entreprise française, seulement contrôlé par un conseil d'administration dont il a choisi lui-même la plupart des membres[3]. L'ancien chef de bureau des marchés financiers n'a

---

1. Le noyau dur d'Elf est le suivant : avec 1,5 %, on trouve UAP, Suez et la BNP ; avec 1 %, Paribas, Axa et Renault ; avec 0,5 %, les étrangers Bruxelles-Lambert (GBL) et Union de Banques suisses. Au total, 60,3 millions de titres seront mis sur le marché, dont 33,2 millions à l'intention du public, 27,1 millions pour les investisseurs institutionnels, 22 millions réservés au « groupe d'actionnaires stables » (noyau dur) et 6,7 millions pour les salariés. L'Erap, c'est-à-dire l'Etat, conserve 13 % du capital ainsi qu'une action spécifique lui permettant de s'opposer à toute opération qui irait à l'encontre des intérêts nationaux.

2. 79 % des salariés français et 58 % des étrangers ont souscrit, soit 70 % au total. Ils détiennent 4,5 % du capital. C'est moins bien que pour Rhône-Poulenc et la BNP.

3. Outre Philippe Jaffré, le conseil est composé d'Yves Barsalou, président de la Caisse nationale du Crédit agricole, de Pierre Bilger, PDG de GEC-Alsthom, de Bertrand Collomb, PDG de Lafarge, de Jacques Friedmann, PDG de l'UAP, d'André Lévy-Lang, président de Paribas, de Bernard Mirat, PDG

plus personne au-dessus de lui. Le haut fonctionnaire va alors soudain brûler ce qu'il a adoré. Il adresse une lettre aux quarante fonctionnaires qui travaillent chez Elf, leur demandant de démissionner avant le 30 mai de la fonction publique : « C'est une question de morale, explique-t-il. Dans le privé, tout le monde doit courir les risques du privé, comme les 85 000 salariés du groupe. » Tout le monde, sauf le président, bien entendu : Jaffré ne démissionne pas du corps de l'Inspection des finances ; et il quadruplera son salaire en quelques mois... Mais la décision du président d'Elf aura le mérite de montrer aux hauts fonctionnaires que la privatisation n'est pas un jeu[1].

De la même façon, Philippe Jaffré change totalement de comportement vis-à-vis des magistrats de la Cour des comptes, qui enquêtaient sur Elf avant la privatisation : il refuse tout contact avec eux, affirmant que le groupe pétrolier est désormais une entreprise privée comme les autres, qui n'a de comptes à rendre qu'à ses actionnaires. Devant l'insistance des magistrats, Jaffré les recevra finalement dans son bureau, mais sans les faire asseoir et sans dévier de sa position de principe ! A l'époque, cette agressivité est mise sur le compte du mépris traditionnel que portent les inspecteurs des finances vis-à-vis de ceux qu'ils ont devancés à la sortie de l'ENA et qui se sont rabattus sur la Cour des comptes. En réalité, pour Philippe Jaffré, les travaux de la Cour des comptes doivent démonter la gestion de Le Floch, pas la sienne ! Il va d'ailleurs profiter des étranges méthodes de travail de cette institution pour désigner son prédécesseur. En théorie, la cour vérifie, en effet, les institutions et non les hommes. Au nom de ce noble principe elle a enquêté, a posteriori, sur la

---

d'IBCA, de Michel Pébereau, PDG de la BNP, de Philippe Pontet, PDG du CIC et de Gilbert Rutman, ancien n° 2 du groupe. Jaffré a écarté ceux qui pouvaient lui faire trop d'ombre, à commencer par Raymond Lévy, qui fut longtemps le n° 2 d'Elf avant de présider Usinor puis de redresser brillamment Renault.

1. L'Association de la haute fonction publique, qui regroupe les membres de tous les grands corps de l'Etat, exprimera son « émotion » dans une lettre indignée à André Rossinot, ministre de la Fonction publique, vis-à-vis d'« une telle mesure, contraire aux textes législatifs et réglementaires ». Cette noble association n'a pas compris que le charbonnier était devenu maître chez lui. Jaffré la renverra sèchement dans les cordes : « L'Etat, employeur des fonctionnaires, fixe les règles qui lui conviennent. Mais Elf est libre de recruter qui lui convient. »

gestion de Le Floch en se fondant sur les seules déclarations de Jaffré et sur les documents que celui-ci lui fournit, sans jamais interroger le principal intéressé ni vérifier auprès de lui les informations qu'il lui donne ! Le Floch découvrira plus tard, dans la presse, le contenu ravageur pour lui de ce rapport dont il n'avait jamais entendu parler et qui, à ses yeux, est biaisé[1]. Jamais interrogé, Le Floch n'a même jamais été prévenu de cette enquête ni de sa teneur ! Le 18 août 1995, la Cour des comptes avait en effet envoyé à Philippe Jaffré le résultat de ses investigations. Il y avait un rapport traditionnel sur les comptes consolidés d'Elf et un autre, confidentiel, sur la gestion des sociétés financières du groupe entre 1988 et 1993, exclusivement pendant la période où Le Floch était aux commandes. Ces rapports sont remis au président d'Elf en deux exemplaires chacun, à charge pour Philippe Jaffré d'en transmettre un à Le Floch – le seul concerné. Jaffré n'en fera rien : il renvoie les rapports à la cour au motif qu'Elf est privé et qu'en conséquence « il n'avait pas à se substituer à la cour pour assurer la diffusion des documents en cause ». D'autres s'en chargeront : le « rapport accablant de la Cour des comptes » sera publié le 16 octobre dans le bimensuel *L'Expansion*. Le Floch tombe du ciel. Il écrit le 21 novembre 1995 à Pierre Joxe, président de la Cour des comptes : « Force est de constater que les procédures appliquées par la Haute Juridiction font que je n'ai été ni averti ni interrogé tout au long de sa mission et que je me trouve subitement, sans pouvoir ni comprendre ni réagir, l'objet de graves mises en causes par médias interposés. Cette situation est d'autant plus fâcheuse que la conclusion du rapport laisse à penser que les magistrats ont adopté un argumentaire qui évacue la totalité de mon action. Or, je peux affirmer et démontrer que dès mon arrivée chef Elf, je me suis rendu compte de la quasi-absence de contrôle interne et que j'ai entrepris immédiatement les mesures correctrices qui s'imposaient[2]. »

---

1. C'est ainsi que ne seront pas transmis à la Cour des comptes un certain nombre de documents démontrant qu'il a voulu mettre de l'ordre, à son arrivée, dans le maquis des filiales financières.

2. Les conditions d'élaboration de ce rapport ne l'empêcheront pas de jouer un rôle important, sur le plan médiatique comme sur le plan judiciaire. Le 22 février 1996, Eva Joly écrit à la Cour des comptes pour obtenir son rapport. Le 12 mars, celui-ci est envoyé et immédiatement annexé à la procédure. Le 25 avril, pour couper court aux protestations de Le Floch, la cour l'entend enfin

Elf privatisé, Jaffré est libre, désormais, de se payer ouvertement Le Floch. Mais il ne s'y résout pas tout de suite. Kristen Van Riel revient à la charge, à propos de l'affaire Bidermann :

— Il y a du pénal, il faut porter plainte.

— Il n'en est pas question.

La première réaction a été brutale. Traditionnellement, les
grandes entreprises françaises évitaient, jusque-là, de faire appel,
entre elles, à la justice pénale[1]. Pour régler leurs différends, elles
avaient recours à la justice civile, qui se contentait d'évaluer les
préjudices, de définir des dommages et intérêts – sans amendes ni
sanctions. Ou bien elles utilisaient les procédures d'arbitrage, nationales et internationales. Et lorsqu'on découvrait des malversations ou des indélicatesses, commises par de hauts dirigeants,
cela se soldait généralement par leur départ, parfois même assorti
du versement de leurs indemnités. Le linge sale se lavait en famille. Tout devait être fait pour éviter qu'un juge d'instruction,
par définition incontrôlable, ne vienne mettre le nez dans les affaires des patrons. Même le fisc a, pendant des années, évité de
transmettre les dossiers des grandes entreprises et de leurs dirigeants à la justice – alors qu'il y est, en théorie, tenu –, préférant
utiliser ce moyen de pression pour négocier en position de force
le recouvrement de ses créances. Cette prudence générale explique pourquoi, pendant très longtemps, les abus de biens sociaux et autres délits n'étaient repérés et sanctionnés qu'après un
dépôt de bilan, lorsque la justice était de toute façon saisie. Et
aussi pourquoi les juges, si longtemps écartés des vrais lieux de
pouvoir de l'économie française, prennent tant de plaisir aujourd'hui à y fourrer leur nez.

Et pourtant, Philippe Jaffré va être le premier grand PDG français à transgresser ces règles. Il se laissera peu à peu convaincre
par les arguments de Van Riel :

— La COB enquête, la justice s'est emparée de l'affaire. C'est
Eva Joly qui est en charge du dossier Bidermann. Elle n'y a

---

pour établir son rapport complémentaire, tout aussi sévère que la première version, qui lui sera finalement adressé le 6 août. A la prison de la Santé.

1. C'est même une des conditions posée pour participer à l'Association française des entreprises privées (Afep), le club des patrons d'Ambroise Roux.

encore presque pas touché mais je la connais. Elle ne laissera pas tomber. L'affaire sortira.

— Mais on ne peut pas laisser un juge mettre à nu les pratiques d'Elf. Il y a le versement de commissions, les financements politiques, les relations avec les chefs d'Etat étrangers. C'est impossible !

— Il ne faut pas qu'on apparaisse comme ayant couvert des pratiques délictueuses, il y a de gros risques, précise Van Riel. Nous devons absolument avoir accès au dossier. La seule solution, c'est de se constituer partie civile.

— Mais si nous portons plainte, il y a aussi d'énormes risques pour nous.

Jaffré n'en dit rien à Van Riel, mais il pense à Omar Bongo, le président du Gabon, et aux autres chefs d'Etat africains soutenus par Elf. Et surtout au contrat signé par Le Floch pour l'achat dans l'ex-Allemagne de l'Est, de la raffinerie de Leuna et du réseau de distribution Minol, avec le versement associé de 246 millions de francs de commissions, dont il sera écrit qu'une part est allée renflouer les caisses du parti d'Helmut Kohl, pour sa campagne électorale de 1994. Jaffré était au courant des à-côtés de cet investissement de près de 20 milliards de francs. Il a voulu l'arrêter, comme la plupart des projets qu'avait engagés Le Floch mais, aux plus hauts sommets de l'Etat, on l'avait obligé à poursuivre, au nom de l'entente franco-allemande, de la réélection nécessaire du chancelier allemand Helmut Kohl, de l'Europe et de l'Euro. Finalement, comme on le verra, Jaffré s'était rendu à ces arguments.

— Il n'y a pas de risques de dérapage si l'on s'en tient à l'affaire Bidermann, qui peut être strictement cadrée autour de Maurice Bidermann et de Loïk Le Floch, rétorque Van Riel. Eva Joly, qui est déjà saisie, n'est pas irresponsable. Vous la connaissez. Personne n'a intérêt à mettre en cause Elf.

Accabler Le Floch et préserver l'entreprise ? Philippe Jaffré peu à peu, se convainc que c'est possible. Un élément extérieur va le faire basculer, alors que la campagne électorale bat son plein. Balladur et Chirac se déchirent. Edouard Balladur, qui s'est déclaré candidat à la présidence de la République, écrase Jacques Chirac dans les sondages. Les Guignols, sur Canal +, s'en donnent à cœur joie. Comme la plupart des élites françaises, Jaffré considère acquise l'élection de Balladur, dont il est l'un des poulains. Il va pouvoir gérer le dossier d'en haut, en étroite relation avec l'Elysée et ne rien laisser au hasard... A condition qu'il se constitue partie civile.

Pourtant, Geneviève Gomez le met en garde :

— Ne ferions-nous pas mieux d'attendre les résultats du premier tour de l'élection présidentielle avant de déposer plainte ?

— Non, au contraire. Ce serait mal interprété. Edouard Balladur va gagner. Le léger redressement de Chirac dans les sondages ne se retrouvera pas dans les urnes. Il n'a aucun vrai soutien. Les électeurs de gauche voteront Jospin, ceux de droite voteront Balladur. Il faut y aller.

— Attention tout de même. Balladur n'est pas si populaire, avec son côté beaux quartiers. Chirac peut passer devant lui au premier tour et être élu au second, face à Jospin. Si c'est le cas, nous serions mal.

— Allez, Geneviève, ne vous inquiétez pas. C'est plié.

Sa décision est prise. Le 21 avril 1995, à la veille du premier tour de l'élection présidentielle, Philippe Jaffré porte plainte contre X au nom d'Elf et Geneviève Gomez fait de même au nom de la filiale CPIH, qu'elle préside. Cette plainte de Jaffré avec constitution de partie civile, qui vise clairement son prédécesseur, est bien une première dans les annales des grandes entreprises françaises... Mais Jaffré a pris ses précautions. Le conseil d'administration a été consulté et a voté le dépôt de la plainte à l'unanimité. Le 5 mai, le substitut du procureur François Franchi prononce son réquisitoire et, six jours plus tard, Eva Joly est désignée pour instruire l'affaire. Tout s'est passé comme prévu.

Comme prévu ? Pas vraiment. Chirac, qui a retourné l'opinion en sa faveur sur le thème de la réduction de la fracture sociale, devance Balladur au premier tour de l'élection présidentielle, le 23 avril. Le Premier ministre de François Mitterrand appelle immédiatement à voter pour celui qui était pourtant devenu son ennemi juré. Le 7 mai, Jacques Chirac battra Lionel Jospin, le candidat du Parti socialiste, avec 52,64 % des voix contre 47,36 %. Pour Philippe Jaffré, l'élection de Jacques Chirac est une catastrophe. Il sait que le nouveau président de la République va chercher par tous les moyens à l'éliminer, tant son soutien à Balladur a été patent. Et si le dépôt de sa plainte lui a permis d'avoir accès au dossier, celui-ci, aux mains d'une justice qui ne sera pas encadrée, risque fort de déraper.

Geneviève Gomez, cette fois, le rassure :

— Chirac n'est pas fou. Les intérêts d'Elf sont ceux de la France. Ils s'imposent à tous.

Kristel Van Riel va dans le même sens :

— Eva Joly est parfaitement consciente des exigences de la raison d'Etat. On peut discuter avec elle. Vous pouvez trouver un terrain d'entente.

Loïk Le Floch condamné sans qu'Elf soit éclaboussé ni même ses pratiques occultes révélées ? Pour réussir cet exercice impossible, Philippe Jaffré n'a désormais plus le choix. Démuni de soutiens politiques, il va devoir s'appuyer sur Eva Joly et sur elle seule[1]. Le 22 janvier 1996, il se rend à une convocation de la juge, en compagnie de Kristen Van Riel. Au bout d'un moment, après les formalités d'usage et un tour d'horizon général, Jaffré demande à son avocat de bien vouloir quitter la pièce et de l'attendre à l'extérieur. L'entretien, en tête-à-tête, entre la juge et le président, tous deux anciens secrétaires généraux adjoints du Comité interministériel des restructurations industrielles (Ciri) et qui se sont côtoyés au Trésor, durera plus d'une heure. Le plaignant a-t-il évoqué les commissions versées par Elf aux responsables politiques dans de nombreux pays, y compris à certains chefs d'Etat ? A-t-il abordé le problème de la raffinerie de Leuna ? A-t-il couvert le gaulliste André Tarallo, le patron d'Elf-Gabon ? A-t-il promis au juge de lui « donner » Le Floch à condition qu'elle s'en tienne à lui et à lui seul ? Y a-t-il eu accord, explicite ou tacite ? Quelles étaient ses bases et ses conditions ? Une négociation, en tout cas a eu lieu et tout s'est passé comme si un pacte secret de procédure avait été scellé, au nom de la raison d'Etat. Plus tard, lorsque le vent aura tourné en sa défaveur, Philippe Jaffré dira d'ailleurs à plusieurs de ses interlocuteurs — en particulier à Omar Bongo — qu'Eva Joly « n'a pas respecté le pacte initial, qui prévoyait qu'elle limiterait ses investigations à Le Floch et Bidermann ». Il est clair qu'à partir de janvier 1996 et pendant plusieurs mois, Eva Joly va se focaliser sur les seuls éléments qui lui permettent d'impliquer directement Loïk Le Floch.

---

1. Le 14 décembre 1995, une ordonnance du parquet a joint les deux procédures. Celle initiée par le ministère public à la suite du rapport de la COB, et celle initiée par Philippe Jaffré. Eva Joly est seul maître à bord.

Symétriquement, Philippe Jaffré va aider Eva Joly avec un zèle qui étonnera jusqu'à ses plus proches collaborateurs. Il lui fournira des pièces du dossier, sans en parler à Geneviève Gomez ni même à Kristen Van Riel. Il l'appellera à maintes reprises. Une relation étrange de fascination réciproque va s'instaurer entre le patron et la juge, tous deux séducteurs et combatifs. Après leur première entrevue dans le cadre de l'affaire Elf, Philippe Jaffré ne parlera plus d'Eva Joly, ni de la juge, mais d'Eva tout court, comme s'il s'agissait d'une vieille amie.

C'est dans cet étrange climat de connivence qu'aura lieu la première perquisition chez Elf, le 29 mars 1996. Le moins que l'on puisse dire est que Philippe Jaffré et ses collaborateurs n'ont pas été surpris. C'était même un secret de Polichinelle : la veille, dans l'après-midi, une secrétaire de direction d'Elf appelle une de ses amies, qui travaille elle aussi à La Défense :

— Isabelle, on devait déjeuner ensemble demain, mais je ne pourrai pas.

— Pourquoi ?

— Parce qu'on ne pourra pas quitter la tour. On est de perquisition !

Eva Joly arrive à 8 h 30, tandis que les policiers de la brigade financière se rendent rue Dumont-d'Urville, où se situe la direction des participations d'Elf-Aquitaine. Tous les dossiers qu'elle souhaite consulter ou emporter sont là, bien préparés. Y compris le dossier immobilier, qui l'intéresse au premier chef et qui se trouve comme par hasard dans le bureau de Philippe Jaffré, alors qu'il n'a évidemment rien à y faire. Eva Joly a-t-elle déjeuné seule avec Philippe Jaffré, dans une des salles à manger présidentielles, comme l'affirment diverses sources ? Le repas a-t-il été partagé avec les policiers qui l'accompagnaient ? Ou bien ce déjeuner a-t-il eu lieu hors de la présence de Jaffré, comme la juge et l'accusateur l'ont fait savoir ? Il ne s'agit pas de points de détail, car un juge d'instruction qui se placerait ainsi en situation de collusion avérée avec une partie civile devrait, selon la loi, être immédiatement dessaisi[1]. En tout cas, aux yeux de tous ceux qui

---

1. En Belgique, le juge qui a instruit l'affaire du pédophile Marc Dutroux, bien que soutenu par le pays tout entier, a été dessaisi pour avoir partagé un repas – un plat de nouilles – avec les familles des jeunes victimes.

ont assisté à cette perquisition, le juge et l'accusateur étaient bien, ce jour-là, sur la même longueur d'onde[1]. Ils le resteront : le 2 juillet, par exemple, Philippe Jaffré peut annoncer à Omar Bongo, le président du Gabon, la prochaine mise en examen d'André Tarallo en lui précisant qu'elle sera... « de pure forme ».

Bien vu : le surlendemain, André Tarallo est effectivement mis en examen, mais seulement pour « complicité d'abus de biens sociaux », alors que c'est Elf-Gabon, dont il est le PDG, qui a réalisé sur Bidermann l'opération la plus contestable[2]. Eva Joly poussera la bienveillance jusqu'à ne pas lui demander de caution. Elle ne lui infligera pas de contrôle judiciaire. Alors que dans la soirée, elle enverra Loïk Le Floch en prison sans ciller. Philippe Jaffré peut se réjouir. Tout s'est passé exactement comme il l'avait prévu.

---

1. En mai 1997, une lettre anonyme revendiquée par des membres de la brigade financière, ayant pour destinataire André Tarallo, apportera des précisions. « Il est important de savoir que quelques enquêteurs de notre service ont été invités [lors de cette perquisition] à déjeuner par Philippe Jaffré en compagnie d'Eva Joly et sont repartis les bras chargés de parfums pour leurs épouses, écrivent ses auteurs dont la conclusion est limpide : peut-être serait-il temps de s'interroger sur les convergences d'intérêts pouvant exister entre ce magistrat, Philippe Jaffré et ceux qui ont placé ce dernier à ce poste... » En clair, les balladuriens.

2. L'objet social d'Elf-Gabon – la prospection pétrolière dans ce pays – n'a rien à voir avec le soutien à une entreprise textile française. Mais surtout, Elf-Gabon, filiale d'Elf et de l'Etat gabonais, a réalisé la partie masquée de l'opération. Son actionnaire gabonais n'a jamais été mis au courant, comme s'en étonnera lui-même Omar Bongo dans une interview à *Libération*.

4

Le Rosebud de Jaffré

« Il n'y a pas d'affaire Elf-Bidermann, il y a juste une affaire Bidermann-Le Floch. Lorsqu'on saura tout sur les agissements de mon prédécesseur, on comprendra pourquoi j'ai porté plainte », tranche, sans appel, Philippe Jaffré dans *L'Expansion*, alors que Loïk Le Floch est en prison[1]. Pourquoi tant d'acharnement ? Quelle blessure ancienne, quel secret enfoui ont conduit Philippe Jaffré, qui occupe un poste envié, à vouloir confondre et détruire son prédécesseur, au point de déstabiliser l'entreprise qu'Edouard Balladur lui a confiée et de mettre en péril les intérêts supérieurs de la France, dont il fut l'un des meilleurs élèves et à laquelle il doit tout ? Est-ce en raison de son honnêteté ? De son côté inquisiteur ? De son instinct de supériorité à nul autre pareil ? De son mépris affiché pour tout autre que lui-même ? Ou encore des sympathies qu'il sent encore vives, chez Elf, pour Loïk Le Floch ? Pourquoi Philippe Jaffré est-il à ce point un écorché vif, au comportement souvent irrationnel, en particulier dans ses relations personnelles avec autrui ?

Le 15 octobre 1945, Pierre Laval est exécuté dans des conditions atroces. Condamné à mort quelques jours plus tôt pour haute trahison en raison de sa frénétique collaboration avec l'occupant nazi, le chef du gouvernement de Philippe Pétain a

---

1. *L'Expansion* n° 593, du 26 septembre 1996.

tenté de se suicider en absorbant du poison. Pas question qu'il s'échappe ainsi : on ordonnera de lui faire un lavage d'estomac, mais c'est un homme inconscient, peut-être mort, qui sera fusillé. Cette exécution donnera la nausée même à certains de ceux qui étaient les plus hostiles à Laval et contribuera, aux yeux de certains, à discréditer l'épuration. Quel rapport avec le futur patron d'Elf, né le 2 mars 1945, à Charenton-le-Pont, charmante petite ville de banlieue, à l'est de Paris[1] alors que Laval est en fuite à Sigmaringen ? C'est que cette exécution marquera à jamais Yves-Frédéric Jaffré, son avocat. Celui-ci a le courage de ses convictions. Tandis que beaucoup se feront oublier au plus vite, laissant leurs opinions se dissoudre dans la reconstruction de la France, l'avocat restera fidèle à Laval, quoi qu'il lui en coûte. Le gendre de Laval, René Pineton de Chambrun, restera un ami proche de la famille. Plus tard, l'OAS aura toute sa sympathie. En 1963, il écrira un livre pour prendre la défense du colonel Bastien-Thiry, condamné à mort et exécuté pour avoir tenté d'assassiner le général de Gaulle au carrefour du Petit-Clamart, au sud de Paris[2]. En 1990, Yves Jaffré persiste et signe : il publie un nouveau livre intitulé *Ma fidélité envers Laval*. Et puis un troisième, en 1995, pour commémorer les cinquante ans de la mort du collaborateur français le plus honni, qu'il ira même défendre à la télévision sans le moindre complexe, alors que son fils est le président d'Elf !

C'est dans cette ambiance particulière que sont élevés Philippe Jaffré, Marie-Annick et leur frère Jérôme, qui a longtemps exercé ses talents de politologue à la Sofres, affichant un caractère beaucoup plus rond. Habitué des passages à la télévision, en particulier lors des soirées électorales, Jérôme est plus connu que son frère aîné, qui ne comprendra ni n'admettra cette différence de traitement. Pendant des années, les Jaffré habiteront à l'est de Paris, dans un appartement petit-bourgeois du XIIᵉ arrondissement. Philippe Jaffré, se plaindra longtemps du manque d'argent qui, à l'entendre, aurait marqué son enfance. Plus tard, ils déménageront dans le XVIᵉ. Pendant les événements de Mai 68, un co-

---

1. Comme les Le Floch, les Jaffré viennent du nord de la Bretagne. Mais ils sont de Saint-Brieuc, où l'on regarde la voisine Guingamp avec hauteur.
2. *Le Procès du Petit-Clamart.*

pain – juif – de Philippe se rend dans leur appartement de rue Raynouard. Connaissant le pedigree d'Yves Jaffré, il n'est pas vraiment à l'aise. Mais l'avocat quadragénaire le surprend. Il est charmant, parle de la politique et de la conjoncture avec une relative décontraction, et n'a d'yeux, ce jour-là, que pour leurs petites amies en minijupes, qui les accompagnent, entre deux manifs !

Philippe Jaffré mettra du temps avant de devenir une bête à concours. Adolescent, il est déjà péremptoire, mais c'est un élève moyen, caractériel et tourmenté. Sa scolarité est heurtée, à Paris, entre l'école Saint-Michel-de-Picpus, le collège Massillon – spécialisé dans le rattrapage des cas difficiles – et le lycée Saint-Louis. Il réussit vaille que vaille son bac et s'inscrit à la fac de droit, sans idées précises. Avocat, pourquoi pas ? Toute sa vie, Philippe Jaffré va développer vis-à-vis de son père une relation complexe, qui interdit de lui coller sur le dos des étiquettes politiques trop simples. En tout cas, si le fils songe à être avocat, comme le père, ce n'est pas sur les mêmes traces : Philippe Jaffré penche alors plutôt à gauche. Peu à peu, dans la ferveur du Quartier latin, il se découvre une passion pour la politique. Il va donc s'inscrire à Sciences Po, en 1969. D'emblée, il prend le sujet de haut. Avec Alain Barrau, futur maire de Béziers, et quelques autres, ils fondent un mouvement appelé modestement « Bases ». Alors que fleurissent les mouvements gauchistes de toute sorte, que les étudiants de sociologie de la nouvelle université de Vincennes, construite pendant l'été, s'écharpent d'une chapelle marxiste à l'autre, Bases est modéré, de tendance chrétienne-démocrate. Ses animateurs veulent changer la société, en refusant tous les extrémismes ! Cette juvénile mais noble ambition retient l'intérêt de la CFDT, alors dirigée par Eugène Descamps qui, après mai 1968, s'angoissait de l'absence de relais de la centrale en milieu universitaire. La CFDT prêtera donc à « Bases » des locaux et ses moyens techniques pour ronéoter le bulletin, envoyer les courriers, etc. Jaffré a la conviction qu'il fait l'Histoire, avec un grand H. Déjà, le jeune homme a une haute idée de lui-même et de son destin : depuis mai 1968, pour que personne, plus tard, ne rate le début du film, il note tout ce qu'il voit, tout ce qui se passe autour de lui, en scribe consciencieux de sa propre trajectoire. Le soir, il met au propre ses notes, assorties de commentaires définitifs et confie le tout à la bibliothèque de Sciences Po ! Avec une seule consigne : on ne pourra consulter ses archives personnelles qu'avec son autorisation...

Philippe Jaffré, qui porte alors le doux surnom de « Lili » n'a pas vingt-cinq ans, mais déjà la grosse tête. Il tranche avec le romantisme de l'époque. Il se veut froid et efficace. C'est, évidemment, une carapace. Dès qu'il se sent en confiance, il est capable d'élans affectifs. Les filles sont attirées par ses yeux rieurs et par ce mélange d'immaturité et de sûreté de soi qui, plus tard, fera tout son charme. Pour le moment, ce n'est pas son sujet. Plus de temps à perdre. Philippe Jaffré a été piqué par le moustique de la réussite scolaire. Après Sciences Po, il entre à l'ENA, aux côtés de Laurent Fabius, François Léotard et Gérard Longuet. Il y a aussi Daniel Bouton, le futur président de la Société Générale, et André Cellier, qui pose alors en slip pour les sous-vêtements Hom et qui deviendra banquier et financier occulte du Parti républicain. Les deux leaders de la promotion sont Fabius et Jaffré. Ils se détestent ouvertement. Tout, d'ailleurs, les sépare : le premier, parisien, est issu d'une famille aisée, l'autre, breton de souche, a tiré le diable par la queue. Fabius se présente alors comme un dandy snob, cavalier émérite, qui roule en Facel Véga et court le jupon. Il affecte de travailler modérément, se veut éclectique, passe à « La Tête et les Jambes », l'émission-jeu phare de l'ORTF. Et se dit « de gauche », sinon encore socialiste. Est-ce par opposition que Jaffré vire à droite ? Il acquiert, en tout cas, une manière de leadership intellectuel dans sa promotion. Etrange évolution : son ambition lui sert de structure mentale et la réussite scolaire de rampe intérieure. Devenu un bûcheur fou, il laboure toutes les matières, sans exception, même l'informatique qui s'introduit à peine à l'ENA. Dans ce domaine, comme dans les autres, il est devenu le meilleur. Mais à quel prix ? Il habite chez ses parents, travaille jour et nuit et est totalement perso : il est de ceux qui potassent en solitaire, cachent leurs atouts et vont jusqu'à piéger leurs camarades quand l'occasion se présente. Exactement ce qu'attendent les dirigeants de cette grande école, censée détecter et former l'élite future du pays et qui est alors au faîte de son prestige. Grâce à ses grandes capacités de travail, à ses connaissances encyclopédiques, à son brio, à son sang-froid mais aussi à un coup de pouce de la chance, Philippe Jaffré bluffe le jury du grand oral et sort major de l'ENA. Evidemment, il choisit l'Inspection des finances, l'élite de l'élite.

Destins étrangement inverses : Loïk Le Floch, par hasard, n'a pas eu au bac la mention qui lui aurait permis de préparer Polytechnique, école pour laquelle il semblait programmé ; et Philippe Jaffré, lui aussi par hasard, est devenu « le meilleur de sa génération », appelé aux plus hautes responsabilités alors qu'il est un gamin immature. On touche là l'absurdité du système éducatif français, où toute une vie peut dépendre d'un examen, voire de la note d'un seul jour. Sans moyens de rattrapage d'un côté, sans correctifs de l'autre, à l'instar de la vraie vie. Jaffré va devenir l'exemple accompli des paradoxes de l'intellectuel à la française : il est brillant, agile, rapide, parfois même profond. Mais il n'est pas intelligent, au sens étymologique du terme, puisqu'il peinera toujours à se mettre à la place des autres et à comprendre son environnement !

D'ailleurs, le major de l'Inspection va faire, au Trésor, une carrière en demi-teinte. Chargé de mission en 1977, il est détaché, en 1978, au Comité interministériel pour l'aménagement des structures industrielles (Ciasi) comme secrétaire général adjoint, puis secrétaire général. Puis, il entre au cabinet de René Monory, ministre de l'Economie de Raymond Barre, sous les ordres de Michel Pébereau, lui-même inspecteur des Finances, qui restera son mentor. Il est déjà retourné au Trésor, comme chef du bureau des marchés financiers, lorsque François Mitterrand est élu président de la République, le 10 mai 1981.

Alors que la foule va faire la fête à la Bastille, Philippe Jaffré est en état de choc. Jamais il n'avait envisagé l'accession de la gauche au pouvoir. Tous ses espoirs s'envolent. A trente-six ans, il se croyait dans les starting-blocks pour accéder un jour au saint des saints, la direction du Trésor. Ils sont une poignée dans sa tranche d'âge à pouvoir prétendre à ce poste, le plus convoité parmi les hauts fonctionnaires du ministère de l'Economie. A la fin des années soixante-dix, c'est le passage obligé des meilleurs, parmi les inspecteurs des finances. C'est à la direction du Trésor que se décident les grandes options de la conduite du pays, en particulier la politique monétaire, fiscale et budgétaire. C'est là que se situe le vrai pouvoir, dans le pays le plus centralisé du monde occidental. Sous les ors de la rue de Rivoli, chaque décision influence la marche de l'économie, peut provoquer la relance ou la récession, le laisser-aller ou la maîtrise de l'inflation. Mais aussi faire gagner ou perdre des milliards de francs aux entreprises, en jouant sur la monnaie et sur les taux.

Dans l'univers giscardien d'avant 1981, Philippe Jaffré attendait son heure. Prêt à livrer combat avec ses frères de lait de l'Inspection. L'arrivée de Mitterrand change la donne. Son élection est, pour Jaffré, d'abord une incongruité : le nouveau Président ne connaît rien à l'économie. Il va sûrement placer des socialistes à tous les postes de commande. Pour les jeunes technocrates de droite, c'est le monde à l'envers : alors que des inconnus à l'allure barbare sont promus dans les cabinets ministériels, Jaffré en est à se demander s'il pourra conserver le poste qu'il vient de décrocher. Et même s'il le garde, il se retrouvera coiffé pour longtemps par un quelconque opportuniste rallié.

Jaffré va ainsi devoir, pendant cinq ans, avaler son chapeau face à des gens qu'il considère comme des imposteurs. Il a été désigné par Jacques Delors, ministre de l'Economie et des Finances, pour représenter le Trésor au sein du conseil d'administration de Rhône-Poulenc, que préside... Loïk Le Floch-Prigent. C'est pour lui une humiliation permanente, d'autant que le barbu tonitruant le tient pour un moins que rien. Haut fonctionnaire pointilleux, Jaffré doit vérifier que l'argent public n'est pas dilapidé. Cette tâche est pour lui une mission : il entend contrôler étroitement tous ces prétendus gestionnaires que la coalition socialo-communiste est en train d'installer au cœur des rouages de l'Etat. Plus tard, on s'apercevra que la vigilance de ces jeunes inspecteurs des finances a été un peu sélective : c'est ainsi que malgré les 100 milliards de francs de pertes qu'il accrochera à son palmarès, le président du Crédit Lyonnais, Jean-Yves Haberer, ne retiendra jamais leur attention, étant lui-même inspecteur des Finances et ancien directeur du Trésor ! Tandis qu'on ne laissera rien passer à Le Floch ni à tous ceux qui ne manquent jamais de dénoncer l'emprise des grands corps sur le pays.

Face à cet iconoclaste, Jaffré se révélera tout de suite un censeur zélé et un gestionnaire particulièrement économe des deniers publics. En opposition radicale avec le patron de Rhône-Poulenc, qui fait ses armes d'industriel productiviste, obsédé par le développement de l'entreprise dont il a la charge. L'incompatibilité de leurs deux logiques et de leurs deux caractères ne cessera d'alimenter un désaccord qui se transformera, plus tard, en véritable haine. Leur premier différend surgira à propos d'une dotation en capital d'un milliard de francs versée par l'Etat à Rhône-Poulenc. Le Floch entend l'utiliser pour un investissement industriel dont il espère une rentabilité forte. Jaffré suggère avec insistance que la dotation soit en priorité affectée au désendettement. Mais dans la tradition française, les représentants de l'Administration au sein des entreprises publiques ne peuvent s'opposer au président, nommé en haut lieu. Jaffré est obligé de céder. A chacune des dix réunions de ces conseils d'administration en forme de chambre d'enregistrement, surgira ce type de contradiction. Le Floch impose chaque fois ses vues, sans se rendre compte de la somme de frustrations qu'il provoque chez le jeune loup du Trésor : Jaffré est pour lui totalement transparent et il le traite délibérément par-dessus la jambe.

Peu à peu, pourtant, Philippe Jaffré va reprendre confiance en son destin. Il se rend compte que l'alternance politique glisse sur le corps de l'Inspection des finances comme l'eau sur les plumes d'un canard. Chacun reprend ses marques. Il redevient l'une des valeurs montantes de la haute administration des finances. Il reprend espoir d'accéder bientôt à la direction du Trésor, convaincu en tout cas que parmi les quatre ou cinq candidats possibles, il est le plus qualifié. Mais à trente-huit ans, de plus en plus imbu de lui-même, il commence a avoir des traits de comportement étranges, qui surprennent ses collègues. C'est ainsi que, n'aimant pas la fumée, il a pris pour habitude d'enlever lui-même les cigarettes de la bouche de ses collaborateurs, et même de celle de ses visiteurs, pour les écraser en riant, devant eux, dans un cendrier. Perce en lui le croisé moralisateur qu'il va devenir. Le futur président d'Elf-Aquitaine partage alors un petit bureau avec François Fournier, en charge des emprunts extérieurs du secteur public à la direction du Trésor, qui deviendra plus tard associé-gérant chez Rothschild & Cie. Les deux hommes s'entendent bien et jouent même au golf ensemble. Le golf est le seul hobby de Jaffré qui par ailleurs ne lit pas, sauf la presse et les rapports techniques qui lui sont utiles ; n'apprécie guère la musique hormis l'opéra où il se rend comme on irait à la messe ; et ne va jamais ni au théâtre ni au cinéma où il s'ennuie. Sur un terrain de golf, il se montre opiniâtre mais impatient : son handicap n'est pas à la mesure du nombre d'heures qu'il passe à taper dans la petite balle blanche. Ainsi qu'à introduire dans son ordinateur personnel tous les coups qu'il a frappés, trou par trou, pour évaluer ses moyennes, ses forces et ses faiblesses. Et sa progression !

Pourtant, malgré son intimité avec François Fournier, Jaffré fait preuve dès cette époque d'un fort instinct de supériorité, y compris vis-à-vis de son partenaire de golf. Pour lui, il n'y a que deux races d'hommes : les inspecteurs des finances et les autres. Ses quelques amis font partie de cette caste très fermée où on s'entraide depuis la sortie de l'ENA, puis tout au long de sa carrière. Sa référence est Michel Pébereau, son ex-patron au cabinet de René Monory. Il est aussi très lié à Daniel Bouton, conseiller technique du ministre du Budget quand lui-même occupait un poste équivalent à l'Economie et aux Finances. Pour ces trois-là, qui sont aujourd'hui présidents d'Elf, de la BNP et de la Société Générale, une évidence s'impose : la gauche au pouvoir menace de ruiner leur carrière. Mais aucun ne songe à aller se risquer dans le privé pour y faire valoir ses immenses compétences. Tous trois font le dos rond, en attendant que l'orage s'éloigne. Ils ont été formés pour cela. Ils savent que les gouvernements passent, mais que l'Administration reste. Jaffré et Bouton se cantonneront au Trésor, dont ils grimperont pas à pas les échelons. Pébereau, lui, préférera se faire oublier à la commission de contrôle du cinéma pornographique où ce puritain visionnera pendant des heures les films les plus salaces. Ils rongeront tous trois leur frein jusqu'en 1986. Jusqu'à la victoire de la droite et la nomination d'Edouard Balladur au ministère de l'Economie, des Finances et de la Privatisation qui va leur permettre de rebondir. Du moins le croient-ils ! Car Philippe Jaffré n'obtient pas ce qu'il attendait. C'est Jean-Claude Trichet qu'Edouard Balladur choisit pour diriger son cabinet ; Daniel Lebègue conserve provisoirement la direction du Trésor. Lui doit se contenter d'un poste de chef de service, passionnant toutefois en plein programme de privatisations d'Edouard Balladur : il sera, au Trésor, l'homme clé pour la mise sur le marché des gros morceaux que sont Saint-Gobain, Paribas, la CGE, etc. Il jouera un rôle moteur lors de l'OPA lancée par Didier Pineau-Valencienne, le patron de Schneider, sur Télémécanique, donnant son feu vert à l'assaillant ou au défenseur, au gré de sa volonté, des lois du marché et de l'idée qu'il se fait de l'intérêt du pays. Un rôle financier et politique, essentiel dans la force de frappe élaborée par le ministre de l'Economie. Mais le krach boursier d'octobre 1987 donne un coup d'arrêt aux privatisations. Philippe Jaffré va alors connaître le premier échec de sa vie. A six mois de la présidentielle, Edouard Balladur lui préfère Jean-Claude Trichet, au demeurant coopté par le tout-corps de l'Inspection des finances pour accéder à la sacro-sainte direction du Trésor. C'est un choc.

Alors que le ciel s'assombrit pour Jaffré, il se dégage pour Le Floch. Car la cohabitation a tourné à l'avantage de François Mitterrand qui est réélu, en mai 1988, avec une Assemblée nationale à sa main. Humilié, meurtri, Jaffré quitte alors précipitamment l'Administration pour rejoindre la direction générale de la petite banque Stern, que libère Jean Peyrelevade, promu à la présidence de l'Union des assurances de Paris (UAP). Jaffré va-t-il se lancer dans une carrière privée, loin des adoubements politiques et de la protection de la glorieuse Inspection des finances? Pas si vite. Le retour au bercail de l'administration et de ses satellites sera rapide. Jaffré ne restera que quelques mois dans la banque familiale que préside encore son ami Edouard Stern, celle-là même dont il précipitera la faillite, quelques années plus tard, en tant que président d'Elf et actionnaire important. Car Michel Rocard, ancien ministre de l'Agriculture, le nomme directeur général de la Caisse nationale du Crédit Agricole. Pourquoi le Premier ministre l'a-t-il choisi? Rocard juge bon de montrer que la gauche revenue au pouvoir a abandonné tout sectarisme. Le climat est alors à « l'ouverture ». Le lobby des inspecteurs des finances, débiteur vis-à-vis de Jaffré après la promotion de Trichet, s'active en coulisses pour une solution de rattrapage. Surtout, Jaffré a bénéficié de l'entregent de Jacqueline Chabridon, qui dirige alors la communication du Crédit Lyonnais. Ancienne journaliste politique séduisante, elle a été, notamment, la première épouse de Charles Hernu. Elle est intime à la fois de Michel Rocard et de Philippe Jaffré, ainsi d'ailleurs que de nombreux hommes politiques de premier rang. Nommé par Michel Rocard, Jaffré reste néanmoins clairement dans le camp de la droite. Il s'affiche toujours comme balladurien et fréquentera assidûment, jusqu'en 1993, les locaux de l'Association pour le libéralisme populaire, l'antenne balladurienne animée par Nicolas Bazire et soutenue par Thomson et quelques autres grandes entreprises, boulevard Saint-Germain.

Au Crédit Agricole, Jaffré va montrer ses talents incontestables de gestionnaire : il redresse la banque et la propulse dans l'ère moderne en lui permettant d'afficher de bons résultats. Mais il tarde à engager les réformes de fond et refuse toute acquisition. Dans son premier poste à la tête d'une entreprise, il donne la mesure de ses difficultés relationnelles. Il a tenté d'instituer la tradition d'un pot le vendredi soir : faute d'ambiance, et convaincus que c'est un moyen de contrôler leurs horaires, les cadres dirigeants invités désertent le rendez-vous les uns après les autres ! Pour faire comme tout le monde, il organise des séminaires exotiques. Mais un cadre se souvient qu'à Djanet, dans le Sahara, il était comme à son bureau, à décocher ses flèches tous azimuts et à faire état de grands principes. Cet homme est incapable de se décontracter en public, de prendre le temps de discuter. Pas question pour lui de livrer une partie de lui-même, même dans la nuit saharienne. S'il se déboutonne, il s'effondre, pensent alors plusieurs de ses collaborateurs. Ce grand coincé affectif, drôle et séduisant s'il domine la conversation, est capable de devenir odieux s'il se sent en situation d'infériorité, ou si on lui résiste. Dans ce cas, il pense toujours que c'est par hostilité personnelle ! Macintosh est donc un patron méfiant, qui ne consulte pas et ne fait confiance qu'à son propre jugement. Qui déteste le consensus et se défie des services trop soudés, persuadé qu'ils peuvent l'être contre lui. Il divise donc pour régner. Cette stratégie de la tension, assez répandue chez les grands patrons, vise à détruire toute camaraderie dans les équipes, tout réseau d'influence. Philippe Jaffré fait preuve d'une jalousie maladive : il ne supporte pas que puissent exister des liens entre ses proches s'il ne les contrôle pas directement.

Cette jalousie lui joue des tours. Il prend ainsi en grippe Monique Bourven, responsable des marchés financiers au Crédit Agricole, vedette des journaux spécialisés. En 1990, il n'aura de cesse de vouloir s'en débarrasser : il la surcharge de travail, la déstabilise. Pour la remplacer, il fait appel à... Elie Vannier, alors journaliste à RTL. Finalement, il devra reculer sous la menace d'une grève ! Car pour bien recruter, il faut savoir juger et jauger les hommes. Donc entrer en sympathie avec eux, sinon les aimer. Et cela, Macintosh en est incapable. Pour lui, même les relations humaines peuvent se mettre en équation. Et en tout cas en fiches. Son ordinateur n'est plus visible : il l'a intégré dans un superbe bureau en bois qu'il s'est fait faire sur mesure. Le directeur général du Crédit Agricole continue d'y introduire ses performances au golf, mais aussi toutes les informations personnelles qui lui semblent utiles : y compris son degré de relation avec les gens. Il y a une case pour ceux qu'il invite à déjeuner au restaurant, une autre pour ceux avec qui il peut aller dîner, une troisième pour les privilégiés à qui il ouvre sa table, chez lui, rue de Valois, au-dessus des jardins du Palais-Royal.

Appartenant à la Banque de France, cet appartement de 186 m^2 lui avait été attribué alors qu'il était chef de service au Trésor. Mais Jaffré l'a conservé lorsqu'il a quitté l'Administration pour rejoindre le Crédit Agricole. Et il le gardera chez Elf, y compris après la privatisation. Un attachement qui n'échappera pas au *Canard Enchaîné*. Lorsque le journal révèle cet avantage consenti à Philippe Jaffré, celui-ci paie un loyer de 9 872 francs par mois, soit 20 000 francs de moins, environ, que les prix du marché à cet endroit. La Banque de France a renouvelé le bail de l'heureux locataire, avec une augmentation de loyer de 1,3 % par an, pendant six ans ! Mais après la parution du *Canard Enchaîné*, le loyer sera réévalué plus sérieusement, tout en restant en deçà des prix du marché libre... Philippe Jaffré paye aujourd'hui 15 000 francs par mois. Mais il y a un monde entre ce que fait Jaffré et ce qu'il dit. Ainsi, il n'hésite pas à donner – d'ailleurs à bon droit – des leçons de gestion à la Banque de France, en dénonçant ses coûts trop élevés : c'est « l'une des banques centrales les plus chères du monde », déplore-t-il même publiquement[1].

Un rien Tartuffe, un rien Bourgeois gentilhomme, un rien Avare, un rien Don Juan, Philippe Jaffré, a strictement compartimenté sa vie. Il cloisonne totalement, en particulier, sa vie professionnelle et sa vie privée. Sa femme, Elisabeth, n'aspire qu'au

---

1. *Le Figaro* du 16 juin 1993.

calme et au repos, à tenir la maison et à élever leurs enfants. Elle a cessé de travailler – dans le département publicité de De Dietrich – dès la naissance de leur premier enfant et respecte les règles de vie que son mari a fixées : elle ne l'accompagne pas quand il est en déplacement officiel, ne cherche pas à le joindre, sauf urgence absolue. C'est une épouse et une mère exemplaire.

Outre son domicile familial du Palais-Royal, le président d'Elf dispose aussi d'un bureau-appartement de fonction, rue Christophe-Colomb, dans le VIIIe arrondissement de Paris. Alfred Sirven a habité dans cet immeuble où a été logée, un moment, la fondation d'Elf. Dans cet antre, ce refuge, Philippe Jaffré n'est pas le même homme. C'est là son jardin secret.

5

Eva a gagné

Pour Eva Joly aussi, ce vendredi 5 juillet 1996 est à marquer d'une pierre blanche. Rentrée au cœur de la nuit dans sa maison à 30 km au sud de Paris, où l'ont raccompagnée, comme d'habitude, ses chauffeurs-gardes du corps, elle a dormi plus tard que d'habitude, s'apprêtant à prendre un long week-end de repos, pour s'occuper de son jardin et de ses rosiers. Ce matin, Mme le juge prend son petit déjeuner au soleil en feuilletant les journaux qu'elle a envoyé chercher et qui, tous, étalent, en première page, la photo de Loïk Le Floch et Olivier Metzner arrivant au Palais de Justice. Sa décision de mettre le président de la SNCF en prison n'ayant été connue qu'après l'heure limite de bouclage, les journaux n'en font pas état ou extrapolent à partir du communiqué du parquet annonçant sa décision de demander l'incarcération. Si la presse évite, ce jour-là, d'accabler le patron déchu, elle est bluffée par la juge. Plusieurs journaux dressent son portrait et brodent sur son courage et sa détermination de s'attaquer ainsi aux puissants. Un sourire éclaire le visage fatigué d'Eva Joly. Cette femme sensible lit toujours attentivement tout ce qui s'écrit sur elle et sur les affaires qu'elle traite. Pour mieux apprécier le contexte politique et médiatique dans lequel elle intervient, assurent ses amis. Sans doute. Mais aussi parce que, comme tout le monde, elle a un ego et que le sien n'est pas tout petit.

Ce matin-là, sous le soleil, sa tasse de café à la main, Eva Joly a la satisfaction tranquille du devoir accompli. Car pour elle, bien entendu, la culpabilité de Loïk Le Floch ne fait aucun doute, même si elle n'en a pas encore mesuré l'ampleur : elle l'a dit à plusieurs de ses interlocuteurs, y compris à un petit cercle de journalistes en qui elle a toute confiance. Mais il n'est pas si facile d'accrocher à son « tableau de chasse » un trophée de cette taille. Cette incarcération était l'objectif principal de l'instruction qu'elle a menée depuis près de deux ans et dont elle a accéléré le rythme depuis six mois. Pourquoi cette décision ? Est-ce qu'elle ne se sent pas de taille à lutter avec un Loïk Le Floch libre de ses mouvements, disposant de soutiens au plus haut niveau de l'Etat comme au sein des services secrets, un homme susceptible d'influencer des relais d'opinion et, ainsi, de la déstabiliser ? S'agit-il, tout simplement, de le faire avouer ? Sans doute. Mais pas seulement. Un dossier si complexe, aux mains d'avocats de talent, peut traîner des années. Il fera l'objet d'un appel, sans doute d'un recours en cassation. Beaucoup de choses peuvent se passer entre-temps : si elle intervient un jour, la punition finale sera déconnectée des fautes qu'elle impute à Le Floch, lorsqu'il était à la tête d'Elf, entre 1989 et 1993. Frustrant, pour le juge qui les a débusquées et qui, de toute façon, n'est jamais partie prenante au procès. Eva Joly a agi comme la plupart des juges d'instruction français qui, en dépit des nombreuses circulaires et autres rappels à l'ordre, utilisent volontiers la détention préventive à la fois comme un moyen de pression pour obtenir des aveux et comme une pré-sanction, décidée par eux seuls et adaptée à l'idée qu'ils se font de l'importance de la faute commise. Choquante, cette démarche est de pratique constante : ces femmes et ces hommes, qui ont acquis le pouvoir incroyable de décider seuls de la liberté d'autrui, ne sont pas prêts à s'en laisser dépouiller. Eva Joly pas plus que les autres. Le doute ne l'effleure pas. Le Floch, pense-t-elle, a volé : il doit aller en prison au plus tôt. Il ne méritait pas d'être président d'une entreprise publique : ayant connu la prison, il ne le sera plus jamais.

Pour parvenir à ses fins, Eva Joly a déployé depuis près de deux ans une véritable stratégie de pouvoir qui a été couronnée de succès au cours de l'éprouvante journée de la veille, qu'elle se remémore. Au moment où Le Floch et son avocat se rendaient au Palais de Justice, sous les combles, elle mettait au point le scénario de l'après-midi, avec le substitut François Franchi. Pourquoi lui ? Compte tenu de l'importance de cette affaire, c'est Jean-Claude Marin, procureur général adjoint au tribunal de grande instance de Paris, chef de la section financière du parquet, qui aurait normalement dû prendre ses responsabilités. Mais cet ancien boy-scout, qui adore les affaires sensibles et politiques, en particulier lorsqu'elles mettent en cause des personnalités de premier rang, laissera cette fois la bride sur le cou à François Franchi, en qui il a toute confiance et qui apparaîtra en première ligne. Substitut de la section économique, il a interrompu ses vacances en Corse pour l'occasion. Depuis l'origine, il suit le dossier en direct. C'est lui qui a prononcé les réquisitoires – accablants – visant les principaux mis en examen. Il fait partie de cette catégorie de magistrats qui se rebellent contre le pouvoir politique et s'estiment chargés d'une mission d'assainissement de la société, au nom de la morale.

Le substitut a indiqué dès la fin mai à sa hiérarchie son intention de demander la mise en détention du président de la SNCF. Procureur de la République de Paris, Gabriel Bestard en a tout de suite informé le garde des Sceaux, qui a prévenu le Premier ministre et le président de la République. L'Elysée et la Chancellerie ne songent pas alors à écarter Le Floch de la SNCF, mais à remplacer... le substitut ! Pour couronner le tout, Jacques Toubon choisit ce moment pour déjeuner en tête-à-tête avec Le Floch. Officiellement, ce n'est bien sûr pas le garde des Sceaux qui rencontre le futur mis en examen : c'est le maire du XIIIe arrondissement de Paris qui partage sa table avec le président de la SNCF, pour parler... des aménagements de la gare d'Austerlitz.

Jacques Toubon et Loïk Le Floch peuvent bien déjeuner ensemble : en réalité, il n'y aura pas de vraie tentative d'étouffement. Au contraire : pour la première fois en France, l'autorité politique affaiblie va être ouvertement défiée par les juges du parquet qui lui sont normalement soumis. Ceux-ci vont saisir une occasion inespérée de marquer leur indépendance. Car l'opinion publique, au printemps 1996, est chauffée à blanc contre les patrons et les hommes politiques, toutes tendances confondues. Portés par cette lame de fond, les magistrats – y compris ceux du parquet, jusque-là aux ordres – sont peu à peu entrés en révolte contre le pouvoir. Celui-ci a affiché le mépris dans lequel il les tient en intervenant ouvertement dans plusieurs affaires judiciaires, en particulier celles touchant la Ville de Paris, ses HLM et son maire, Jean Tiberi. Il y avait eu d'abord l'étonnante tentative de déstabilisation du juge Eric Halphen via son beau-père le docteur Jean-Pierre Maréchal, à qui des policiers ont versé un million de francs dans un aéroport, pendant que d'autres devaient filmer la scène, Charles Pasqua étant ministre de l'intérieur. Montage, provocation, mensonge? Edouard Balladur estime que l'« affaire Halphen-Pasqua » lui a tout simplement coûté son élection à la présidence de la République. Puis il y a eu l'histoire de l'appartement de la Ville de Paris attribué à Alain Juppé, alors qu'il était adjoint aux finances de la Mairie de Paris, et loué 13 000 francs par mois. Tancé par le procureur de la République, le Premier ministre sera obligé de le quitter pour emménager à Matignon. Puis celle des deux appartements à loyer modéré, fort bien situés à Paris, accordés – toujours par la Mairie de Paris – aux enfants de M. le maire Jean Tiberi, pourtant heureux propriétaires par ailleurs. Une affaire promptement enterrée par Gabriel Bestard, nouveau procureur de la République. Mais tout cela n'est rien à côté de la tempête qui souffle depuis une semaine à propos d'un scandale qui fait la une des journaux. Le jeudi 27 juin, des officiers de police judiciaire ont refusé d'assister le juge Halphen pour perquisitionner le domicile de Jean Tiberi. Par l'intermédiaire de leur téléphone portable, ces policiers, pourtant tenus par la loi d'obéir au juge, ont demandé des instructions à leur hiérarchie qui leur a intimé l'ordre de rester les bras croisés. Le juge a donc conduit seul la perquisition, avec sa greffière. Cet acte d'insubordination sans précédent a été assumé par Olivier Foll, ancien du cabinet Balladur et patron de la PJ, qui recevra même le soutien du syndicat des commissaires de police[1]! In-

---

1. Olivier Foll sera sanctionné d'un retrait de son habilitation d'officier de police judiciaire pour six mois. Mais il n'en restera pas moins le patron de la

crédule, l'opinion va découvrir, à cette occasion, la montagne de défiance entre les juges et le gouvernement. Et deviner la violence de ce qu'elle prend pour l'affrontement du bien et du mal, mais qui est aussi, et peut-être d'abord, une bataille sans merci pour la conquête du pouvoir dans la société française, à l'aube du troisième millénaire.

En cette première semaine de juillet, les magistrats – toutes tendances confondues – brûlent donc de laver cet affront et de reprendre l'initiative. Le Floch va fournir l'occasion inespérée de redorer le blason de la justice. C'est le client idéal : sa réputation est déplorable. Chaque jour, depuis un an, la presse fait état du soutien accordé par Elf, sous sa présidence, au groupe Bidermann, dont il était administrateur. Il est accusé d'avoir bénéficié, en contrepartie, d'avantages personnels. Le Tout-Paris rivalise de férocité à son égard. Chez Elf, Philippe Jaffré l'appelle « Loïk Le Fric Plongeant ». Dès le lendemain de sa nomination à la présidence de la SNCF, un bon mot a fait florès dans les dîners : « Le Floch arrive, le trafic reprend. » Nombre de ses prétendus « amis » socialistes lèvent les yeux au ciel à la seule évocation de son nom : « Le Floch, disent-ils, a dépassé les bornes. » A gauche comme à droite, dans le microcosme parisien, on tient pour acquise sa malhonnêteté ! Il faut avoir l'esprit de contradiction et le caractère trempé, comme Jacques Calvet, l'intransigeant ancien patron de Peugeot-Citroën, pour prendre en public la défense d'un homme avec lequel il n'a pourtant aucun atome crochu mais dont il a apprécié les qualités alors qu'ils étaient tous deux administrateurs de la Compagnie générale des Eaux. Et pour demander qu'au moins on attende de juger sur pièces.

Le Floch paye quinze ans de pouvoir et d'arrogance, sans la moindre compassion envers ceux qu'il écrasait ni la moindre prudence vis-à-vis ses adversaires. Ni inspecteur des finances, ni X-Mines, il n'appartient à aucun de ces réseaux de solidarité qui

---

PJ. Il faudra le retour de la gauche au pouvoir pour qu'un décret du 19 juin 1997 le nomme inspecteur général des services actifs de la Police nationale, autrement appelés « le cimetière des éléphants », où l'on parque les flics ayant déplu. Il n'empêche que l'opération n'a pas été inutile, pour les amis de Jean Tiberi. Seul avec sa greffière, le juge Halphen commettra une erreur de procédure entraînant l'annulation d'une partie du dossier...

protègent les élites françaises. A cause de sa réussite hors des sentiers battus, on le dit franc-maçon, ce qu'il nie farouchement. Politiquement, il n'a plus de parrain : le gibier divague à découvert. Ancien protégé de François Mitterrand, il est désormais soutenu par Jacques Chirac. Soutenu est un bien grand mot : à cause des rumeurs qui courent sur la collusion entre les deux hommes, sur fond de financement politique, à partir des réseaux africains d'Elf, l'Elysée ne peut se mouiller au-delà du raisonnable pour ce patron devenu prévenant avec le RPR sur le tard mais qui est toujours classé à gauche. Il est le symbole des patrons socialistes, au point qu'il a longtemps été affublé du surnom de Pink Floch (Floch le rose) tant il illustrait, aux yeux de l'establishment, avec sa barbe et ses manières pataudes, la nouvelle vague socialiste qui découvrait les délices du pouvoir. Comme tant d'autres, Le Floch a évolué, mais la droite ne l'a pas admis, venant de lui. Elle n'a pas voulu intégrer ce patron iconoclaste, tandis que la gauche ne lui a pas pardonné d'avoir ainsi trahi les amitiés qui l'avaient porté au pouvoir. Désormais, ce mitterrandien apprécié de Chirac est rejeté par les appareils des deux bords politiques. Personne ne se battra pour lui.

Face à ce méchant de cinéma, Eva Joly apparaît comme une héroïne de série télévisée à succès, genre « Madame le juge », s'attaquant aux politiciens véreux et aux patrons corrompus. Cette femme de cinquante-trois ans évite soigneusement les caméras ; elle est compétente, expérimentée et ne prête pas le flanc aux critiques parfois faites à ses confrères frais émoulus de l'Ecole nationale de la magistrature. Ses origines norvégiennes, son accent, ajoutent une pincée d'exotisme dans un univers judiciaire souvent décrit comme replié sur lui-même, voir confiné. Et, comme dans toute bonne série télévisée, Madame le juge est victime d'une tentative de déstabilisation ! De quoi s'agit-il ? En matière financière, la plupart des magistrats instructeurs s'appuient sur un petit nombre d'experts judiciaires à qui ils assurent des revenus confortables. La tentation du renvoi d'ascenseur est forte : les conclusions des expertises vont généralement dans la direction que suit – ou que désigne – le juge. L'expert judiciaire préféré d'Eva Joly s'appelle Thierry Belot. Elle lui a notamment confié les dossiers Ciments français-Paribas et Bidermann-Elf. Belot est un cumulard : expert comptable, commissaire aux comptes, expert judiciaire. Ses rapports lui donnent généralement pleine satisfaction. Le juge et l'expert travaillent en bonne harmonie. Mais un beau jour, panique au Palais : le nom de Thierry Belot est apparu au détour de deux dossiers tordus, pour lesquels il a été entendu comme témoin. Il lui serait reproché des malversations lors de la faillite du Comptoir des Entrepreneurs. On évoque alors son inévitable mise en examen. Des ragots ciblés sont diffusés dans plusieurs rédactions, sans le début d'une preuve pour les valider. Tout cela ressemble à une opération de déstabilisation montée par une officine spécialisée. Mais le coup fait long feu. L'affaire se révélera plus compliquée qu'on ne l'a dit et, finalement, Thierry Belot ne sera pas inquiété. Il n'empêche : ce coup bas ne visait Eva Joly que par ricochet, mais il a fait mal. Distillé aux bons endroits, le poison s'infiltre dans tout l'organisme. On en parle dans les dîners en ville. Bernard Tapie en fait des gorges chaudes. Des journaux rapprochent avec insistance le nom de la juge et celui de l'expert. Eva Joly se sent défiée.

Mais elle se dit aussi attaquée et menacée, sur sa vie. C'est une première dans les affaires de délinquance financière. Ces menaces seront jugées suffisamment sérieuses pour que la juge réclame et obtienne une protection policière rapprochée. Elle a fait sonder son bureau et vérifier son téléphone, car elle est convaincue d'être écoutée. Qui joue ainsi avec ses nerfs ? A l'époque, Eva Joly confie à des proches qu'elle ne croit pas que Loïk Le Floch soit directement à l'origine, ni des menaces, ni des rumeurs dont elle est l'objet. Pas plus qu'André Lévy-Lang, le patron de Paribas, qu'elle a mis en examen et à qui certains, à ce moment, tentent de faire porter le chapeau. Son regard se porte plutôt vers des milieux corses et policiers, proches de l'ancien ministre de l'intérieur Charles Pasqua, qui n'ont aucun intérêt à ce que les grands et petits secrets d'Elf soient déballés. Sans en être sûre, elle craint que certains services de renseignement français soient eux-mêmes à l'origine de ces attaques. Ne serait-ce que parce qu'Elf – comme Total – a traditionnellement servi à financer les deux grands services secrets, la DGSE – ex-SDECE –

ainsi que la DST. Et que les agents français y sont nombreux et bien installés. En réalité, Eva Joly ne sait pas précisément qui la menace. Aussi laissera-t-elle courir la rumeur qui désigne Le Floch.

Ces attaques ciblées, loin de faire plier la juge, vont renforcer sa volonté d'aboutir à tout prix. Car cette femme de caractère a une haute idée de sa mission : moraliser une nomenklatura française habituée à vivre en cercle fermé, dans le confort des services rendus et des renvois d'ascenseur. A l'anglo-saxonne, elle vénère la morale et le droit, à quoi s'ajoute un souci d'égalitarisme à la scandinave. C'est une pure et dure, qui se méfie des grands patrons et traque le moindre détournement de fonds sans s'occuper de savoir s'il est préjudiciable à l'entreprise ou s'il va dans le sens de ses intérêts[1]. Une femme de principes, poursuivant avec une égale pugnacité les gros et les petits délits. Mais Eva Joly n'est pas un pur esprit. C'est aussi une femme qui aime se mesurer aux puissants et cherche à inverser le rapport de forces en sa faveur. Pouvoir contre pouvoir. Pour s'imposer, elle ne craint pas d'utiliser toutes les possibilités que lui offre le code de procédure pénale. Ainsi que tous les ressorts de la tactique et de la diplomatie. Car cette femme intransigeante, coléreuse, parfois violente, sait aussi se montrer patiente. C'est une fine négociatrice et une habile gestionnaire de l'information. Ces talents, elle va les exprimer à merveille dans la gestion de ce qui n'est, au début, que « l'affaire Bidermann ».

Tout commence, fin 1993, par un coup de panique des commissaires aux comptes, qui refusent de certifier les comptes 1992 de la société de confection. Peu regardants jusque-là, ils réalisent soudain qu'avec la privatisation d'Elf, le dossier risque d'être mis à plat : Philippe Jaffré vient d'inscrire pour 1 franc les titres et créances Bidermann détenus par Elf et achetés 787 millions. Au même moment, Kristen Van Riel, l'avocat de Jaffré, épluche les comptes et va de découverte en découverte. Pour se couvrir, les commissaires aux comptes appellent le procureur

---

1. C'est tout le problème des contours du délit d'abus de biens sociaux, qui varient au gré d'une jurisprudence changeante de la Cour de cassation.

Jean-Claude Marin. Ils le rencontrent le 4 janvier 1994 et dénoncent auprès de lui plusieurs irrégularités ainsi qu'une éventuelle escroquerie à l'assurance : pour des raisons fiscales, une partie de l'argent versé par Elf aurait été inscrite dans les comptes de Bidermann comme des indemnités, consécutives à un incendie. Curieusement, le procureur ne saisit pas un juge mais la Commission des opérations de Bourse (COB), chargée de veiller à la régularité des marchés, qui va ouvrir une enquête[1]. La COB s'exécute sans hâte. Elle ne s'intéresse d'abord qu'aux transactions sur les actions Bidermann, entre avril et juillet 93, ainsi qu'à des plus-values fictives sur Bidermann USA. Elf n'est alors pas directement concernée. La COB a juste demandé le montant total des concours de la compagnie pétrolière et des explications sur l'origine et le cheminement des fonds qui auraient été transformés, après versement, en fausses indemnités d'assurances. Les auditions ont lieu du 25 mai au 4 juin 1994. Jean-Pierre Michaud, chef des enquêtes à la COB, ancien juge d'instruction, n'a pas éprouvé le besoin d'entendre Loïk Le Floch. Dans son rapport final, il ne citera qu'une seule fois son nom, à propos du protocole de financement de Bidermann, signé le 3 août 1993, par un pool d'investisseurs, dont Elf : « Cette date est à rapprocher du départ de Loïk Le Floch-Prigent le 4 août », écrit-il. Début juillet 1994, ce rapport est transmis à Jean-Claude Marin, accompagné d'une lettre de Jean Saint-Geours, président de la COB, qui fait état de la découverte de faits « de nature à constituer des délits d'abus de biens sociaux, de recel, de présentation de comptes annuels inexacts et de diffusion d'informations fausses ». Voilà qui est déjà plus sérieux. Mais il ne s'agit encore que de Bidermann. A la mi-août, le parquet en rajoute une louche. Sur un rapport introductif de François Franchi, le substitut, il ouvre une information judiciaire pour « présomptions graves d'abus de biens sociaux, de recel, de publication de comptes infidèles, de diffusion d'informations fausses et trompeuses commises dans le

---

1. Si Bidermann est effectivement cotée en Bourse et donc sous le contrôle de la COB, elle ne l'est que sur le petit marché hors-cote de Paris, car le nombre d'actions disponibles dans le public est faible et le montant des transactions ridicule.

groupe Bidermann à l'occasion d'opérations financières impliquant Elf ». Le dossier est confié à Eva Joly. Curieusement encore, celle-ci le laissera dormir pendant sept mois, jusqu'à l'approche de l'élection présidentielle, la victoire annoncée d'Edouard Balladur et la décision prise, au mois d'avril 1995, par Philippe Jaffré de se constituer partie civile[1]. Jusque-là, le grand public n'est au courant de rien. Prévenu des auditions de la COB, même Le Floch croit que tout cela ne le concerne plus.

C'est Anne Salomon, une journaliste toujours bien informée sur les affaires, qui va révéler, dans le *Figaro* du 21 mars 1995, l'existence et le contenu du rapport d'enquête de la COB ainsi que les premiers éléments de l'instruction d'Eva Joly. Dès lors, « l'affaire Bidermann », qui deviendra « l'affaire Le Floch » puis, peu à peu, « l'affaire Elf » ne cessera plus d'occuper la une des journaux. Plusieurs d'entre eux la suivront au jour le jour, avec des journalistes qui y consacreront une grande partie de leur temps. Anne Salomon (*Le Figaro*), Hervé Gattegno (*Le Monde*), Laurent Valdigué (*Le Parisien*), Karl Laske (*Libération*), Gilles Gaetner (*L'Express*), Jean-Loup Reverier (*Le Point*), puis Nicolas Beau (*Le Canard Enchaîné*) sortiront, pendant des mois, scoop sur scoop : pratiquement en temps réel, leurs lecteurs prendront connaissance des évolutions du dossier d'instruction et des nouvelles pièces qui s'y rajouteront les unes après les autres. Les informations qu'ils publient iront, pour l'essentiel, dans le même sens : elles accablent Le Floch. Le projecteur est mis sur tout ce qui peut être porté à son débit. Plus étrange : deux ou trois jours avant chaque échéance judiciaire importante pour Loïk Le Floch (mise en examen, demandes successives de mise en liberté devant la chambre d'accusation, recours en nullité de procédure, etc.), ses avocats constateront la publication concomitante d'articles, souvent à charge. Certains éléments publiés à ces moments forts, résisteront mal à l'épreuve du temps. Nombre de ces

---

1. L'a-t-elle vraiment laissé dormir ? Sous la signature de Pierre-Angel Gay, *Le Monde* publie le 8 avril 1995, deux semaines avant la plainte de Jaffré, un article intitulé « Enquête sur le groupe Bidermann » qui annonce les prochains interrogatoires de Loïk Le Floch-Prigent et de Maurice Bidermann et révèle que « la police judiciaire entend, depuis quelques semaines, banquiers et responsables d'Elf-Aquitaine sur commission rogatoire du juge Eva Joly ».

accusations se révéleront cependant consistantes. Entre le vrai et le faux, la justice fera le tri. A son rythme. Il reste que, pendant des mois, des fuites ont été régulièrement organisées, par la partie civile ou par certains de ceux « qui concourent à l'instruction ». Une instruction bien gérée sur le plan médiatique. Rien d'original ici : de nombreux juges ont appris à utiliser les médias pour contrer les risques d'étouffement de leurs dossiers. Pour Eva Joly, comme pour les autres juges d'instruction de la galerie financière, cette méthode succède aux trop longues années pendant lesquelles on ne pouvait, en France, toucher aux puissants, qu'ils soient hommes politiques ou plus encore patrons. Muselée par un pouvoir qui ne lui laissait qu'une faible marge de manœuvre, la Justice en était réduite à sanctionner les subalternes, les troisièmes couteaux, qui portaient bien souvent un chapeau trop grand pour eux. Alors, pour une fois, la première, qu'un juge s'attaquait de front au patron de la plus grande entreprise française... L'influence sur les journaux est un enjeu d'autant plus important qu'Eva Joly prête à Le Floch une supériorité sur le plan médiatique. La juge est en effet convaincue que l'ancien président d'Elf « tient la presse ». A maintes reprises, elle se plaindra d'être seule et désarmée face à une vingtaine d'avocats, en butte à une désinformation systématique organisée par des « directeurs de communication » au service de Le Floch. Quant à Le Floch, il est lui-même persuadé qu'elle et ses enquêteurs sont à la source de pratiquement tout ce qui se dit et s'écrit de négatif sur son compte. Cette double parano ne présage rien de bon.

L'article du *Figaro* résonne comme un coup de tonnerre. Pour la première fois, l'ancien président d'Elf est ouvertement mis en cause dans son soutien à Bidermann. Chacun sait, désormais, vers qui se tourne l'instruction d'Eva Joly. « Nul doute que ce dossier, où l'amitié entre deux hommes a fait oublier à l'un d'entre eux qu'il était d'abord au service de l'Etat, ne recèle d'autres surprises », écrit Anne Salomon. Loïk Le Floch est ouvertement visé et ses fautes sont présentées d'emblée comme avérées et plus graves que celles de Maurice Bidermann. Cette phrase est prémonitoire et semble plutôt modérée par rapport à ce qu'on apprendra par la suite. Mais Le Floch, alors, ne l'entend pas ainsi. Pour étouffer dans l'œuf toute mise en cause personnelle, il décide, sur les conseils d'Olivier Metzner, de porter plainte au civil pour diffamation publique contre *Le Figaro* et Anne Salomon.

Mais début juillet, alors qu'approche la date du procès, Eva Joly appelle Olivier Metzner. L'avocat de Le Floch comprend que son interlocutrice ne souhaite pas qu'un tribunal donne raison à son client, même sur un point de détail, alors que son instruction n'en est qu'à ses débuts. Sans doute de peur que cela soit interprété comme un préjugement favorable, ce dont l'ancien président d'Elf ne manquerait pas de tirer argument. Dans ce qu'il croit être l'intérêt de Le Floch, l'avocat décide donc de se montrer arrangeant. L'accord – tacite – est vite trouvé : Le Floch retire sa plainte contre *Le Figaro*. Eva Joly ne le met pas en examen. Enfin, pas tout de suite...

Ce délai lui convient. Car Eva Joly n'est pas pressée. Il lui faut le temps de tisser sa toile. Elle a mis au point une méthode particulière d'instruction qui a montré toute son efficacité, depuis qu'elle a fait irruption dans l'actualité, au début de l'été 1994, en faisant entrer pour la première fois dans un fourgon cellulaire un autre grand caïd des affaires, proche lui aussi de François Mitterrand : Bernard Tapie. Eva Joly n'est alors en charge que d'un seul des nombreux dossiers judiciaires du flamboyant député : la façon dont il a exploité le *Phocéa*, son bateau de milliardaire, avec le soutien actif du Crédit Lyonnais. Une affaire d'abus de biens sociaux, avec un tour de passe-passe fiscal : Tapie déduisait les pertes du *Phocéa* des bénéfices réalisés par ailleurs, pour payer moins d'impôts et parfois pas du tout ! A l'époque, le *Phocéa* n'est pas la plus grosse des casseroles que traîne Tapie. Mais c'est grâce à elle qu'Eva Joly va, pour la première fois, faire tomber le « flambeur » de son piédestal. Elle obtient la levée de l'immunité parlementaire du député de Gardanne, accordée en séance solennelle de l'Assemblée nationale, le 28 juin 1994. La fenêtre est étroite. Le 19 juillet suivant, Tapie est à nouveau protégé par son mandat de député européen. Craignant d'être incarcéré pour l'exemple, il envisage d'aller faire une rocambolesque mission de quinze jours au Rwanda, présentée comme humanitaire, histoire de se mettre au vert. Il décide aussi d'envoyer sa femme à Ibiza, craignant qu'Eva Joly ne la mette en prison à sa place !

Avertie de ces projets par les écoutes qu'elle a fait poser sur les lignes de téléphone du député, Eva Joly n'hésite pas. Elle va le faire arrêter à 6 h 05, le lendemain matin, par des policiers de la brigade financière, alors qu'il dort dans son hôtel particulier de la rue des Saints-Pères. L'ancien ministre se débat, insulte les policiers, refuse de s'habiller : « Elle vient me cueillir dans mon lit, la salope, elle me verra à poil ! » avait-il hurlé. Après un détour vers leur fief de la rue du Château-des-Rentiers, le temps que Tapie se calme et de déposer plainte contre lui, pour rébellion, les policiers le conduisent finalement dans le bureau d'Eva Joly, menottes aux mains. Surprise ! Alors que la France entière est suspendue à sa décision, elle le libérera à midi, après lui avoir simplement signifié sa mise en examen, sans l'interroger sur le fond de l'affaire. Etrange explication du *Figaro*[1] : « le juge n'a pas eu le temps de prendre connaissance, en quelques instants, des faits reprochés à son client... » Eva Joly impose néanmoins à Tapie un contrôle judiciaire lui interdisant de sortir du territoire français[2]. Pour pouvoir arrêter dès l'aube le député dont l'immunité a été levée la veille en fin d'après-midi, Eva Joly a dû monter une véritable opération commando, avec l'aide du parquet et de la chancellerie. Des formalités qui prendraient en temps ordinaire au minimum une semaine, ont été réglées en quelques heures. Ce fait d'armes, alliant courage, volonté et organisation, va faire de ce magistrat alors inconnu la mascotte

---

1. Le *Figaro* du 30 juin 1994.
2. A l'audience, les débats démoliront l'accusation d'abus de biens sociaux et le substitut Sylvie d'Arvisenet demandera la requalification des faits en banqueroute, ce qu'acceptera le tribunal. Thierry Lévy, l'un des avocats de Tapie, tempêtera contre cette affaire menée « au galop » par le juge. « Le mot précipitation est déplacé, a-t-il publiquement ironisé. Cette instruction a été conduite en violation de nos droits. » Et Jean-Charles Simon, l'avocat qui a défendu les intérêts d'Elie Fellous, ex-PDG de Bernard Tapie Finance, s'est interrogé, dans *Le Nouvel Observateur* : « Comment cette spécialiste n'a-t-elle pas vu qu'il s'agissait d'une banqueroute ? A moins qu'elle ne l'ait vue mais qu'elle ait évité cette qualification pour protéger le Lyonnais ? »

du Palais, la plus admirée des onze juges de la galerie financière – six hommes et cinq femmes.

A la différence de beaucoup de ses collègues qui évitent souvent les dossiers à risque, Eva Joly préfère la pêche au gros à celle des petits poissons. Le premier homme d'affaires qu'elle inscrit à son palmarès s'appelle Cyril de Rouvre. Cet héritier n'a rien vu venir. Il avait repris les deux entreprises agro-alimentaires de son père, s'était fait domicilier en Suisse, vivait grand train, roulait en Ferrari. Comme Bernard Tapie, il mêlait les affaires et la politique, s'étant fait élire, sous la bannière du Parti républicain, maire de Chaumont – où est situé le château familial – et conseiller régional de Champagne-Ardenne. Devenu patron de l'écurie de Formule 1 Guy Ligier, ce play-boy avait négocié la fusion de la Financière Robur, société cotée qu'il présidait et qui gérait de nombreux droits audiovisuels, avec l'UGC. Et voilà que sur plainte de cette société de distribution de films, Cyril de Rouvre est accusé d'abus de biens sociaux et de banqueroute... aux dépens de sa propre société familiale Cofragec. Ce qui lui vaudra de passer Noël 93 en prison. Trois ans plus tard, de Rouvre sera condamné pour abus de biens sociaux et banqueroute à trente mois de prison dont douze fermes et 1 million de francs d'amende, assortis d'une interdiction de gérer pendant vingt ans. Le producteur n'a rien compris au film : « Cofragec, c'était à moi et à personne d'autre, a pleurniché Cyril de Rouvre : quand elle gagnait de l'argent j'en gagnais, quand elle en perdait, j'en perdais. »

Ce petit « flambeur » éliminé, Eva Joly va passer au niveau supérieur, à l'occasion de l'affaire de bilans falsifiés des Ciments français, société cotée, filiale de la banque Paribas. Le patron des Ciments français, Pierre Conso, est mis en examen et écroué. Pour sortir de prison, il accable ses supérieurs, jusqu'à André Lévy-Lang. D'autant plus ennuyeux pour le président de Paribas qu'il a signé un document laissant penser qu'il pouvait être au courant des agissements du patron de sa filiale. Pendant un an, Eva Joly encerclera sa cible, en interrogeant l'un après l'autre tous les témoins. Paradoxalement promu à la présidence de Paribas pour y faire le ménage et rompre avec les vilaines pratiques historiques de cette banque, Lévy-Lang protestera publiquement, fera savoir qu'il n'était au courant de rien, mettra en doute la bonne foi des témoins dont certains pouvaient avoir intérêt à se venger puisqu'il les avait renvoyés ou mis au placard dès son arrivée. Peine perdue, pendant un an, Eva Joly ne daignera pas entendre cet homme pourtant réputé pour son intégrité.

Mise en examen ou en prison de subordonnés ainsi que de tous ceux susceptibles de se montrer bavards ; encerclement méthodique du gibier ; accumulation de preuves et, à défaut, de témoignages sollicités avant de foncer, au moment choisi, sur sa proie : Eva Joly utilisera cette méthode de travail, très efficace, très personnelle, pour tous les gros dossiers dont elle aura la charge. Après André Lévy-Lang et Loïk Le Floch-Prigent, Jean-Maxime Lévêque, ancien président du Crédit Lyonnais, en fera à son tour l'expérience[1]. Elle n'hésite pas à incarcérer cet homme de soixante-quatorze ans, accusé de délits financiers, et l'interroge rapidement, une seule fois, avant de partir trois semaines en vacances, dans un petit village de Corse du Nord dont était natif Mémé Guérini et qui est toujours réputé comme un repaire de bandits. En agissant de la sorte, Eva Joly a confirmé qu'elle ne se sentait en rien tenue par une tradition non écrite qui mettait les personnes âgées à l'abri de la détention préventive, a fortiori en l'absence de toute violence physique. Pourquoi se priverait-elle de cette arme, alors que l'expérience montre qu'après soixante-dix ans, les journées de prison comptent double et que certains sont prêts à tout pour en sortir ? Ces méthodes peuvent choquer certains. D'autres ne cachent pas leur admiration pour cette façon de travailler, au nom de l'efficacité. Selon eux, face aux gros calibres que sont les PDG influents, les juges d'instruction sont désarmés. Ceux qui procédaient trop tôt à des mises en examen se faisaient balayer. La preuve : pour une centaine de grands dirigeants français mis en examen depuis le début des années 1980, combien ont été jugés ? Une poignée.

---

1. Jean-Maxime Lévêque est le premier inspecteur des finances qu'elle enverra en prison. Il restera à la Santé du 29 mai au 26 septembre 1997. Banquier de droite, financier du RPR et grand donneur de leçons, Lévêque a présidé le Crédit Commercial de France et le Crédit Lyonnais, avant de créer sa propre structure, IBSA, qui s'est compromise dans différentes affaires.

Avec la méthode Joly, pendant tout le temps où le juge d'instruction enquête, la victime désignée n'a pas accès au dossier. Une situation en contradiction avec les règles précises du code de procédure pénale[1] particulièrement angoissante pour des PDG déstabilisés dans la conduite de leur entreprise, et propice à entretenir les plus invraisemblables rumeurs. Le plus éprouvant étant l'incertitude. Ainsi André Lévy-Lang venait-il de dévaler une piste à Val-d'Isère, entre Noël et le jour de l'an, quand il s'est finalement vu notifier sa mise en examen... annoncée dans la presse depuis plusieurs mois.

Les méthodes d'Eva Joly sont d'autant plus redoutées qu'à la différence de la plupart de ses collègues, elle maîtrise la technique financière, qu'elle a acquise au cours de stages approfondis et répétés. Au point, parfois, d'en rajouter devant les grands patrons. Toujours comme pour se mesurer à eux. Le courage, allié à la compétence, lui permettra de mettre également en examen Nicholas Clive-Worms et Claude Pierre-Brossolette, ex-directeur du Trésor, ancien directeur adjoint du cabinet de Valéry Giscard d'Estaing, ancien président du Crédit Lyonnais. Elle n'ira pas jusqu'à emprisonner ces figures de l'establishment français le plus huppé. Mais leur interdira de sortir de France puis laissera son instruction en sommeil pour s'occuper de l'affaire Elf. En dépit d'interventions répétées de ses avocats, auxquelles elle ne daignera même pas répondre[2], Nicholas Clive-Worms restera ainsi dix-huit mois sans passeport... avant finalement de quitter la France pour aller s'installer en Angleterre.

La méthode Joly, c'est aussi le choix du moment : elle met

---

1. Le code stipule qu'une personne soupçonnée d'un délit doit être mise en examen aussitôt que pèsent sur elles des charges suffisantes. C'est d'ailleurs pour dédramatiser cette étape de l'instruction que l'« inculpation » a été remplacée par la « mise en examen ». Celle-ci ouvre en effet les droits de la défense, à commencer par l'accès au dossier, l'assistance d'un ou de plusieurs avocats. Surtout, le témoin est dans l'obligation de répondre au juge et de dire la vérité, tandis que le mis en examen a le droit de mentir ou de se taire pour les besoins de sa défense. Nul ne peut lui en faire grief.

2. Une avocate stagiaire chargée par un des conseils de Clive-Worms de présenter sa requête à Eva Joly, a attendu deux jours devant son bureau avant d'être reçue, sans un mot. C'est le greffier qui a rompu le silence :

— Madame le juge vous répondra par écrit. L'entretien est terminé.

ainsi à profit une période de complète vacuité du pouvoir politique, entre les deux tours de l'élection présidentielle, pour envoyer Jean-Maxime Lévêque à la Santé. Et c'est enfin la prise en compte des véritables rapports de forces. Pour arriver à ses fins, elle ne néglige rien. Ainsi, parmi les quelque 80 dossiers d'importance inégale dont elle a la charge (sur lesquels trois ou quatre la passionnent), il en est un auquel elle a tenu par-dessus tout : celui de la faillite de la station de sports d'hiver Isola 2000, dans lequel le promoteur immobilier Dominique Bouillon est mis en cause. Ainsi que sa proche collaboratrice, une grande et belle femme blonde. Mariée à un fils de Jean-François Deniau, Sophie Deniau est la fille de Lise Toubon et donc la belle-fille de Jacques Toubon, le garde des Sceaux de Jacques Chirac. Aussi Eva Joly fera-t-elle tout pour conserver l'instruction de cette affaire que le juge Renard, de Nice, cherchera à récupérer, en vain. Il dépendra donc d'elle et d'elle seule de dire si Sophie Deniau, royalement rémunérée à Isola 2000, était une comparse utilisée à son insu ou bien si elle avait joué un rôle moteur dans les opérations délictueuses. Elle peut la mettre à sa guise en prison. Un juge d'instruction tient ainsi le garde des Sceaux à sa merci : dans n'importe quel pays démocratique autre que la France, Jacques Toubon aurait tiré les conclusions de cette situation. En démissionnant, quitte à se voir confier la responsabilité d'un autre ministère. Mais Jacques Toubon est considéré par Jacques Chirac et Alain Juppé comme le principal verrou du dispositif de protection dans les enquêtes tentaculaires sur les pratiques de la Mairie de Paris. Alors, on composera avec les principes...

C'est à la fin de 1995 que, pour Eva Joly, tout a basculé. Elle enquêtait tranquillement quand, à la mi-décembre, le nom de Le Floch se met à circuler pour la présidence de la SNCF. Depuis trois semaines, les cheminots étaient en grève, en réaction au projet d'Alain Juppé de modifier leur régime spécifique de retraite. Trois semaines pendant lesquelles Paris avait été bloqué par des files de voitures ininterrompues. Sans trains, sans métro, sans autobus, la capitale ne pouvait plus absorber les millions de banlieusards venant chaque jour sur leur lieu de travail. Tentant désespérément de gagner leurs bureaux à pied, en auto-stop, en vélo ou en patins à roulettes, les Parisiens s'étaient découvert un sens nouveau de la solidarité. Mais l'exercice avait ses limites. Patron technocratique et contesté de la SNCF, Jean Bergougnoux finit par être lâché par les pouvoirs publics et sa démission rendue publique le 15 décembre. Que son remplaçant réussisse à faire repartir les trains, à calmer les cheminots et à mettre en œuvre une véritable réforme, il apparaîtra comme un héros national.

A qui Jacques Chirac va-t-il confier cette mission d'intérêt général ? A Christian Blanc ? Lui aussi classé patron de gauche, ce franc-maçon avait négocié, sous Rocard, l'accord entre les Canaques et les Caldoches en Nouvelle-Calédonie. Mais le patron d'Air France est pour le moment irremplaçable. Louis Gallois ? L'ancien directeur de cabinet de Jean-Pierre Chevènement au ministère de l'Industrie peut difficilement être délogé de l'Aérospatiale qui prépare une fusion complexe avec Dassault, assortie d'une privatisation à risques. Reste Le Floch. Quand, pour la première fois, le nom du patron de Gaz de France est cité, c'est l'affolement et la fureur dans le microcosme. Bien entendu, le corps des polytechniciens, qui a toujours cru que la SNCF lui appartenait, s'insurge contre l'arrivée annoncée du va-nu-pieds. Philippe Jaffré téléphone à tout Paris, fait le siège des ministères et de l'Elysée, et agite le tout-puissant corps des inspecteurs des finances pour lui barrer la route. Consulté, le garde des Sceaux donne un avis défavorable et met en garde l'Elysée et Matignon : Le Floch a de fortes chances d'être bientôt mis en examen dans le cadre de l'affaire Bidermann. A Matignon, Maurice Gourdault-Montagne, le directeur de cabinet, tient le cahier de doléances qui s'allonge toutes les heures. Alain Juppé lui-même monte au créneau et appelle Chirac à plusieurs reprises pour le dissuader de prendre cette décision, y compris devant témoins. Tous dressent des contre-feux face à Le Floch. On ressort le nom de Louis Gallois. Beaucoup, à droite, aimeraient voir cet homme de gauche, intègre et compétent, ancien directeur général de l'Industrie, se briser les ailes à la SNCF. Le nom de Louis Schweitzer est lui aussi cité. Nombreux sont également ceux qui souhaiteraient écarter l'ancien directeur de cabinet de Laurent Fabius de la présidence de Renault, promise à la privatisation. En plus, pour son malheur, Schweitzer a reconnu maintes fois qu'il adorait jouer au train électrique !

Le 19 décembre, en fin de matinée, Louis Gallois est appelé par le ministre des Transports Bernard Pons. Il pose des conditions sur son degré d'autonomie. Rendez-vous téléphonique est pris pour l'après-midi. A dix-huit heures, le téléphone n'a toujours pas sonné et Gallois se rend, comme prévu, au bal de l'Armement. C'est le téléphone de Le Floch qui sonne. Pons lui propose la SNCF :

— Vous devez accepter. Le président de la République pense que c'est votre devoir.

Sur les cinq derniers PDG de la SNCF, quatre ont été remerciés avant terme. Le Floch demande des précisions :

— Quelle sera ma marge de manœuvre ? L'Etat est-il prêt à éponger une partie de la dette colossale ?

Pons le coupe. Le temps est compté. Chirac doit annoncer sa nomination le lendemain, en Conseil des ministres :

— Ecoutez, nous sortons d'un des conflits les plus longs et les plus durs que le rail ait jamais connu en France. Je puis vous dire que la situation est propice à toute réforme de grande ampleur et à une remise à plat complète du dossier. Le gouvernement y est favorable et vous soutiendra.

Face à l'establishment dressé sur ses ergots, le chef de l'Etat, seulement soutenu par Dominique de Villepin, secrétaire général de la présidence, a réagi en politique, soucieux de garder son indépendance et de bousculer les corps constitués. « Chirac est un intuitif qui est séduit par les individus, explique alors un de ses proches. Pour lui, Le Floch a un côté rural, breton, solide, il a de l'épaisseur et le langage qu'il faut pour parler aux syndicats. » Pour Chirac, Le Floch a aussi le mérite d'avoir refusé de couper les réseaux de financement du RPR lorsque François Mitterrand l'avait installé à la présidence d'Elf. Historiquement, Elf avait été au cœur de la politique africaine de la France. C'est par la compagnie pétrolière que transitaient une partie des financements des chefs d'Etat africains, et du retour en France de la part de ces aides affectée au financement des partis politiques. Mis en place sous de Gaulle, le système fonctionnait essentiellement à destination du RPR. Lors de l'intronisation de Le Floch, les pontes du gaullisme avaient donc craint que celui-ci ne dévie les circuits, en faveur du Parti socialiste. Respectueux du poids de l'Histoire et des échéances électorales qui s'annonçaient favorables à la droite, le nouveau patron d'Elf ne toucha à rien de ce qui existait déjà. Il ne fit qu'ajouter des financements supplémentaires, officiellement pour le Parti socialiste, en réalité pour des amis du Président. Du coup, Chirac et Le Floch se trouveront ensemble dans le camp des TSB – tout sauf Balladur. Une connivence qui, dira-t-on par la suite, fournira des raisons personnelles à Jacques Chirac de vouloir soutenir Loïk Le Floch.

Mais cette nomination n'est pas seulement une question d'affinité politique et de renvoi d'ascenseur visant à protéger Le Floch des foudres de la justice. Quelques personnalités indépendantes pensent que l'ancien PDG d'Elf-Aquitaine est l'homme de la situation. C'est le cas d'Ambroise Roux, patron de l'Association française des entreprises privées (Afep) : « Il faut à la tête des chemins de fer quelqu'un qui ait vraiment des tripes », a affirmé à Chirac le parrain du grand patronat. François Pinault, patron de Printemps-La Redoute et ami intime du Président, s'est mouillé lui aussi pour cet enfant du « pays » – ils sont bretons tous les deux – avec lequel il a fait des affaires et qu'il respecte. Pour eux, Le Floch est d'abord un patron à la fibre sociale, qui gère de façon physique, connaît bien la CGT et ses dirigeants. Un négociateur habile, qui sait lâcher sur l'accessoire pour gagner sur l'essentiel, qui évite de faire perdre la face à ses adversaires. Finalement, l'un des rares patrons français à savoir mettre les syndicats dans sa poche. Pendant les grèves, s'ennuyant à Gaz de France qu'il n'a jamais trouvé à sa mesure, il a arpenté les rues de Paris, des heures durant, pour discuter avec les grévistes et les usagers et tenter de comprendre leur état d'esprit.

Jacques Chirac a tranché. Quelques jours auparavant, Le Floch faisait encore la fine bouche : « Tu sais, faire rouler les trains, ce n'est pas de mon niveau », confiait-il au banquier d'affaires Bernard Esambert. Mais au moment où il apprend sa nomination, il

éclate de joie devant son n° 2 à Gaz de France, Pierre Gadon-
neix :

— Ça y est, c'est gagné, ils ne m'auront plus !

Symétriquement, cette nomination en forme de pied de nez va
mettre Eva Joly hors d'elle. Littéralement. Elle est outrée.
Lorsqu'elle apprend, à la lecture des *Echos* et de *La Tribune*, que
l'homme sur lequel elle enquête depuis près d'un an, en accumu-
lant témoignages à charge et éléments de preuves, s'apprête à être
ainsi promu par Jacques Chirac, elle manque de s'étrangler.
Comment a-t-il osé ? Et, à son tour, Eva Joly va oser sur-le-
champ défier le chef de l'Etat, s'attirant dans l'instant
l'admiration de bon nombre de ses collègues, ravis de voir un
mano a mano d'un tel niveau. « De ce bras de fer entre un juge et
le président de la République, que voulez-vous qu'il arrivât ? Le
juge vainquit, écrit le journaliste Eric Zemmour[1]. Depuis lors,
Eva Joly sait qu'elle joue sa carrière sur ce dossier. » Sa carrière,
non. Mais sa réputation, à coup sûr.

La réaction de la juge fut publique et violente, à la mesure de
ce qu'elle a pris pour un défi personnel, une entrave aux règles
élémentaires de la République. Comment le plus haut personnage
de l'Etat peut-il ainsi se moquer de la loi ? S'il croyait ainsi pouvoir protéger Le Floch, il se trompe : le résultat sera strictement
inverse. Le 21 décembre, au lendemain même de la nomination
de Le Floch à la présidence de la SNCF, elle lance une perquisition au domicile de Maurice Bidermann et au siège de son
entreprise. Tout de suite mis au courant, les journaux font, bien
évidemment, le rapprochement. C'est un trait de caractère d'Eva
Joly : à froid, elle peut se montrer ouverte à la négociation et au
compromis. Mais cette femme orgueilleuse ne supporte pas
qu'on cherche à lui forcer la main. Comme ces journalistes soupe
au lait qui en rajoutent lorsqu'on tente de faire pression sur eux,
elle affirme alors une détermination sans faille, décidée à aller,
s'il le faut, au clash.

Ce clash, personne, en réalité, ne le souhaite, le coup de sang

---

1. *Le Coup d'Etat des juges*, Grasset, 1997.

passé. Après la perquisition chez Bidermann et la mise en cause de Le Floch dans les journaux, entre Chirac et Eva Joly, c'est un but partout, la balle au centre. Fin décembre, une négociation discrète et indirecte va donc s'ouvrir, via le garde des Sceaux et le parquet. Le pouvoir s'engage à laisser Eva Joly conduire son instruction à sa guise, sans lui mettre de bâtons dans les roues; en contrepartie, la juge fait savoir qu'elle ne compte pas mettre Loïk Le Floch en examen pendant un délai de six mois, à compter du 1er janvier 1996. Le temps, pour elle, d'approfondir sa connaissance du dossier, d'accumuler les éléments. Le temps, pour le gouvernement Juppé, de permettre à Le Floch de remettre la SNCF au travail et de lancer une réforme ambitieuse.

Cet accord secret sera respecté à la lettre, par les deux parties. Mais, fidèle à sa méthode, elle profitera de ces six mois pour prendre Le Floch dans un filet dont elle va peu à peu resserrer les mailles et dont jamais il ne pourra se libérer. Et dès le délai de six mois écoulé...

6

Mademoiselle Farseth

Quelques semaines avant l'incarcération du président de la SNCF, en ce mois de mai 1996, glacial et pluvieux, alors que l'affaire Bidermann-Le Floch s'étale dans les journaux et qu'elle multiplie les mises en examen, Mme Farseth-Joly marie sa fille, jeune et jolie avocate qui vient d'entrer dans un cabinet anglo-saxon de renom. Un cabinet d'affaires. Sa mère aurait préféré qu'elle s'oriente vers le pénal, mais qu'importe ! Eva et elle s'adorent. Pour sa fille, Mme Joly a bien fait les choses. Le mariage religieux est célébré, en ce samedi de mai, dans le XVIe arrondissement de Paris. En petit comité : il n'y a là qu'une soixantaine de personnes, en comptant les frèrés et sœurs d'Eva Joly et certains de leurs enfants, venus tout exprès d'Oslo. Les parents du jeune couple reçoivent à l'ambassade d'Angleterre, rue du Faubourg-Saint-Honoré, à deux pas du Palais de l'Elysée. Il y a là plus de 700 personnes. Sœur d'Antoine Rufenacht, maire (RPR) du Havre et président du conseil général de Haute-Normandie, la mère du marié connaît et reçoit le Tout-Paris. En face, les Joly ont battu le rappel de toutes leurs relations. En particulier la plupart des magistrats de la galerie financière, y compris plusieurs de ceux que la juge ne porte guère dans son cœur, comme Edith Boizette, qui a instruit l'affaire Pechiney. C'est sur elle qu'Eva Joly renvoie les journalistes qui cherchent à la faire parler d'elle : « Faites donc plutôt le portrait de ma consœur Edith

Boizette, en plus elle est très photogénique », dit-elle. Mais ce jour-là, les couteaux sont rangés au vestiaire. Jacques Calvet, le patron de Peugeot, invité par la famille du marié, interpelle aimablement Eva Joly :

— J'apprécie beaucoup votre courage, madame, mais je me demande parfois si vous ne pensez pas que tous les patrons français sont d'horribles corrompus...

Elle se défend, comme piquée au vif, sans comprendre l'ironie :

— Ne croyez pas cela, ce n'est pas du tout le cas, je n'ai jamais imaginé une chose pareille.

La réception est superbe. Elle se poursuivra après le départ des proches, partis discrètement en fin d'après-midi. Car le soir, pour la famille et les vrais amis, Eva Joly a organisé un dîner dans sa maison de maître, au sud de Paris, où Mme la juge convie, chaque année, en juin, tous ses collègues, avec leurs greffiers, accentuant ainsi l'esprit club des magistrats de la galerie financière.

Le seul magistrat présent est Mireille Filipini, elle aussi de la galerie financière. A l'opposé d'Eva Joly, elle est connue pour sa faible propension à accélérer les dossiers les plus délicats qu'on lui confie. Comme celui du financement du Parti républicain, de la Garantie mutuelle des fonctionnaires et surtout l'affaire de la Société Générale, en sommeil depuis... dix ans[1].

En ces circonstances, Eva Joly se révèle une maîtresse de maison exemplaire : les plans de table ont été réalisés avec délica-

---

1. En octobre 1988, un raid boursier a été déclenché contre la banque récemment privatisée. Avec l'aval de Pierre Bérégovoy, il est conduit par Georges Pébereau, patron de Marceau Investissements, soutenu par François Dalle (L'Oréal), Gustave Leven (Perrier) et Jean-Louis Descours (Chaussures André). Ces « golden papies » sont soupçonnés d'avoir acheté des titres Société Générale et de les avoir logés dans des « sociétés parkings » à l'étranger, pour faire des plus-values illicites. Le financier Samir Traboulsi est accusé de délit d'initié, tout comme Jean-Charles Naouri, ancien directeur de cabinet de Pierre Bérégovoy. Le parquet explique la durée de cette instruction par le refus, opposé par la justice suisse, de répondre aux interrogations du juge Mireille Filipini. Mais d'autres informateurs font état d'une claire volonté d'enterrer ce dossier, lancé à grand fracas lorsqu'on croyait qu'il nuirait exclusivement à certains hommes politiques et hommes d'affaires de gauche et qui, en réalité, met en cause des personnalités du grand establishment. Résultat : la lenteur de la justice lui permet de conserver depuis dix ans des cautions de 60 millions de francs, dont celle de... 20 millions de francs qui a été réclamée à Samir Traboulsi, sur laquelle l'Etat lui verse royalement les intérêts légaux de 2,5 % par an !

tesse, elle a un mot gentil pour chacun et veille à ce que les mariés soient au cœur de la fête. L'ambiance est chaleureuse et conviviale. Les Joly sont tous les deux des citoyens responsables et engagés. Lui est un médecin de campagne à l'ancienne, comme l'était le père de Loïk Le Floch-Prigent. Il ne fait pas payer ses clients nécessiteux et va même, sans rien dire à personne, soigner les SDF du coin. Elle est une femme admirable, capable de donner son temps pour toutes les causes qui le méritent. En plein milieu de l'affaire Elf, on lui demande de jouer dans une pièce devant des enfants handicapés. Non seulement elle accepte, mais elle apprend son rôle, le soir, avec autant d'application que si elle préparait le concours du Conservatoire !

Mais Eva Joly est en même temps une femme calculatrice et ambitieuse. Celle qui s'inscrit à la 49ᵉ session de l'Institut des hautes études de la défense nationale (IHEDN), pour l'année scolaire 1996-1997. Chaque année, le ministère de la Défense propose à un certain nombre de personnalités de toutes origines – industriels, hommes politiques, journalistes, magistrats... – d'approfondir leur connaissance des problèmes stratégiques et militaires. L'objectif est d'établir un lien fort et durable entre les élites civiles du pays et sa défense. Parmi les personnalités pressenties, une petite centaine seulement s'inscrivent. Car il faut s'engager à suivre toutes les activités – cours théoriques, conférences, rencontres de toutes natures, voyages d'études en France et à l'étranger – qui prennent énormément de temps et bloquent un grand nombre de samedis et de week-ends. Impossible à concilier, pour ceux qui sont effectivement aux commandes. La session de l'IHEDN vient donc, généralement, occuper l'emploi du temps des hommes politiques renvoyés un moment dans l'opposition, des journalistes provisoirement au placard ou des cadres d'entreprises qui viennent se ressourcer et élargir leur champ de vision entre deux postes.

Eva Joly qui, à cette époque, écrit chaque matin un nouvel épisode du feuilleton de l'affaire Le Floch-Bidermann, n'est évidemment pas dans cette situation, d'autant qu'elle a, en parallèle, la gestion de près de quatre-vingts autres dossiers avec, au bout de la chaîne, des victimes qui demandent réparation et des accusés qui attendent d'être blanchis ou d'être renvoyés devant un tribunal pour être fixés sur leur sort. Dès qu'elle est connue, la décision d'Eva Joly de s'inscrire à l'IHEDN va donc être vertement critiquée au Palais et dans les cercles du pouvoir. Des indiscrétions filtrent dans la presse. *Le Point*, sévère, parle d'une « perspective peu compatible avec le suivi de dossiers aussi lourds que les siens[1] ». Eva Joly ne supporte pas d'être ainsi « attaquée ». Elle se justifie : « Oui, je suis des cours le samedi matin, en dehors de mes horaires de travail. Je crois d'ailleurs que les gens ne s'intéressent pas suffisamment aux problèmes militaires, à l'industrie d'armement. » Sans doute, mais les justiciables, eux, s'intéressent surtout à leur devenir. Il est vrai qu'Eva Joly, première arrivée au Palais et souvent dernière partie, en fera toujours beaucoup plus, même en suivant des stages, que la plus grande partie des juges d'instruction dont beaucoup ne travaillent que l'après-midi !

Outre le perfectionnement des connaissances stratégiques qu'il apporte, l'IHEDN est surtout couru pour le réseau de relations à haut niveau qu'il permet de se constituer. Car l'intensité du travail, la vie en commun pendant une année créent des liens forts entre les membres d'une même session. Très vite, Eva Joly va devenir la petite reine, selon les uns, ou le mouton noir, selon les autres, de cette session. D'emblée, un soir, la discussion s'engage sur la raison d'Etat. Pour la plupart des participants – comme, évidemment, pour l'institution militaire – l'intérêt supérieur de la nation doit prévaloir, dans certaines circonstances, sur la simple justice et le sort de tel ou tel. Eva Joly réfutera, sans appel, une telle approche. Pour elle, la justice doit s'imposer à tous, en toute circonstance, d'autant que la raison d'Etat, habillée notamment par le « secret-défense » sert souvent de paravent commode à des pratiques tout bonnement délictueuses. La justice, dit-elle, est à la base du pacte social. Pour cette protestante à principes, plus que l'Etat, c'est elle qui fonde la nation moderne.

Ce n'est pas cette approche radicale – mais logique, venant d'un magistrat – qui a surpris les membres de la session ayant assisté à la première intervention d'Eva Joly, mais le ton avec lequel elle l'a, ce jour-là, exprimée. « Ce petit bout de femme,

---

1. *Le Point* du 23 mars 1996.

qui ne connaissait presque personne, arrivait dans un monde inconnu, parlait de façon assurée et définitive, ne laissant aucune
place à l'opinion des autres, se souvient un auditeur. Elle a
d'emblée marqué son terrain et, par la suite, chacun s'est défini
par rapport à elle et à sa vision des choses. »

Qui est Eva Joly ? Est-ce cette mère tendre, cette maîtresse de
maison attentive, cette citoyenne engagée, donnant son temps
pour les causes qui lui tiennent à cœur, cette femme séduisante,
avec son charmant accent scandinave, ce magistrat soucieux du
triste sort fait aux détenus dans les prisons françaises, comme elle
ne manque jamais de le dénoncer ? Ou bien est-elle la femme
dure et ambitieuse que décrivent ses ennemis ? La furie qu'ont
décrite certains avocats, capable de sortir brutalement de ses
gonds ? Une femme cherchant à se mesurer aux puissants, à se
mettre à leur niveau ? Une femme avide de pouvoir, qui se
servirait de sa notoriété de magistrat comme d'un tremplin politique, à l'image d'un Jean-Louis Debré, ministre de l'intérieur
d'Alain Juppé, d'un Alain Marsaud, devenu un moment député
RPR avant de se replier à la Compagnie générale des Eaux, ou
d'un Thierry Jean-Pierre, pourfendeur de socialistes lorsqu'il
était juge d'instruction, devenu homme politique et député européen aux côtés de Philippe de Villiers ? Sans doute la réponse à
cette question se trouve-t-elle dans le tréfonds d'un parcours hors
norme, qui a conduit une petite fille brimée des faubourgs d'Oslo
à devenir la plus célèbre des juges d'instruction français.

Eva Farseth est née le 5 décembre 1943, à Oslo, dans une famille luthérienne où la loi, l'ordre et la morale sont vénérés.
C'est une bonne élève, vive et enjouée, pleine de personnalité.
Mais, dès l'enfance, elle va s'opposer à un père autoritaire qui ne
lui laisse aucune marge de manœuvre. Son adolescence va en être
marquée. Au point que c'est pour échapper à son emprise, autant
qu'à son cadre familial rigide, qu'elle décide, à dix-huit ans, de
venir en France comme jeune fille au pair. Elle débarque à Orly
au cours de l'été 1961 : peut-être a-t-elle croisé ce jour-là un
jeune provincial pataud, prénommé Loïc, habité par la foi catholique qui venait accueillir les pieds-noirs perdus ? Eva a le projet
de rester un an ou deux en France. Mais elle tombe amoureuse

d'un des garçons de la famille où elle travaille. Un jeune homme plutôt romantique, qui commence alors ses études de médecine.

C'est le fils aîné d'une famille de médecins. Son père est un professeur réputé. Issu de la grande bourgeoisie, il est lui aussi, à cheval sur les grands principes. Lorsque son fils lui annonce son intention d'épouser la jeune fille au pair norvégienne, il manque de s'étrangler. Pas question de tolérer une telle mésalliance. Malgré ses bonnes joues, son intelligence vive et son esprit de repartie, Eva Farseth, parce qu'elle est fille au pair, n'appartient pas au monde des Joly. C'est un non sans appel. Mais le jeune couple ne se laisse pas faire. Il passera outre. Père norvégien, beau-père mandarin : c'est dans une atmosphère de rupture et de défi que les deux tourtereaux iront poursuivre leurs études, lui de médecine, elle de droit, en mangeant de la vache enragée. Pendant des années, jusqu'à ce qu'elle devienne célèbre, la famille Joly portera sur l'ancienne jeune fille au pair un regard distant. Pour Eva, cette période a, selon ses proches, marqué de façon indélébile quinze années de sa vie. Avec de lourdes conséquences. La jeune femme – comme tant d'autres de cette génération – va développer un féminisme aigu mais, à la différence de beaucoup, elle ne le tempérera guère au fil des ans. Par exemple, Eva Joly remettra à leur place tous ceux qui, pendant l'instruction, douteront de la véracité des témoignages de Fatima Belaïd au prétexte que l'ex-épouse de Le Floch aurait été, selon eux, influençable, mythomane et... volage. « Je ne veux pas entendre ces histoires, s'énerve-t-elle à plusieurs reprises devant témoin : n'élucubrez pas sur le rôle des prétendus amants de Mme Belaïd ; si c'était un homme, vous ne parleriez pas ainsi de ses maîtresses. » Indulgente avec les femmes, exigeante avec les hommes : Eva Joly va développer une forme de révolte, mais surtout une volonté de s'imposer face à l'homme mûr, au chef, au patron. Une volonté de se faire respecter et d'être entendue. Ceci s'exprimera dans le gauchisme, à la Ligue communiste révolutionnaire (LCR). Une organisation dont bon nombre de membres, parmi les plus actifs, se retrouveront, bien des années plus tard, aux postes de commande d'une société qu'ils rejetaient jadis sans appel. « Cette ancienne trotskiste (...) est devenue, comme nombre de ses anciens camarades, furieusement politiquement correcte », écrit Eric

Zemmour[1], qui compare sa « bonne conscience impérieuse » à celle d'un Olof Palme, « quand l'ancien Premier ministre socialiste suédois faisait la leçon au monde sur les ventes d'armes ou l'aide aux pays pauvres ». Aujourd'hui, Eva Joly est restée féministe mais elle est, comme tant d'autres, devenue bien-pensante et politiquement correcte !

En 1973, dans l'agitation post-soixante-huitarde, Eva Joly entre à l'hôpital psychiatrique d'Etampes, avec le titre de conseillère juridique, un poste créé pour elle : cette année-là, la loi restitue aux malades mentaux leur personnalité juridique. Ceux qui l'ont côtoyée à cette époque en ont gardé un souvenir précis. C'est une activiste, pugnace, qui intervient sur tous les dossiers, se mêle de la gestion et se prend de bec avec le corps médical. Parallèlement à son activité à l'hôpital, Eva Joly va reprendre ses études, passant un DES de sciences politiques après la naissance de ses deux enfants. En 1980, alors qu'elle vient d'avoir trente-sept ans, elle soutient un mémoire de doctorat sur « le gouvernement minoritaire norvégien », devant le professeur de droit André Mathiot. Peu de temps après, son diplôme en poche, elle quitte l'hôpital pour devenir substitut à Orléans. C'est son premier poste de magistrat. A la différence de la cohorte des jeunes juges, souvent eux-mêmes filles et fils de juges, qui sortent en rangs serrés de l'Ecole de la magistrature de Bordeaux en cultivant engagement syndical, amitié et corporatisme et qui souvent se marient entre eux, elle intègre directement le corps par concours, empruntant la voie parallèle que vient d'instaurer Alain Peyrefitte, garde des Sceaux de 1977 à 1981. Il s'agissait alors d'apporter du sang neuf, de la maturité et de l'ouverture d'esprit dans une profession repliée sur elle-même et qui s'éloignait de la société civile. Le modèle de cette réforme était la Grande-Bretagne, où les magistrats sont choisis parmi des personnalités d'âge mûr ayant derrière eux une véritable expérience professionnelle. Exactement ce que pouvait faire valoir Eva Joly.

Sa carrière ne souffre pas de ses engagements politiques passés. Dès 1983, Eva Joly est nommée substitut à Evry. Proche de

---

1. *Op. cit.*

la petite ville où elle habite, le tribunal d'Evry est en même temps un excellent tremplin pour Paris, où Eva Joly parviendra à se faire nommer, en octobre 1989. Mais elle ne siégera pas au parquet. Elle est immédiatement détachée, à sa demande, au Comité interministériel pour les restructurations industrielles (Ciri). Créé en 1973, au lendemain de l'affaire Lip pour sauver les entreprises en difficultés[1], cet organisme intégré à la direction du Trésor était alors encore au cœur du système de pouvoir en France. C'était un creuset qui permettait de découvrir la réalité des entreprises et d'élargir son champ de vision. On y côtoyait du beau monde car son originalité était de réunir des compétences venues de divers horizons : il y avait là des représentants des ministères, des banquiers, des industriels, des politiques. Et des magistrats, depuis 1982. Mais ceux-ci, jusque-là, faisaient plutôt de la figuration, sous prétexte d'acquérir une formation économique et financière. Eva Joly, elle, est vraiment venue pour se former dans les domaines économiques et financiers et surtout pour se tisser un réseau de relations dans les cercles du futur pouvoir. Elle a déjà décidé de se spécialiser dans l'instruction des affaires financières – celles de Pechiney et de la Société Générale déstabilisent alors l'Elysée – dont elle devine que l'importance va devenir considérable. Elle prend son rôle à cœur et s'investit à fond. « Plus c'est compliqué, plus elle aime », résume le marathonien René Maury, alors secrétaire général. Elle est payée de retour car elle est nommée d'abord rapporteur, puis secrétaire général adjoint, comme l'avait été, avant elle, Philippe Jaffré. Promotion exceptionnelle : c'est la première fois qu'un magistrat occupe ce poste, généralement réservé aux jeunes inspecteurs des finances et autres fonctionnaires du Trésor. Elle côtoie alors Philippe Jaffré. Une fois par mois, le directeur du Trésor réunit le meilleur de

---

1. Inventé par Georges Pompidou, le Ciasi (devenu Ciri en 1982) visait à coordonner l'action de l'Etat qui, par maladresse, avait laissé couler Lip, alors que l'entreprise horlogère était viable. Mais la vision des administrateurs judiciaires était exclusivement financière, les préfets étaient incompétents et dépassés. L'absence d'interlocuteur global avait poussé à la faute le Premier ministre (le « Lip, c'est fini » de Pierre Messmer est passé à la postérité) et ouvert la voie à toutes les dérives idéologiques. L'idée était, pour les pouvoirs publics, de se doter d'un outil permettant de tenir un discours crédible sur les dossiers chauds et surtout de les désamorcer en amont.

ses troupes – quatre-vingts personnes – pour fixer les objectifs et les orientations et s'informer de l'avancement des dossiers. Tous deux rue de Rivoli, Philippe Jaffré et Eva Joly s'apprécient.

Dans le bain de la direction du Trésor, entourée de l'élite de l'élite, Eva Joly va se découvrir au niveau des meilleurs et même un peu plus puisque rien ne l'avait préparée à un tel parcours : c'est grâce à son opiniâtreté, en empruntant les voies parallèles, qu'elle joue désormais dans la cour des grands. Elle voit passer et tranche de nombreux dossiers, dont les plus gros seront ceux du fabricant de cuisines Vogica, le sauvetage du groupe de machines-outils Brizard ou encore la reprise du groupe textile VEV-Prouvost. Elle s'enflamme pour certaines affaires qu'elle creuse dans le moindre détail, en délaisse d'autres. Au gré de son instinct, ou de ses coups de cœur. Selon ceux qui la côtoyaient à l'époque, Eva Joly se montre loyale, carrée et honnête. Mais aussi terriblement naïve, en particulier vis-à-vis de l'establishment. Elle se méfie des hommes d'affaires et des hommes politiques qui interfèrent dans tous les dossiers, mais absolument pas du Trésor, ni des banques et autres institutions ayant pignon sur rue : elle prend ce qu'ils disent pour argent comptant. D'où quelques erreurs de jugement, provoquant de fortes inimitiés. Les repreneurs de Brizard, ainsi, ne la portent pas dans leur cœur. Elle leur avait assuré qu'en contrepartie de concessions de leur part, une banque allait injecter 50 millions de francs. Mais la banque n'a jamais rien versé...

A ses interlocuteurs, elle donne l'image d'une femme aimable, positive et de bonne volonté. Mais au mode de pensée binaire. Elle pose des questions simples, attend des réponses simples et comprend mal les nuances et les contradictions. Alors qu'elle est censée ne plus rien avoir à apprendre dans les domaines financiers, elle se montre parfois d'une grande candeur. Tactique, pensent les plus indulgents. A tort. « Elle était de bonne volonté, travaillait beaucoup mais manquait d'imagination et de sophistication intellectuelle », résume un de ses anciens chefs.

Eva Joly restera quatre ans au Ciri avant d'être nommée juge d'instruction spécialisé dans les affaires financières. Le bureau n° 126 lui est attribué. Dans ses 18 m^2, elle installe son propre ordinateur, un fax, un Minitel et accroche au mur les affiches annonçant les expositions de son mari, peintre amateur. Très rapidement, elle prend l'ascendant sur la plupart de ses onze collègues de la galerie financière du tribunal de grande instance de Paris. Elle va vite occuper une place essentielle, mais à part. De ce groupe disparate, où mijotent de solides inimitiés, Eva Joly réussit, en trois ans, à faire un clan. Elle a lancé les « Lundis de la Financière », une série de petits déjeuners, dans une des tours de la cour de cassation, au-dessus de la Seine, où les magistrats reçoivent des spécialistes, comme Alain Minc, Antoine Garapon ou Jean-Pierre Michau, chef du service des inspections à la COB : Edwy Plenel et Hervé Gattegno, du *Monde*, sont venus y plancher sur le thème des « journalistes d'investigation face aux juges ». Mais ce jour-là, elle était absente, occupée à autre chose de plus important que d'échanger des idées. C'est un trait de caractère qui agace certains de ses collègues : elle à une manière bien à elle de faire comprendre que si les magistrats doivent se former et voir du monde, en ce qui la concerne, elle se situe, déjà, à un autre niveau.

En revanche, alors qu'elle n'est pas syndiquée, Eva Joly est appréciée par l'ensemble des magistrats pour la façon simple et directe qu'elle a d'utiliser sa notoriété pour défendre la Justice et exiger qu'on lui donne plus de moyens financiers. Il est vrai qu'avec un budget de seulement 20 milliards de francs – le montant de la subvention accordée à Air France ! – la Justice est toujours le parent pauvre des priorités gouvernementales.

Tout autant que la maigreur du budget de la Justice, le niveau de rémunération des juges la scandalise. Elle n'admet pas que ces fonctionnaires, en charge de si hautes responsabilités, soient aussi mal payés. Elle ne manque jamais une occasion de le dire. Ainsi, invitée en 1995 par un groupe de jeunes journalistes (parmi lesquels la vedette de télévision Claire Chazal), elle apporte son bulletin de salaire qu'elle agite devant leurs yeux pendant dix bonnes minutes. C'est un effet dont elle ne se lasse pas, une sorte de rituel. Il faut qu'on sache qu'elle ne gagne que 18 000 francs par mois. Ce salaire, elle le jette aussi à la figure de tous les patrons qui passent entre ses mains. Elle l'évoquera à maintes reprises lorsqu'elle interrogera Loïk Le Floch-Prigent, en le cuisinant sur les millions envolés d'Elf. Comme la plupart des

fonctionnaires, Eva Joly parle en salaire net et non pas brut et
omet d'ajouter les primes, versées tous les trois mois. En réalité,
le revenu mensuel moyen est de 25 000 francs pour un juge
d'instruction, et de 30 000 francs pour un premier juge
d'instruction. C'est peu s'ils travaillent cinquante heures par
semaine, mais c'est beaucoup pour ceux qui viennent à mi-
temps...

Eva Joly évoque-t-elle sa « faible » rémunération par
frustration ? Peut-être, mais c'est aussi sa façon de dire que le
monde ne doit pas être régi par l'argent, que les critères de
morale et d'honnêteté sont supérieurs. De montrer qu'au Palais,
cette valeur n'a plus cours. Que c'est elle qui domine. Son
rapport à l'argent la conduit à voir de l'enrichissement personnel
partout, convaincue que des revenus dix ou vingt fois plus importants que les siens cachent toujours un talon d'Achille. Mais il
n'y a pas que l'argent qui lui pose problème : scandinave
jusqu'au bout des ongles, élevée dans un pays où même les
ministres paient leurs contraventions, elle exècre les passe-droits
et l'injustice sociale. Elle cherche, en toute bonne conscience, à
éradiquer la latinité de son pays d'adoption avec son cortège
fripon d'arrangements, de coups de piston et d'avantages indus,
pour ceux qui font partie de la nomenklatura. Pourtant, au contact
des riches et des puissants, Mme la juge évolue elle aussi. C'est
ainsi qu'on l'a vue, alors qu'elle était en vacances à Saint-
Tropez, en août 1997, se rendre près de la chapelle Sainte-Anne,
à un dîner dans la maison de Michel Coencas, quarante-huit ans,
PDG de la compagnie financière du Valois, ancien patron du club
de foot de Valenciennes, poursuivi pour fraude fiscale et faux en
écriture comptable[1].

Tenaillée par son souci d'efficacité, Eva Joly peut devenir
obsessionnelle. « Elle voit des combines partout, refuse les choses toutes simples et est incapable d'entendre, voir d'écouter, déplore un avocat. A partir d'un dossier, elle en fabrique un autre.

---

1. Coencas a été condamné le mercredi 15 octobre 1997 à 18 mois de prison
avec sursis et 150 000 francs d'amende par le tribunal de grande instance de
Senlis (Oise). Le fisc lui réclame 13 millions de francs pour les années 1990 et
1991. Michel Coencas a en outre été privé de ses droits civiques, civils et de famille pendant trois ans.

Avec elle, l'affaire des Ciments français devient immédiatement une affaire Paribas, l'affaire Bidermann ne peut être qu'une affaire Le Floch, puis une affaire Dumas et une affaire Mitterrand. » Ses façons de faire inquiètent certains de ses collègues. « Elle nous envoie tous dans le mur », lâche l'un d'eux. Plusieurs magistrats redoutent qu'elle ne soit l'alibi politique d'une reprise en main des juges. Elle le sait et confie à un proche : « Je joue ma peau. Je suis obligée d'aller jusqu'au bout. »

7

M. le ministre

Pendant les jours qui suivent son incarcération, le président de la SNCF va tourner en rond dans sa cellule, comme un animal fait aux pattes, incapable d'avaler quoi que ce soit. Tour à tour prostré ou en fureur, abattu ou soudain conquérant. Convaincu que la France entière s'émeut de son sort, que l'armée des cheminots va se lever pour lui, que Chirac, bravant les juges, va le faire sortir de là et lui rendre son fauteuil. Pauvres illusions, bien sûr. En réalité, à l'extérieur aussi, tout se passe mal pour lui. Tandis que la chambre d'accusation rejette le « référé-liberté » déposé en urgence par ses avocats – le bien-fondé de l'incarcération sera jugée sur le fond – son responsable de la communication, à la SNCF, va tenter de faire signer une pétition de soutien. Douze patrons expriment leur solidarité, mais ils sont parfaitement inconnus, sauf peut-être Bernard Pache, président d'Entreprise Minière et Chimique, et Gérard Labouze, PDG de Pronuptia. Le fiasco est total. Pourquoi ? D'abord parce que les grands patrons sont échaudés. Certains d'entre eux avaient signé un texte en faveur de Didier Pineau-Valencienne, président de Schneider, après son incarcération en Belgique. Une attitude perçue comme purement corporatiste : au nom de quoi soutenir un patron contre un juge, en avouant ne rien connaître du dossier ? Tout au plus, ses pairs pouvaient-ils témoigner de l'honorabilité de DPV, bon

chrétien, bien vu dans le microcosme, actif au CNPF, grand donneur de leçons. Pas le genre, a priori, à couvrir des turpitudes.
Avec Le Floch, c'est tout le contraire : toujours sans connaître le
dossier, les patrons et les hommes politiques sont persuadés de sa
culpabilité. Et le pays tout entier avec eux. Pourquoi est-ce sur le
patron de la SNCF que le ciel est tombé, le vendredi 5 juillet
1996, à 1 heure du matin ? Parce que les malversations qu'on lui
prête sont plus graves et plus avérées que celles de certains de ses
pairs, jusque-là mieux traités que lui ? Probablement. Mais aussi
parce que c'est un plouc arrogant, égaré dans un monde qui le rejette. Parce que c'est un éléphant qui a trop cassé de porcelaine.

— Fabius est un con doublé d'un voyou ! Pierre, ne vous laissez pas faire ! Il ne faut pas céder !
— Voyons, Loïk, ne vous laissez pas emporter. Laurent Fabius
est tout sauf un imbécile. Mais la pression politique en faveur des
nationalisations à 100 % est très forte et nous devons en tenir
compte.
En ce mois de septembre 1981, entre le ministre de l'Industrie
de Pierre Mauroy, âgé de soixante-quatorze ans, et son directeur
de cabinet de trente-huit ans, toujours barbu, encore inconnu
mais désormais sûr de lui et tonitruant, se sont établies d'étranges
relations. Tout aurait dû séparer les deux hommes : Pierre Dreyfus est petit, mince, presque chétif ; la stature de Loïk Le Floch
est imposante. L'un est juif ashkénaze, l'autre breton. L'un est
raffiné, l'autre se fera surnommer plus tard Loïk Le-Plouc par
Omar Bongo, le président du Gabon. Pierre Dreyfus est pudique
et manie la litote alors que Loïk Le Floch-Prigent s'étale et en rajoute en toute circonstance. Le ministre est depuis longtemps une
vedette : il a été le patron charismatique de la régie Renault, dont
il a tourné les plus belles pages industrielles (la Dauphine, la R5)
et sociales (la troisième et quatrième semaine de congés payés).
Alors que son directeur de cabinet est sorti du néant médiatique
quelques semaines plus tôt, le 28 juin 1981, lorsque *Le Monde* a
annoncé sa nomination. Celle-ci avait été retardée plusieurs
jours, en raison de la levée de boucliers des inspecteurs des
finances, conduits par Robert Lion, le directeur de cabinet de

Pierre Mauroy à Matignon. Et aussi du corps des X-Mines, la crème des polytechniciens, qui paraît naïvement estimer, à l'époque, que le poste de directeur de cabinet du ministre de l'Industrie lui revient de droit. Pour les grands corps, l'alternance politique posait moins de problèmes que la promotion d'un « sous-diplômé ». Ils n'avaient pas tort : voilà au moins un poste qui leur échappera pendant de longues années...

Pourtant, Pierre Dreyfus restera sur ses positions : il imposera Loïk Le Floch avec le soutien de François Mitterrand qui s'amuse déjà de tout cet énervement. Le Président apprécie l'appétit des jeunes loups issus des grands corps de l'Etat pour servir le nouveau pouvoir ; il est secrètement flatté de voir l'élite de la nation lui faire allégeance mais il est, en même temps, ravi de donner un exemple de promotion hors des sentiers battus, avec un homme original dont Dreyfus lui dit le plus grand bien.

Comment l'obscur chargé de mission à la DGRST a-t-il pu devenir le fils spirituel de l'ancien patron de Renault ? Leur rencontre est celle d'une puissance en devenir et d'une intelligence touchée par le déclin. Parmi les chercheurs, Loïk Le Floch a vite grimpé les échelons hiérarchiques : il est pragmatique et sans scrupules. Seul le pouvoir l'intéresse. Il n'a peur de rien ni de personne, ce qui le singularise dans ce monde de fonctionnaires timorés. A la DGRST, il fait la liaison avec le ministère de l'Industrie, s'oppose à plus puissant que lui, rencontre des journalistes spécialisés et commence une activité de lobbying, notamment pour démolir André Giraud, ministre de l'Industrie de Raymond Barre, qui avait publiquement déclaré que l'Etat devait donner « non pas aux chercheurs, mais aux " trouveurs " » ! Un rien démago mais toujours efficace. Alors qu'il n'est que n°3 de la DGRST, qu'il n'a jamais rien cherché ni jamais rien trouvé, Le Floch apostrophe le ministre en réunion. Giraud est furieux mais le barbu s'est assuré le soutien de Pierre Aigrain, son ancien patron, qui est devenu secrétaire d'Etat à la Recherche... Le Floch s'est aussi accroché avec un autre ministre de l'Industrie, Michel d'Ornano, bras droit du président Valéry Giscard d'Estaing, en activant contre lui ses réseaux dans la presse. A la DGRST, Le

Floch prend en main les dossiers politiques et s'oppose brutalement au Trésor, alors tout-puissant. Sa ligne de conduite est simple : il est partisan de dépenser plus pour aller plus vite et plus loin. Le Floch est fanatique de la croissance. Il est et restera productiviste.

Pierre Dreyfus souffre, lui, d'être un « has been ». Il a dû céder la présidence de la régie Renault à Bernard Vernier-Palliez, un aimable dilettante giscardien. Il est cependant resté patron de Renault-Finances à Lausanne, une société controversée qu'il a créée, officiellement pour optimiser la gestion des flux de trésorerie entre les différentes filiales de Renault et par laquelle ont transité des fonds considérables, sous son autorité, pendant des années, dans une opacité totale. Une société qui, plus tard, servira de modèle à Le Floch pour gérer depuis la Suisse la trésorerie de certaines filiales d'Elf. Mais Pierre Dreyfus, déjà, est ailleurs. Un peu à la manière de Pierre Mendès France, cet homme de gauche voit l'arrivée d'un socialiste au pouvoir, à un moment où sa santé décline et où ses forces ne lui permettent plus d'être à la hauteur de son mythe. Ni même d'en donner l'illusion.

C'est Yves Georges, directeur de la recherche de Renault, qui a mis en contact Le Floch et Dreyfus. Renault créait alors l'usine de Douai, entièrement automatisée et Georges en était très fier. Le Floch lui assure pourtant qu'elle est déjà dépassée. Georges n'en revient pas. Il conduit l'impertinent auprès du patron de Renault :

— Je fais l'usine la plus moderne du monde et on me dit que vous en doutez.

— Oui, j'en doute. Les Japonais ont cinq ans d'avance sur vous et je vais vous expliquer pourquoi.

Pierre Dreyfus écoute d'une oreille d'abord distraite puis de plus en plus attentive ce jeune chercheur original qui lui tient tête avec la force vitale qui lui fait défaut. Et plus tard, en 1980, lorsque Pierre Dreyfus sera chargé par Raymond Barre d'un rapport destiné aux pouvoirs publics sur « les nouvelles technologies et l'évolution du travail », il prendra Le Floch pour l'écrire. Ce rapport annonce une forte dégradation de la situation de l'emploi et table sur plus de 2 millions de chômeurs à l'horizon 90. Giscard refuse de le publier mais sait que Mitterrand, candidat à l'élection présidentielle de 1981, a été averti de son contenu par Pierre Dreyfus. Un accord est donc passé dans le bureau de Raymond Barre : aucun des deux camps n'utilisera ce rapport, qui n'a donc jamais existé ! Le Floch montrera, à cette occasion, qu'il sait tenir sa langue...

Avant d'accepter la proposition de François Mitterrand d'entrer au gouvernement, Pierre Dreyfus a demandé à Le Floch s'il était partant pour diriger son cabinet. Les deux hommes ont la même approche volontariste de l'économie et de la politique. Ce sont des bâtisseurs un peu fous qui ont en horreur les pisse-vinaigre, les énarques et autres donneurs de leçons. Ils ont surtout une grande connivence dans leur façon d'aborder les questions sociales : rien de durable ne se fait, selon eux, sans l'accord au moins tacite des syndicats. Leurs leaders sont pour eux des interlocuteurs reconnus, jamais humiliés, souvent écoutés, parfois manipulés et même susceptibles d'être achetés. Dreyfus a présenté à Le Floch plusieurs grands dirigeants syndicaux, dont Henri Krasucki, le leader de la CGT, et André Sainjon, alors tout-puissant patron de la fédération CGT des métaux, avec lesquels il entretiendra des contacts discrets et permanents.

Dreyfus est fatigué, Le Floch en pleine forme. Dès leur arrivée rue de Grenelle, le directeur de cabinet marque son territoire. Il entre dans une colère noire quand une collaboratrice s'apprête à publier un communiqué anodin, signé par Pierre Dreyfus mais qui ne lui a pas été soumis. Le directeur de cabinet fraîchement nommé hurle dans le ministère quand il ne trouve pas son chauffeur dans l'instant. Il s'agite, tempête, gonflé d'orgueil, insupportable. Et insulte les rescapés de l'ancienne équipe, qui ne tarderont pas à prendre le large.

— Mon fils Vincent me dit que le ministre de l'Industrie, c'est moi, explique un jour Le Floch à une collaboratrice. Qu'en pensez-vous ?

— ...

— Eh bien, c'est Vincent qui a raison, même si cela vous déplaît !

Pierre Dreyfus se rend-il compte qu'il est une potiche que

manipule sans vergogne son protégé ? Ou bien s'y résigne-t-il ? Le Floch exerce en tout cas sur lui une pression de tous les instants. Au point que les députés tomberont des nues en entendant ce vieillard jusque-là affable, qui a fondé toute sa carrière sur le consensus et la négociation dans le respect de l'autre, lancer à la tribune de l'Assemblée nationale :

— Nous ferons rendre gorge aux frères Willot !

Soufflée par Loïk Le Floch, cette phrase restera célèbre, au même titre que le : « s'il faut couper des têtes, coupons-les », de Paul Quilès au congrès socialiste de Valence. Ou bien le : « vous avez juridiquement tort parce que vous êtes politiquement minoritaires » d'André Laignel.

Du ministre de l'Industrie dépend alors un secrétariat d'Etat à la Recherche, attribué à Edmond Hervé. Moins de huit jours après son installation, Loïk Le Floch ne l'appellera plus que « la buse du premier étage ». Ambiance... Beaucoup plus que son absence de diplôme reconnu et sa non-appartenance à un grand corps de l'Etat, c'est très certainement son attitude au ministère de l'Industrie qui a valu à Loïk Le Floch ce torrent d'inimitiés, dont il paiera plus tard le prix fort.

La situation de Le Floch est d'autant plus incongrue que, sorti du néant quelques semaines plus tôt, le voilà qui négocie directement avec les ministres ! Car Pierre Dreyfus part généralement de son ministère vers cinq heures de l'après-midi pour... aller se reposer. Et souvent pour se coucher. Or dans la fébrilité des premiers mois de pouvoir socialiste, toutes les décisions importantes se prennent au cours de longs comités interministériels qui commencent après six heures du soir et se terminent souvent tard dans la nuit. Et là, Le Floch se retrouve au contact d'éléphants comme Pierre Mauroy, Jean-Pierre Chevènement, Charles Fiterman, Laurent Fabius, Jacques Delors, Jean Le Garrec et autres hommes politiques de cette stature. Ceux-ci l'appellent le vice-ministre. Pour la plupart des autres directeurs de cabinet, tous issus des grands corps, ce barbu aux yeux clairs n'est tout simplement pas à sa place. C'est un imposteur.

Curieusement, à ce moment clé, la mauvaise réputation de Loïk Le Floch se construit sur son physique et son attitude arrogante plutôt que sur la politique qu'il défend. Pour dénouer des situations difficiles – notamment la nationalisation de Bull sans couper les ponts avec son partenaire Honeywell –, il confie une mission à Bernard Esambert, l'ancien conseiller de Georges Pompidou à l'industrie, avec lequel il restera en bons termes. Il s'oppose violemment à Laurent Fabius, alors ministre du Budget et jusqu'au-boutiste des nationalisations à 100 %. Pour Le Floch, elles ne se justifient que dans l'industrie, pas dans la banque. Et la contrepartie doit être l'apport massif de capitaux publics, organisé dans le cadre du plan, autour de grandes filières : sidérurgie, textile, jouet, chimie, pharmacie, électronique, informatique, machine-outil, imprimerie.

Le Budget et le Trésor s'y opposent, craignant de donner naissance à des géants dévoreurs d'argent public. Ces deux directions sont en revanche favorables à la nationalisation complète du système bancaire. Une liste de 400 banques a été dressée qui fournira autant de postes de présidents à attribuer aux inspecteurs des finances ! Finalement, la barre sera placée moins haut et 70 banques « seulement » seront nationalisées. Mais l'antagonisme entre Le Floch et les inspecteurs des finances qui dirigent les cabinets des ministres socialistes a été violent. Louis Schweitzer, Pascal Lamy, Patrick Ponsolle, Philippe Lagayette et Robert Lion ont dû subir ses attaques et ses sarcasmes, ainsi que ceux de Jean Peyrelevade, n° 2 au cabinet de Pierre Mauroy. Ils ne l'oublieront pas. C'est l'Inspection des finances elle-même qui a été attaquée. Son honneur est en jeu.

En juin 1982, Pierre Dreyfus quitte, à sa demande, le gouvernement, en raison du refus qu'on lui oppose de doter suffisamment en capital les entreprises publiques, ce qui remet en cause, à ses yeux, le principe même des nationalisations. Publiquement, il n'en dira mot. Il s'en va sur la pointe des pieds, en laissant au chef de l'Etat un petit testament dont on découvrira vite le contenu : le mercredi 21 juillet 1982, le Conseil des ministres nomme Loïk Le Floch-Prigent patron de Rhône-Poulenc en remplacement de Jean Gandois, qui avait accepté de jouer le jeu de la nationalisation avant de démissionner bruyamment. Cette nomination fait une nouvelle fois scandale dans la nomenclature de la politique et des affaires. Le Floch n'avait déjà pas le look d'un haut fonctionnaire, il a encore moins celui d'un grand patron à la française ! Chez Rhône-Poulenc, c'est la panique tant Le Floch est dénué de toute légitimité. Et pourtant ! Haut cadre de Rhône-Poulenc, Serge Tchuruk, quarante-six ans, arrivé deux ans auparavant, hésite à partir : il a été contacté par Mobil où il a fait toute sa carrière. « Il reste, sur l'insistance du nouveau PDG et ne le regrette pas », écrira Véronique Maurus dans *Le Monde*[1]. Il est vrai que Le Floch le nomme directeur général adjoint et affiche immédiatement un volontarisme industriel fédérateur : treizième groupe chimique mondial, Rhône-Poulenc occupera bientôt la cinquième place !

Silencieux pendant six mois, Le Floch va se faire oublier quand soudain, en novembre 1983, le patron annonce sa décision de prendre directement en main la branche textile de Rhône-Poulenc qui reste le principal point faible du groupe. Et annonce un bouleversement de l'organigramme. Il écarte plusieurs figures de l'entreprise, à commencer par Gérard Worms, ancien conseiller de Georges Pompidou, parangon de l'establishment mais gestionnaire contesté, et le remplace par Tchuruk. Michel Vaquin, trente-six ans, un ancien du cabinet Dreyfus, est promu secrétaire général.

Ces nominations suscitent un tollé. A droite, on critique Le Floch, accusé de noyauter Rhône-Poulenc tandis qu'à gauche, au PS, on s'étonne de l'indépendance de ce camarade qui a si facilement troqué son costume à col Mao contre celui d'un grand patron gardant des opposants dans sa direction générale, ayant le contact direct avec le président de la République et si peu enclin à rendre des comptes. Car Pink-Floch a pris de l'ampleur. Il se fait désormais appeler Monsieur le Président et se montre sourcilleux sur tous les égards dus à son rang. C'est à cette époque qu'un ministre socialiste dira de Loïk Le Floch qu'il « magnifie le Moi ». Une évolution qui fait sourire ou qui fait grincer, mais que ne supporte plus Jeanine Fournier. Mme Le Floch est fermement ancrée à gauche. Elle s'est éloignée peu à peu de son mari. Jusqu'à la séparation.

---

1. *Le Monde* du 6 décembre 1996.

Une nomination est passée inaperçu. Celle d'Alfred Sirven, embauché comme directeur des ressources humaines, en juin 1983. Dix ans plus tard, c'est Sirven qui organisera une bonne partie des détournements de fonds d'Elf. Comment « Fred » débarque-t-il chez Rhône-Poulenc ? Par l'intermédiaire d'un chasseur de têtes. Et par hasard : l'autre candidat était un cadre de Michelin venu pour voir à quoi ressemblait un patron socialiste. Fred tape dans l'œil de Le Floch. Comme lui, il fera preuve chez Rhône-Poulenc d'une grande habileté tactique auprès de la CGT et de FO pour régler les conflits sociaux. Et comme lui, d'une totale absence de scrupules pour atteindre ses objectifs. Il avait un budget pour acheter le calme social et, en accord avec Le Floch, il n'hésitait pas à l'utiliser en payant directement certains de ses interlocuteurs syndicaux pour qu'ils se montrent plus attentifs aux souhaits de la direction... Comme il l'avait fait chez Moulinex !

Sirven évite se mettre en avant, de se faire prendre en photo, de monter en première ligne. Il a horreur de se montrer en public. Cet homme de l'ombre déteste la lumière mais adore les coups tordus, le billard à trois bandes. Il se construit un domaine réservé, joue les missi dominici. Ce qui le met en joie, c'est par exemple de conduire avec les syndicats une négociation secrète, si possible avec de l'argent liquide à la clé, avant que ne se déroule la négociation publique, avec ses rites, à laquelle il se gardera de participer ! Le genre de coups qu'adore Le Floch. Les relations entre les deux hommes vont s'approfondir. Peu à peu, Fred va se dégager du terrain pour se consacrer de plus en plus à Le Floch, dont il deviendra une sorte de directeur de cabinet. Les hauts cadres de Rhône-Poulenc le perçoivent alors comme un beau parleur un peu mystérieux mais plutôt jovial, avec une énorme faille : alors que son train de vie était plutôt modeste – il était genre bistrot, sandwich et ballon de rouge et vivait avec sa femme, malade, dans un petit appartement à Neuilly –, Sirven avait d'énormes besoins financiers, que son salaire ne suffisait pas à satisfaire. Comme, à l'époque, Le Floch était plutôt strict sur l'usage de sa carte de crédit et le montant de ses notes de frais, Fred se fera à plusieurs reprises rappeler à l'ordre pour des dépenses inconsidérées imputées à l'entreprise !

En mars 1986, les élections législatives approchent. Elles semblent gagnées d'avance pour l'opposition de droite. Le premier patron de gauche qui se découvre, c'est Le Floch. Avec ses gros sabots. Devant l'Association des journalistes économiques et financiers, il annonce qu'il « souhaite rester à la tête de Rhône-Poulenc » ; qu'il « refuse d'entrer dans le débat politique » ; il plaide pour une privatisation, avec pour seule réserve la nécessité d'une participation importante des salariés – entre 15 et 20 % des actions. Selon lui, « une grande partie du capital doit être mise dans le public ». Incroyable ! Le Floch prône les privatisations et récuse ce qu'on appellera plus tard les noyaux durs, entrelacs d'intérêts conçus par Edouard Balladur pour remettre en selle l'establishment traditionnel des affaires et protéger les entreprises françaises de l'appétit des étrangers. Le patron de Rhône-Poulenc ne se rend pas compte qu'il est devenu l'emblème des patrons roses. Il ne mesure pas à quel point ses propos vont faire scandale. Sa prise de position publique heurte autant à droite qu'à gauche. Elle choque le président de la République, parce qu'elle introduit des germes de division, à quelques semaines d'élections décisives. Elle hérisse les socialistes, en particulier Edith Cresson, ministre de l'Industrie, qui prédit le cataclysme en cas de dénationalisation et a le sentiment d'avoir été trahie. Le Floch est raillé par la droite qui s'amuse de le voir prêt à tous les reniements pour garder son fauteuil. Il passe pour un imposteur opportuniste. Lui n'en a cure. Il se croit assez puissant pour écraser les pense-petit. Et pour sortir par le haut des temps troublés qui s'annoncent.

Mais c'est de haut qu'il va tomber. Comme prévu, la droite emporte les élections législatives de mars 1986. S'ouvre la première cohabitation de la Ve République. Jacques Chirac est nommé Premier ministre et Edouard Balladur ministre d'Etat, en charge de l'Economie, des Finances et de la Privatisation. Une loi est votée qui met un terme aux mandats de tous les patrons d'entreprises publiques, qui seront soit écartés, soit renommés. Une loi taillée sur mesure pour Le Floch : il ne fait de doute pour personne qu'il sera le premier viré. Las ! Lui seul ne s'en rend pas compte. Le choc est donc rude, le dernier lundi de juillet : la correspondance économique annonce son remplacement par Jean-René Fourtou, polytechnicien, patron du groupe Bossard Consultants, « ami personnel de Valéry Giscard d'Estaing ». En fait, c'est d'abord son trésorier que VGE impose, en contrepartie de son soutien au gouvernement.

Le Floch reçoit dans la matinée un coup de fil de la secrétaire de Jacques Friedmann, conseiller de Balladur, qui le convoque à 17 heures, le jour même, au ministère des Finances[1]. Le Floch, qui fait antichambre depuis une demi-heure, voit sortir Robert Hersant du bureau d'Edouard Balladur. « J'ai plaidé votre cause », lui dit-il alors. Le coup ne serait-il pas joué d'avance ? Le Floch espère encore. Comment pourraient-ils se priver de ses talents ? Friedmann l'accueille enfin :

— M. le président, je vous ai convoqué parce que le ministre d'Etat m'a demandé de vous faire part des orientations du gouvernement. En ce qui vous concerne, il ne souhaite pas vous nommer à la présidence de Rhône-Poulenc, mercredi, au prochain Conseil des ministres.

— Puis-je connaître les raisons de la position du gouvernement ?

Un peu bêtement, Le Floch croit qu'il y a encore matière à débat.

— Vous n'avez pas l'image d'un président qui peut privatiser une entreprise et nous souhaitons privatiser Rhône-Poulenc très vite[2].

— L'image ? Vous ne contestez que l'image ?

— Eh bien... C'est-à-dire que... Oui, enfin, reconnaissez que vous avez fait les nationalisations, alors, vous imaginez, privatiser aujourd'hui...

— Je me suis publiquement exprimé sur ce point et on m'a même traité d'opportuniste (...). Je suis prêt à conduire la privatisation, je l'avais d'ailleurs dit au ministre d'Etat.

---

1. Ami et conseiller à la fois de Chirac et de Balladur, Jacques Friedmann, par scrupule, a plaidé auprès d'eux pour que les patrons de gauche évincés le soient dans les formes. Le ministre des Finances a sauté sur l'occasion en chargeant Friedmann de la sale besogne.

2. En fait, Rhône-Poulenc ne sera privatisée que sept ans plus tard, en 1993.

— Oui mais enfin, vous avez une gestion très partisane, et vous avez remercié des gens proches de la majorité.

— Qui donc ?

— Par exemple Gérard Worms.

— Vous en avez d'autres ?

— Non, mais on m'a dit qu'il y en avait beaucoup et que vous aviez partout mis des socialistes à leur place...

— Vous a-t-on parlé de mon directeur général Serge Tchuruk ?

— Non, mais enfin, c'est un inconnu, je ne dis pas qu'il est socialiste, mais je ne vois pas quelle raison professionnelle vous pouviez avoir de remplacer Gérard Worms, industriel remarquable, par ce Tchuruk.

— Si M. Tchuruk est socialiste, il l'a bien caché. De toute façon, je ne connais pas les opinions politiques de mes collaborateurs, pas plus celles de M. Worms que de M. Tchuruk. (...) L'important, pour moi, c'est de m'entourer de bons professionnels. D'ailleurs, si vous me cherchez un remplaçant, je pense que le meilleur choix serait Serge Tchuruk...

— Ce n'est pas la peine de remplacer un socialiste par un autre socialiste qui ne pourra pas faire la privatisation. Non, il nous faut un bon industriel pour redresser la situation de l'entreprise.

Le Floch sursaute :

— Pourquoi, Rhône-Poulenc va mal ? Vous connaissez les résultats du premier semestre ?

— Non, mais tout le monde sait que Rhône-Poulenc va mal.

Jacques Friedmann se lance alors dans une longue litanie de ragots, tournant autour de la chasse aux sorcières et du noyautage de toute l'entreprise par les « socialistes », sans citer aucun nom. Soudain, Loïk Le Floch hausse le ton :

— Tout ça, ce sont des bruits de chiottes, comme il y en a dans toutes les entreprises. Vous auriez mieux fait de regarder les résultats plutôt que d'aller faire les chiottes...

— Je ne vous permets pas !

— Bon, restons-en là. Qu'est-ce que je deviens, dans tout ça ? Mercredi, je fais quoi ?

— Eh bien, vous retournez dans votre corps d'origine.

Pour l'ancien cadre de la DGRST, c'en est trop. Le Floch explose :

— M. Friedmann, avant de me recevoir, vous auriez au moins pu lire dans votre dossier que je n'appartiens à aucun corps de l'Etat, car le monde de la recherche est un monde de contractuels et mon contrat a cessé le jour de mon entrée chez Rhône-Poulenc. Vous avez le droit de me chasser, M. Friedmann, mais vous n'avez pas le droit d'ignorer la situation de celui que vous chassez, parce que vous parlez au nom de la République. La République peut être ingrate, elle l'est d'ailleurs, mais ses dossiers, au moins, doivent être bien tenus. Au revoir !

Tous les patrons de gauche qui ont défilé ce jour-là dans le bureau de Friedmann, à commencer par Jean Peyrelevade (Suez) et Bernard Attali (Gan), gardent un souvenir cuisant de leur éviction. Il eût été plus simple, plus rapide et moins traumatisant de se contenter d'évoquer la raison d'Etat !

Plus tard, à François Mitterrand qui lui demande comment ça c'est passé, Le Floch répondra :

— De façon terrible, M. le Président.

— Ça veut dire quoi, terrible ?

— Il a été terrible, tout simplement.

Le lendemain, Le Floch reçoit un coup de fil d'Alain Madelin, ministre de l'Industrie, dont le directeur de cabinet est Michel de Rosen, qui vient justement d'être débauché de Rhône-Poulenc :

— Je vous demande de ne pas parler aux médias. Si vous ne tenez pas compte de ma mise en garde, soyez sûr que je m'en souviendrai...

Le Floch réunira alors les cadres dirigeants de Rhône-Poulenc pour un pot d'adieu. Il prononce un discours où il mêle son parcours personnel, le service de l'Etat, l'avenir de Rhône-Poulenc. Le Floch, ce jour-là, a sorti ses tripes. Même ceux qui s'étaient montrés les plus réservés à l'égard du président sortant avaient la larme à l'œil. L'aventure industrielle un peu folle était interrompue.

Mais personne n'imaginait dans quelles conditions. Le mercredi matin, alors que se tient le Conseil des ministres qui scelle l'éviction des patrons réputés de gauche, Le Floch a rendez-vous avec Jean-René Fourtou. Il s'attend à un entretien courtois, avec passage de relais sur tous les gros dossiers en cours, à l'image de ce qui se passe dans les ministères en cas d'alternance. Ce n'est pas le cas : l'entrevue se passe très mal. Les problèmes financiers ont été réglés la veille dans leurs grandes lignes : pour assurer à Le Floch des revenus pendant un an, Edouard Balladur a proposé qu'il soit payé par une filiale inconnue de Rhône-Poulenc. L'ex-président devient donc salarié de la Rhodanienne de Courtage pendant un an maximum, moins s'il se recase avant. Reste à fixer le montant du salaire. Fourtou propose 20 000 francs par mois, Le Floch demande 30 000 francs... Fourtou le prend de haut :

— Il suffira que vous fassiez un peu de conseil pour gagner beaucoup plus. Enfin, si vous voulez 30 000, on va mettre 30 000[1]...

Le principal souci du nouveau président de Rhône-Poulenc n'est pas de s'informer sur les dossiers en cours, mais de bien s'assurer que son prédécesseur n'allait pas partir avec sa voiture de fonction, sa carte de crédit d'entreprise et la clé de l'ascenseur privatif réservé au président et aux membres de la direction générale... Il lui demande de lui donner, sur-le-champ, la carte et les différents jeux de clés !

— Vous n'avez plus rien à faire ici. Je vous appelle un taxi pour rentrer chez vous, si vous voulez, car il n'est pas bon que vous y alliez avec le chauffeur, même une seule fois, cela ne serait pas compris...

— Ne vous en faites pas, je vais me débrouiller. Il y a en bas une R5 verte, c'est la mienne.

Le Floch prend la main de Fourtou, y pose la carte bleue d'entreprise, les clés de la R25 et celles de l'ascenseur :

— Vous voilà rassuré, vous voyez, je n'ai pas piqué votre voiture...

C'est ainsi que Le Floch est parti comme un voleur de

---

1. Le Floch, en réalité, a très mal négocié. Au même moment, Jean Peyrelevade, viré dans les mêmes conditions de Suez, a obtenu le versement d'un an de salaire, payable en une seule fois. Dès son argent touché, il filera à la banque Stern où il gagnera une fortune après avoir négocié une rémunération indexée sur les bénéfices !

l'entreprise qu'il avait présidée quatre ans. Il ne sera pas le seul à subir une telle humiliation. Jean-Pierre Halbron, le directeur financier, Alfred Sirven, son adjointe Caroline Mille, Jean-Paul Barth, bras droit du directeur général Serge Tchuruk, qui avait commencé comme ouvrier dans une filiale, Christine Lagumina, la directrice de la communication, et quelques autres, tous suspects de faire partie de la bande à Le Floch, seront renvoyés aussi brutalement. Fourtou licenciera même Catherine Thiriez, elle aussi adjointe de Sirven, alors qu'elle était en congé de maternité. A son retour précipité, Fourtou lâchera à cette jeune femme :

— On m'avait dit que vous étiez jolie, j'ai bien fait de vous licencier sans vous connaître, car peut-être y aurais-je renoncé en vous voyant.

Serge Tchuruk, qui avait choisi de rester quand Le Floch avait été nommé, tiendra trois mois avec Fourtou avant de plier bagage. Informé de son caractère et de ses compétences par Michel de Rosen, Alain Madelin l'enverra présider CDF-Chimie, une entreprise pourrie, qu'il redressera de main de maître. Tchuruk récupérera d'ailleurs la plupart des exclus de la charrette Fourtou. A commencer par les anciens de Mobil : Caroline Mille, mais aussi Alfred Sirven, pour une courte période. Car Fred s'en ira élargir, à cette époque, ses contacts avec différents réseaux francs-maçons et politiques, notamment ceux de Charles Pasqua, alors ministre de l'Intérieur et ceux de Roland Dumas. Tout en restant en contact étroit avec Loïk Le Floch, son ancien patron, son nouvel ami, qu'il invite de nombreuses fois dans l'Orne – où il possède alors une maison de village, sans prétention – pour y passer des week-end campagnards. Une maison dont il lui laissera même les clés, à plusieurs reprises.

Loïk et Fred, Loïk et Maurice. Après Rhône-Poulenc, Loïk Le Floch va se rapprocher de Sirven et de Bidermann ainsi que de quelques autres personnages du même genre. Exclu par la haute bourgeoisie et par un establishment des affaires qu'il rejette lui-même, le barbu va forcer le trait dans l'autre sens. Par compensation, par désœuvrement, par provocation ou par intérêt. Pendant sa traversée du désert, le patron déchu va se faire de nouvelles relations. Plus drôles et plus excitantes que tous ces culs-serrés qui le haïssent et ne s'en cachent pas. Le Floch va ainsi montrer un aspect mitterrandien de son caractère : il apprécie les gens infréquentables, qui ont souvent plus d'attraits que les premiers de la classe. C'est cette même démarche qui a conduit François Mitterrand à entretenir des relations suivies avec Patrice Pelat. Ou avec Bernard Tapie. Mais n'est pas Mitterrand qui veut. Plus que jamais sûr de lui et de sa puissance, Le Floch s'est cru assez fort pour ne pas avoir à payer le prix de ce genre de relations.

A travers Alfred Sirven, Le Floch va découvrir un monde caché du trafic d'influence et de la corruption, dont il mesurait mal, jusque-là, l'ampleur et les ramifications qui vont jusqu'aux sommets de l'Etat. Fred porte beau, il a du charme. Ancien résistant, membre des FFI, il s'est engagé en 1951 dans les bataillons français de Corée et du Vietnam, où il a été blessé quatre fois. Revenu en France en 1954, il entre en maçonnerie, au Grand-Orient de France, dont il deviendra un membre important. Fait-il aussi partie des services secrets français ? Pendant longtemps, chez Rhône-Poulenc, il le laissait entendre : tout ce qui lui donne de l'importance et accentue son côté mystérieux n'est pas pour lui déplaire. Mais c'était la vérité. Ce qui explique sans doute l'ampleur des protections dont il bénéficiera par la suite. Sirven est proche des services secrets, mais aussi de la CIA, dès son retour en France, au milieu des années cinquante. La centrale américaine est alors active dans les milieux syndicaux français où Fred évolue. Anticommuniste viscéral, le personnage est lié aux leaders francs-maçons de Force Ouvrière, à l'époque soutenue financièrement par la CIA... Fred est éclectique. Il est à la fois proche d'André Bergeron, alors secrétaire général de FO, et de Michel d'Ornano, un homme au physique lisse, aussi actif dans l'entourage de Valéry Giscard d'Estaing que dans le monde des affaires. Plus tard, Sirven entretiendra des relations étroites aussi bien avec Roland Dumas, le ministre, l'ami et le protecteur de François Mitterrand, qu'avec Charles Pasqua. Mais son vrai copain est Pierre Guillen, aujourd'hui membre du conseil monétaire de la Banque de France, avec lequel Fred est comme les deux doigts de la main. Ancien officier de marine – dans les sous-marins ! – Pierre Guillen a fait par la suite une étonnante carrière d'apparatchik au sein de l'Union des industries métallurgiques et minières (UIMM), la branche du CNPF la plus traditionnelle : héritière du Comité des forges, l'UIMM a longtemps financé les partis politiques de droite et fait la carrière des journalistes économiques dociles. Mais tandis que Guillen devenait un membre incontesté de l'establishment, Sirven faisait les bordures. Avec ses airs de parrain et son gros cigare en bouche, c'est une caricature de franc-maçon affairiste tel que les dénonçaient les polémistes d'avant guerre. Déjà, en parallèle à son activité auprès de Le Floch, chez Rhône-Poulenc, il montait des opérations, à titre personnel, toutes plus compliquées les unes que les autres, toujours au croisement de la politique et des affaires. Ses besoins financiers sont considérables. Son cynisme est affiché. Il cache à peine ses turpitudes. A ceux qui s'en étonnent, il répond par une pirouette : « On n'a qu'une vie. »

Alors que Le Floch, après son éviction de Rhône-Poulenc, est à la fois meurtri et désemparé, Fred le fait fantasmer sur « leur » retour prochain aux affaires, au terme de ces deux ans de cohabitation :

— Vous verrez, tout cela ne se reproduira pas. Vous retrouverez un poste important et la droite ne pourra plus vous virer.

— Comment pouvez-vous dire ça ?

— Parce qu'on ne se laissera plus piéger comme à Rhône-Poulenc. On prendra nos dispositions. On se fera une cagnotte. Les politiques viendront nous manger dans la main.

Avec Bidermann, Le Floch entretient une amitié d'une tout autre espèce. Maurice est sur une autre planète. Lui aussi aime l'argent, en dépense beaucoup, mais ce n'est pas ce qu'on appelle un affairiste. Il se consacre corps et âme à l'entreprise textile qu'il a créée et qui porte son nom. Pour le reste, c'est une bonne nature, avec la fraîcheur d'esprit de ses quinze ans d'âge mental. Certains trouvent que cela ajoute à son charme. Toujours prêt à rendre service, à aider les amis, à faire la fête, à leur chercher l'âme sœur, à vouloir réconcilier les couples désunis. Comme sa sœur Régine, qui fut la reine des nuits parisiennes, l'ex-roi du Sentier a le cœur sur la main et de l'énergie à revendre. Bien sûr, d'autres décrivent Maurice comme un être grossier, cupide, borné et veule, prêt à tout pour rester le patron. Un avide qui mange dans son assiette, puis dans la vôtre, si vous n'avez pas dévoré au même rythme que lui. « Maurice est un brave type dans le privé mais il est prêt à faire n'importe quoi dès qu'il s'agit de son entreprise », résume un de ses anciens administrateurs.

De ce personnage, pendant longtemps, Loïk Le Floch n'a vu que les bons côtés. Les deux hommes se sont rencontrés pour la première fois en 1981, à l'initiative de Pierre Dreyfus. Culturellement, Dreyfus et Bidermann sont à des années-lumière l'un de l'autre, si ce n'est que, tous les deux juifs, ils financent diverses institutions communautaires, en France et en Israël. Notamment l'Université Ben Gourion. Cela les a rapprochés. Mais c'est dans le cadre du plan textile, élaboré à l'époque par le ministère de l'Industrie, que Dreyfus a demandé à son directeur de cabinet de voir Bidermann, dont l'entreprise textile fabriquait des vêtements pour le compte de la plupart des grandes marques. Dans les années soixante-dix, les Parisiens se bousculaient dans son dépôt de la rue de Turenne, proche du Marais, pour acheter à des prix canons des costumes dégriffés. Maurice Bidermann vous accueillait lui-même pour vous faire l'article !

Elaboré par Dreyfus et Le Floch, le plan textile voulait limiter les fermetures d'usines et les suppressions d'emplois en poussant les produits élaborés, en jouant sur les marques et en aidant les créateurs. Mais il y a un léger décalage entre le monde sophistiqué de la mode et un cabinet socialiste. C'est Bidermann qui mettra en relation le ministère avec les Saint Laurent, Kenzo, et autres Cerruti.

Loïk Le Floch et Maurice Bidermann vont peu à peu sympathiser. Ils sont mûrs et ne manquent de rien. Ils font la fête ensemble, chez Régine et ailleurs. Car Loïk, à partir de 1985, mène une vie de célibataire bien organisé. Il habite à 200 mètres de son ex, garde ses enfants de façon alternée, huit jours chez elle, huit jours chez lui. Lorsque ses obligations professionnelles l'éloignent de Paris, Gabrielle, sa mère, déboule de Guingamp pour les garder.

C'est en 1986, peu après son renvoi de Rhône-Poulenc, que la relation de Loïk Le Floch avec Maurice Bidermann va changer de nature. Le Floch est déstabilisé par son éviction et les conditions dans lesquelles elle a été décidée. Il ne se considère pas comme un patron de gauche, mais comme un patron tout court, injustement remercié. Blessé, il va en rajouter dans la provocation et l'arrogance. Comme le jour où, invité à dîner par son ami d'enfance Pierre Le Picard, devenu chirurgien à Paris, en compagnie de François Loncle, il se montrera exécrable, méprisant, écrasant de sa superbe le député radical de gauche. Aussitôt le dessert avalé, tout le monde était parti. Plus antipathique, on ne trouve pas : ce soir-là, Le Floch était à gifler.

Est-ce en raison de ce caractère impossible ? De tous les patrons d'entreprises publiques évincés par la droite, Le Floch est le seul qui ne retrouve pas de poste à sa mesure. Aucune banque privée ne s'attache ses services, aucune compagnie étrangère en quête de personnalité avec carnet d'adresses et introduction dans les cercles du pouvoir ne le prend comme patron pour la France[1]. Même Jean-Luc Lagardère, le patron de Matra et d'Hachette, qui s'est fait une spécialité de récupérer les laissés-pour-compte des alternances politiques, ne pense pas à lui. Aussi, faute de vrai job, Le Floch va-t-il multiplier ses casquettes. Il siège au Conseil économique et social, est administrateur du Crédit commercial de France, du Crédit National et de la Banque française du commerce extérieur[2]. Il réalise une mission d'études pour Serge Tchuruk, son ancien n° 2, devenu patron d'Orkem, l'ex-CDF-Chimie. Il conseille Air Liquide et le laboratoire pharmaceutique Pierre Fabre, qui mettront tour à tour à sa disposition un bureau et une secrétaire. Ainsi que François de Wissocq (patron de la Cogema) et Jacques Puechal (directeur de la chimie d'Elf). Il a même un contrat de consultant avec Armand Hammer, le légendaire président de la compagnie pétrolière américaine Occidental

---

1. Ecarté dans les mêmes conditions de la Compagnie financière de Suez, Jean Peyrelevade rejoint la banque Stern ; évincé du Gan, Bernard Attali, frère jumeau de Jacques, le conseiller de Mitterrand, est embauché à la compagnie d'assurance britannique Commercial Union.

2. Le Floch prend aussi des postes non rémunérés. Il est nommé président de l'Institut national des sciences appliquées (INSA) à Lyon ainsi que de l'APARTS, l'association qui gère les appartements thérapeutiques destinés aux malades du sida.

Petroleum (Oxy). Ami personnel de Lénine, tous les hauts dirigeants soviétiques se prosternent devant lui. Hammer contrôle le commerce entre l'Amérique et l'URSS tout en jouant les missi dominici quand la diplomatie officielle est en panne[1]. Le Floch est fasciné par Hammer. Il rêve de participer, lui aussi, aux jeux compliqués de la diplomatie secrète. Bien sûr au plus haut niveau. Déjà, il est passionné par le monde secret du pétrole et du gaz, par son importance géostratégique, par ses énormes enjeux économiques, par la puissance qu'il confère. Par les patrons des grandes compagnies pétrolières qui traitent d'égal à égal avec les chefs d'Etat et parfois leur sont supérieurs. Blessé dans son orgueil, Le Floch est aussi, à l'époque, tenté par l'Amérique. Il rêve de réussir dans ce pays vraiment libéral, pour revenir auréolé de gloire, pourquoi pas chez Total ou chez Elf... Son travail de consultant pour Oxy lui permet de se constituer un pécule discret de 100 000 dollars qu'il va laisser sur un compte bancaire aux Etats-Unis, au cas où il se déciderait à sauter le pas.

Mais l'Amérique restera un rêve. Le Floch mangera son pain noir à Paris, pendant deux ans. Outre François Mitterrand qui, attendant son heure, lui remontera le moral à plusieurs reprises, le seul qui ne lui mesurera pas son soutien pendant cette période est... Maurice Bidermann. Un soutien matériel et affectif. Il s'occupe de lui, y compris dans sa vie privée. Il le fait entrer à son conseil d'administration et l'aide à trouver un appartement. Il le flatte et le rassure. Il est chaleureux, amical, enjoué et ne lui demande rien en contrepartie. Un jour, dans un avion, au-dessus de l'Atlantique, Le Floch parle à Bidermann des 100 000 dollars qu'Oxy lui a versés et qu'il laisse à l'abri, aux USA.

— Combien ils vous rapportent ?

— Je ne sais pas, je n'ai pas le temps de m'en occuper. Autour de 2,5 %, je crois.

— C'est dérisoire. Mes comptes américains sont beaucoup plus rentables. Ils sont gérés par Jefferies. Faites donc appel à eux.

---

1. C'est notamment Armand Hammer qui a négocié la libération du pilote Gary Power, abattu dans son avion de surveillance U2 au-dessus de l'URSS, en 1961. Cet acte d'espionnage avait déchaîné la colère de Nikita Khrouchtchev et lui avait servi de prétexte pour déclencher une grave crise internationale.

— Mais aucun gestionnaire de fortune ne va s'embêter avec un capital de 100 000 dollars !

— C'est vrai. Le mieux serait que vous mettiez votre argent dans une des sociétés d'investissement que je possède là-bas. On se signera un papier entre nous.

C'est ainsi que Le Floch fera fructifier l'argent qu'il a reçu d'Oxy et qu'il a placé sur un compte spécial au sein de la Larwill, qui appartient à Bidermann. Jean-Jacques Aumont, gestionnaire de fortune élégant, lui aussi administrateur de Bidermann, déniera avoir jamais géré ce compte, comme cela a été dit. Il dit s'être contenté, depuis sa maison ultramoderne de Cologny, dans la banlieue chic de Genève, de gérer le compte suisse de Bidermann et d'exécuter les ordres que celui-ci lui donnait. C'est à partir ce compte qu'a été payée une partie de l'appartement destiné à Fatima. Jean-Jacques Aumont est toujours prêt à arranger les situations les plus complexes.

En contrepartie des services qu'il lui rend, Bidermann attend de Le Floch une forme d'adoubement et de caution dans cette étrange société française, sans doute l'une des plus hiérarchisées au monde – avec la société indienne. Si Le Floch est considéré comme un moins que rien par l'Inspection des finances et l'establishment des affaires, parce qu'il n'en a ni les codes, ni le cursus, l'ancien patron de Rhône-Poulenc a néanmoins dirigé un cabinet ministériel, il a été distingué et choisi par le président de la République, il a été nommé en Conseil des ministres. Il en résulte que dans ce pays où tout procède de l'Etat, Le Floch a tout de même un statut. Tandis que Maurice Bidermann, lui, fait partie de la caste des intouchables : pour la plupart des prétendues élites du monde des affaires, il est et restera un juif du Sentier qui a réussi. Le Floch joue donc le rôle de « parrain » de Bidermann. Il répond présent lorsque celui-ci a besoin de la caution d'une personnalité reconnue. Il sera ainsi l'arbitre choisi par Bidermann dans plusieurs conflits qui l'opposent à la banque Worms, puis à la banque Duménil-Leblé[1].

---

1. Le recours à l'arbitrage de personnalités acceptées par les deux parties, dont les décisions sont aussitôt applicables est une procédure fréquemment utilisée dans le monde des affaires. Elle évite de recourir à la justice, avec tous les aléas que cela comporte.

A l'inverse, Bidermann est, pour Le Floch, un poisson pilote auprès de Jacques Chirac. Sa sœur Régine est au mieux avec le président du RPR, maire de Paris, qui ne lui refuse pas grand-chose. Sur les conseils de Régine et sur ceux de Le Floch, Maurice Bidermann va d'ailleurs investir et créer des emplois... en Corrèze. Car Le Floch ménage Chirac. Cela ne lui a pas permis de rester à la tête de Rhône-Poulenc mais il se convainc que c'est Edouard Balladur qui l'en a chassé. Alors qu'il n'y a encore ni rupture, ni même clivage entre les deux amis de trente ans, Le Floch a tout de suite fait la différence. Est-ce par simple tactique ou parce qu'il considère que Chirac appartient à la même école de pensée que lui, celle du volontarisme industriel ? En tout cas, sous l'influence d'Alfred Sirven qui lui conseille de se mettre aussi bien avec les amis Chirac qu'avec ceux de Mitterrand en leur promettant la lune, comme sous celle de Maurice Bidermann, Loïk Le Floch va se rapprocher de Chirac, de Pasqua et du RPR, et même de l'UDF où Sirven a des relations suivies avec Gérard Longuet et entretient de nombreuses amitiés, notamment dans l'entourage d'Alain Madelin. Seul ostracisme : il diabolise toujours Balladur et les petits marquis de la République.

Le Floch voit le bout du tunnel. François Mitterrand a été réélu depuis un an. Le raid sur la Société Générale, récemment privatisée, a échoué, en dépit de l'engagement total de l'Etat derrière Georges Pébereau et les assaillants. Mais il traduit la volonté des socialistes, sous l'égide de Pierre Bérégovoy, ministre des Finances, de reprendre en main les grandes entreprises. A deux reprises, il a demandé à François Mitterrand la présidence d'Elf. La deuxième fois, il a joué son va-tout :

— Si vous me proposez la présidence de la SNCF, je dois vous dire que je ne l'accepterai pas.

— N'ayez crainte, lui répond le président, je ne vous la proposerai pas.

Le Floch s'en est allé sans savoir comment interpréter cette réponse, comme toujours ambiguë. François Mitterrand s'est-il ravisé ? Mais la troisième fois sera la bonne. Mitterrand lui a laissé entendre qu'il va devenir le patron de la première entreprise française : Elf-Aquitaine. A certaines conditions.

C'est donc un quadragénaire en pleine forme qui descend à Avignon, chez de vieux amis, par un week-end ensoleillé de février 1989. Le soir, tout le monde va dîner dans un petit restaurant. A sa table, Loïk retrouve une brunette souriante au physique passe-partout, qu'il avait connue huit ans plus tôt. En 1980, seul avec ses enfants, il était parti faire du ski dans les Vosges où il avait rejoint une bande d'Avignonnais. Elle était venue avec eux. Il ne lui avait alors pas vraiment prêté attention. A moins que ce ne soit elle qui n'ait pas porté intérêt à celui qui n'était encore qu'un cadre de la DGRST. Un barbu inconnu aux modestes revenus.

Fatima Belaïd a du charme mais, au premier abord, ne paie pas de mine. Elle a trente-trois ans, les traits fins, mais la bouche tombante. Ses grands yeux toujours humides sont cerclés de lunettes. En permanence, elle serre un mouchoir dans sa main, pour essuyer ses larmes. Car elle ne cesse de pleurer et de se moucher, se plaignant de toutes sortes d'allergies. Sa vie n'a pas été facile. Après des études chaotiques, elle entre à l'Ecole des beaux-arts de Bordeaux. Plus tard, à Marseille, elle suivra une formation sommaire aux techniques de la vidéo. A Avignon, elle crée une petite société spécialisée dans le film d'entreprise. D'où vient-elle, que fait-elle, de quoi vit-elle ? « Fatima, la dame de cœur », titrera *Paris-Match* en août 1996, peu après l'incarcération de son ex-mari, qu'elle a accablé devant le juge. Suit un article à l'eau de rose, publié avec son accord et son imprimatur, où un aperçu nous est donné de sa drôle de vie. « Elle choisit de s'ancrer à l'aplomb du soleil d'Avignon : rue de la petite vitesse, havre de paix lézardé au milieu de la zone, où se côtoient toutes les nationalités, des artistes sans le sou et d'autres, comme elle, qui, tenus à l'écart de la réussite matérielle de la fin des années 80, s'accommodent d'une vie de bohème. » En clair, Fatima fait partie d'une bande de babas cool attardés qui vivotent au soleil, comme il en existe tant dans la région. La jeune femme sans le sou rencontrant le futur président de la première entreprise française ? C'est un remake postmoderne de Cendrillon et du prince charmant !

Il existe cependant d'autres versions, nettement moins à l'eau de rose, de la vie de Fatima Belaïd, qui partageait son temps entre Avignon et Paris. Elles ont été diffusées dans certaines rédactions sous la forme d'une « note blanche », c'est-à-dire sans en-tête ni signature, émanant des Renseignements généraux. Pour les avoir évoquées, le journal *Lui* a été condamné, le 30 mai 1997, à 20 000 francs d'amende et 50 000 francs de dommages et intérêts par le tribunal correctionnel de Paris, en septembre 1996. Probablement lancées par une de ces officines spécialisées que l'on retrouve à tous les détours de l'affaire Elf, les vilaines rumeurs ont fait, en quelques semaines, le tour du Tout-Paris. Nombreux sont ceux qui, comme Eva Joly, verront là une opération programmée de déstabilisation, dont le but est de discréditer Fatima Belaïd pour mieux exonérer son ex-mari.

Pour l'heure, entre Loïk et Fatima, c'est le coup de foudre. Cendrillon lâche tout, monte à Paris dans l'appartement de son prince charmant, à l'époque 100 m^2 dans le XVe arrondissement, où elle s'installe avec son fils, alors âgé de dix ans. Loïk, tout de suite, le prend sous son aile. Il l'aide à faire ses devoirs de maths. Au mois d'août suivant, un mois après sa nomination à la présidence d'Elf, Le Floch part en vacances avec Fatima et leurs enfants à Taormina, une station balnéaire située au sud de la Sicile, au pied de l'Etna. L'union entre le plus grand patron de France et la fille d'immigrés est scellée. Fatima s'engouffre immédiatement dans le tourbillon parisien, sans rompre avec ses amis d'Avignon. Mais le futur président d'Elf n'y prête pas attention. Entre Fatima et lui va alors s'engager une histoire d'amour puis de haine, qui durera moins de deux ans. Deux ans qui les détruiront tous les deux et un bout de la République avec.

8

Les poilus et les glabres

Le triste sort fait par la justice au président de la SNCF, dont chacun sent confusément qu'il est dépositaire de lourds secrets d'Etat, va provoquer dans les journaux un déferlement de révélations et de commentaires, la plupart axés sur la révolte des juges face aux pratiques folles des années quatre-vingt, sur la moralisation des affaires et sur l'indépendance retrouvée de la justice. Le décor est planté, la mise en scène est dépouillée : c'est un patron corrompu, un de plus, qui a été démasqué et confondu par un juge courageux et incorruptible. Comme pour ne pas brouiller le message, tout ce qui replacerait les fautes dont on accuse Le Floch dans leur contexte historique et politique – sans pour autant l'exonérer – est occulté. Il a utilisé sa carte de crédit d'entreprise à des fins personnelles ? C'est bien un délit[1]. Mais personne ne rappelle pour autant qu'en 1981, par démagogie, Pierre Mauroy avait refusé de fixer les salaires des patrons d'entreprises publiques à un niveau comparable à celui des patrons privés et qu'en contrepartie, par hypocrisie, le gouvernement fermait délibérément les yeux sur le montant de leurs notes de frais et sur l'usage personnel de leur carte de crédit

---

1. Les arrêtés pris par le ministère de l'Industrie en 1981 excluent expressément tout avantage en nature ou en espèces lié à la qualité de dirigeant d'entreprise publique, en dehors du salaire et des frais liés à la fonction.

d'entreprise, en contradiction avec les règles écrites et non appliquées. Beaucoup de ces patrons publics, pendant ces années, se
vantaient d'ailleurs de vivre 365 jours par an – vacances com-
prises – aux frais de l'entreprise qu'on leur avait confiée. Mais il
est tout aussi vrai que d'autres, plus scrupuleux, s'interdisaient ce
genre de pratiques. Non par peur du gendarme mais par éthique
personnelle.

De même l'octroi, par Elf, de près de 800 millions de francs à
Bidermann a été présenté comme un scandale absolu alors qu'il
n'est, en soi, ni illégal ni original : la compagnie pétrolière, depuis son origine, a joué au vu et au su de tous le rôle de bras
armé, financier et industriel, du gouvernement : elle engageait
chaque année plus de 20 milliards de francs, dont près du tiers
allait vers des activités non pétrolières ! A-t-on rappelé qu'Elf
était alors une entreprise étroitement contrôlée par l'Etat ? Que
celui-ci avait donné son aval au soutien à Bidermann et qu'il
avait tous les moyens de s'en faire préciser les modalités ? Plus
globalement, en ce début juillet 1996, Elf est présentée comme
une entreprise normale, dévoyée par un seul homme, sans véritable rappel de ses particularités historiques. Or cette compagnie, comme les sociétés pétrolières d'Etat qui lui ont donné
naissance, a toujours été l'un des principaux pourvoyeurs de
fonds du monde politique – d'abord des gaullistes – ainsi que des
services secrets. La nomination de son président est plus importante que celle d'un ministre et fait toujours l'objet de tractations délicates. En particulier lorsqu'il a fallu désigner un successeur au fondateur, Pierre Guillaumat, atteint par la limite
d'âge.

C'était en 1976. Valéry Giscard d'Estaing était président de la
République depuis moins de deux ans. Un jour, Guillaumat
convoque Raymond Lévy, son n° 2, un brillant X-Mines, dont
tout le monde pensait qu'il serait nommé. Le président sortant
n'y va pas par quatre chemins :

— J'ai vu le président de la République. J'ai le regret de vous
dire que vous ne pourrez pas me succéder, bien que vous ayez
toutes les qualités pour le faire...

— Pourquoi ?

— Parce que vous vous appelez Lévy – je suis désolé de devoir vous dire cela –, ce qui peut être un handicap pour Elf dans ses négociations avec les pays arabes. Mais je vous demande de rester dans la maison qui a grand besoin de vous.

Raymond Haïm Lévy qui, étudiant, a porté l'étoile jaune à Paris, n'a pas cherché à argumenter, à rappeler qu'Armand Hammer, le prestigieux président d'Occidental Petroleum était juif lui aussi, ce qui ne l'empêchait pas de faire des affaires dans le monde entier, y compris dans la Libye de Kadhafi !

L'explication n'est pas glorieuse, ni pour Guillaumat ni pour Giscard mais, beaucoup plus tard, à la lumière des révélations de l'affaire Elf, Raymond Lévy se demandera si elle n'était pas surtout un peu courte. Peut-être Giscard a-t-il jugé que Lévy ne voudrait pas couvrir les pratiques de financement massif du monde politique, compte tenu de son caractère trempé – et de sa candeur calculée qui lui servait de protection : Lévy se doutait de l'existence de financements occultes, mais prenait grand soin de ne pas s'en mêler. Finalement, un compromis entre Valéry Giscard d'Estaing et son Premier ministre d'alors, Jacques Chirac, aboutira à la nomination d'Albin Chalandon, ancien secrétaire général de l'UNR.

Moins de deux ans plus tard, Raymond Barre remplace Jacques Chirac à Matignon. Pour la première fois depuis 1958, il n'y a plus de gaulliste pur jus à la tête de l'Etat. Ministre de l'Industrie, André Giraud, lui-même UDF, veut alors écarter Chalandon, qu'il trouve incompétent, de la présidence d'Elf. Mais le bel Albin se rebelle, active les réseaux gaullistes et africains et finalement, Raymond Barre tranchera en sa faveur : il était dit que le poste de président d'Elf ne sortirait pas de la famille gaulliste, même dans un contexte hostile. Un accord occulte est passé. Il prévoit un partage des fonds entre le RPR et l'UDF. Cet accord politicien avait un codicille. Que Raymond Lévy s'en aille. Trop dangereux de garder cet homme incontrôlable et peu « compréhensif » à un poste aussi sensible.

Depuis ses lointaines origines, Elf nage ainsi dans les eaux troubles de la politique et de l'argent. En 1952, alors que la compagnie n'existait pas sous sa forme actuelle[1], ses dirigeants demandent audience à Jean-Marie Louvel, ministre de l'Industrie et de l'Energie du gouvernement Edgar Faure. Ils sont, dans un premier temps, reçus par son jeune directeur de cabinet, un certain Ambroise Roux, qui deviendra le patron de la Compagnie générale d'Electricité et le parrain des grands patrons français :

— Nous souhaitons voir M. le ministre au plus tôt pour lui annoncer une excellente nouvelle.

— Ah bon. Mais de quoi s'agit-il ?

— Nos recherches sur le territoire français métropolitain ont abouti. Nous avons découvert, près de Lacq, un gisement de gaz naturel important, dont nous sommes désormais sûrs qu'il est exploitable de façon rentable. Il y aurait aussi du pétrole.

Rendez-vous est pris pour le surlendemain. Jean-Marie Louvel, MRP, se félicite avec ses interlocuteurs de cette excellente nouvelle qui pourra donner à la France, espère-t-on alors, son indépendance énergétique, mais très vite la conversation prend un tour concret. Le ministre se renseigne :

— Qui est au courant ?

— Pour l'instant, personne à part nous. Certains cadres de notre société savent que l'on a découvert des choses intéressantes, mais leur vision est parcellaire. Nous sommes prêts à conserver l'information secrète aussi longtemps que vous le souhaitez.

Jean-Marie Louvel a compris :

— Quelles vont être les conséquences boursières de cette découverte ?

— Nous avons fait des prévisions. Nous pensons que la valeur de nos actions doublera dans les jours qui suivront l'annonce de au public, et qu'elle doublera à nouveau au cours des mois suivants. Il s'agit là de projections prudentes. La performance peut être nettement supérieure.

— Messieurs, je vous remercie. Je vais parler de tout cela au président du Conseil. Nous restons en contact. Je vous demande de ne rien dire tant que nous ne vous donnerons pas notre feu vert. Bonne chance.

---

1. Il s'agissait alors de la Société nationale des pétroles d'Aquitaine (SNPA).

Il se passera plusieurs jours avant que Jean-Marie Louvel n'annonce à Edgar Faure l'excellente nouvelle de la découverte du gaz de Lacq, et quelques semaines encore avant qu'elle ne soit révélée au grand public. Entre-temps, la valeur des actions de la Société nationale des pétroles d'Aquitaine, ancêtre d'Elf, avait explosé. Ainsi finançait-on la politique. Ainsi s'enrichissaient de nombreux hommes politiques. Sans complexes et sans risques, puisque à l'époque le délit d'initié n'existait pas...

L'histoire d'Elf sera par la suite émaillée d'affaires louches, où valsent des sommes folles, dans des conditions mal élucidées. Comme ce milliard de francs accordé par la compagnie, pour des raisons peu claires, mais sur décision de justice, au milliardaire Jimmy Goldsmith, après une négociation où s'était entremis Etienne Dailly, alors vice-président du Sénat et affairiste notoire, qui était administrateur d'une filiale... Mais la seule affaire qui fit vraiment scandale fut celle des avions renifleurs, comme les a tout de suite appelés *Le Canard Enchaîné* qui a révélé l'escroquerie. Ces avions d'un nouveau genre apparurent six mois plus tard lors d'une de ces séances historiques de l'Assemblée nationale où l'atmosphère devient brûlante, presque irrespirable, et où la République tremble sur ses bases. Le 21 décembre 1983, les députés se préparent à retourner dans leurs circonscriptions pour fêter Noël, quand Henri Emmanuelli, secrétaire d'Etat au Budget, prend la parole. Il gronde, tonne et accuse Bernard Beck, premier président de la Cour des comptes. « Forfaiture » : le mot terrible, chargé d'histoire et de sens, est lâché. Quel crime a donc commis ce haut fonctionnaire de droite, en novembre 1982, alors qu'il s'apprêtait à quitter son poste ? Il a tout simplement détruit les exemplaires d'un rapport confidentiel de la Cour des comptes demandé en janvier 1980 par Raymond Barre, alors Premier ministre. Un rapport sur une incroyable « escroquerie » dont la compagnie nationale Elf-Aquitaine a été la « victime ». Plus d'un milliard de francs a été versé en Suisse, entre mai 1976 et juillet 1979, à destination de sociétés établies au Panama, au Liechtenstein et aux Nouvelles-Hébrides. Pour payer les brevets d'une invention décoiffante : grâce à un procédé secret, des avions équipés de capteurs allaient être capables de détecter, en les survolant, des champs de pétrole enfouis à des kilomètres de profondeur depuis des millions d'années... De quoi, évidemment, bouleverser l'économie mondiale qui subit les conséquences de deux chocs pétroliers. Et offrir un avenir radieux à la compagnie pétrolière utilisant, la première, ce procédé. Mais il n'y avait pas de miracle. La mystification était grossière et les inventeurs sentaient le faisan. Il y avait un faux aristocrate belge, un vrai escroc italien et une machine qui ressemblait à un barbecue. Pourtant, en mai 1976, Pierre Guillaumat, le président fondateur d'Elf, s'est montré enthousiaste. L'ancien patron des services secrets, quelqu'un à qui « on ne la fait pas », a convaincu le président de la République. Valéry Giscard d'Estaing a assisté en personne à une démonstration en Champagne, avec des manipulations dignes d'un tour de prestidigitation de patronage : derrière un paravent, un comparse tirait sur des ficelles... Giscard écrit tout de même, de sa main, une lettre pour autoriser l'opération. Elf fonde à Bruxelles une compagnie d'aviation. Avec l'Union de Banques suisses (qui recevait les fonds), la compagnie crée une société commune, International Oil and Mining Investment Corporation, pour exploiter les brevets. Las, le pot aux roses est découvert. Il n'y a que du vent. Tous les contrats seront rompus en juillet 1979. Mais l'argent a bel et bien été versé. Les initiés savent d'ailleurs parfaitement où il est puisque Albin Chalandon, nommé entre-temps, parviendra à récupérer plus de la moitié des sommes détournées. L'affaire des avions renifleurs, qui aurait dû rester secrète, provoque une tempête politique. La gauche, durement attaquée, s'en saisit pour disqualifier la droite. Valéry Giscard d'Estaing vient au journal de 20 heures d'Antenne 2 pour se justifier et, coup de théâtre, présente le rapport prétendument détruit[1]. Curieusement, les attaques de la gauche et de la presse ne portent alors pas sur la corruption politique[2] mais

---

1. En réalité, il s'agit d'un exemplaire qui lui avait été remis, un autre ayant été reçu par Raymond Barre. Trois autres rapports étaient restés à la Cour des comptes – ceux qu'avait détruits Bernard Beck.

2. Les langues aujourd'hui se délient. Albin Chalandon continue d'affirmer qu'il s'agissait d'une banale escroquerie, mais d'autres assurent qu'Elf était de mèche et qu'une partie de l'argent versé devait servir à financer des hommes politiques et les services secrets français, une autre à corrompre des dirigeants italiens, afin de faciliter l'implantation de stations-service Elf dans ce pays.

sur l'inconsistance des dirigeants d'Elf et de l'ancien chef de l'Etat, jobards au point de se faire balader par le premier venu. Ce qui correspond à l'ambiance du moment : Mitterrand a été élu pour sa « force tranquille », en opposition à la légèreté prêtée à Valéry Giscard d'Estaing. Au moment où éclate l'affaire des avions renifleurs, la justice est toute révérence vis-à-vis des politiques et des chefs d'entreprise. Eva Joly n'est pas encore magistrat. Aucun juge n'est saisi. Personne n'ira jamais vérifier si cette histoire rocambolesque n'avait pas, par hasard, des implications pénales... Et Pierre Guillaumat, bien sûr, ne sera jamais inquiété.

Le contexte historique des turpitudes d'Elf a été laissé de côté au moment de l'incarcération de Le Floch. Le contexte politique le sera aussi. En ce début juillet 1996, tout se passe comme si la chasse au fauve et sa capture avaient eu lieu par hasard... Eva Joly contre Loïk Le Floch, c'est saint Georges terrassant le dragon, un point c'est tout. Personne ne prend la peine d'expliquer que l'incarcération du président de la SNCF n'est pas tombée du ciel, par la seule volonté d'un juge plus pugnace ou plus courageux que les autres. Mais qu'elle s'inscrit dans un contexte politique bien précis. Celui d'un conflit ouvert entre Jacques Chirac et Edouard Balladur et d'un climat de disqualification posthume de François Mitterrand et de ses proches, attisé par certains socialistes. Qui évoque le rôle ambigu de Philippe Jaffré ? Celui des balladuriens face aux chiraquiens ? Celui des nouveaux socialistes qui, derrière Lionel Jospin, candidat malheureux mais brillant à l'élection présidentielle, sont désireux d'évacuer les remugles de la Mitterrandie, version finale ? Qui mentionne l'attitude des grands corps face à celui qu'ils considèrent comme un usurpateur ? Autant de considérations jugées hors sujet.

Il est pourtant patent que le sort de Loïk Le Floch-Prigent a été un enjeu dans la bataille féroce que se sont livrée les chiraquiens et les balladuriens pour la conquête de l'Elysée. Bataille dans laquelle l'ancien patron d'Elf a joué un rôle jusque-là ignoré, en étroite relation avec François Mitterrand. Car Le Floch, symbole des patrons de gauche, a d'abord été un protégé du chef de l'Etat élu en 1981. Un vrai. De tous les patrons reçus à l'Elysée, hormis les amis des années de guerre, il était certainement le plus en phase avec le système mitterrandien. L'un des seuls PDG publics qui rencontraient régulièrement, en tête-à-tête, le président de la République, auprès de qui il se présentait comme un vrai capitaine d'industrie et à qui il a conseillé, avec d'autres, de faire le choix de l'Europe et de prendre, en 1983, le tournant de la rigueur. Pendant des années, Mitterrand appréciera le franc-parler de Le Floch, aussi bien sur les sujets économiques que sur les à-côtés du monde des affaires, la corruption des uns, les faiblesses de tel ou telle. Leurs discussions s'égaraient volontiers dans le domaine de la vie privée, dont le Président était friand. Par perversité peut-être, mais en tout cas pour mieux connaître le dessous des cartes dans le petit monde des grands patrons. Le président de la République, qui se méfiait d'eux, entretiendra avec Le Floch des relations confiantes et suivies qui en étonnèrent plus d'un : car ils n'étaient ni de la même génération, ni du même monde.

Mais François Mitterrand et Loïk Le Floch s'appréciaient car ils avaient en commun une intelligence globale et analytique. Ainsi que la même aversion pour les blancs-becs surdiplômés et donneurs de leçons. Ils étaient curieux de tout. Cultivés. A l'affût. Ils avaient des personnalités complexes et insaisissables, la même perversité d'esprit et la même absence de code moral : pour eux, la fin justifie toujours les moyens ; plus l'objectif est élevé, plus les moyens peuvent être vils. Leur relation avec l'argent était également ambiguë : ils dépensaient sans compter, utilisaient sans pudeur toutes les facilités que l'Etat ou l'entreprise mettaient à leur disposition, mais affectaient tout deux d'être dégagés des contingences matérielles, voire de les mépriser. Provinciaux venus de la droite, ils ont évolué à gauche par opportunisme et anticipation politique. Ils avaient de l'humour, du charisme. Leur ambition était sans limite.

Tout cela n'explique pourtant pas la nature particulière de la relation entre le patron rustique et le chef de l'Etat sophistiqué. Comment Loïk Le Floch est-il entré dans l'intimité de François Mitterrand ? Officiellement, par l'intermédiaire de Pierre Dreyfus, l'ancien patron de Renault devenu ministre de l'Industrie en

1981. Mais il existe entre Loïk Le Floch-Prigent et François Mitterrand un tout autre lien, d'ordre personnel. Jeanine Fournier, sa première femme, est l'amie de Raphaël Douëb, professeur de gymnastique de Danielle Mitterrand. On le voyait souvent rue de Bièvre, où le Président ne faisait que passer, accaparé qu'il était par son autre famille. C'est grâce à Raphaël Douëb que Jeanine Fournier, secrétaire adjointe de l'urbanisme, deviendra, en 1981, la secrétaire de la Fondation Danielle Mitterrand, qui prendra par la suite le nom d'association France-Libertés. Autant dire que Loïk Le Floch est entré ainsi de plain-pied dans le cercle étroit de la vie privée du couple présidentiel, dont il a connu, d'emblée, les faces cachées. Il était, dans la sphère du monde économique, l'un des rares à tout savoir de Mazarine, la fille naturelle du Président, dont l'existence était alors un secret d'Etat. Mais il connaissait bien d'autres aspects, émouvants ou dérangeants, de la vie privée du Prince. Dès 1981, Le Floch est ainsi au cœur du système Mitterrand : il en bénéficiera des nombreux avantages ; il en assumera les contraintes, notamment lorsque, devenu patron d'Elf, il rendra tous les services demandés par les proches du Président ; et lorsqu'il multipliera les commissions, dont il permettra qu'une partie revienne en France, pendant cette triste fin de règne où le Président cherche désespérément à assurer l'avenir de Mazarine et de sa mère Anne Pingeot ; et finalement il en paiera le prix lorsque la droite puis la gauche rénovée voudront, symboliquement, tirer un trait sur ces errements au sommet.

C'est le chef de l'Etat et lui seul qui va décider de nommer Le Floch à la présidence d'Elf. Le 8 mai 1988, François Mitterrand est élu pour la deuxième fois président de la République face à Jacques Chirac, au terme d'une campagne pépère dont le point d'orgue est sa « lettre à tous les Français » dans laquelle il prône, entre autre, le « ni nationalisation, ni privatisation », le fameux « ni-ni », un concept qui se situe au degré zéro de la pensée économique : dans un monde plus que jamais en mouvement, il érige l'immobilisme en principe ! Le président de la République, qui s'est résolu à nommer Michel Rocard à Matignon, met rapidement Le Floch en garde :

— Je pense à vous pour une présidence importante.

— Je vous en remercie, mais on m'a rapporté que le Premier ministre songe à me confier la présidence de Gaz de France ou de la SNCF. Que dois-je faire ?

— Attendez, préparez-vous, détendez-vous et surtout, je vous en prie, n'acceptez rien du Premier ministre, qui va chercher à vous neutraliser.

François Mitterrand n'en dira pas plus. Des promesses comme celles-là n'engagent que ceux qui y croient. Il va falloir donner des gages. Et attendre. Car il n'est plus question de couper les têtes comme en 1981 ou en 1986. François Mitterrand s'est fait élire sur la promesse d'un pays apaisé, respectueux du pacte républicain. On ne brusquera pas les échéances, bien que Michel Pecqueur, qui a succédé à Albin Chalandon, chancelle à la présidence d'Elf. Le corps des Mines s'efforce de sauver l'image d'un de ses membres les plus éminents, grand commis de l'Etat à l'ancienne, ex-patron du Commissariat à l'énergie atomique. En vain : tout Paris sait que cet homme jadis irréprochable s'est noyé dans les difficultés personnelles. Pour le protéger, les assemblées générales et les réunions de presse ont été déplacées le matin. Un soir, il s'est écroulé dans un dîner donné en l'honneur de Paul Volker, le patron de la banque centrale américaine. Il a fini le repas épaulé de chaque côté par les journalistes Christine Ockrent et Christine Mital. Un jour, il a même trébuché devant François Mitterrand.

Pour se débarrasser de lui, l'état-major du groupe avait loué une suite au Ritz, veillant toutefois à ce qu'il ne traverse pas la place Vendôme pour aller faire des folies, en compagnie, chez les joailliers d'en face. Les dirigeants d'Elf, en tout cas, feront rapidement de Pecqueur un président potiche. Avec l'aval des services secrets, inquiets de ses fréquentations. Selon eux, le patron d'Elf aurait en effet été vu trop souvent au restaurant parisien Le Vieux Berlin, un lieu identifié par la DST comme un repaire de membres de la Stasi, les services secrets d'Allemagne de l'Est. Pendant cette période difficile, c'est Gilbert Rutman, vice-président, qui a tenu la maison. Rutman qui remerciera Pecqueur, à l'heure de son départ, en ces termes : « Michel, tu as été un bon président, tu nous a laissé beaucoup de marge de manœuvre. »

Tout va se passer exactement comme l'avait prévu François Mitterrand. Michel Rocard, qui cherche à placer des proches aux postes sensibles, en prévision de l'élection présidentielle de 1995, propose des responsabilités secondaires à Le Floch, jugé trop mitterrandien. Le corps des Mines, qui fonctionne comme une secte, se mobilise pour éviter que le poste phare de la présidence d'Elf ne lui échappe comme ce fut le cas avec Chalandon. Ses leaders vont démolir la candidature de Le Floch dans tous les cercles de pouvoir. Ils en font trop : François Mitterrand est excédé par ce baroud. Il a ses raisons, bonnes et mauvaises, officielles et officieuses, de vouloir imposer Le Floch. C'est lui qui décide. En octobre 1988, le protégé de l'Elysée est chargé d'une mission de réflexion et de proposition sur l'industrie chimique et pétrolière. Et en mai 1989, alors que le mandat de Pecqueur vient à son terme et qu'une certaine Eva Joly devient substitut à Paris, Loïk Le Floch est nommé administrateur puis président d'Elf. Mais on y a mis certaines conditions. L'affaire s'est passée en deux temps. François Mitterrand a reçu le futur président d'Elf et, au cours de la conversation, a fait devant lui un éloge appuyé de Roland Dumas, son ministre des affaires étrangères, « qui aurait bien mérité d'être à Matignon ». Dans la bouche de François Mitterrand, ce genre de propos n'est jamais innocent. Deuxième temps : quelques jours plus tard, Roland Dumas convoque Loïk Le Floch. Le ministre des affaires étrangères et le futur patron discutent de politique, en Afrique et dans les pays de l'Est en pleine ébullition, ainsi que du rôle décisif d'Elf. Roland Dumas parle alors à Loïk Le Floch de son ami Alfred Sirven, qui lui semble tout désigné pour s'occuper des « affaires sensibles ». Le Floch a compris : Roland Dumas, avec l'aval de François Mitterrand, lui demande de confier à Sirven, son frère en maçonnerie, la gestion des fonds secrets d'Elf, dans l'intérêt de l'équipe au pouvoir. Cela ne le gêne en rien. Bien au contraire : il apprécie Fred et est convaincu que celui-ci a le profil pour s'occuper de ce genre de dossier. Il est persuadé que Sirven saura défendre leurs intérêts en même temps que ceux d'Elf. Le Floch pense-t-il à la future cagnotte dont Sirven lui a parlé à plusieurs reprises ? En tout cas, lui qui craignait d'avoir à s'occuper directement des commissions, prébendes et autres dessous-de-table, qui font l'ordinaire de toutes les grandes compagnies pétrolières, se trouve dégagé et couvert, avec Sirven et Tarallo en dessous de lui, Roland Dumas et François Mitterrand au-dessus. Libre de jouer son rôle de patron entreprenant et de devenir le roi du pétrole !

Ce que Le Floch découvrira plus tard, c'est la nature et la profondeur des liens directs, par-dessus sa tête, entre son ami Alfred Sirven et Roland Dumas. Et aussi entre Sirven et le Président lui-même, par l'intermédiaire de ses vieux camarades francs-maçons : le bon docteur Raillard, son compagnon de golf, et le publicitaire André Magnus, qui a financé pendant des années ses campagnes électorales dans la Nièvre. Le Floch se croyait au cœur du système, il n'en était qu'un rouage.

Le nouveau président installe donc immédiatement Fred au 41e étage de la tour avec le titre de « conseiller du président, chargé des affaires générales ». Il s'agit, en réalité, des services particuliers. Et des « affaires réservées ». Réservées à François Mitterrand, Roland Dumas et leurs amis. Grâce à Sirven, sous l'autorité et avec l'aval de Le Floch, Elf réglera les gros et petits soucis. Soucis de transport, soucis d'argent, notamment. Très vite, la compagnie va acheter de nouveaux avions qui seront utilisés sans retenue par de nombreux hommes politiques des deux bords, ainsi que par certains de leurs amis, parfois pour leur usage personnel, alors que ces privilèges étaient jusque-là réservés aux leaders RPR. Plus spécialement pendant les campagnes électorales. Des salaires de complaisance, à partir de la France ou de la Suisse, sont versés à diverses personnalités du monde politique, des affaires et de la communication, comme à Christine Deviers-Joncour, cette amie de Roland Dumas qu'Eva Joly, plus tard, enverra en prison. C'est donc tout un système qui, dès l'arrivée de Le Floch et de Sirven, se met gentiment en place. Après des décennies de confiscation par les gaullistes, Elf, enfin, se montre bonne fille avec la Mitterrandie ! Le président d'Elf, quoi qu'il ait pu dire plus tard, est parfaitement au courant des faveurs faites à tel ou telle, sauf lorsqu'on les lui cache délibérément. Tout comme le président de la République, lui aussi informé, il est friand de tout ce qui lui donne barre sur autrui. Il n'y a pas de cadeaux gratuits. Tout se passe comme prévu ? Pas tout à fait : s'il laisse, comme promis, la bride sur le cou à Alfred Sirven pour rendre les menus services qu'on lui demande en haut lieu, Loïk Le Floch va rapidement prendre ses distances avec la belle organisation imaginée par François Mitterrand et Roland Dumas, qui avaient voulu qu'il coupe les vivres à la droite. A gauche, il fait son devoir. En même temps que Jean-Christophe Mitterrand, surnommé « Papa m'a dit » par le *Canard Enchaîné,* il va s'entremettre auprès des chefs d'Etat africains pour introduire François Mitterrand et son entourage au cœur des discrets circuits de financements politiques, jusque-là exclusivement tenus par les réseaux RPR. Mais l'exercice trouve vite ses limites. André Tarallo, le Monsieur Afrique d'Elf, lui aussi francmaçon, confident des chefs d'Etat, camarade de promotion de Jacques Chirac à l'ENA, veille au grain. Le Floch comprend que s'il coupe les réseaux de financements du RPR et des services secrets, ce sera la guerre. Une guerre dont il sortira en guenilles. Au mieux. Ce message lui est transmis par plusieurs chefs d'Etat africains et par les services secrets. On lui explique en revanche que les dirigeants du RPR – en l'occurrence Jacques Chirac et Charles Pasqua – ne sont pas hostiles à ce que les socialistes prennent une part du gâteau, à condition qu'il soit agrandi. L'idée avancée est de poursuivre les pratiques anciennes, avec leurs bénéficiaires habituels, dans les pays où Elf est installé depuis longtemps ; et de faire profiter « les socialistes » des commissions versées dans les nouvelles zones de conquête, en Angola, au Venezuela et surtout dans tous les pays de l'ex-URSS qui s'ouvrent au monde occidental, où Le Floch veut prendre les Américains de vitesse. A plusieurs reprises, à cette époque, Le Floch se rend au conseil général des Hauts-de-Seine pour y déjeuner discrètement avec son président, Charles Pasqua, qui soutient alors Jacques Chirac. Redevenu simple député, Balladur ne compte pas. Pas encore. Bien entendu, François Mitterrand est informé de ces contacts. Roland Dumas ne cache pas son agacement.

Un jour de 1990, pour crever l'abcès, Le Floch est convoqué par François Mitterrand, qui s'étonne de ses relations suivies avec Pasqua et Chirac, de son peu d'empressement à tailler dans le vif des réseaux RPR et de la trop modeste contribution d'Elf aux besoins des socialistes. La discussion se déroule à mots couverts :

— Le ministre des affaires étrangères me dit que nos adversaires politiques ont gardé intacts leurs réseaux en Afrique, ce qui brouille l'action de notre diplomatie. Il est temps de trancher dans le vif et de faire comprendre aux Africains que le Président de la République n'est pas Jacques Chirac.

— C'est vrai, M. le Président. Mais je pense qu'il n'est pas possible de couper net les réseaux RPR en Afrique. Et que ce n'est même pas souhaitable. Car ce sont les réseaux de la France. Il nous faut trouver un compromis.

— Est-ce bien la peine ? Les chefs d'Etat africains sont légitimistes. J'entretiens de bonnes relations avec la plupart d'entre eux. Jean-Christophe[1] est reçu avec tous les honneurs. Beaucoup me considèrent comme leur ami. Ce qui compte d'abord, pour eux, c'est la France.

— Sans doute, mais ils considéreront toujours de Gaulle comme leur père et Chirac comme leur frère. Nous ne sommes et nous ne resterons que des amis. On n'y peut rien.

Finalement, Le Floch convaincra Mitterrand de lui permettre de jouer sur tous les tableaux, en laissant d'un côté André Tarallo activer les réseaux traditionnels et en négociant avec lui un partage du gâteau, lorsque c'est possible. Mais surtout en créant, de l'autre côté, de nouveaux circuits de financement dans les pays de conquête. Cette fois-ci, pour le compte des « socialistes », ce qui signifie, en langage décodé, de l'Elysée. Mitterrand va accepter, à regret, ce compromis, qui ressemble étrangement à celui passé douze ans plus tôt entre le RPR et l'UDF, sous la présidence d'Albin Chalandon. Bien entendu, le chef de l'Etat et son mentor ne sont pas dupes. Ils savent qu'en ménageant Chirac et Pasqua, Le Floch joue d'abord une carte personnelle. Il vise le

---

1. Il s'agit de Jean-Christophe Mitterrand, fils du Président, très impliqué dans les « affaires africaines ».

renouvellement de son mandat, après la victoire annoncée de la droite aux législatives de 1993. En d'autres temps, peut-être François Mitterrand aurait-il été admiratif devant le cynisme de son protégé, mais toute indulgence l'a quitté depuis le réveil brutal du cancer qu'il traîne depuis 1981. Mitterrand est tout simplement exaspéré par l'attitude de Le Floch qui, pense-t-il, joue Chirac contre lui. Il voit bien qu'entre le chef de l'opposition carnassier, dévoreur de tête de veau, et le chef d'Etat en bout de course, le barbu opportuniste a fait son choix. Celui de l'avenir contre le passé. Mitterrand va peu à peu espacer ses rencontre et dresser vis-à-vis de son obligé un mur épais d'indifférence. Mais Le Floch n'en a cure, contrairement à tant d'autres, soumis au même régime et qui seront brisés par le désamour du Prince. Comme Pierre Bérégovoy, après le désastre électoral de mars 1993, qui s'est donné la mort faute de recevoir le moindre signe du Président. Ou comme François de Grossouvre, retrouvé suicidé dans son bureau de l'Elysée. Le président d'Elf, lui, n'est pas du genre à mettre de l'affectif là où il n'y a que des intérêts et des luttes de pouvoir. N'est-il pas le patron de la première entreprise française, l'un des maîtres du monde, sur les traces d'un Armand Hammer ? En quoi le grand malade de l'Elysée pourrait-il désormais peser sur son destin, alors que Jacques Chirac lui a fait savoir qu'après la victoire attendue de la droite aux élections législatives de 1993, il le garderait à la tête d'Elf, au moins jusqu'à la présidentielle ?

Mais, comme beaucoup d'autres avant lui, Le Floch apprendra à ses dépens que François Mitterrand ne pardonne rien et qu'il gardera toute sa capacité de nuire jusqu'à son dernier souffle. Le beau château de cartes du patron d'Elf va s'effondrer sous l'effet d'une collusion momentanée – contre lui – du chef de l'Etat et de son Premier ministre Edouard Balladur, nommé avec le soutien de Jacques Chirac, au lendemain du raz de marée de la droite aux élections de mars 1993. Très vite, on va s'apercevoir que le chef de la majorité n'est plus le maire de Paris – comme celui-ci l'avait naïvement cru – mais bien son « ami de trente ans ». Or Balladur hait Le Floch, son arrogance et son absence de pedigree. Depuis qu'au ministère de l'Economie et des Finances il a lancé la première vague de privatisations, Balladur s'est forgé un réseau de grands patrons, convenables, bien nés, marqués à droite et qu'il croit fidèles. Il reconnaît aussi des qualités à certains dirigeants qui, tactiquement, cultivent leur image de gauche, comme Christian Blanc – qu'il nommera à la tête d'Air France. Mais de Le Floch, il ne veut pas entendre parler. Il l'a déjà limogé de la présidence de Rhône-Poulenc, en 1986. Parce qu'il le sait malhonnête, disent les défenseurs de Balladur. Parce qu'il n'est pas de son monde, rectifient ceux qui lui sont hostiles. Le Premier ministre, en tout cas, ne supporte pas ce rustaud prétentieux qui exècre et ridiculise la nomenklatura des grands corps et des petits marquis, un monde que, lui, a toujours vénéré.

En juin 1993, avec Balladur à Matignon, Le Floch sait donc qu'il risque d'être éjecté de la présidence d'Elf. Mais il garde une carte en main. Elle s'appelle GSI, une société de services informatiques, filiale de la Compagnie générale d'Electricité (aujourd'hui rebaptisée Alcatel-Alsthom), qu'Edouard Balladur a présidée pendant sa traversée du désert, de 1977 à 1986[1]. Le Floch sait qu'Edouard Balladur, salarié de cette entreprise, touchait 100 000 francs par mois, de 1988 à 1993, alors qu'il était redevenu simple député, préparant activement son retour aux affaires. Mais il sait surtout que le Premier ministre possédait un gros paquet de titres, obtenu à l'occasion d'un rachat d'actions par les cadres réalisé dans des conditions particulièrement favorables. Le Floch subodore que Balladur ne les a pas cédés, entre 1986 et 1988, lorsqu'il a été nommé ministre d'Etat, en charge des Finances et de la Privatisation, mais qu'il s'est contenté de les confier provisoirement à Jacques Raiman, président de GSI, un ami sûr[2]. Croyant qu'il sera mieux disposé à son égard alors

---

1. Ancien secrétaire général de l'Elysée sous Georges Pompidou, Balladur a été tenu à l'écart de la politique et de l'Administration par Valéry Giscard d'Estaing, président élu, qui – fait sans précédent vu ses états de service – ne lui proposera aucun poste.

2. Deux personnes, au moins, peuvent avoir informé Le Floch, délibérément ou non, du surprenant appétit financier d'Edouard Balladur : Georges Pébereau, président de la CGE quand Balladur présidait sa filiale GSI ; et Jean-Jacques Augier, un jeune polytechnicien, inspecteur des finances, à l'époque chargé de mission auprès du PDG de la CGE et qui rejoindra ensuite André Rousselet, ami et ancien directeur de cabinet de François Mitterrand, patron

que commence la deuxième cohabitation, Le Floch demande audience à François Mitterrand. Il vient chercher son soutien pour rester à la tête d'Elf. D'emblée, il cherche à disqualifier Balladur :

— Le Premier ministre va se présenter contre Chirac à la présidentielle. C'est de lui que viendra le danger. Il faut le déstabiliser. On le tient. Il ne s'en relèvera pas. Il faut sortir cette histoire GSI.

Mitterrand est attentif, comme chaque fois qu'on lui donne de quoi nuire à ses adversaires politiques. GSI ? Le Floch explique l'affaire au Président dont, au demeurant, tout porte à croire qu'il en connaissait déjà les tenants et les aboutissants, via son ami André Rousselet. Mais le verdict tombe, inattendu :

— N'en faites rien.

Au printemps 1993, François Mitterrand protège son Premier ministre. Il conserve un souvenir épouvantable de la première cohabitation, entre 1986 et 1988, où les relations avec Jacques Chirac à Matignon avaient été exécrables. Avec Balladur, c'est tout différent. Celui-ci le ménage. Leurs intérêts convergent. Le Premier ministre ne se trompe pas de cible : son seul rival, c'est son compagnon Jacques Chirac et non son adversaire François Mitterrand, malade et déclinant, qui ne se représentera pas. Mitterrand, de son côté, estime que Balladur, à la différence de Chirac, a les qualités d'un homme d'Etat. Le chef de l'Etat et son Premier ministre sont des calculateurs froids. Des tueurs lisses, sachant parfaitement maîtriser leurs émotions. Ils se reconnaissent et s'apprécient. Leurs rapports vont presque devenir

---

d'Havas puis de Canal +. A l'époque, Balladur était venu présenter à Georges Pébereau un plan de stock-options sur les actions de GSI. Pébereau, après avoir pris conseil auprès de Jean-Jacques Augier, avait refusé tout net : ce plan, qui portait sur plusieurs dizaines de millions de francs, n'aurait bénéficié qu'à Edouard Balladur et à son ami Jacques Raiman, alors directeur général, à l'exclusion des autres cadres de l'entreprise ! Balladur sera horriblement vexé par ce refus. Devenu ministre de l'Economie, des Finances et de la Privatisation, en 1986, il renverra sèchement Georges Pébereau de la présidence de la CGE et le remplacera par Pierre Suard. Plus tard, il obtiendra l'éviction d'André Rousselet de la présidence de Canal +, provoquant la rédaction d'un article publié dans *Le Monde*, resté célèbre pour son titre : « Balladur m'a tuer. »

cordiaux. Le Floch sera donc sacrifié sans un regret. Son sort était en balance avec celui d'Alain Gomez, président de Thomson, à qui l'on a prêté aussi une grande capacité à verser des commissions, sous la protection du secret-défense. Pour des raisons strictement politiques, Balladur souhaitait renvoyer l'un des deux patrons de gauche les plus emblématiques et... garder l'autre. Le Premier ministre et le président de la République étaient tombés d'accord : Le Floch sera sacrifié et Gomez sauvé. A condition que Le Floch ait un point de chute convenable.

Cette étrange idylle entre le chef de l'Etat de gauche et son Premier ministre de droite prendra fin un an plus tard, alors que la guerre entre Chirac et Balladur est ouvertement déclarée. Le 18 juillet 1994, François Mitterrand subit une nouvelle intervention à l'hôpital Cochin, pour tenter d'enrayer son cancer de la prostate qui gagne du terrain. Le chef de service est le professeur Bernard Debré, député gaulliste et futur ministre de la Coopération, qui a choisi Balladur (alors que son frère Jean-Louis soutient Chirac). Officiellement, il s'agit d'une « résection transurétrale de la prostate ». Mais la réalité est tout autre. Le cancer s'est généralisé. Edouard Balladur est aussitôt informé : le Président, lui dit-on, serait en phase terminale. L'issue fatale serait proche. Ce ne serait plus qu'une question de semaines, peut-être de jours. Balladur prévient René Monory, le président du Sénat, pour qu'il se tienne prêt, en cas de décès du président de la République, à assurer l'intérim jusqu'à l'élection. Monory prend son rôle du numéro deux de l'Etat très à cœur. Il faut que tout se passe dans les règles. Il téléphone donc à Hubert Védrine, secrétaire général de l'Elysée, pour prendre toutes les dispositions utiles.

Au bout du fil, Hubert Védrine répond qu'à sa connaissance François Mitterrand ne se porte pas plus mal qu'avant. Et que le médecin personnel du Président, Adolphe Steig, n'a constaté aucune dégradation de son état de santé. Tandis que Monory raccroche, un peu surpris, Védrine va tout raconter au Président. Celui-ci est estomaqué. C'est vrai, il plaisante souvent de sa maladie. Et a même dit à une ou deux reprises au président du Sénat de se tenir prêt au cas où. Mais c'est le genre de réflexions qu'il entend contrôler. C'est à lui de gérer la situation, pas au

Premier ministre. D'autant que la médecine n'est pas une science exacte, en particulier avec un malade de ce calibre, bien décidé à tenir jusqu'en mai 1995 pour finir son mandat. François Mitterrand va alors faire une fixation sur Balladur et rejoindre le camp des TSB – tout sauf Balladur. Est-ce la réaction naturelle d'un malade vis-à-vis de celui qu'il suspecte de vouloir l'enterrer vivant, ou bien Mitterrand joue-t-il encore le balancier politique, alors que Chirac est au plus bas et Balladur au plus haut ? Toujours est-il que la bombe GSI, qu'il avait désamorcée un an plus tôt, va retenir d'un coup tout son intérêt. Devenu simple président de Gaz de France, Le Floch rend visite au chef de l'Etat. On parle politique. Les oreilles de Balladur sifflent. Soudain, Mitterrand fait mine de se souvenir :

— A propos, cette affaire de salaires fictifs, personne n'en a jamais parlé ?

— L'affaire GSI ?

— Oui, c'est cela. Peut-être serait-il temps que ça se sache, mais sans que nul ne puisse savoir d'où vient le coup.

L'information sortira, brièvement, le 2 février 1995, dans l'hebdomadaire *Le Nouvel Economiste*. Elle sera aussitôt reprise, développée et approfondie par *Le Canard Enchaîné*, puis par toute la presse. La télévision, à son tour, s'en empare. Edouard Balladur doit se justifier dans les journaux de 20 heures mais ses explications partielles et embarrassées l'enfoncent un peu plus. Le grand public s'étonne qu'il ait touché un salaire de 100 000 francs par mois lorsqu'il était simple député. Les spécialistes se demandent s'il a gardé ou non ses actions GSI lorsqu'il était ministre. Tout le monde s'amuse en tout cas de voir dévoilée une face inconnue de ce personnage lisse, aux airs compassés de prélat vertueux et détaché des contingences matérielles. Les chiraquiens vont souffler sur les braises. L'atteinte à son image sera terrible. Quelques jours plus tard, les sondages s'inverseront en faveur de Chirac.

Qui a lâché l'information au *Nouvel Economiste* ? Le Floch assure que c'est lui mais sa version, qui implique le journaliste Vincent Nouzille, l'éditrice Luce Perrot et « une grande dame de la communication », ne tient pas la route. D'autant qu'une chose est sûre : ni Philippe Jaffré, ni Nicolas Sarkozy, alors ministre du Budget, ni Nicolas Bazire, alors directeur de cabinet d'Edouard Balladur à Matignon, n'en ont jamais voulu à Le Floch d'avoir sorti l'affaire GSI, comme il le dit. Car ils ne l'ont jamais imaginé derrière ce coup-là, qu'ils attribuent plutôt à André Rousselet, Georges Pébereau, ou encore à Anne Méaux, une proche d'Alain Madelin, qui s'occupait de la communication du patron de GSI Jacques Raiman. Peut-être l'affaire GSI – à quoi s'ajoutera l'affaire Pasqua-Halphen – a-t-elle contribué à priver Balladur de la présidence de la République. Mais ce n'est certainement pas elle qui explique la décision prise par le Premier ministre de remplacer le mitterrando-chiraquien Le Floch par son protégé Jaffré à la tête d'Elf. Cette décision, en revanche, est perçue, à ce moment-là, par les chiraquiens, comme la signature de la trahison de Balladur. Alors que les journaux en étaient encore aux supputations, tous ceux qui connaissent les dessous de la politique et de son financement ont compris, aussitôt, que le Premier ministre allait se présenter à l'élection présidentielle contre Chirac. La guerre va aussitôt être déclarée entre les balladuriens d'un côté, une partie des socialistes et des chiraquiens de l'autre, autour du pouvoir que confère la présidence d'Elf-Aquitaine.

On l'a compris : depuis les origines de la compagnie pétrolière nationale, comme autour de Le Floch et de Jaffré, la politique est partout. Quelles que soient les fautes commises par l'ancien président d'Elf, son incarcération, en ce début juillet 1996, peut donc difficilement se réduire à la victoire du bien sur le mal, de l'ange sur le démon, comme l'affirment ou le suggèrent la police, la justice et l'ensemble des médias. Peu nombreux sont ceux qui se posent ce genre de questions sur une affaire si bien balisée. Mais il y a des exceptions. En rupture avec le conformisme général, *Charlie-Hebdo*, hebdomadaire marginal héritier de la presse de Mai 68, publie ainsi, dès le 10 juillet 1996, un petit article, signé Oncle Bernard, sous un titre accrocheur : « Le Floch enculé par les balladuriens, ou la vengeance des glabres ». Cet article est étonnant par sa forme mais surtout par son contenu : « L'homme de la paix sociale après les grèves de décembre, le copain de la CGT, le malin qui a réussi à se faire refiler 125 milliards par Juppé après avoir été nommé par Chirac à la SNCF et viré d'Elf par Balladur, le bourgeois franc-mac, le Breton marié à une Arabe, le " pink-floch " socialo, le pote à Pasqua, le sponsor du livre politique au Sénat qui impose un prix pour Fabius, le copain à Pineau (sic) le rusé et à Dejouany le parrain, le barbu dans la cour des épilés de l'ENA, le deux fois divorcé chez les serrés du cul, le zozo qui recevait ses collègues en chaussettes, l'affreux est en taule (...) », écrit O. Bernard, qui poursuit : « [Les grands corps] le haïssent, il les hait. Il annonce qu'il va plan-socialiser 10 000 de ces sangsues plus ou moins polytechniciennes du siège social de la SNCF et sortir ledit siège de Paris. L'establishment verruqueux tremble. Jaffré, énarque, inspecteur des finances, son successeur à Elf, porte aussitôt plainte contre lui. Sarkozy urine de joie dans ses couches (...).

« Le Floch pète un plomb en compagnie de Fatima. Il la nomme présidente de la Fondation Elf. Il lance des opérations immobilières (...) verse des commissions ici et là, notamment pour racheter des puits de pétrole (...). Le fric passait d'Elf à Bidermann via Elf-Gabon et l'Afrique. André Tarallo, pote à Pasqua, Monsieur Afrique d'Elf, organisait le circuit. A côté, Alfred Sirven, franc-mac et patron de sa loge, ex-Monsieur Afrique de Rhône-Poulenc, gérait la caisse noire d'Elf.

« La direction financière d'Elf s'inquiète. Le Floch vire le directeur financier. Le directeur financier cafte à Eva Joly, la terrible enfermeuse de patrons. Prison.

« Le Floch enrage. Ce qu'il a fait à Elf n'est rien à côté des mongoleries de cet incommensurable imbécile de bijoutier de Chalandon, qui s'était fait refiler les avions renifleurs. La commission de 140 millions pour les pétroliers représente 1 % du contrat, autrement dit peanuts. La Coface autorise jusqu'à 10 % de dessous-de-table. Le premier Tiberi venu fait verser des bakchichs à sa Xavière.

« Le Floch hurle qu'il a doré les burnes de Rhône-Poulenc, sucré celles d'Elf et s'apprêtait à vernir celles de la SNCF avec la bénédiction de Viannet. Il est un excellent patron, pilosité à part. Seule explication : les glabres. Sarkozy et Balladur. Les glabres qui, depuis Giscard, n'ont plus ramené un diamant d'Afrique. Les glabres dont Le Floch n'a jamais léché ni rempli les fonds. »

Si l'on fait la part des outrances et de certaines erreurs, il y a dans ce pamphlet comme un étrange parfum de lucidité. Ce qui est présenté alors comme une avancée de la justice qui, après les hommes politiques, s'attaque enfin aux patrons corrompus, peut aussi s'analyser comme l'affrontement sans merci, dans un contexte politique précis, à une période charnière des rapports de forces au sein de la société française, de trois personnalités, puissantes et antagonistes, chacune murée dans sa propre logique et dans son propre univers mental et moral. L'un, Le Floch, est décidé à tout accepter au nom de la raison d'Etat et de sa propre volonté de puissance ; l'autre, Jaffré, est un croisé qui manque d'air quand il n'a pas d'ennemis et est toujours porté par l'envie d'en découdre ; la troisième, Joly, conduit son instruction comme Eisenhower le débarquement en Normandie, prête à négliger ou à détruire tout ce qui peut la détourner de son objectif principal. Loïk Le Floch, Philippe Jaffré et Eva Joly ont le même âge, ils portent en eux la même violence et le même goût du pouvoir. Tous trois sont, à leur manière, brillants et fragiles, volontaires et orgueilleux. Chacun a tendance à s'enfermer dans sa propre logique. L'un occupe une cellule monacale de la prison de la Santé, l'autre l'immense bureau présidentiel de la première entreprise française, la troisième un réduit sous les combles du Palais de Justice. Tous trois vont s'engager, pendant des mois, dans une bataille où la justice est un enjeu, une arme, voire un alibi. La réalité, c'est celle d'une stricte bataille de pouvoir. Sur un fond de haine insoutenable.

DEUXIÈME PARTIE

1

Deux poids, deux mesures

Au cours de cette nuit, la huitième qu'il passe en prison, le président de la SNCF est réveillé à deux reprises. On vient lui rappeler qu'il sera extrait de sa cellule, à 6 h 30 ou à 7 h. Le Floch n'a pratiquement pas dormi. Pour cette journée qu'il imagine décisive, au terme de laquelle il espère être libéré pour de bon, il se lave les cheveux – à l'eau froide, dans son lavabo – et enfile son costume de PDG. A 7 heures, la tête en feu, il est remis à des policiers de la brigade financière qui le conduisent au Palais, dans deux voitures. C'est sa première sortie. Pas un mot n'est décroché. Mais dans la cour du Palais, l'atmosphère, soudain, se détend. Une jeune femme policier offre un thé – enfin, du thé ! –, lui adresse la parole et, soudain, tout le monde se met à discuter. Le Floch a faim : gros mangeur, il n'a commencé à cantiner – c'est-à-dire à acheter de la nourriture sortant de l'ordinaire de la prison – qu'au bout de quatre jours de détention, car il ne connaissait pas la procédure à suivre. Et ce 12 juillet, il n'a toujours rien reçu de ce qu'il a commandé ! Arrive une Safrane. Eva Joly est accompagnée d'un substitut, une femme brune, frêle et plutôt jolie que tout le Palais appelle « Sous-Marin », allusion au chef de la section financière du parquet, Jean-Claude Marin, dont elle est la subordonnée. Les trois voitures se mettent en branle. Où va-t-on ? Le prévenu comprend lorsque le cortège approche du quartier des Champs-Elysées. La perquisition aura lieu chez lui, rue d'Artois, à 7 h 30. Dans le couloir de l'immeuble, sous l'interphone muni d'une caméra, les initiales LLFP ont été remplacées par EM.

— Qu'est-ce que cela signifie, ce n'est pas chez vous ?

— Si, ce sont les initiales des prénoms de ma belle-fille et de ma femme. C'est pour éviter la traque des journalistes.

— Je comprends.

Quatrième étage. Réveillée en sursaut, Marlène ouvre la porte. Rien ne préparait à une telle épreuve cette femme discrète et vive, de confession juive, propriétaire d'une boutique de confection, que Le Floch a rencontrée peu après son divorce de Fatima, alors qu'il était encore président d'Elf. Tout se passe dans les règles. Eva Joly entre et dicte à sa greffière :

— Sommes dans le couloir où nous nous approchons de la commode...

L'examen du meuble est minutieux : il y a le linge de maison. La juge dicte :

— Il n'y a dans ce lieu rien d'utile à l'enquête.

Puis elle traverse la salle de séjour, va dans la petite chambre à coucher, ouvre une armoire, se dirige vers le placard du vestibule, se penche dans un petit meuble à chaussures et soudain s'arrête net :

— Vous n'habitez pas là, il n'y ni costumes ni paires de chaussures. Où habitez-vous vraiment, en vérité ?

Loïk Le Floch ne sait pas que Fatima Belaïd, son ancienne femme, ainsi qu'une call-girl noire, Anne-Rose Thiam, l'ont décrit comme un pacha, possédant des dizaines de costumes et autant de paires de chaussures[1]. Mais tout le monde se rend compte qu'Eva Joly est surprise, voire déstabilisée : cet appartement confortable, avec un double living, une salle à manger et deux petites chambres, ne correspond en rien à l'idée qu'elle se faisait du train de vie de l'ancien patron d'Elf, tel que tous les accusateurs le lui avait décrit, depuis près de deux ans. Elle se trouve dans l'appartement d'un cadre supérieur, meublé sans luxe os-

---

1. Quelques mois auparavant, Le Floch a vidé sa garde-robe et fait dégriffer certaines pièces.

tentatoire ni originalité. Rien à voir avec la simplicité étudiée de sa propre maison nichée dans la campagne, au sud de Paris...

— Bien sûr que si, madame, j'habite là avec ma femme, nous sous-louons cet appartement à la SNCF qui le loue elle-même à Axa.

Eva Joly relève brutalement la tête. Lorsqu'elle se met en colère, son français devient moins précis et son accent plus guttural :

— Vous n'habitez pas là, il faudra bien me dire où vous habitez réellement, ce n'est pas ici, cela se voit bien, il n'y a rien dans tout ce petit appartement.

Marlène arrive avec du thé et des tartines à la confiture, faite par sa belle-mère, Gabrielle Le Floch-Prigent. Jusque-là silencieuse, elle s'énerve :

— Mais si, madame. Loïk est mon mari, il habite bien là, avec moi et avec ma fille. Pourquoi vous ne nous croyez pas ?

Eva Joly n'insiste pas :

— Vous avez une cave ?

Loïk, Marlène, Eva, sa greffière, « Sous-Marin » et quelques-uns des sept policiers qui les accompagnent descendent alors dans les sous-sols. Le juge cherche des factures, tombe sur celle du Racing Club de France, un club chic où le président de la SNCF met rarement les pieds. Elle est immédiatement saisie comme « utile à l'enquête ». Pour la première fois depuis une semaine, Loïk Le Floch se prend à sourire devant le cocasse de la situation : il est encore président de la SNCF, le conseil d'administration, convoqué pour entériner la réforme considérable qu'il a lancée, n'a pas pu se tenir la veille, hors de sa présence, et il est dans sa cave, à neuf heures du matin, avec des policiers et un juge qui saisit sa cotisation du Racing comme pièce à conviction !

Eva Joly, elle, ne sourit pas. Sur une valise, il y a un autocollant « Maison de la Chine ».

— Qu'est-ce que c'est que ça ?

— C'est une étiquette posée par les bagagistes lors de mon dernier voyage en Chine et que je n'ai jamais arrachée.

Eva Joly dicte aussitôt :

— Saisissons un autocollant Maison de la Chine.

Un policier décolle alors soigneusement l'étiquette et la met sous scellés, comme pièce utile à l'enquête. C'est à peu près tout ce qui sera emporté.

A la sortie de l'immeuble, il y a un photographe en action. Loïk se précipite dans la voiture :

— Ce n'est pas convenable. Vous n'avez pas le droit de mêler la presse à ma vie de famille, c'est une violation caractérisée de ma vie privée.

— Nous n'y sommes pour rien !

Les trois voitures quittent la rue d'Artois, enfilent le boulevard Haussmann et foncent au siège de la SNCF, 88 rue Saint-Lazare. Une équipe de télévision et trois photographes les attendent. Les voitures entrent dans la cour. Le président sort, entouré de ses dix « accompagnateurs ». Toute la SNCF est au balcon. Le choc est terrible : dans la culture de cette entreprise, où l'on entretient le souvenir de la Résistance, l'arrivée du président avec sa cohorte policière est chargée de symboles... Effet d'optique : plusieurs témoins croient voir le président menottes aux mains, alors qu'il ne les porte pas.

Loïk Le Floch est anéanti. Car cette traversée de la cour en pareil équipage signe la fin de sa présidence à la SNCF, alors qu'il avait gardé l'espoir de voir son mandat de dépôt annulé par la chambre d'accusation, qui doit se réunir trois jours plus tard. Jusque-là, le gouvernement s'était d'ailleurs bien gardé de lui retirer le tapis et de désigner un remplaçant. Il était simplement « provisoirement empêché », comme le disait sa secrétaire en pleurnichant. Et voilà qu'un juge d'instruction, en présence d'un substitut du procureur de la République, donc en théorie avec l'aval du gouvernement, le plaçait dans une situation telle qu'il ne pourrait plus présider d'entreprise nationale...

C'est dans le couloir conduisant à son bureau, devant une maquette du TGV Sud-Ouest, que le président s'effondre pour la première fois devant sa juge. Pleurant sur la séparation d'avec Marlène qu'il venait de revoir, totalement désemparée ; sur la SNCF à laquelle il a consacré son énergie depuis sept mois, qu'il s'était pris à aimer et où il avait su se faire apprécier ; sur la République dont il pense qu'elle se disloque sous ses yeux ; sur l'arrivée programmée du Front national et sur ce qu'il ressent comme le retour de Vichy et de la justice de Riom, « celle qui se couche devant Pétain et met en prison Mendès France » : même quand il s'effondre, Le Floch ne fait pas dans le détail. Plus théâtral que jamais, il mélange tout, se croit toujours au centre du monde, victime d'un vaste complot. Outrancier, mais sincère.

Les annuaires et agendas de ses secrétaires sont saisis. Tout comme divers documents conservés dans son coffre-fort. Eva Joly demande une copie du contrat de travail de Le Floch, mais il n'en a pas ! Il est rémunéré par des avances, aux conditions de son prédécesseur : en six mois, la SNCF n'a pas régularisé la situation de son président. Elle ne sera réglée qu'en 1997 ! Le Floch, qui s'est ressaisi, suggère à Eva Joly d'emporter, pour la mettre au dossier, une lettre de Pierre Bérégovoy qu'il a gardée dans son coffre. Alors qu'il était président d'Elf, le Premier ministre lui avait demandé d'investir – à perte – dans le chantier naval Sud-Marine. Exactement ce qui lui est reproché avec Bidermann. Mais Eva Joly ne met pas au dossier cette lettre dont elle connaissait sans doute l'existence et le contenu, puisqu'elle avait été inspirée par le Ciri, dont elle était, à l'époque, la secrétaire générale adjointe !

Ce refus d'instruire à décharge met le président en fureur. S'approchant de la fenêtre de son bureau, il aperçoit soudain la meute des journalistes, qui grossit de minute en minute. Les agences et les radios ont annoncé la perquisition et ils arrivent de toutes les rédactions parisiennes. Loïk Le Floch interpelle Eva Joly :

— Qui a prévenu les journalistes ?

Celle-ci n'apprécie pas le changement de ton. Les questions, c'est elle qui les pose.

— Je ne sais pas !

— En tout cas, ce ne peut pas être moi !

— Ce n'est pas moi non plus.

— Ce ne peut être que vous puisque vous étiez la seule au courant de cette perquisition et que moi, en plus, je suis en prison. Vous cherchez à m'humilier publiquement. Mais ça ne se passera pas comme ça. Il n'est pas question que je sorte de mon bureau de mon plein gré, dans ces conditions.

— Je n'y peux rien.

— Débrouillez-vous. C'est à vous de trouvez une solution.

Il est treize heures. Eva Joly organise alors l'évacuation du prévenu. Le Floch rejoint, par les sous-sols, une voiture de police banalisée qui s'échappe par une autre sortie du vaste groupe d'immeubles qui constitue le siège social de la SNCF. Plus tard, Eva Joly se défendra auprès de certains journalistes d'avoir prévenu qui que ce soit de cette perquisition. Elle se vantera même d'avoir, ce jour-là, « tout fait pour protéger Le Floch et son image des débordements des médias ». De fait, alors que la pression des journaux de tous bords – à commencer par la presse à scandale – est énorme, aucune photo en situation humiliante du prévenu le plus célèbre du moment ne sera jamais diffusée. Ce qui ne sera pas le cas, plus tard, avec Roland Dumas, le président du Conseil constitutionnel. La plupart des articles seront illustrés par d'anciennes photos du président de la SNCF ou par celles prises lors de son arrivée au Palais de Justice, le 4 juillet, en compagnie de Me Olivier Metzner. Alors qu'il n'a pas encore été mis en examen et qu'il n'est donc pas sous la « protection » de la justice...

Retour au Palais, à la souricière, où les prévenus attendent dans de minuscules cellules d'être entendus par leurs juges. Repas ordinaire : pain, œuf dur et pomme. Loïk Le Floch s'effondre sur un vieux matelas. Il est cuit à point pour le premier interrogatoire, qui commence à quinze heures. Un interrogatoire qui se révélera de pure forme. Si ce n'est que le prisonnier comprendra, ce jour-là, que son sort est entre ses mains : Eva Joly lui laisse clairement entendre que s'il se montre coopératif, sa détention ne durera pas longtemps. Elle attend de lui un aveu, même partiel, qui justifiera son instruction, sa mise en examen tardive, le défi lancé au président de la République et à la raison d'Etat. Le Floch refusera cependant d'entrer dans ce jeu. Il se considère innocent des charges qui pèsent contre lui. De toute façon, sa vie de patron est brisée et l'image qu'il a de lui-même ne s'accommode pas de tels compromis. Il pense qu'Eva Joly et Philippe Jaffré s'acharnent sur lui par haine sociale. Il est convaincu que sa légitimité vaut bien la leur. Il a été défié. Il ne veut pas céder.

En fin d'après-midi, au sortir du bureau de la juge, la jeune gendarme qui escorte Le Floch s'arrête au bout du couloir, en haut de l'escalier. Elle veut lui passer les menottes. Il refuse net :

— Allez voir le juge, je suis dispensé de porter les menottes.

— Je n'ai pas de consigne.

D'un joli tour de main, sans qu'il s'en rende compte, la gendarmette lui a passé un bracelet.

— Je ne bougerai plus d'ici, allez voir le juge.

— Allons, ne faites pas d'histoires.

— Je ne fais pas d'histoires. Je suis prêt à passer la nuit ici. Sinon, il faudra me porter.

La gendarmette appelle un brigadier, à qui le prévenu explique les raisons médicales qui le dispensent du port des menottes. A nouveau, Le Floch se garde bien de parler de droits fondamentaux ou de plaider son absence de dangerosité. Au bout d'un quart d'heure, le brigadier se laisse convaincre. La gendarmette lui retire les bracelets. Jamais plus il ne sera entravé pour se rendre dans le bureau du juge.

« Y a-t-il une vie après la mort ? » écrit-il ce soir-là à Marlène, en rentrant dans sa cellule. Il est brisé, après cette nuit sans sommeil et cette journée d'enfer. Sans doute était-ce exactement le but recherché. Après ces perquisitions médiatiques, le verdict, politique, tombe d'ailleurs le soir même. « La SNCF ne peut pas fonctionner longtemps sans avoir à sa tête un homme qui symbolise la direction, affirme Bernard Pons, ministre des Transports, sur RTL... Il faut un président qui ait tous les moyens d'agir pour proposer au gouvernement le projet industriel de l'entreprise. »

Deux poids, deux mesures ? Le jour même où Eva Joly s'étonne de la modestie du logement de Loïk Le Floch, sous le titre « Un palais pour l'homme clé de l'affaire Le Floch », le magazine *VSD* publie un reportage photographique sur l'invraisemblable maison que se fait construire André Tarallo dans le sud de la Corse, à Calalonga, entre Porto-Vecchio et Bonifacio, face à Cavallo, l'île des milliardaires. Sur une double page, en vue aérienne, on découvre, une immense demeure construite en carré, autour de deux patios, avec piscine, dominant la mer. Il y a là plusieurs milliers de mètres carrés couverts, au milieu de plusieurs hectares, dans un des plus beaux sites de l'île. L'entrée, à elle seule, vaut le coup d'œil. Avec ses colonnes doriques et son frontispice, elle ressemble à l'Assemblée nationale revue par Las Vegas ! On discerne parfaitement des milliers d'arbres, récemment plantés. On apprendra plus tard que trois pépiniéristes se sont relayés pour importer diverses essences centenaires, ainsi que des oliviers venus du sud de l'Italie pour quelque... 5 millions de francs ; qu'à elle seule, la piscine a coûté 4,8 millions de francs ; et qu'au total, avec l'achat du terrain, la construction et les aménagements, Tarallo a dépensé 89,5 millions de francs pour cette demeure hollywoodienne ! Le tout étant payé avec des chèques et des virements venus de Suisse, versés au Crédit Agricole d'Ajaccio. Et cela, alors que l'affaire Elf bat son plein et que « ce pauvre Monsieur Tarallo » a déjà été mis en examen, comme à regret, par Eva Joly !

Le plus incroyable est que ce délire de nouveau riche ne retient, pendant des mois, l'attention de personne. Pas plus, d'ailleurs, que l'immense appartement d'André Tarallo sur le quai d'Orsay, à Paris, acheté 12 millions de francs, meublé comme un palace et décoré de toiles de maîtres[1]. Et pas plus que son superbe appartement de Genève, lui aussi plein d'œuvres d'art. De méchantes rumeurs couraient bien chez Elf. Pour y mettre un terme, peu après la nomination de Philippe Jaffré à la présidence de la société, Tarallo l'avait emmené à Bonifacio, en compagnie de Geneviève Gomez. Escapade sympathique au cours de laquelle le président d'Elf-Gabon leur avait montré le gentil pied-à-terre de deux pièces qu'il détenait sur le port. Il s'était contenté de leur parler de la « villa » qu'il se faisait construire « de l'autre côté ». Philippe Jaffré et Geneviève Go-

---

1. Tarallo disait à ses invités que les toiles lui avaient été « prêtées ». C'est ce qu'il affirma un jour à Albin Chalandon et Catherine Nay. Il est vrai que son ancien patron chez Elf ouvrait des yeux tout ronds. Il avait gardé la vision d'un Tarallo « petit soldat de la République », toujours prêt à rendre des services, mais détaché des choses de l'argent, à titre personnel !

mez avaient dégusté des gambas sur le port, fait un parcours de golf et étaient revenus à Paris, rassurés.

Eva Joly n'a pas été plus curieuse. En avril 1996, elle a pourtant reçu une lettre anonyme révélant les comptes en Suisse d'André Tarallo, son train de vie de maharadjah et ses folies immobilières. Alors qu'elle démarre généralement au quart de tour sur toute dénonciation anonyme qui va dans le sens qu'elle veut donner à son instruction, Eva Joly ne donnera pas suite à celle-ci. Plus étrange : le 23 juillet, le juge reçoit un coup de fil de Saint-Tropez. C'est une personne qui se présente comme la secrétaire d'Henri Garelli, l'architecte qui dirige les travaux engagés par André Tarallo dans ses trois résidences, à Paris, à Bonifacio et à Genève. Elle révèle que les factures ont été réglées à partir de plusieurs comptes suisses, détenus par Tarallo à la banque Hottinguer de Zurich. Elle évalue déjà les sommes en jeu à plus de 30 millions de francs, ce qui s'avérera bien inférieur à la réalité. La correspondante précise même au juge que « des irrégularités apparaîtraient sur les commandes et notamment sur le compte intitulé " Colette " comme le prénom de l'épouse de M. Tarallo ». Elle parle de « puits sans fond ». Deux poids, deux mesures : la veille de ce coup de fil, le juge d'instruction avait adressé à Philippe Jaffré un réquisition pour lui demander si Le Floch, lorsqu'il était président d'Elf, disposait d'un logement de fonction et si les charges et l'entretien étaient payés par la compagnie. En revanche, l'appel de Saint-Tropez la laisse de glace. Elle ne rédigera et ne versera au dossier son « procès-verbal de constatation » que dix-sept jours plus tard, sans lui donner suite, jusqu'au jour où elle y sera contrainte, presque par hasard, neuf mois après, lors d'une déposition imprévue...

Les arbres d'André Tarallo n'intéressent pas Eva Joly, mais ceux de Loïk Le Floch vont la passionner. Le 7 août 1996, la juge se transporte avec son prisonnier aux Genettes, dans l'Orne, où celui-ci possède un « château » entouré d'un parc avec un étang. Le Floch l'a acheté en juin 1991, alors qu'il était président d'Elf, pour 4 474 214 francs, frais de notaire compris. En réalité il lui a coûté plus de 9 millions de francs, en raison des énormes travaux qu'il y a réalisés après que Fatima eut tout fait casser à l'intérieur. Eva Joly pense qu'elle va trouver là les preuves de l'enrichissement personnel qui justifieront le tour qu'elle a donné à son instruction et sa décision de mettre Le Floch en prison. N'est-ce pas pour Les Genettes que le patron d'Elf a acheté des meubles de jardin d'une valeur de 80 000 francs, avec sa carte de crédit d'entreprise, le jour même de son limogeage ? Alfred Sirven ne possède-t-il pas, lui aussi, une maison dans le voisinage ? Ne lui a-t-il pas avancé 800 000 francs pour boucler son achat ? Les travaux n'ont-ils pas été supervisés par un architecte attaché à Elf ? Jean-François Pagès, le patron des activités immobilières d'Elf, ne s'est-il pas rendu sur place ?

Surprise : le château est en réalité une grosse maison de maître, perdue dans une région sans goût ni grâce, loin des axes routiers. Le parc a des airs de pré à vache et l'étang de mare à grenouilles. Le tout niché dans un coin de campagne à périr d'ennui, où personne ne va jamais. La première question que l'on se pose en arrivant là, est de savoir par quelle aberration on peut payer aussi cher une telle maison dans un tel endroit[1]. Evidemment, pour Eva Joly, cet aspect des choses est secondaire. Elle est sûre de tenir la preuve d'un bel abus de bien social. Michel Labie, ancien patron d'Elf pour l'Asie, devenu chargé de mission auprès de Philippe Jaffré, qui participera à la session de l'IHEDN en même temps qu'elle, lui a rapporté une « confidence » de Le Floch. Celui-ci, au cours d'un voyage en Chine, se serait vanté, devant lui, d'avoir fait financer par Elf l'achat de sa maison de campagne. Elle le tient ! D'autant que, extrait de sa prison, l'accusé est imprécis : il affirme avoir acheté Les Genettes avec sa mère, qui en aurait payé le tiers. L'ensemble aurait été réglé avec leurs économies, le réemploi du prix de vente de sa maison de l'Aisne, à quoi s'ajoute un prêt de 3 millions de francs de la BNP.

On dresse au gardien la liste des personnalités politiques qui auraient pu avoir été invitées. Mais il n'a jamais vu personne. Il

---

1. Le Floch a vendu la petite maison qu'il avait dans l'Aisne, à la demande de sa mère qui ne voulait plus traverser Paris, faire 600 km en Peugeot 309 pour s'occuper de son jardin, faire entrer le bois et s'occuper de ses petits-enfants. Il cherchait donc une grande maison à mi-chemin de Paris et de la Bretagne. C'est Alfred Sirven qui lui a conseillé ce coin où il possédait lui-même une maison dans laquelle Le Floch s'était rendu à plusieurs reprises.

sera mis sur le gril pendant plusieurs heures, en vain. Peu à peu, au fil de ses interrogatoires, des précisions apportées par Gabrielle Le Floch et des différentes pièces fournies, l'écart entre le prix payé et les sommes officiellement déboursées se réduira, pour tomber à 600 000 francs, sur 9 millions, ce qui peut correspondre au pourcentage habituel de travaux payés au noir dans des chantiers de ce type. Mais Eva Joly ira jusqu'au bout de ce dossier. Elle fera même une fixation sur 52 peupliers plantés dans le parc. Le Floch est incapable d'en présenter les factures, assurant que c'est sa mère qui les avait apportés de Bretagne, en plusieurs voyages, dans sa 309 break ! Eva Joly, qui n'en croit pas un mot, ira jusqu'à demander aux gendarmes de faire la tournée de tous les pépiniéristes, jusqu'à 50 kilomètres à la ronde. Une cinquantaine d'enquêteurs auront, au total, été mobilisés sur cette affaire[1]. Jamais Eva Joly ne lâchera le morceau. Plus tard, en avril 1997, elle enverra même deux policiers de la brigade financière interroger Gabrielle Le Floch-Prigent à Guingamp, après son refus, pour raison médicale, de se rendre à leur convocation à Paris. Ils cherchent à savoir d'où vient l'argent qui lui a permis d'aider son fils à acheter Les Genettes.

— J'avais des lingots d'or, j'y ai mis toutes mes économies.

— Avez-vous reçu de l'argent de l'étranger ?

— Mais qui m'en aurait envoyé ?

Gabrielle Le Floch parle toujours en anciens francs. Ce qui ajoute à l'incompréhension. Les policiers lui demandent pourquoi elle a reçu 1 633 francs par mois.

— C'est parce que j'ai prêté 6 millions à ma nièce qui en avait besoin pour s'acheter une voiture.

— Et ce versement de 210 000 francs, il y a trois ans ?

— 210 000 francs ? Je n'en sais rien, je ne me souviens pas...

— 21 millions, vous ne vous souvenez pas ?

Les policiers croient enfin avoir trouvé la faille.

— Ah si, 21 millions, c'est le produit de la vente de terrains en Picardie que j'avais hérité de ma mère.

— Qu'en avez-vous fait ?

---

1. Pour un coût estimé, de source judiciaire, à plusieurs millions de francs !

— Je les ai mis sur mon compte épargne-logement.

Les policiers s'étendent alors sur les peupliers plantés aux Genettes, pour lesquels Le Floch n'a pu produire de facture. Elle confirme que c'est bien elle qui les avait apportés. Le policier s'étonne :

— Mais on ne transporte pas 52 peupliers comme cela.

— Il y en avait des grands, de 4 mètres, mais aussi des petits. Ils tenaient dans ma 309 break.

— Dans votre voiture, comme ça ?

— Evidemment. Un peuplier, comme son nom l'indique, ça peut plier...

Les policiers font la moue devant celle que certains, à Guingamp, surnomment désormais « Ma Dalton » sans qu'on sache très bien si c'est à cause de sa ressemblance troublante avec la mère des quatre frères Dalton, ou si c'est parce qu'elle a engendré un gibier de potence et qu'elle est prête à sortir ses colts pour le défendre... Ma Dalton s'énerve :

— La vérité, c'est comme ça. Moi, je viens de quitter la prière pour la résurrection du Christ et ce n'est pas parce que vous n'y croyez pas que ce n'est pas la vérité.

C'est un terrain où les policiers ne veulent absolument pas se laisser entraîner. Ils n'y font pas le poids.

— Oui, mais nous, il nous faut des preuves.

— Vous êtes comme saint Thomas !

Les deux policiers battent en retraite. « Ils ne m'ont pas battue », commentera, étonnée, Gabrielle Le Floch. La vieille dame, en réalité, a été fort bien traitée mais s'est sentie humiliée et déstabilisée par cet interrogatoire, aussitôt connu et commenté dans tout Guingamp. Elle est restée deux jours « avec une boule dans le cœur trop grosse pour ma poitrine ». Heureusement, tout se remettra en place le dimanche suivant, après une messe où ont chanté 800 choristes liturgiques du département, en présence de Monseigneur l'évêque...

Deux poids, deux mesures ? En ce début juillet 1996, la question ne se pose pas seulement pour la façon dont sont traités les anciens dirigeants d'Elf. Elle mérite aussi de l'être pour ceux de

Bidermann. Maurice est en prison depuis le 24 mai, sur réquisition du substitut François Franchi. Bidermann s'est fait balader comme un gamin par Eva Joly qui s'était, jusque-là, montrée plutôt indulgente avec cet homme simple, qui ne s'embarrasse pas de détails. Au cours de leur première entrevue, il lui avait même parlé de son corsage « bien coupé mais dans un vilain tissu ». La deuxième fois, il lui avait offert le dernier livre de Jean-Marie Colombani, le directeur du *Monde*. Un peu surprise, Eva Joly lui avait demandé une dédicace... Le roi du Sentier avait hésité, mordu son crayon et écrit : « A ma juge ! » Mais la troisième fois, le 24 mai, elle le mettait en prison ! A la Santé, Bidermann s'est immédiatement effondré, physiquement et psychologiquement. Prêt à dire tout ce que les policiers et la juge voulaient entendre. Un flot de paroles souvent incohérentes et d'aveux parfois contradictoires, ponctués de « quand est-ce que vous me faites sortir ? » C'est le mercenaire Bob Denard qui lui remontera le moral. Mais quand Le Floch le rejoint à la Santé, le 5 juillet, la situation devient impossible : les deux hommes, qui n'ont pas le droit de se rencontrer, sont placés au même étage du quartier des personnalités et leurs cellules sont face à face ! Ils seront donc tour à tour privés de douche, de promenade et de salle de gymnastique jusqu'à ce que la juge décide enfin de transférer Bidermann à Fleury-Mérogis. Avant de partir, Maurice glissera à son compagnon d'infortune Bob Denard un papier plié en quatre : c'était un bon pour un costume de marque à venir prendre dès sa sortie de prison !

Pendant que le patron de Bidermann est jeté en prison, son ancien directeur général est traité avec tous les égards dus à son rang : Georges Jollès est président de l'Union des industries textiles et vice-président du CNPF depuis mai 1994, date à laquelle il a quitté Bidermann. Lors de l'élection d'Ernest-Antoine Seillières, il sera promu à la tête de la commission sociale, un poste clé dans le combat entre le CNPF et le gouvernement sur les 35 heures. Georges Jollès est un fantôme : son nom n'apparaît nulle part dans la procédure. Eva Joly ne cherche pas à l'interroger, confiant cette tâche aux policiers de la brigade financière qui se montreront avec lui d'une grande amabilité. Le directeur financier, Dominique Bouchez, qui a échappé de peu à l'incarcération, avait affirmé qu'il prenait ses ordres à la fois de Maurice Bidermann et de Georges Jollès. Maurice, en prison, a lui aussi mouillé son directeur général. Pourtant, le 10 juillet, cet homme élégant, décontracté, toujours bronzé, adopte une ligne de défense simple. Il déclare qu'il n'était au courant de rien et assure que Dominique Bouchez dépendait uniquement de Maurice Bidermann, par-dessus sa tête. Il se présente comme une potiche. Mais une potiche de valeur. Georges Jollès révèle en effet aux policiers qu'il était payé 3 millions par an, qu'il disposait d'une Safrane et d'une Porsche de fonction, payée par l'entreprise et rachetée 170 000 francs à son départ. Et qu'il avait le libre usage d'une carte de crédit d'entreprise, en France comme aux Etats-Unis. Il révèle aussi qu'en 1979, Maurice Bidermann lui a donné 15 % des actions de sa société, actions qu'il lui a revendues, en 1988, en dégageant une plus-value de 110 millions de francs, l'opération ayant été montée avec l'intervention de l'avocat d'affaires Claude Richard. Les policiers se satisfont de cette déposition. Georges Jollès est sympathique, ouvert et, dans cette société française figée, il a la chance d'être du bon côté de la barrière.

Le Floch, lui, n'a plus cette chance. Pour lui, les enjeux sont clairs. Bernard Pons, le ministre des Transports, les a définis devant les syndicats de cheminots qu'il a reçus le 8 juillet : « Le gouvernement prendra toutes dispositions nécessaires dans l'intérêt de l'entreprise, après la décision sur le fond de la chambre d'accusation. »

2

Chambre d'enregistrement

Le 15 juillet, alors que Paris est assommé sous une vague de chaleur, la chambre d'accusation de la cour d'appel de Paris examine à huis clos le pourvoi formé par Loïk Le Floch contre la décision d'Eva Joly de le placer en détention provisoire. Osera-t-elle le garder ? Osera-t-elle le libérer ? Les journalistes ont flairé l'odeur de sang et de poudre. L'incarcération du président de la SNCF est une décision sans précédent : jamais un patron d'entreprise publique n'a été privé de sa liberté, a fortiori en cours de mandat. Cette intrusion de la justice dans un monde jusque-là sous la coupe du pouvoir exécutif est d'autant plus lourde de sens qu'en six mois à la présidence de la SNCF, Loïk Le Floch-Prigent a fait un gros travail. Il commençait à dompter ce mammouth en perdition : la SNCF était devenue une machine à dégoûter les clients et à désespérer ses propres salariés. La seule stratégie d'entreprise consistait à diminuer les effectifs en même temps que la qualité du service. Bilan de ce désastre : un chiffre d'affaires en baisse, des pertes de plusieurs dizaines de milliards de francs par an, malgré les subventions de toute nature et une dette cumulée de près de 200 milliards de francs !

Le Floch obtient d'abord de l'Etat le transfert de 125 milliards de francs de dettes dans une nouvelle société publique chargée de gérer les infrastructures et de financer les futurs investissements.

Cette réforme libère la SNCF de son boulet tout en jetant, mine de rien, les bases d'une ouverture à la concurrence : comment s'opposer à ce que plusieurs opérateurs, dans l'avenir, utilisent les mêmes voies et les mêmes gares ? En touchant à ce tabou, un autre que Le Floch aurait dressé contre lui tous les cheminots. Mais le patron a su utiliser la fenêtre de lassitude qui suit un conflit difficile. Surtout, il entretient des relations suivies et intimes avec la CGT, qui gère en réalité l'entreprise depuis des dizaines d'années[1]. A plusieurs reprises, Le Floch rencontre en secret Louis Viannet, le secrétaire général de la CGT, qu'il tutoie, ainsi que Bernard Thibault, jeune et brillant leader des cheminots CGT... Il négocie la neutralité – qui a valeur, en réalité, de soutien – du syndicat vis-à-vis de la réforme. En contrepartie, il fait des concessions. Non seulement on ne parle plus du régime des retraites des cheminots dont la remise en cause avait provoqué le conflit, mais en plus, Le Floch paie les jours de grève et arrache au gouvernement une augmentation des salaires. Mais surtout, Le Floch force la main de la direction de l'entreprise et de la CGT en s'appuyant sur les cheminots de base. Ce patron atypique n'est pas perçu par eux comme solidaire de l'élite culturelle et intellectuelle du pays. D'ailleurs, il n'hésite pas à taper sur la hiérarchie du siège social, nid de polytechniciens exécrés par la base. S'il y a des suppressions d'emplois à opérer, c'est par là qu'il faut commencer : quand le nombre de cheminots diminuait de 5 000 par an en moyenne et que le trafic, comme le chiffre d'affaires, ne cessait de reculer, les effectifs du siège doublaient pour atteindre le chiffre inouï de 11 000 personnes ! Il y a là, au cœur de Paris, un monde kafkaïen. Mais confortable. Les cadres supérieurs reçoivent des salaires modestes, affichent d'horribles costumes de confection bleu pétrole, coupés façon années soixante-dix, circulent en Peugeot grise ; mais derrière les apparences, c'est la vie de château : notes de frais jamais

---

1. Si, par exemple, un skieur casse un carreau à la gare de Chambéry, à Noël, il n'y a aucune chance que la vitre soit réparée avant Pâques par la voie hiérarchique normale. La solution ? Le dépôt d'un préavis de grève, qui permettra de régler le problème sans attendre. C'est ainsi que des dizaines de mini-préavis de grève sont déposés tous les jours !

contrôlées, secrétaires et chauffeurs à disposition, népotisme, présence épisodique, tous les ingrédients d'un laisser-aller général sont là. Le Floch décide donc de tailler dans le vif : son objectif est tout simplement de faire passer les effectifs du siège de 11 000 à 2 000 ! En déménageant de la rue Saint-Lazare et en envoyant tout ce joli monde sur le terrain, auprès des clients.

Mais voilà ! Pour mettre en œuvre sa réforme, casser les baronnies, obtenir le neutralité positive de la CGT, Le Floch a joué l'effet de surprise et la vitesse d'exécution. Tout devait être ficelé avant le 15 juillet. Son incarcération va-t-elle faire écrouler le fragile édifice ? Combien de temps, d'abord, peut-il rester président ?

Dans un dossier à ce point médiatisé, il n'y a plus de place pour les nuances : si la chambre d'accusation, réunie en formation collégiale, après un examen de fond, ordonne la remise en liberté de Le Floch, cela sonnera comme un désaveu de toute l'instruction d'Eva Joly. Et si elle confirme la décision de la juge, alors Le Floch sera, cette fois-ci, clairement désigné comme coupable. Pourtant, il ne s'agit toujours que d'entériner ou non la mise en détention.

Pour Le Floch, l'affaire se présente mal. D'abord parce que les juges de deuxième instance font d'emblée confiance à Eva Joly qui jouit d'une excellente réputation et qui, surtout, emprisonne peu. Les avocats le reconnaissent : elle a rarement plus de trois ou quatre clients « au frais » en même temps, alors que certains de ses collègues en ont parfois des dizaines. Ce sont ces juges ultra-répressifs, brouillons ou désinvoltes que contrôlent en priorité les chambres d'accusation. Alors qu'Eva Joly bénéficie d'un a priori favorable : puisqu'elle incarcère peu, cela doit être à bon escient. Autre handicap pour Le Floch : Mlle Claudine Garnier, qui préside la cinquième chambre d'accusation de la cour d'appel de Paris, est une magistrate difficile et réputée, parmi les avocats, pour sa tendance à entériner les décisions des juges d'instruction[1]. Par surcroît, Annie Waylan-Grenier, substitut général, a

---

1. Souvent, le double degré de juridiction, lorsqu'il s'agit de mettre un individu en prison, reste théorique, le corporatisme l'emportant sur la bonne administration de la justice. On en a eu un exemple parfait lors de l'incarcération

versé de sévères réquisitions écrites au dossier, dont on dit qu'elles ont été soumises au préalable à la chancellerie pour approbation. Jacques Toubon, bien sûr, n'a pas bougé. Quant au prévenu, il a failli... ne pas être présent. Les gendarmes qui l'ont pris en charge à la Santé pour le conduire à la chambre d'accusation lui ont passé les menottes. Au mépris du code de procédure pénale et des instructions données par Eva Joly. Le Floch s'y est opposé. A nouveau, il a refusé de bouger mais, cette fois-ci, il a cédé au bout d'un moment, de peur que son absence à l'audience ne se retourne contre lui. S'il avait su !

Pendant ce temps-là, une fausse rumeur court dans Paris, reprise par certains journaux : Jacques Chirac aurait adressé à Loïk Le Floch, à la prison de la Santé, une lettre qualifiée de « chaleureuse ». Le président de la République, garant de l'indépendance de la justice, apportant une manière de soutien à un prévenu célèbre ? Ceci ressemble fort à une opération de désinformation destinée à braquer les magistrats, comme il y en aura, presque systématiquement par la suite, à la veille de chaque jugement où de chaque confrontation importante. Trois jours plus tard, le 18 juillet, la chambre d'accusation de la cour d'appel de Paris rend un arrêt dont le Tout-Paris connaissait déjà le contenu : elle confirme la mise en détention.

Toute la procédure d'instruction est validée. La cour passe rapidement sur les « investissements pétroliers » réalisés « dans des conditions qui apparaissent pour le moins hasardeuses » et ayant donné lieu à des versements de commissions, pour s'attarder sur l'affaire Bidermann et dresser le bilan des aides consenties par Elf qui s'élevaient au 14 octobre 1993 « à plus de 736 millions de francs dont 311 millions constituant des

---

du président du conseil général du Territoire de Belfort, le socialiste Christian Proust, accusé d'avoir accordé illégalement des aides pour faciliter l'implantation de la société Gigastorage. Très vite, il est apparu que la juge, débutante, n'avait pas compris la complexité du dossier. Mais au lieu de casser la décision d'incarcérer l'homme politique – tout le monde peut se tromper, y compris les juges d'instruction ! – la chambre l'a confirmée officiellement, en attendant que la jeune juge prenne elle-même la décision de libérer le prévenu, ce qui fut fait quelques jours plus tard... Comme si la chambre d'accusation n'avait pu se résoudre à désavouer publiquement le juge d'instruction, alors qu'elle est là pour ça.

concours personnels consentis à Maurice Bidermann ». Les contreparties en faveur des « époux Le Floch Prigent » ? La chambre s'appuie sur les déclarations de Mme Lynn Forte, ancienne secrétaire de Maurice Bidermann aux Etats-Unis, recueillies par un procureur américain dans le cadre d'une autre procédure, selon lesquelles des sociétés de droit étranger appartenant à l'homme d'affaires français « ont versé à Mme Belaïd épouse Le Floch Prigent une rémunération mensuelle de 30 000 francs de 1991 à 1994 et une somme de 450 000 francs en deux versements courant 1992, sans contrepartie effective ; ont financé l'acquisition d'un appartement de plus de 3 millions de francs sis à Londres qui a été attribué à Mme Belaïd et en ont réglé les charges ; ont pris en charge les dépenses effectuées par les époux Le Floch Prigent lors de séjours effectués aux Etats-Unis de 1990 à 1993 ».

La chambre relève ensuite les opérations immobilières conduites par la société Sipar, filiale du groupe Elf, « sous signature de son président Jean-François Pagès », qui a financé à hauteur de 898 millions de francs des opérations immobilières à Tokyo, Madrid et Lisbonne, « selon des montages complexes faisant intervenir dans certains cas des sociétés offshore », ces opérations ayant engendré des pertes « évaluées à 548 millions de francs », dont « 162 millions de commissions versées à des bénéficiaires non identifiés ». Sipar aurait en outre versé 30 millions de francs à une société dissoute peu après la réception des fonds par le système d'une fausse promesse de vente[1]. Le grand patron doit-il être tenu pour responsable de cet aspect du dossier ? « Il résulte des pièces de la procédure et notamment de l'audition d'un certain nombre de témoins que ces différentes opérations auraient été initiées à la demande de Loïk Le Floch Prigent par des hommes de son entourage, malgré l'opposition de la direction financière du groupe », répond la chambre d'accusation.

---

1. Deux complices – individus ou sociétés – signent une promesse de vente sur un immeuble, dont le montant reste acquis à l'acheteur en cas de désistement du vendeur, quelle qu'en soit la raison. Ce procédé permet de blanchir le versement d'argent lorsque la vraie raison ne peut être avouée.

Mademoiselle Garnier, ensuite, va faire litière des exceptions de nullité soulevées par Me Olivier Metzner qui réaffirme n'avoir pas eu le temps de regarder le dossier d'instruction, au demeurant incomplet, le jour de l'incarcération. « Considérant qu'il résulte de l'examen du dossier (...) que le juge d'instruction (...) a fondé sa décision sur les seules pièces de la procédure en sa possession qui avaient été préalablement mises à la disposition de l'avocat », la chambre considère « que le moyen doit donc être rejeté ». Sur le fond, la chambre d'accusation estime la détention justifiée, « considérant que plusieurs cadres de la société Elf ont fait état d'un climat de tension particulier dans le traitement de ces affaires et de pressions (...) émanant notamment d'Alfred Sirven qualifié d'"âme damnée" de Le Floch Prigent ». Elle relève qu'un témoin, « compte tenu des menaces physiques de Sirven », a fait savoir par écrit qu'en cas de malheur « il faudrait chercher dans la direction d'Alfred Sirven, voire de Le Floch Prigent ». La cour constate en outre que « certaines personnes présumées avoir participé aux opérations litigieuses ont quitté le territoire national, notamment Alfred Sirven, qui serait en Suisse, et Claude Richard, avocat, qui fait l'objet d'un mandat d'arrêt international ». En conséquence de quoi, la chambre d'accusation affirme que « la détention de Loïk Le Floch Prigent est l'unique moyen d'empêcher une concertation frauduleuse avec les complices et coauteurs ainsi que des pressions sur des témoins ».

C'est l'argumentation d'Eva Joly qui est ainsi reprise presque mot pour mot par la chambre d'accusation. Le président de la SNCF restera en prison parce que Alfred Sirven a menacé des témoins et qu'il a fui à l'étranger ! Personne ne relève alors ce qui reste, à ce jour, l'un des grands mystères de l'affaire Elf : Alfred Sirven, « qui serait en Suisse » et qui est au centre de tout le dispositif, ne fait alors même pas l'objet d'un mandat d'arrêt international ! Pourquoi Eva Joly tient-elle tant à accabler Le Floch et pas Sirven ? Pourquoi la chambre d'accusation ne s'en étonne-t-elle pas ? S'est-elle seulement posé la question ?

Eva Joly ménage à cette époque Alfred Sirven et André Tarallo parce qu'elle pense pouvoir faire tomber Le Floch sans mettre en péril le fonds de commerce d'Elf. En vertu de la raison d'Etat et du pacte, plus ou moins tacite, passé avec Philippe Jaffré, il n'est pas question de toucher aux dossiers lourds. L'avocat Claude Richard, le premier, en fera la découverte, à l'occasion des deux perquisitions, en janvier et à Pâques 1996, qu'Eva a conduites à son cabinet de l'avenue Victor-Hugo. Cet ancien énarque, ancien sous-préfet, est un homme discret. Juif intégriste – il fréquente presque quotidiennement la synagogue de Boulogne –, il conseille à la fois Maurice Bidermann, André Tarallo, ainsi que la Fondation Elf, lorsqu'elle était présidée par Fatima Belaïd-Le Floch. Spécialiste des montages financiers exotiques, Claude Richard est un avocat un peu particulier : il est devenu un homme d'affaires, voire un affairiste. Mais il reste avocat. Aussi les deux perquisitions ont-elles été conduites en présence du bâtonnier, comme la loi l'exige[1]. Avec Eva Joly, le courant passe, sur le mode de la plaisanterie. Claude Richard la provoque gentiment :

— Si les juges prennent l'habitude de perquisitionner les cabinets d'avocats, le métier va devenir difficile...

— Mais il y a avocats et avocats. Vous êtes aussi un homme d'affaires, non ?

— Un avocat d'affaires, c'est tout.

— Et moi, je suis une spécialiste des perquisitions chez les avocats d'affaires.

Eva Joly a une feuille de papier à la main et dresse la liste des dossiers qui l'intéressent, comme on choisit sur la carte d'un restaurant. Or, à la grande surprise de Claude Richard, elle ne lui réclame que les amuse-gueule et les zakouskis, pas les plats princi-

---

1. En théorie, la protection des avocats est absolue, mais le développement des cabinets d'affaires, le rôle trouble joué par certains d'entre eux dans des transactions illicites et l'absence de scrupules de certains juges, au nom de l'efficacité, ont restreint ce droit fondamental. La justice estime désormais que la protection dont bénéficient les avocats se limite à la seule correspondance avec leurs clients, ce que les avocats contestent. Auparavant, les juges ne saisissaient que des pièces désignées par avance, par l'intermédiaire du bâtonnier ou de son représentant. Aujourd'hui, il leur arrive de ratisser beaucoup plus large et d'emporter toutes les pièces dignes d'intérêt à leurs yeux, y compris les agendas des avocats, où sont notés leurs rendez-vous avec l'ensemble de leurs clients. Plus tard, Eva Joly ira même jusqu'à saisir, auprès de France-Télécom, le listing téléphonique complet d'un des avocats de Le Floch.

paux ! Délibérément, Eva Joly laisse en effet de côté des dossiers lourds, comme ceux d'Elf-Gabon ou d'Elf-Allemagne, pourtant en évidence. Elle ne juge pas utile de saisir ceux qui peuvent mettre en cause André Tarallo. En revanche, elle fouine les moindres détails sur les relations entre Bidermann, son avocat et Le Floch. Elle ira jusqu'à envoyer deux policiers, munis d'un mandat, à l'école Maimonide de Boulogne, qui dispense un enseignement talmudique, pour savoir qui payait la scolarité des enfants de Claude Richard. Et elle s'attardera sur une demande d'intervention de Le Floch pour mettre fin à une procédure contre son garde du corps qui avait fait le coup de poing ! Pour l'avocat, à cette date, l'objectif d'Eva Joly semble clair : coincer le Barbe-Bleue des affaires, mais sur des points de détail, sans toucher à l'essentiel. Comme on a arrêté jadis Al Capone pour des délits fiscaux...

Claude Richard n'a pas compris qu'à l'époque, l'affaire était encore parfaitement encadrée par le « pacte » qu'aurait passé Philippe Jaffré avec cette juge qu'il appelle par son prénom et dont il laisse croire, à la tour Elf, qu'elle est une de ses amies. Car ce « pacte », en ce début juillet, nul n'en devine encore la possible existence. Et personne, en vérité, ne se pose trop de questions. La cinquième chambre d'accusation de la cour d'appel de Paris ne s'égare pas dans ce genre de considérations. Elle se comporte en simple chambre d'enregistrement. Nul ne s'en inquiète et les avocats qui le déplorent prêchent dans le désert. Cette fois, la messe est dite : Loïk Le Floch est coupable et il devra payer. Il faudra attendre un an pour que le doute s'instille – et encore ! – sur les méthodes de travail et la rigueur de l'une des plus hautes instances judiciaires du pays. Le 27 juin 1997, en effet, *Libération* révélera les curieuses méthodes de la chambre d'accusation de la cour d'appel de Paris dans une tout autre affaire. Un avocat, Me Marc Borten, découvre le 24 juin dans le dossier de son client un « extrait des minutes du greffe » qui rend compte d'un « arrêt rendu (...) le 1er juillet 1997 ». Incrédule, l'avocat constate ainsi que la cour repousse les demandes qu'il n'a pas encore plaidées ! Cet acte officiel est signé et tamponné par le greffier en chef[1].

_____

1. Celui-ci risque – en théorie – les assises pour faux en écriture publique.

« Le juge et la chambre d'accusation n'ont fait qu'instruire à charge, explique Me Borten : c'est une atteinte manifeste aux droits de la défense, aux principes du contradictoire, au double degré de juridiction. » « Cette chambre fait preuve du mépris le plus absolu des droits de la défense, affirme un autre avocat, cité par *Le Monde* : cette fois-ci elle est prise la main dans le sac. » Le vendredi, un autre avocat, Me Laurence Bedossa, avait déjà trouvé dans un dossier un arrêt entièrement rédigé (mais pas signé) de la même chambre, alors qu'elle allait déposer ses arguments. Mais l'arrêt avait disparu le mardi, juste avant l'audience. Cette affaire va mettre le Palais de Justice en ébullition. Saisie d'une requête en suspicion légitime visant la chambre d'accusation de la cour d'appel de Paris – fait rarissime –, la chambre criminelle de la cour de cassation, au terme d'une délibération de plusieurs heures, prononcera le 9 juillet son dessaisissement, renvoyant le dossier devant la chambre d'accusation de la cour d'appel de Versailles[1]. L'affaire n'en restera pas là car Me Borten a déposé une plainte contre X pour faux en « écriture publique » et « usage de faux ». Quelle que soit la suite donnée à cette plainte l'évidence s'impose : il y a bien quelque chose de pourri dans le royaume de la justice française, au même titre que dans celui de la politique, des affaires... et de la presse. Pas plus, mais pas moins. Cette affaire, s'ajoutant à bien d'autres mettant en cause des magistrats, montre que ceux-ci ne sont ni meilleurs ni pires que le reste de la population, mais simplement mieux protégés. Que le rappel incessant des pressions qu'ils subissent alimente un corporatisme conquérant. Et surtout qu'une réforme du

---

1. Les magistrats fautifs ont-ils été sanctionnés et dénoncés par leurs pairs ? C'est mal connaître le corporatisme de la justice française. C'est ainsi que Gilbert Manie de Bombes, président de la chambre criminelle de la cour de cassation, a justifié le faux réalisé par le greffier en affirmant que celui-ci « avait préparé le document litigieux à seule fin d'assurer une rapide exécution d'une éventuelle décision de mise en accusation » (sic), ajoutant que cette affaire « n'autorise pas à suspecter l'indépendance et l'impartialité des juges ». Qui oserait ? A l'en croire, c'est seulement la « connaissance » du document qu'aurait eue l'avocat du prévenu qui « peut être de nature à faire naître chez lui un doute, aussi peu justifié soit-il, sur l'objectivité de la juridiction saisie ». Ce n'est donc pas le faux qui pose problème, mais le seul fait qu'il ait été découvert !

système judiciaire français excluant contrôle et sanction réels des magistrats – au nom de leur « professionnalisme » – comme le réclament leurs syndicats, serait à la fois choquante, vaine et liberticide.

Tout, désormais, va aller très vite. Depuis Brazzaville, où il est en voyage officiel, Jacques Chirac fait savoir que « le remplacement éventuel de Loïk Le Floch-Prigent est le problème du gouvernement ». Mais c'est pourtant à Jacques Chirac que Loïk Le Floch a envoyé, depuis sa prison, une lettre dans laquelle il remet son mandat à la SNCF entre ses mains. Ne lui avait-il pas dit, au moment de ses premiers ennuis judiciaires, d'un air assuré : « Ne vous inquiétez pas, je m'occupe de tout » ? Peu après l'incarcération de Loïk Le Floch, Chirac a effectivement téléphoné à Maurice Lévy, patron de Publicis et grand lobbyiste, pour lui demander s'il pouvait monter une campagne de presse en faveur du président de la SNCF, afin de redresser son image. Après un tour d'horizon rapide, Maurice Lévy a renoncé, jugeant la tâche impossible en raison de la réputation du prévenu et de l'unanimité apparente contre lui : trop risqué, a conclu le patron de Publicis. Le 19 juillet, le lendemain du jugement de la chambre d'accusation, l'ancien patron de Rhône-Poulenc, d'Elf et de Gaz de France enverra donc au président de la République, depuis la cellule 234 de la prison de la Santé, sa lettre de démission de la présidence de la SNCF. Jacques Chirac lui adressera bien, en retour, une lettre pour le remercier des services rendus. Mais c'était une lettre purement formelle et pas du tout « chaleureuse », comme la rumeur en avait couru.

Désormais, Le Floch sait qu'il risque de rester en prison un bon moment. Le même jour, rue Saint-Lazare, on décide d'annuler une grande campagne de publicité prévue pour la rentrée. Concoctée par l'agence BDDP, son slogan était : « Evadez-vous avec la SNCF ! »

3

Fatima mon amour

La décision de la chambre d'accusation et la démission du président de la SNCF signent la victoire d'Eva Joly sur toute la ligne, judiciaire, politique, et bien sûr, psychologique : la nomination-provocation de Loïk Le Floch, six mois plus tôt, n'est plus qu'un mauvais souvenir. Consécration suprême : Eva Joly fait la une du *Point*[1] consacrée à « la révolution des juges ». Bras croisés dans une élégante veste blanche, sans autres bijoux qu'une grosse chaîne en or à son poignet, elle a pris la pose. Dans les pages intérieures, sous le titre : « Eva Joly, la juge qui fait trembler le gotha », court sur quatre pages un article élogieux : « avec ardeur et détermination, elle traque l'infraction (...). Une dame de fer (...) qui incarne à sa manière l'indépendance de la justice ».

Madame la juge a gagné. Elle est devenue une vedette. Vis-à-vis de Le Floch, vaincu, elle est donc dans des dispositions positives, lorsqu'elle le fait venir dans son bureau, le 19 juillet, le jour même où sa démission de la SNCF est devenue officielle. Le matin est paru dans *Libération* un article décrivant la panique qui règne dans certains milieux dirigeants africains où l'on craint d'être éclaboussé par les développements de l'affaire Elf. Logiquement, la situation se prête donc désormais à un compromis

---

1. *Le Point* du 20 juillet 1996.

général, cantonnant l'affaire à sa seule dimension Bidermann-Le Floch.

Mais Eva Joly, pour pouvoir boucler son dossier sans prêter le flanc à la critique, a besoin d'un aveu. D'un aveu, même partiel, même minuscule, d'enrichissement personnel. Car l'investissement d'Elf dans Bidermann n'est pas, en lui-même, un délit. Et pour troublantes qu'elles soient, les contreparties versées par Maurice Bidermann à Fatima Belaïd – alors que le couple est en train de divorcer – ne fournissent pas un motif incontestable pour incarcérer un prévenu de ce calibre.

Eva Joly y va au bluff :

— Je sais que vous avez de l'argent en Suisse.

— Non, je n'en ai pas.

— Si, vous en avez, Je le trouverai, cela prendra du temps et je ne pourrai pas vous libérer avant de l'avoir trouvé. Il vaudrait mieux que vous me donniez le numéro et l'intitulé d'un seul de vos comptes, je dis bien un seul, pour que je vous libère, comme chaque fois qu'on se montre coopératif avec moi.

— Si j'en avais un, je vous le donnerai. Mais je n'en ai pas. Je ne peux tout de même pas en inventer un !

Eva Joly ne s'attendait pas à une telle résistance. Quel but poursuit Le Floch ? Que veut-il cacher ?

— Vous êtes un menteur. Vous reviendrez pour me dire la vérité, hurle-t-elle, furieuse. Une phrase qu'elle lui lancera désormais au terme de chacun de ses interrogatoires, avant de le renvoyer dans sa cellule.

Loïk Le Floch avait d'autres moyens de défense. Il aurait pu s'abriter derrière la raison d'Etat, affirmer qu'il avait été nommé à la présidence d'Elf par François Mitterrand. Il aurait pu plaider qu'il avait agi sur ordre. S'abriter derrière la corruption massive et systématique qui règne dans les milieux pétroliers, où des intermédiaires empochent des millions de dollars en quelques heures. Révéler au juge les énormes commissions versées, par des intermédiaires, à des chefs d'Etat et dirigeants étrangers, pour payer leurs campagnes électorales et parfois les corrompre directement. Avouer que ces commissions reviennent en France pour financer des partis politiques français de droite et de gauche.

Ajouter que beaucoup de ces rétrocommissions[1] vont dans les poches de certains hommes politiques français et non dans celles de leurs partis. Il aurait pu donner des noms de certaines personnalités françaises et étrangères corrompues. Plaider que c'est grâce au renseignement, à la corruption, à la menace, au trafic d'influence et au chantage que ce groupe public, créé de toutes pièces en 1967 par le général de Gaulle, est devenu la première entreprise française, la huitième compagnie pétrolière du monde, dérangeant le cartel des sept majors anglo-saxonnes. Expliquer aux professeurs de vertu que sans ces méthodes peu orthodoxes, Elf serait un groupe pétrolier de deuxième zone et que, pour son énergie fossile, la France dépendrait des étrangers. Rappeler enfin que les Américains utilisent tous les moyens pour casser cette dynamique.

Parler? La simple prudence interdit à Le Floch de s'aventurer sur ce terrain : d'autres sont morts pour avoir brisé la loi du silence, dans des domaines moins sensibles. Même en prison. Surtout en prison. A la peur, s'ajoute le respect de l'Etat, de la raison d'Etat et des secrets d'Etat. Le Floch s'inscrit dans une logique de puissance et de pouvoir, affranchie de la loi commune – et de quelle manière ! –, où prime ce qu'il croit être l'intérêt national dont sont dépositaires les hommes politiques et, par délégation, les présidents d'entreprises publiques.

Mais dans ce refus d'ouvrir le dialogue avec la juge, il y a aussi une part de révolte et de défi vis-à-vis de celle qui l'a fait tomber. Maurice Bidermann a craqué, d'autres passeront à table après quelques semaines ou quelques jours de prison. Pas lui. Ce n'est tout simplement pas dans son caractère. Mais Eva Joly ne supporte pas cette attitude. Sincèrement convaincue de la culpabilité de Le Floch, persuadée qu'il a gardé pour lui une partie du milliard de commissions versé sous sa présidence, elle ressent son attitude comme un défi personnel. Comme si l'ancien patron d'Elf tenait à lui montrer que sa légitimité, d'une autre nature que

---

1. De la même manière que les patrons parlent d'ABS pour caractériser l'abus de bien social, le mot de rétrocommision est le néologisme utilisé dans les milieux des ventes d'armes et du pétrole pour qualifier la part des commissions occultes revenant à l'envoyeur et à ses amis...

la sienne, la valait bien. Ces deux-là, à l'évidence, n'étaient pas faits pour s'entendre. Plus tard, Eva Joly se défendra d'en être responsable et se justifiera en affirmant qu'elle a tendu plusieurs fois des perches à Le Floch mais qu'il n'a pas voulu les saisir : « S'il avait simplement reconnu qu'il avait perdu les pédales à cause de Fatima, je l'aurais libéré, il aurait été condamné à une peine de prison avec sursis et il n'y aurait jamais eu d'affaire Elf. »

Perdu les pédales à cause de Fatima ? Fatima qui ne s'est pas gênée pour accabler son ancien mari devant la juge, y compris le 26 juillet et le 12 août, alors qu'il est en prison... Le Floch refuse d'utiliser cet argument, par orgueil plus que par élégance, mais aussi parce qu'il est convaincu que c'est un piège que lui tend ainsi Eva Joly. Il est sûr que s'il lâche quoi que ce soit, cela se retournera contre lui. Il refuse donc de céder à la facilité de charger les épaules de son ex-femme, se contentant de démentir ses accusations. Et pourtant, ils sont nombreux, chez Elf et ailleurs, à penser et à dire que pendant la courte période où il a vécu avec Fatima Belaïd, le président d'Elf avait perdu tout sens commun. Leur histoire fut courte, mais salée.

Lorsque Loïk Le Floch devient président d'Elf, en juin 1989, il a quarante-cinq ans, elle en a trente-trois. Il est gentil avec elle, comme avec son fils. Mais Fatima en fait le minimum avec ses propres enfants, devenus adolescents, que Loïk accueille toujours de façon alternée. C'est pourquoi Gabrielle Le Floch est souvent à Paris, pour s'occuper d'eux. Avec Fatima, la cohabitation se passe mal. Les deux femmes ne peuvent pas se souffrir. Le mariage a eu lieu sur les conseils d'André Tarallo et d'Alfred Sirven, qui a pris Fatima sous son aile. Il la protège, tente de la mettre en confiance et lui apprend les charges et les manières de son rang. Fred, alors très lié à Le Floch, accepte d'être son témoin à son mariage. Mariage rapide et discret, dans un restaurant de la rive gauche. Il y a là Danielle et Maurice Bidermann, le publicitaire André Magnus, Pierre Weil, le président de la Sofres, M. et Mme Pierre Dreyfus, le docteur Claude Olievenstein, spécialiste de la toxicomanie, et sa femme Leni. Alfred Sirven, gros cigare en bouche, prononcera à l'issue du dîner une phrase étrange, avec son inimitable accent du Sud-Ouest : « tu sais, dit-il à Fatima, ce qui me ferait plaisir serait de sortir avec ton fils et toi et de faire exploser une bombe à cette table. »

Dans la corbeille, Le Floch va faire un cadeau royal à son épouse. Il la propulse présidente de l'Association pour la participation et le développement. Cette association à but culturel et humanitaire, qui deviendra la Fondation Elf, est dotée d'emblée de 50 millions de francs. Elle s'offre même Jacques Pilhan, le conseiller en communication de François Mitterrand qui, plus tard, reprendra du service avec Jacques Chirac à l'Elysée. Le prétexte avancé est de traiter d'égal à égal avec les chefs d'Etat africains, dont les épouses ont toutes leurs bonnes œuvres. Et de leur rendre éventuellement des services, en finançant ici un dispensaire, là une école...

Fatima Belaïd est devenue Madame Le Floch puis Madame la présidente tout court. En quelques semaines, son univers bascule, son comportement aussi. A Paris, la tour Elf bruit en permanence des lubies de la femme du patron qui, au cours d'un séjour à Brazzaville, va se surpasser. Elle fait casser la piscine, jugée trop petite, et fait couper, pour l'agrandir, un arbre centenaire. Elle commande des meubles industriels pour cette résidence luxueuse et tropicale. Elle exige des paons dans le jardin. On obtempère. Mais dès son départ, les deux volatiles, qui saccagent tout, seront embrochés et rôtis... C'est Madame Sans-Gêne qui, à Caracas comme à Tokyo, exige de quitter la suite de l'hôtel où les réservations ont été faites pour s'installer à la résidence de l'ambassade de France. A la moindre contrariété, elle rabroue les collaborateurs du patron d'Elf. Elle se fait appeler Madame la présidente, parle d'elle au pluriel de majesté, comme dans *Si Versailles m'était conté*. En toute occasion, elle dit : le président entend que... Rapidement, avec André Tarallo, qui choisira lui-même l'immeuble, Mme la présidente va déménager la Fondation Elf de ses petits locaux de la rue de Bassano à ceux, somptueux, courant sur six niveaux, de la rue Dumont-d'Urville, dans le XVIe arrondissement de Paris. Là-bas, elle fait arracher toutes les moquettes récemment posées. Non pas à cause des acariens mais de l'odeur de la colle à laquelle elle est allergique. Mais cette femme, avide de reconnaissance sociale, est en même temps fragile et effroyablement timide. Plusieurs fois, incapable d'écrire et même de lire les petits discours de circonstance qu'exige sa fonction, elle appelle au secours son mari qui vient, au dernier moment, les prononcer à sa place.

A la fois inculte et intelligente, dure et sensible, Fatima se rend parfaitement compte du rejet dont elle est l'objet de la part des cadres excédés. Mais au lieu de se faire plus discrète, de montrer ses bons côtés, de faire évoluer son comportement pour se faire admettre, voire aimer, elle va se faire détester en faisant, par exemple, truffer l'entrée et les couloirs de la fondation de caméras et de micros. Pour qu'aucune des méchancetés proférées par ses visiteurs, au sortir de son bureau, ne lui échappent !

Fatima en veut plus, toujours plus. Avec Loïk aussi, qui semble totalement dépassé par les événements. Aussitôt marié, le couple commence à se déchirer. C'est à cette époque que tous deux vont se servir sans la moindre retenue de la carte de crédit d'entreprise, attribuée à tous les présidents d'Elf, depuis Albin Chalandon pour régler leurs dépenses personnelles : manière hypocrite et malsaine d'offrir un sursalaire défiscalisé aux présidents d'entreprises publiques défavorisés par rapports à leurs collègues du privé. Mais le couple va pousser le bouchon : la carte de crédit porte la trace de l'achat de milliers de disques et de livres au Virgin Megastore, sur les Champs-Elysées, de robes de grands couturiers, de soins esthétiques ainsi que d'un nombre impressionnant de costumes dont certains n'étaient pas destinés à Loïk Le Floch.

En réalité, Loïk et Fatima vivent douloureusement, dans la folie de la fuite en avant, la fin de leur passion. C'est dans ce contexte, pour réparer les pots cassés et permettre à Fatima de cohabiter avec Gabrielle, autour des enfants, que Loïk va acheter, en juin 1991, la maison des Genettes. Il a le coup de foudre pour le parc, Fatima pour le château. Mais ils n'y viendront jamais ensemble. Pire : pour Fatima, cette maison symbolisera l'échec et, quelques mois plus tard, elle lui en fera payer le prix. Dès la maison achetée, c'est à nouveau l'enfer. Loïk ne supporte plus les foucades et les jérémiades de Fatima, pas plus que la présence de ses amis. Ses yeux sont dessillés, à l'occasion, notamment, d'une algarade à propos de son héritage. Fatima reproche à Loïk de refuser de lui faire une donation :

— C'est ta mère qui s'y oppose. Elle ne veut pas que ton argent me revienne. Elle le veut pour elle seule !

— Tu es folle ! Ma mère ne veut pas de mon argent, c'est elle qui m'en donne, au contraire, pour Les Genettes. Une mère ne pense pas que son fils va mourir avant elle. Si quelqu'un spécule sur ma mort, c'est toi !

Il veut rompre. Son ami Maurice Bidermann cherche à l'en dissuader. Le roi du Sentier, qui a le cœur sur la main et une propension connue à se mêler de ce qui ne le regarde pas, va tout tenter pour sauver le couple. Il invite Loïk, Fatima et son fils dans une villa de Long Island pour les vacances d'été. Loïk finit par accepter. Là-bas, l'atmosphère est épouvantable. Le président d'Elf passe ses journées à faire des puzzles. Fatima n'aime pas Long Island et reproche à Loïk de l'y avoir emmenée. Dans les restaurants, autour de la piscine, ils s'engueulent ou ne s'adressent pas un mot. Loïk va faire plusieurs aller-retour à Paris.

Le Floch retourne à Long Island et ne dit rien. Mais alors que Fatima a prolongé de quelques jours ses vacances en allant chez une amie, il rentre à Paris le 19 août, fait débarrasser la chambre de son fils Vincent ainsi que toutes ses affaires personnelles et s'installe rue de Passy. Chez Elf, il donne des consignes strictes. Et quand Fatima rejoint le domicile conjugal, le 22 août, Loïk n'est pas là, le chauffeur non plus. Il n'y a pas un mot, pas une explication. Elle appelle aussitôt la tour Elf, cherche à joindre le président, mais se heurte à un barrage devenu soudain infranchissable. Les secrétaires se vengent avec joie des humiliations subies. Le seul contact de Fatima, ce jour-là, est Maurice Bidermann, qui l'appelle et passe la voir chez elle. Il lui annonce que Loïk veut divorcer et lui conseille de trouver un arrangement.

Interdite à la tour Elf, Fatima s'installe tout de même dans ses bureaux à la fondation, comme si de rien n'était. Mais tout le monde l'ignore. Elle est devenue transparente. Un témoin de l'époque rapporte, selon *Match*, que ses éclats de voix passent à travers les cloisons. On entend : « Je ne veux voir Loïk qu'en tête-à-tête, sinon je dirai tout. » Fatima en sait trop. Premier objectif, assigné par Le Floch à Alfred Sirven, qui s'est toujours montré paternel avec elle et en qui elle a confiance : la faire démissionner sans casse de la fondation. Cela n'ira pas sans mal. Lors de sa première audition par Eva Joly, en mars 1996, Fatima Belaïd affirmera, au cours de sa garde à vue, que son mari, croisé au bar du Ritz, en septembre 1991, l'avait directement menacée de la faire tuer d'une balle dans la tête si elle n'acceptait pas de disparaître de sa vie, de la fondation. « Mon mari a cherché à me faire passer pour folle, menaçant de solliciter la garde de mon enfant de mon premier mariage, affirme-t-elle à la juge : il n'a reculé devant aucun moyen pour faire pression sur moi, physiquement, moralement. » Ce que confirmera Bernard Moïse, l'un de ses amis d'Avignon, le 28 mars 1996, devant les policiers de la brigade financière : « M. Le Floch Prigent étouffait son épouse et souhaitait l'avoir à sa disposition (...). Mme Belaïd me paraissait fatiguée par la vie mondaine que son mari lui faisait mener (...). M. Le Floch Prigent m'avait parlé, juste avant son départ, de faire séjourner son épouse dans un hôpital psychiatrique. » Il y a pire : Fatima Belaïd affirme que son mari lui a montré, toujours au bar du Ritz, un procès-verbal portant la mention « police » faisant état de détails intimes de sa vie privée.

Fatima n'est pas en reste. Elle menace de dire à la presse comment le PDG d'Elf traitait sa femme. Elle exerce à son tour des pressions sur Maurice Bidermann, du moins si l'on en croit ce dernier. « Pour moi, c'est un véritable cauchemar qui a commencé à l'automne 1991, affirme-t-il à Eva Joly le 26 juillet 1996 : Fatima Belaïd devenait insupportable. Elle me menaçait, c'est pour cela que je l'ai aidée. Je ne la supportais plus. » Interrogé sur l'appartement de Londres, où il a conseillé à Fatima d'aller se mettre au vert, Maurice Bidermann répond qu'il n'en a jamais parlé à Loïk Le Floch : « Si je lui en avais parlé, il m'aurait fermé la porte au nez. » Fatima expliquera d'ailleurs que la mise à disposition d'un appartement à Londres ne l'a pas étonnée, dans la mesure où Maurice Bidermann lui avait déjà prêté son appartement à New York ainsi que sa maison à Deauville.

C'est aussi à cette période que va survenir un événement étrange. Au retour d'un voyage, Le Floch se rend dans sa propriété des Genettes et découvre que tout a été brisé à l'intérieur : il n'y a plus ni boiseries ni parquets. En son absence, Fatima a fait appel à une entreprise parisienne de démolition – ce qui était prévu, mais pas dans de telles proportions. Pour rendre habitable sa propriété, Le Floch va devoir engager des travaux de près de 5 millions de francs !

Finalement, après plusieurs semaines de pure folie, Fatima cède et démissionne. Le Floch fait savoir discrètement qu'il dédommagera la fondation si elle emporte quelque chose. Un peu plus tôt, il avait fait opposition sur sa carte de crédit d'entreprise. Il affirme même avoir proposé au directeur financier de rembourser les dépenses faites par Fatima. Mais il n'y a aucune trace écrite de cette démarche qui n'aura d'ailleurs pas de suite. La parenthèse est refermée ? Pas si simple. Fatima est incontrôlable. Va alors se dresser autour d'elle un cordon sanitaire. D'un côté, elle va recevoir des mises en garde appuyées, en particulier de la part d'Alfred Sirven, son confident jusque-là. De l'autre côté, Maurice Bidermann va la tenir au chaud. Il la rencontre, reste pendu des heures au téléphone, la rassure, la met en confiance, lui promet de l'argent. Son argent ou celui de Le Floch ? Impossible de le savoir puisque le compte sur lequel est puisée la rente de 30 000 francs par mois qui lui est versée, d'abord par chèque, ensuite en liquide, est géré en commun. S'agit-il de protéger l'un, l'autre ou les deux ? Pourquoi cette rente, alors que le patron d'Elf n'aurait probablement pas été contraint par le tribunal de verser une pension à son ex-femme, même si elle l'avait réclamée ? Ils n'ont été mariés qu'un an et n'ont pas eu d'enfant. Quant à Maurice Bidermann, il avait sans doute de bonnes raisons, lui aussi, de vouloir s'attirer les bonnes grâces de Fatima. On en aura la preuve par l'absurde, lorsque celle-ci entrera dans l'intimité de Jeffrey Steiner, un homme d'affaires américain sulfureux avec lequel Bidermann s'est trouvé en conflit d'intérêts. Fatima en dira suffisamment à Steiner pour que celui-ci, devant une juridiction américaine, récupère l'argent que Bidermann lui devait. C'est d'ailleurs cette procédure qui est à l'origine de l'affaire Elf. Eva Joly a fait son miel des déclarations, devant un tribunal américain, de Lynn Forte, l'ancienne secrétaire de Maurice Bidermann aux Etats-Unis, selon lesquelles Bidermann avait payé la location de la maison et les voyages des époux Le Floch...

Au vu de ce qui s'est passé dans la tourmente de cet automne 1991, peut-on tenir pour certain que la mise à disposition d'un appartement à Londres et le versement d'une rente mensuelle à Fatima Belaïd sont la contrepartie des aides consenties par Elf au groupe Bidermann en difficulté, caractérisant l'abus de biens sociaux ? C'est possible, mais pas prouvé. Car sur ce point essentiel, toutes les déclarations concordent : Fatima Belaïd a détenu les clés de l'appartement de Londres de septembre 1992 à la fin de 1994 – date à laquelle Maurice Bidermann a cessé ses versements mensuels – sans jamais voir l'acte de propriété ; Maurice Bidermann affirme que cet appartement lui appartenait et qu'il n'en a jamais parlé à Le Floch ; et Le Floch dit qu'il n'avait jamais eu connaissance de ce cadeau fait, après d'autres, par son ami, à sa femme.

Après vingt-quatre heures de garde à vue, le 26 mars 1996, sous la menace d'une incarcération, Fatima Le Floch – elle a choisi de garder ce nom – accablera son ex-époux pour son train de vie, pour ses magouilles, pour les menaces dont elle se dit être l'objet et pour son comportement tyrannique. Grâce à ce premier témoignage, elle sortira libre, avec un simple contrôle judiciaire et une caution de 200 000 francs, qui sera payée par Jeffrey Steiner. Le 10 avril, elle en rajoute : « J'ai réalisé après la procédure de divorce que je m'étais fait abuser, que Loïk Le Floch n'hésitait pas à escroquer sa propre femme. » Le 26 juillet, elle réitère ses accusations devant Eva Joly et son ex-mari, qui a été sorti de sa cellule pour être confronté avec elle[1]. Le 12 août, Fa-

---

1. Fatima n'avait déjà demandé aucune pension lors de son premier divorce, alors qu'elle avait eu un enfant et qu'elle avait été mariée douze ans.

tima donne des précisions sur les pressions dont elle dit avoir été l'objet : « Les appels anonymes avaient cessé depuis que j'avais porté plainte pour violences téléphoniques. Les appels ont recommencé sur mes deux lignes depuis le départ de mon fils en vacances, le 3 août (...). Je décroche et il n'y a personne en ligne (...). Aujourd'hui (...), alors que je sortais de chez moi, un homme me guettait de façon ostentatoire. Il s'agit d'un homme en mobylette, sur le trottoir en face, en combinaison grise : il portait autour de la taille tout un attirail, des câbles descendaient. Il s'agit d'un homme baraqué, il avait un téléphone mobile à la main et quand il m'a vue sortir, il a passé une communication de façon ostentatoire en me dévisageant. Il m'a fait peur (...). Lorsque le taxi est arrivé, j'ai fait le tour du pâté de maisons pour revenir devant chez moi et l'homme était parti. »

Fatima Belaïd Le Floch-Prigent est à nouveau interrogée le 17 septembre. La juge a besoin de faits précis pour justifier le maintien en détention de Le Floch :

— Vous m'aviez fait état que vous viviez comme sous surveillance, lui demande la juge. Quelle est la situation aujourd'hui ?

La réponse de Fatima Belaïd résonne bizarrement :

— Je vis très mal, c'est un cauchemar. Je ne veux pas devenir paranoïaque. J'essaie de faire la part des choses. C'est ainsi que je ne vous ai pas raconté la dernière fois que j'ai été victime de deux agressions successives au bois de Boulogne où j'ai l'habitude de courir tous les soirs depuis des années (...). Je cours avec mon chien. Un jour du mois de juillet, un homme qui avait couru en parallèle avec moi est venu sur moi et a sorti un couteau. J'ai appelé mon chien, j'ai sorti mon téléphone mobile et j'ai appelé la police. L'homme était toujours là, et c'est trois jeunes gamins que j'ai appelés qui l'ont mis en fuite. La police n'est pas venue. Le lendemain je suis revenue courir et je me suis aperçue qu'un homme complètement vêtu de noir courait en parallèle avec moi. J'étais aux aguets, je me suis approchée de la route, j'ai appelé mon chien, j'ai sorti mon téléphone et l'homme est parti. En y pensant, il y a vraiment des endroits plus appropriés pour agresser quelqu'un dans les bois. J'ai l'impression que ce ne sont pas de véritables tentatives d'agression mais une volonté d'impressionner et de faire peur. Il y a eu également des incidents nombreux sur la voiture, une Renault 25 de 1992. Les freins ont lâché. Le câble de l'accélérateur a été sanctionné (sic). Au dire de mon garagiste, les pneus de devant ont été dégonflés à deux reprises. Mon garagiste peut témoigner de ces faits.

— Votre voiture stationne-t-elle dans la rue ou dans un garage ?

— Dans un garage dans l'immeuble en sous-sol. J'estime par ailleurs être victime de campagnes de presse calomnieuses et il y a des gens qui fournissent ces renseignements (...). Mais je dois dire que moi je n'ai pas peur depuis quelques mois, j'ai peur depuis cinq ans.

— Aujourd'hui, Loïk Le Floch est en prison. Qui, selon vous, exerçait des menaces sur vous ?

— Si ce n'est pas mon ex-mari, c'est son entourage.

François Mitterrand, qui connaissait Fatima pour avoir déjeuné et dîné avec le couple Le Floch à plusieurs reprises, avait vu juste. En septembre 1991, le président d'Elf demande audience au président de la République :

— Fatima sait beaucoup de choses, beaucoup trop. Je pense qu'elle va faire du ramdam et que vous risquez d'être éclaboussé. Voilà pourquoi je vous offre ma démission, si vous pensez qu'elle peut être de nature à vous protéger.

François Mitterrand prend le parti d'en rire :

— Il n'en est pas question. Tout ceci est sans importance. Ne vous inquiétez pas, je m'occupe de tout !

De tout ? Le président d'Elf n'en saura pas plus. Son incapacité à garder de bonnes relations avec ses anciennes compagnes, et donc à les contrôler, mettront en joie le président de la République qui, lui, a toujours parfaitement dominé ce genre de situations. Il répétera à plusieurs reprises, à ses interlocuteurs :

— Le principal défaut de Le Floch, ce sont ses femmes !

4

L'avocat et la putain

Ce matin-là, *Le Figaro* tombe des mains d'Eva Joly. Jusque-là, dans les pages saumon de ce journal, la juge trouvait l'écho de ses préoccupations. Ce qu'elle lit l'insupporte d'autant plus. Car, pour la première fois depuis qu'elle est magistrat, sa façon d'instruire est mise en cause publiquement dans un quotidien de grande diffusion. Un journal généralement peu en pointe pour défendre le sort des détenus et qui ne peut être suspecté de complaisance vis-à-vis d'un homme classé à gauche et accusé de malversations, comme Loïk Le Floch-Prigent. Il s'agit d'un article publié dans les pages blanches du *Figaro*, sous la signature de Jean-Alphonse Richard, un journaliste qu'elle ne connaît pas. Le papier est placé en bas de page, mais son titre court sur six colonnes[1]. Le texte est explicite : « Deux mois d'un régime de détention provisoire appliqué à la lettre – fouilles au corps lors des transferts et médicaments refusés –, deux confrontations et cinq interrogatoires éprouvants ont brisé physiquement et moralement l'ex-PDG d'Elf (...). De tous les grands patrons mis en examen, Loïk Le Floch-Prigent apparaît d'ores et déjà comme celui qui paie le plus lourd tribu à la justice (...). Depuis le 4 juillet (...) il a perdu 12 kilos (...). Lors des allées et venues entre la prison et le Palais de Justice, il est fouillé jusqu'à sept fois et complètement

---

1. *Le Figaro* du 3 septembre 1996.

déshabillé à deux reprises. Dans les premiers temps, il était présenté menotté et tenu par une chaîne au juge Joly. »

Hormis cette dernière affirmation – Le Floch n'a été entravé que pour se rendre à la chambre d'accusation –, cet article reflète la vérité : on cherche, tout simplement, à faire craquer l'occupant de la cellule 234 du quartier des personnalités. Alors qu'il n'est accusé que de délits financiers, qu'il n'est donc pas physiquement dangereux, Le Floch subira, en permanence, la totalité des contraintes imposées aux détenus drogués ou violents, en particulier la fouille complète, c'est-à-dire entièrement nu, avec toucher rectal, avant et après les visites au parloir. Les journaux, un moment, lui seront retirés. Ces grosses et petites vexations, dans son cas, peuvent difficilement s'expliquer autrement que par une volonté délibérée de l'humilier, pour le briser et obtenir des aveux.

Certes, comme tous les détenus du quartier des personnes protégées, qui a vu passer, entre autres, Paul Touvier, Michel Garretta, Alain Boublil ou Pierre Botton, Le Floch est en cellule individuelle. Il y en a 37, jamais occupées en totalité. Autre avantage : installées au sein même du quartier, les douches sont facilement accessibles. Les particuliers peuvent y aller tous les jours, au lieu de deux fois par semaine pour les autres. Mais, par rapport aux droit commun, Le Floch ne bénéficie d'aucun autre privilège. Il dispose d'une télévision[1], de l'accès à une salle de détente, au premier étage, non loin de l'infirmerie, où il peut jouer aux cartes et aux échecs avec ses codétenus, ou bien utiliser un appareil de musculation. Il y a les promenades, tous les après-midi de 14 h 30 à 16 h 30, dans la cour grillagée, en forme de camembert, qui leur est réservée, le foot et même les ateliers de dessin, auquel il s'est inscrit alors qu'il est ignare en la matière. Mais il sait qu'il ne faut négliger aucune activité, pour voir du monde, échanger des informations, s'occuper, survivre. Le prisonnier a appris à cantiner. Heureusement, car à l'exception du couscous, une fois par semaine, il ne touche pratiquement pas à la nourriture ordinaire, qui lui soulève le cœur. Entre le thé de

---

1. Le Floch a été surpris de découvrir qu'outre les principales chaînes et Canal +, le réseau de télévision de la prison de la Santé diffuse des programmes qui lui sont propres, avec notamment des films pornographiques !

Chine, les crustacés et les fruits de mer, l'ancien président d'Elf a pris, au fil des années, des habitudes alimentaires de luxe dont il ne supporte pas d'être privé. Heureusement pour lui, il y a le parloir. Comme la plupart des femmes de détenus, qui viennent leurs sacs à main et leurs soutiens-gorge bardés de barres de chocolat ou de friandises, Marlène, lorsqu'elle rend visite à Loïk, au moins trois fois par semaine, a des airs de Bibendum. Elle déborde de victuailles. C'est une tolérance : les visiteurs ne sont pas fouillés, il passent simplement sous un portique électronique. Mais les détenus, eux, ne peuvent rapporter la nourriture dans leur cellule : ils doivent donc consommer sur place ce qu'on leur offre, en une demi-heure ! Marlène, au fil des semaines, ira acheter chez Flo, un traiteur de luxe, des mets de plus en plus raffinés, sous emballage transparent. Y compris du homard ! Et elle ne manquera jamais d'apporter d'excellents vins, transvasés dans de petites bouteilles plastiques que son mari boit doucement, au goulot.

Ces menus plaisirs sont loin de compenser la détresse physique du prévenu. Car la maladie de peau dont souffre Le Floch depuis son enfance s'est déchaînée. Elle se traite avec des médicaments spécifiques, associés à une fréquente exposition au soleil. A la Santé, le soleil, on n'en parle pas. Quant aux médicaments dont il a besoin... il n'en dispose pas. Ils les a réclamés, en vain. Le 14 août, Marlène les lui a apportés. Mais l'infirmerie de la prison ne les a pas transmis et a attendu deux semaines pour lui retourner son paquet, que Loïk Le Floch attendait tous les jours. En prison, celui-ci va développer une véritable fixation obsessionnelle sur sa maladie[1]. Il est sujet à des poussées de psoriasis terribles qui le couvrent de plaques rouges, tandis que des escarres rongent ses fesses. Il a de la peine à s'asseoir et les démangeaisons le rendent d'autant plus fou qu'il est inoccupé. Tout ce que peut faire sa femme, c'est de lui faire parvenir ses vieilles chemises de coton élimées qui sont plus douces à sa peau.

Physiquement, Le Floch est brisé. Mentalement, il est sujet à des crises d'angoisse. Mais il ne craque ni n'avoue. Peu à peu, au

---

1. Il rédigera même un texte de trois pages pour décrire, en détail, avec complaisance, les origines et les symptômes de son psoriasis chronique.

contraire, il va retrouver ses marques dans cet univers carcéral où il se reconstitue une manière de pouvoir. La plupart des patrons en prison vivent leur détention très différemment des détenus ordinaires. Il y a, d'un côté, un choc terrible : c'est la dégringolade soudaine de toute l'échelle sociale, du dernier des barreaux jusqu'au tout premier. Hier ils voyageaient à leur guise en avion privé, le monde était leur village. Aujourd'hui, ils vivent dans 8 m². Hier, on leur servait à table une nourriture exquise, aujourd'hui, ils attendent le chariot et la tambouille. Hier ils donnaient des ordres à des cadres supérieurs empressés, aujourd'hui ils en reçoivent des gardiens, qui appartiennent à une catégorie sociale jusque-là transparente à leurs yeux. Mais d'un autre côté, les patrons en prison ont des atouts. Leurs revenus leur permettent de ne manquer de rien et d'entretenir de bonnes relations avec leurs codétenus, en leur achetant ce dont ils ont besoin. Surtout, ces fortes personnalités, habituées à exercer l'autorité, redeviennent souvent les chefs qu'ils étaient, dans ce nouvel univers.

C'est exactement ce qui se passe dans le petit groupe des prisonniers protégés de la Santé. Au cours de cet été 1996, ils ne sont que quatre célébrités – et trois après le transfert de Maurice Bidermann à Fleury-Mérogis : outre Le Floch, il y a le mercenaire Bob Denard, emprisonné pour avoir fomenté un coup d'Etat aux Comores, avec l'appui d'une fraction des services secrets français ; et Jacques Crozemarie, suspecté d'avoir détourné, pendant des années, en tant que président de l'Arc, l'argent donné pour la lutte contre le cancer. Autour d'eux, il y a des policiers et des gardiens de prison accusés de crimes ou de délits d'importances très diverses et que l'administration judiciaire met à l'abri de la vindicte des autres détenus. Quelques-uns ont volé, un autre entretenait des relations incestueuses avec sa fille, un autre était suspecté d'avoir aidé des terroristes basques, d'autres étaient là pour des délits plus mineurs. Deux leaders se dégagent de ce groupe hétéroclite : Bob Denard et Loïk Le Floch, le chef de guerre et le grand patron, qui organisent les équipes de foot, arbitrent les conflits, tentent de canaliser les énergies, défendent les faibles et écartent les gêneurs. C'est le cas de Jacques Crozemarie qui se mêle de tout, intervient au milieu des leçons de bridge que donne Le Floch à ses codétenus pour expliquer que sa méthode ne vaut rien, accapare pour lui seul l'appareil de musculation et n'oublie jamais de faire, en reniflant, la morale à chacun. Surtout, Crozemarie rabâche son histoire, se dit victime d'une cabale, rompant une règle tacite : les prisonniers, dans ce quartier, évitent de s'étendre sur les raisons qui les ont conduits là. Denard et Le Floch, un jour, le feront taire. Crozemarie sera réduit à prendre sa douche et à se promener seul.

Dans la prison, Le Floch a retrouvé peu ou prou une forme d'équilibre. Paradoxalement, sa hantise est d'en sortir. Car, pour lui, les interrogatoires sont un supplice. Il faut se réveiller à l'aube, subir les fouilles humiliantes, attendre des heures dans la souricière avec pour repas le même sandwich à l'œuf dur, qui sent le moisi. Surtout, les rencontres avec Eva Joly l'effraient. Il ne sait jamais sur quoi elle va l'interroger. Il lui faut répondre de mémoire, avec précision, sur des faits datant parfois de six ans. Il ne peut pas activer ses souvenirs et préparer ses arguments, car il n'a toujours pas accès au dossier, si ce n'est indirectement, par l'intermédiaire de ses avocats. Or celui-ci comporte déjà des centaines de pièces et de témoignages, sur des milliers de pages... Il est convaincu que lui seul peut avoir une vision d'ensemble, que lui seul est capable de débusquer les failles, les erreurs factuelles ou les contradictions de ce qui n'est toujours, selon lui, qu'un acte d'accusation.

Avec la juge, ses rapports ne se sont pas améliorés. Ils sont même devenus exécrables. Avant de l'entendre, Eva Joly fait systématiquement attendre le prisonnier et ses avocats, rarement moins d'une heure, parfois deux. Elle sort en coup de vent à plusieurs reprises de son bureau, sans leur adresser un mot. Un jour où le prévenu patientait, assis sur les bancs de bois de la galerie financière, passe la blonde Edith Boizette, serrée dans un tailleur moulant. La jolie juge s'arrête et lui serre la main, tout sourire :

— Bonjour, M. le président, comment allez-vous ?

— Pas trop mal. Mais j'ai soif.

— Attendez, j'ai de l'eau fraîche dans mon réfrigérateur. Vous la préférez plate ou gazeuse ?

Depuis combien de temps ne l'avait-on plus appelé M. le président ? Depuis combien de temps lui avait-on proposé le choix entre l'Evian ou la Badoit? Moins de deux mois. Une éternité. Edith Boizette a-t-elle agi, ce jour-là, par gentillesse ou par politesse? A-t-elle voulu indirectement donner un signal à sa collègue Eva Joly? Le Floch n'en a cure : jamais une bouteille d'eau, servie dans un verre, ne lui est apparue aussi douce.

Avec Eva Joly, en revanche, il n'a plus jamais un instant de répit, un moment de complicité, comme cela arrive dans les négociations les plus difficiles, entre gens puissants, antagonistes, mais civilisés. C'est un terrain sur lequel Eva Joly ne veut pas se laisser entraîner. Pour cette luthérienne habitée par sa mission, il ne s'agit pas de négocier, mais de débusquer un coupable, de le faire avouer et de le punir. Le Floch est désemparé. Notamment lorsque la juge dicte à son greffier les réponses qu'il lui a faites en ne reprenant parfois ni ses mots, ni même leur sens. Ces déformations insidieuses lui semblent toujours défavorables. Le Floch a découvert à cette occasion la perversité du système judiciaire français, qui interdit toute transcription sténographique directe des réponses d'un prévenu et, bien sûr, tout enregistrement. La juge ne transmet, à sa manière et à sa guise, que ce qui lui semble décisif. En fonction de ses propres objectifs. Autre problème : certaines questions sont formulées de façon imprécise et certaines nuances, dans les réponses, semblent échapper à Eva Joly. Par tactique? Le Floch n'abordera jamais ce sujet, de peur de la braquer[1]. L'ancien président d'Elf est sûr qu'Eva Joly le hait, qu'elle s'acharne contre lui et lui seul. Deux développements inattendus de l'instruction, autour d'un avocat et d'une putain, vont achever de le convaincre que les dés sont pipés. Et qu'il est le gibier impuissant d'une chasse à courre truquée.

---

1. Jean-Maxime Lévêque, l'ancien patron du Crédit Commercial de France et du Crédit Lyonnais n'aura pas, plus tard, ce genre de prévenances. A plusieurs reprises, cet inspecteur des finances marqué à droite, en réponse à une question d'Eva Joly, n'hésitera pas à lui dire : « Veuillez, madame, je vous prie, reformuler votre question en français »... Ce qui, évidemment, la met hors d'elle et ne contribue pas à raccourcir son temps de détention. Alors âgé de soixante-quatorze ans, cet homme hautain mettra un point d'honneur à toujours se présenter devant elle en costume-cravate, à la différence de Le Floch. Un avocat qui a vu les deux hommes dans le bureau d'Eva Joly les a décrits aussi différents que Pierre Fresnay et Jean Gabin, face à Eric von Stroheim, dans *La Grande Illusion*...

L'avocat, c'est Claude Richard, ce personnage étrange et contradictoire qui fait payer – très cher – ses services auprès d'un tout petit nombre de clients, parmi lesquels le financier libanais Samir Traboulsi, condamné pour délit d'initié dans l'affaire Pechiney. Affectif, il a rendu tous les jours visite à son client en prison, alors que le Tout-Paris se détournait de lui après avoir couru à sa table et à ses réceptions. Séduisant, Claude Richard a longtemps été lié à la fille de Jean-Jacques Aumont, le gestionnaire de fortune et un des administrateurs de Bidermann. C'est au contact de Jean-Jacques Aumont que Claude Richard s'est initié à cette part secrète du monde des affaires où tout se passe à l'étranger, dans les comptes discrets d'ayants droit inconnus, protégés par l'anonymat de paradis fiscaux. C'est par son intermédiaire que Claude Richard deviendra l'avocat de Maurice Bidermann, d'André Tarallo puis celui de la Fondation Elf. Intelligent, dénué de scrupules, Claude Richard a toujours été économe, sinon pingre. Peu à peu, il va développer un rapport très fort avec l'argent, qu'il accumule et qu'il confie en priorité aux banques suisses et anglaises, les seules sûres à ses yeux. *Le Nouvel Observateur* a écrit qu'un de ses comptes, à la Discount Bank and Trust à Londres, était crédité en 1997 de... 70 millions de francs ! Claude Richard est intervenu, avec l'homme d'affaires américain d'origine turque Nathan Meyohas, dans l'achat d'Occidental Petroleum par Elf, mais aussi dans des transactions, pour le compte de Lagardère (avec Fairchild) ou de Total, en Turquie.

Pourtant, sa frilosité est légendaire, y compris sur le plan financier : ses proches assurent qu'il n'a jamais acheté d'actions de sa vie, jugeant cet investissement trop risqué ! Au lieu de se faire payer à l'heure, comme il est de règle pour les avocats, Claude Richard se faisait rémunérer au forfait et à la commission par Maurice Bidermann, qui lui assurait près du tiers de ses recettes. En contrepartie, il se montrait d'une disponibilité totale : Bidermann l'appelait jour et nuit, à 6 heures du matin comme à minuit.

Claude Richard a été convoqué le 11 juin 1996 par Eva Joly. Mais l'obligé de Bidermann, le négociateur du divorce de Loïk et de Fatima, le superviseur des opérations immobilières d'Omar Bongo, le signataire des montages financiers les plus osés pour le versement des commissions d'Elf, ne s'est pas présenté. Et pour cause : il s'était enfui à Tel-Aviv, en compagnie de sa femme Arielle et de ses cinq enfants. A Samir Traboulsi, quelques semaines plus tôt, il avait confié, apeuré, qu'il se trouvait devant un terrible dilemme : si je parle, je suis mort, si je ne dis rien, j'irai en prison, pour un bon moment. Balancer pour ne pas aller en prison : plusieurs protagonistes de l'affaire Elf se trouveront devant cette lugubre alternative. Claude Richard tient à la vie et à sa liberté. Il ne veut, sous aucun prétexte, prendre le risque d'être incarcéré. L'avocat est tout sauf un caïd. C'est un esprit brillant mais inquiet, qui ne veut jamais rien payer, ni pour lui ni, a fortiori, pour les autres. Il va donc choisir une troisième solution : la fuite en Israël, où il bénéficie de la loi du retour qui permet à tout juif de prendre sans délai ni formalités la nationalité israélienne et de se mettre, incidemment, à l'abri d'une extradition. Il a d'ailleurs investi dans ce pays où, selon le cadastre israélien, il a acquis, entre 1992 et 1993, plusieurs propriétés à Jérusalem, pour 8 millions de francs. Va-t-il s'installer définitivement là-bas, abandonner Paris, son cabinet de l'avenue Victor-Hugo ? Et celui de sa femme, médecin ? Il n'en est pas question. Claude Richard est simplement parti se mettre au vert, attendre que la tempête passe et négocier, avec Eva Joly, les conditions de son retour en France. Il s'est donné trois mois : jusqu'à la rentrée scolaire.

Négocier ? Le 13 juin, deux jours après la convocation à laquelle il ne s'est pas rendu, Claude Richard appelle Eva Joly, alors que Maurice Bidermann est dans son bureau, en interrogatoire. La conversation dure six minutes. Le seul objectif d'Eva Joly est, à ce moment-là, de nourrir son dossier sur Le Floch, qu'elle s'apprête à incarcérer. L'avocat n'a pas besoin qu'on lui fasse un dessin. Il laisse entendre qu'il possède des informations utiles, que s'il s'est enfui, c'est par crainte des amis de Le Floch, qu'il est prêt à coopérer. L'avocat, délibérément, va trahir les règles de sa profession. Son problème, à ce moment-là, est de gagner du temps. Il verra plus tard jusqu'où il devra aller, ce qu'il devra dire s'il veut ne pas être inquiété. Claude Richard a parfaitement compris la psychologie de la juge et ses motivations secrètes. Face à elle, il se révélera habile stratège. Avec André Tarallo, il sera l'un des seuls à savoir la prendre sans la brusquer. Et à la convaincre. Premier résultat concret : Eva Joly, qui avait fait savoir la veille qu'elle avait lancé un mandat d'arrêt international contre l'avocat en fuite, se dispensera de le rendre exécutoire et l'oubliera aussitôt.

La négociation va donc se poursuivre par téléphone, sans que ces conversations apparaissent au dossier. Le 6 août, en particulier, Claude Richard appelle le bureau d'Eva Joly depuis deux postes différents sans savoir que pendant son séjour en Israël, il a été placé sur écoutes par le Mossad, les services secrets israéliens. Tous ses coups de fil, depuis ses deux postes fixes et son portable, ont été répertoriés et enregistrés. Il s'agit de mettre au point un rendez-vous en Israël, car l'avocat refuse toujours de se rendre en France : sa confiance dans les promesses du juge a des limites. L'explication aura donc lieu les 26 et 27 août, à Tel-Aviv. Auparavant, dans le cadre de sa négociation, Claude Richard a fait transmettre au juge un mémorandum de dix-huit pages, curieusement rédigé en anglais[1]. Il y détaille les modalités de l'acquisition, en 1992, par Maurice Bidermann, de l'appartement à Londres destiné à Fatima Belaïd, au moment de son divorce, en donnant la version la plus défavorable à Le Floch, la seule qui sera diffusée dans la presse. D'une valeur de 3,25 millions de francs, cet appartement a entièrement été payé par Le Floch sur son compte, écrit Claude Richard dans son mémorandum[2]. Selon l'avocat, Bidermann aurait payé de sa poche sur ses fonds propres environ 1,2 million de francs et différé le second paiement jusqu'à ce qu'il reçoive de l'argent de la part de Le Floch. Ces fonds ont été transférés de Suisse à New York sur le compte de M. Bidermann. Tiendrait-on là le magot que Le Floch est censé avoir caché en Suisse ? Ce que Claude Richard omet de dire, c'est que ces fonds semblent avoir été prélevés sur le prêt de 163 millions de francs consenti à Maurice Bidermann par Elf-Gabon – sous la signature d'André Tarallo, son président !

---

1. La traduction de ce document sera publiée par *L'Express*, le 5 septembre, à la veille de la décision de la chambre d'accusation de la cour d'appel de Paris sur la demande de mise en liberté formulée par les avocats de Le Floch, à laquelle s'opposent à la fois le parquet et Eva Joly.

2. La version originale, en anglais, est cependant moins précise. Richard écrit que l'appartement a été payé « *on Le Floch side* », c'est-à-dire « du côté de Le Floch ».

Autre piste : le mémorandum indique que Bidermann aurait touché les deux tiers d'une commission de 15 millions de dollars sur le rachat de la filiale britannique d'Occidental Petroleum, pour 1,35 milliard de dollars[1]. Que vient faire le roi du Sentier dans cette transaction pétrolière ? Tout le monde pense alors qu'il sert de prête-nom à Le Floch. Mais lorsque les commissions rogatoires sur le compte Meca[2] reviendront de Suisse, en décembre 1997, Eva Joly découvrira des noms qui ne sont pas ceux qu'elle attendait : les 10 millions de dollars ont été partagés entre Maurice Bidermann, André Tarallo et Claude Richard lui-même... Eva Joly aura attendu seize mois pour découvrir que l'avocat si malin l'a joliment roulée !

Enfin, dernier coup de pied, Claude Richard justifie sa fuite par sa peur de témoigner contre Le Floch, étant donné les exemples antérieurs concernant ceux qui avaient osé le défier. L'avocat cite des pressions sur des tiers, dont il a eu connaissance. Aussi désireux de plaire qu'il soit, il ne se résoudra cependant pas à écrire que lui-même a été menacé directement par Le Floch. Il y a tout de même des limites qu'il ne veut pas franchir. Qu'importe : ces menaces à l'encontre de tiers seront prises pour argent comptant par la juge, la presse et l'opinion publique[3].

Le terrain est dégagé. Eva Joly peut se transporter à Tel-Aviv.

---

1. Elf avait une participation gelée de 25 % dans Enterprise Oil, la deuxième compagnie pétrolière britannique, sans voix au chapitre. Le Floch propose de revenir à 10 % et de créer, avec Enterprise Oil, une filiale commune, Elf Enterprise (dont Elf possédera les 2/3), pour racheter la filiale britannique d'Oxy, que son président, Graham Hearne, était tenté de vendre. Il s'agissait essentiellement d'une plate-forme en mer du Nord, Piper B, que le groupe américain avait construit après l'accident terrible de Piper A, entièrement ravagée par un incendie. Elf saute sur l'occasion. Nathan Meyohas est chargé de convaincre le patron d'Oxy et d'organiser la transaction entre les trois protagonistes. Cet Américain d'origine turque et résidant à Istanbul a été avocat et conseiller juridique à Paris. C'est un ami de Maurice Bidermann et de Graham Hearne. Il a facilité les contacts entre les parties et est au cœur du deal. Elf lui paie officiellement 15 millions de dollars de commission. Sur procès-verbal, Philippe Hustache, ancien directeur financier, affirmera qu'elle a été de 5 à 10 fois supérieure au montant proposé. Considérée comme indue et suspecte par la juge, elle est présentée comme telle dans la presse. Son montant est pourtant en dessous de la norme : il ne représente que 0,7 % du deal global.
2. Manufacturing Export Company of Asia.
3. En septembre, la chambre d'accusation rejettera une demande de mise en liberté en s'appuyant sur ce témoignage.

C'est une première dans les annales judiciaires, à double titre. Personne n'avait jamais vu un juge aller à l'étranger, entendre un fugitif contre lequel il a lui-même lancé un mandat d'arrêt international. La logique eût voulu qu'Eva Joly fasse arrêter Claude Richard dans l'enceinte du consulat. D'autant que la convention judiciaire entre la France et Israël, sur le plan pénal, ne prévoit l'extradition qu'en cas de demande d'arrestation. Elle ne permet pas d'interroger l'intéressé. Formellement, il est vrai, Claude Richard n'a pas été interrogé par la juge mais, à sa demande, par le vice-consul de France, en présence d'Eva Joly et de son avocat. Mais c'est bien la juge qui avait dressé la liste des questions que le diplomate s'est contenté de lire. La deuxième incongruité est autrement choquante, parce qu'elle touche aux libertés fondamentales : il s'agit de l'interrogation d'un avocat sur des faits concernant ses clients et couverts, de ce fait, par le secret professionnel. « Je suis très gêné, car j'ai le sentiment d'avoir (...) été confronté à un dilemme très grave, que je ne sais pas résoudre, entre le respect du secret total sur des éléments qui m'ont été confiés et la nécessité de répondre à vos questions dans le cadre de cette affaire », a commencé par déclarer Claude Richard. A Paris, le conseil de l'ordre des avocats, qui avait ouvert une information disciplinaire contre lui, s'est publiquement indigné de cette confession au regard des obligations du serment d'avocat. Bref : avec cette escapade à Tel-Aviv, on est dans l'acrobatie judiciaire, à l'extrême limite, si ce n'est au-delà, de ce qui est autorisé. De cela, Eva Joly est la première consciente. A sa demande, le procès-verbal qui résume les propos de Claude Richard mentionne que ce dernier renonce expressément à toutes nullités qui pourraient résulter de la non-observation des formes des délais, ce qui est déjà, en soi, une bizarrerie juridique.

Au cours de ces entretiens, Claude Richard se contentera – du moins officiellement – de répéter et de préciser ce qu'il avait écrit dans son mémorandum. Il reconnaîtra cependant que c'est bien Bidermann, et non Le Floch, qui a payé les trois versements (le dernier par l'intermédiaire de Jean-Jacques Aumont) pour l'achat de l'appartement de Londres. Bien sûr, au cours des mêmes entretiens, Claude Richard laissera dans le flou les noms qui se cachent derrière le compte Meca qui a reçu les 10 millions de dollars d'Elf au titre de commission dans sa transaction avec Oxy Petroleum. Façon indirecte de faire porter la suspicion sur Le Floch, en protégeant Tarallo et lui-même ! Quant aux menaces attribuées à Loïk Le Floch, c'est, selon lui, Fatima Belaïd qui lui en a fait le récit. Elle lui aurait raconté le cambriolage de sa cave, où elle détenait des documents, avec l'accent de la vérité.

Eva Joly s'est-elle contentée des déclarations officielles de Claude Richard, en réponse aux questions posées par le vice-consul ? L'a-t-elle vu en tête-à-tête, hors dossier, une démarche contestable mais qui, au moins, pourrait expliquer son déplacement ? Eux seuls le savent. En tout cas, après la visite de sa juge à Tel-Aviv, Claude Richard va se sentir beaucoup plus tranquille. Alors qu'il était resté terré en Israël, obligé de téléphoner plusieurs fois par jour à ses banques suisses et anglaises pour gérer sa fortune, ainsi qu'à ses avocats et à ses amis pour organiser sa défense, il va désormais pouvoir se déplacer sans être inquiété. Tout le monde croit qu'il est sous l'effet d'un mandat d'arrêt international, lui sait qu'il n'en est rien.

Le pot aux roses sera découvert un mois plus tard. Le 30 septembre, Luc Gramblat, l'un des avocats de Le Floch, croise à midi et demi Claude Richard, qu'il connaît bien, dans le hall de l'hôtel Hilton de Genève. Richard salue rapidement son confrère et s'éclipse. Gramblat n'en revient pas : les Suisses respectent généralement les mandats d'arrêt internationaux. S'agirait-il d'un rideau de fumée ? Il veut en avoir le cœur net. Y a-t-il eu mandat d'arrêt le 12 juin à l'encontre de Claude Richard ? A-t-il été diffusé ? demande Luc Gramblat, quelques jours plus tard, au ministre de l'intérieur. Jean-Louis Debré lui répondra de façon laconique qu'il n'est pas habilité à régler ce genre de questions. Happy end : le 21 octobre 1996, alors que sa femme a repris son cabinet médical et que ses enfants ont fait, comme prévu, leur rentrée scolaire à l'école Maimonide, Claude Richard est officiellement interpellé par la police à son arrivée à Roissy en provenance de Londres – en vertu d'un mandat d'amener curieusement daté du 17 septembre – pour être conduit au cabinet d'Eva Joly. Rarement aura-t-on vu arrestation plus cool. Claude Richard a aimablement prévenu la juge du jour, de l'heure et du lieu de son arrivée. Il sortira de son bureau le jour même, libre, avec une simple caution de 100 000 francs et un contrôle judiciaire léger. « Je n'ai pas d'argent », a-t-il soutenu... Eva Joly n'a pas cillé, alors qu'elle connaît l'existence de ses comptes en banque à l'étranger et de ses acquisitions immobilières en Israël.

La putain mesure 1,73 mètre, elle est dotée, comme on dit, d'un physique avantageux, se dit mannequin, se fait prénommer Lyse mais s'appelle Anne-Rose. Cette perle noire écume depuis qu'elle a dix-huit ans les boîtes de nuit où elle arnaque les clients de rencontre en se faisant passer pour la fille du président de la Côte-d'Ivoire. En réalité elle est française, née en 1961, à Marseille. Elle est la fille d'un ancien ambassadeur de Côte-d'Ivoire en France et au Maroc. Ivoirien d'origine sénégalaise, ce diplomate a été, à deux reprises, ministre de l'Information de la Côte-d'Ivoire. En rupture de famille, Anne-Rose fait quelques études à Lyon puis déboule à Paris à dix-huit ans. Elle se présentera à Eva Joly comme call-girl professionnelle, diplômée d'architecture. Mais elle est aussi experte en... escroqueries. A partir de 1981, elle ne se présente plus que comme la fille du président Houphouët-Boigny. « Ça m'a ouvert bien des portes », confie-t-elle lors de son procès, le 19 novembre 1996. Et bien des portefeuilles aussi. « La manie d'escroquer était mon vice, lâche-t-elle en sanglotant, quand je vois un homme, c'est plus fort que moi. » Incarcérée aux Baumettes, à Marseille, en 1992, elle s'évade à l'occasion d'une permission de sortie. La police finit par la retrouver, un an plus tard, à Paris. Les plaintes se sont accumulées. Il y a celle d'un promoteur immobilier qui, après lui avoir trouvé un appartement, lui aurait prêté 70 000 francs qu'elle refusait de rembourser. Celle d'une employée d'Eurodisney qui l'aurait vue partir avec sa carte bleue. Enfin, celle d'un certain Jean-Christophe qui se serait fait escroquer 18 000 francs dans une boîte de nuit. Et puis celle de l'écrivain Paul-Loup Sulitzer. Lyse se fera finalement arrêter en Allemagne, où elle poursuivait ses pétillantes activités.

Quel rapport avec Elf ? Anne-Rose fera irruption dans le dossier en écrivant, le 28 mai 1996, une lettre à Eva Joly, depuis la maison d'arrêt de Fresnes où elle est écrouée pour escroquerie et usurpation d'identité. Cette amusante jeune femme raconte qu'elle a été la maîtresse de Loïk Le Floch, dans les années 1992-1993, qu'elle connaît bien Maurice Bidermann, qu'elle a transporté de l'argent pour eux et pour Fatima Belaïd, et qu'elle a des choses à raconter. Eva Joly garde cette lettre, sans la mettre au dossier. Un mois plus tard, lorsque Le Floch sera incarcéré, ni lui ni ses avocats n'en auront connaissance[1]. Le 21 août, trois mois après l'envoi de sa première lettre (il y en aura quatre), Anne-Rose Thiam est extraite de sa cellule et interrogée par Eva Joly. A nouveau, cet interrogatoire ne fait pas l'objet d'un procès-verbal[2]. Cette audition « off » semble si urgente et importante à Eva Joly que, pour entendre Anne-Rose Thiam, elle annule, au dernier moment, celle qui était prévue avec Le Floch ! Et le 28 août, dès son retour de Tel-Aviv, après s'être fait confirmer par Claude Richard que Mlle Thiam avait effectivement connu Loïk Le Floch et Maurice Bidermann, Eva Joly entend une nouvelle fois la prisonnière, après avoir décalé ses dates de vacances. Cette fois-ci, l'interrogatoire devient officiel et la juge, d'emblée, se justifie : « Devant son récit [du 21 août], tout en étant très précis, mais paraissant également extravagant, nous avons voulu vérifier un ou deux éléments avant de verser son témoignage au dossier, écrit-elle. Ayant acquis la conviction, par des recoupements, qu'elle connaissait effectivement Le Floch-Prigent, nous avons décidé de procéder à son audition sur procès-verbal. » Retour à la légalité ? Pas complètement. Car la lettre initiale, celle du 28 mai, ne sera inscrite au dossier que le 18 septembre !

Que dit Anne-Rose Thiam ? La lecture du procès-verbal d'audition laisse pantois. Elle met en cause tous les protagonistes du dossier et quelques autres. Avec un joli aplomb. « Je sais, je plume les mecs, dit-elle à Eva Joly, mais eux ils volent. » De la main de Maurice Bidermann, elle aurait reçu des enveloppes plusieurs fois par semaine. Elle aurait remis 2,5 millions à Claude Richard. Devant une banque de Londres, elle aurait rencontré Nathan Meyohas, le milliardaire d'origine turque mis en examen

---

1. Pour ses avocats, il s'agit d'une violation caractérisée des dispositions du code de procédure pénale qui prévoit la mise à disposition de l'entier dossier avant l'interrogatoire du mis en examen.

2. Là encore, selon les avocats de Le Floch, il s'agit d'une violation du code de procédure pénale qui stipule, lors de l'audition de témoins : il est dressé procès-verbal de leurs déclarations.

pour la commission versée lors du rachat par Elf de la filiale britannique d'Occidental Petroleum. Puis elle lui aurait apporté des fonds devant la Banque de dépôt et de gestion, à Lausanne. A Londres encore, elle aurait remis de l'argent liquide à Jeffrey Steiner, l'ami américain de Fatima, l'ex-associé de Bidermann et d'Elf. Elle aurait apporté 8,5 millions de francs, en espèces, dans une enveloppe chez l'un des deux frères Bouygues, « un brun à lunettes, pas celui de TF1, le financier ». Elle n'explique pas comment faire entrer 8,5 millions de francs dans une enveloppe mais précise : « Monsieur Bouygues fils est sorti du bureau, j'étais dans la salle d'attente et il m'a chanté des louanges et du violon. Bouygues n'avait pas de secrétariat, un bureau genre salon de bar avec au mur les photos de ses deux fils. Tout y est moderne, boiserie claire, sièges de couleur bleu marine. Je pensais transporter 500 millions de francs et j'ai jamais volé 100 francs. » Le Floch est, bien sûr, le premier visé. Il lui a donné beaucoup d'argent, puisé dans les caisses d'Elf. La jeune femme assure ainsi avoir transporté « 100 plaques » à Bidermann de la part de Loïk, dans une mallette en croco marron, très belle avec du velours à l'intérieur. Mais plus loin Anne-Rose affirme... qu'elle ne l'a pas ouverte. « Cette mallette, dit-elle, Loïk me l'a achetée chez Cartier, alors qu'il m'attendait dans la voiture. Loïk m'a déposée au Plaza-Athénée. Le chauffeur m'a amenée à la tour Elf, les factures se trouvent encore dans l'entreprise. » Eva Joly l'interroge sur le train de vie de celui qu'elle présente comme son amant : « Loïk avait une énorme penderie avec des costumes Cerruti, Hugo Boss, Yves Saint Laurent. Il avait un manteau Hugo Boss qu'il portait ample, long. » Ses moyens, à l'en croire, étaient illimités : « Loïk a acheté une villa à Mobutu, il s'en vantait, entre Cap-Martin et Monaco, une grande maison blanche qui se voit de Cap-d'Ail. » Et l'argent versé à Fatima ? « Maurice m'a dit que l'appartement de Londres, c'était un cadeau de rupture. Comme Loïk se plaignait à moi que Fatima le plumait, j'ai tout de suite décroché mon téléphone, je lui ai dit qu'il n'avait qu'à l'offrir à moi. » Anne-Rose affirme avoir connu Loïk par l'intermédiaire de Fatima, rencontrée lors du réveillon du 31 décembre 1991, alors qu'elle était en compagnie de Maurice Bidermann. S'étant procuré la ligne directe de la secrétaire particulière du président d'Elf, elle a obtenu un rendez-vous avec lui.

N'importe quel rédacteur en chef recevant directement un texte de cette nature l'aurait jeté à la corbeille – après l'avoir lu jusqu'au bout, c'est humain, à cause de son ton roboratif et de ses nombreux détails croustillants. Car, à l'évidence, Anne-Rose Thiam n'est pas seulement une croqueuse d'hommes, c'est d'abord une mythomane. « Elle raconte ce qu'elle lit dans la presse le matin, en l'enjolivant, en brodant », affirme alors un des avocats de Le Floch. Pourtant, les journaux vont publier cette histoire et des accusations portées par « la courtisane noire qui menace Le Floch[1] ». Les hebdomadaires *VSD* et *Paris-Match* rapportent, avec moult détails, les propos d'Anne-Rose Thiam. L'article de *VSD*, publié le 10 octobre 1996, commence ainsi : « Valises de billets, comptes à l'étranger, intermédiaires troubles, le juge Eva Joly dévoile peu à peu les extraordinaires pratiques de Loïk Le Floch-Prigent[2]. » On y lit un résumé des propos d'Anne-Rose Thiam devant Eva Joly : « La déclaration est " accablante " selon une source proche du dossier (...) Fréquentant les boîtes de nuit parisiennes, menant grand train, dépensant sans compter, [Anne-Rose Thiam] aurait trouvé auprès du patron d'Elf un généreux bienfaiteur, utilisant la carte de la compagnie pétrolière (jusqu'à 80 000 francs par soirée) pour combler les envies de son amie. Ainsi, la jeune femme cite à titre d'exemple une montre Cartier offerte au patron d'un night-club où le couple avait ses habitudes. » De son côté, *Paris-Match* raconte que « fin février, au Keur Samba, une boîte de la rue La Boétie, on la voit en compagnie de Loïk Le Floch-Prigent ». L'aventurière, le nabab du pétrole tricolore semblent se connaître. Plus loin : Le Floch aurait utilisé Anne-Rose Thiam « pour remettre des valises d'argent " 600 millions " à de mystérieux intermédiaires, l'aurait récompensée, pendant trois ans, en lui versant 250 000 francs par mois ».

---

1. *Paris-Match* du 17 octobre 1996.
2. L'auteur de cet article écrit, en passant, que pour l'achat de sa maison des Genettes, l'ancien PDG de la SNCF ne serait en mesure de justifier qu'un prêt de 1 million de francs généreusement accordé par Alfred Sirven. Ce qui est une contre-vérité flagrante.

Les quotidiens ont été plus prudents : *Le Monde*, qui sort le premier l'« information », parle d'un « mystérieux témoignage ». Le lendemain, *Libération* le qualifie d'« extravagant » et prend en compte plusieurs démentis : celui du groupe Bouygues, celui de Bidermann et même celui de Cartier qui précise que « la mallette crocodile n'appartient pas à sa gamme actuelle de produits ». Jean-Didier Belot, l'un des avocats de Le Floch, assure que celui-ci « n'a rencontré que deux fois Anne-Rose Thiam et qu'il ne lui a jamais donné d'argent ». Plus tard, lorsqu'il pourra s'exprimer, Le Floch donnera une version soft de ses rencontres avec Anne-Rose Thiam[1] : « Que s'est-il réellement passé ? Elf a l'habitude de régler les problèmes des proches des chefs d'Etat ou des ministres africains. Je l'ai vu deux fois. J'ai voulu voir sa mère, en vain. J'ai demandé à mon responsable de la sécurité de se renseigner sur cette affabulatrice[2]. » Quant à Fatima Belaïd, elle fait entendre une autre version.

Cette histoire restera exemplaire d'un certain nombre de dérives. Sans la caution de la justice qui, d'une manière ou d'une autre, a laissé diffuser ces divagations, celles-ci n'auraient jamais eu la moindre crédibilité. A quel titre les journaux devraient-ils se montrer plus royalistes que le roi, alors que la juge elle-même a pris au sérieux les déclarations d'une charmante call-girl, voleuse et mythomane ? Eva Joly s'est en effet lancée à corps perdu sur cette piste, a fait vérifier les appels téléphoniques passés depuis les différents domiciles d'Anne-Rose. Le mardi 24 septembre, pendant deux heures, elle a même tenu à entendre le policier du XIIᵉ arrondissement qui était chargé de l'enquête initiale sur les escroqueries de la jeune femme entre 1992 et 1994. Les opinions de cet inspecteur, Max Diaz-Guimaraes, se retrouveront dans tous les journaux. Que pense le fin limier ? Selon lui, les escroqueries n'expliquent pas le train de vie de la jeune femme. Il est convaincu qu'elle était en relation avec Le Floch qu'elle a

---

1. *Le Nouvel Observateur* du 23 janvier 1997.
2. Le Floch a effectivement vu Anne-Rose Thiam en boîte de nuit, puis l'a reçue dans son bureau présidentiel, chez Elf. S'il s'en est tenu là, ce n'est qu'une démarche de routine : le groupe pétrolier a pour habitude de prendre en charge les enfants des dignitaires africains avec lesquels il travaille. Il est même arrivé à André Tarallo d'aller chercher le fils de tel chef d'Etat pour l'accompagner chez le dentiste, à Paris !

pris, au début, pour un pigeon parmi d'autres, peut-être plus gros que les autres. Un promoteur immobilier grugé lui a raconté que Lyse lui avait confié qu'elle connaissait très bien « Loïc », qu'elle avait ses entrées au siège d'Elf à La Défense, que quand elle avait besoin d'argent, elle allait le voir. Selon ce témoin, Lyse lui aurait confirmé que Loïk était président d'Elf-Aquitaine. L'inspecteur s'est donc rendu à la tour Elf où il a été poliment éconduit par la secrétaire particulière de Le Floch ainsi que par Michel Sebbah, le policier détaché pour assurer la sécurité du grand patron. Max Diaz-Guimaraes précise même à Eva Joly qu'en avril 1994[1], Norbert Tricart, son supérieur, lui a ordonné d'abandonner cette affaire, sur ordre de Philippe Massoni, préfet de police de Paris, qui avait lui-même reçu la consigne directement de l'Elysée ! Complot d'Etat autour d'une perle noire ? Norbert Tricart et Olivier Foll, alors directeur de la Police judiciaire, dans deux courriers envoyés fin octobre 96 à Eva Joly, démentiront avoir bloqué cette enquête. Finalement, le seul élément tangible dans cette affaire fumeuse est le petit bout de papier qu'aurait oublié Anne-Rose Thiam dans la voiture de location qu'elle a abandonnée près d'Evian, avant de fuir à l'étranger. Sur le papier, une phrase était griffonnée : « Les comptes sont : $100 + 3 + 53 = 156$! mais que fais-tu de tout ce argent ? Signé : Loïck. »

Pour les avocats de Le Floch, les auditions exotiques de Claude Richard et hors dossier d'Anne-Rose Thiam sont inespérées. Me Olivier Metzner, en particulier, est convaincu que ces dérapages vont lui permettre de bloquer l'instruction d'Eva Joly et de reprendre l'initiative à un moment où, écrit Hervé Gattegno[2], « les investigations entreprises semblaient nettement tourner à la confusion de celui qui fut l'éphémère président de la SNCF ». Il y a là, selon l'avocat, plusieurs fautes de procédure caractérisées que la chambre d'accusation ne pourra pas occulter, « sauf à dénier l'existence du code de procédure pénale ». Dénonçant la conduite d'une « véritable instruction parallèle, incompatible avec les droits de la défense et le principe du contra-

---

1. Alors que Le Floch n'est plus président d'Elf depuis 9 mois !
2. *Le Monde* du 27 septembre 1996.

dictoire », Mᵉ Metzner dépose une requête visant à faire annuler « l'ensemble de la procédure à compter du 30 mai 1996, date du premier document occulté du dossier ». C'est-à-dire, entre autres, la totalité des interrogatoires de Loïk Le Floch-Prigent par Eva Joly, ainsi, bien sûr, que ceux d'Anne-Rose Thiam et de Claude Richard. Par ce moyen, les avocats de Le Floch entendent surtout obtenir l'élargissement rapide de leur client. Mᵉ Metzner, en revanche, refuse de déposer une requête en suspicion légitime, visant Eva Joly, comme le lui demande Le Floch[1]. L'avocat, qui s'oppose à toute stratégie de rupture, est persuadé que dans un contexte à ce point favorable aux juges en général et à Eva Joly en particulier, elle serait aussitôt rejetée. Et que son client en subirait un terrible contrecoup. « N'oubliez pas que c'est elle qui détient la clé de votre cellule », explique-t-il à Le Floch.

La rupture, c'est le prisonnier qui va la décider, à sa manière. S'estimant agressé en permanence par sa juge et plus ou moins lâché par ses avocats, il décide de reprendre l'initiative. Il les oblige à porter plainte, en son nom, pour diffamation contre *VSD* et *Paris-Match*[2]. Surtout, le 23 septembre, seul, il écrit à Eva Joly pour lui signifier qu'il refusera désormais de répondre à ses questions : « D'autres n'ont pas répondu à vos convocations préférant prendre la fuite, cela leur a permis de choisir les conditions de leur présentation à leur interrogatoire », écrit-il, avant d'attaquer directement : « Vous ne prêtez d'intérêt dans le dossier qu'à ce

---

1. Alors que la requête en suspicion légitime met en cause la personnalité du juge (soit qu'il soit lié à l'une des parties, soit qu'il fasse preuve de partialité), la requête en annulation met en cause sa compétence, dès lors qu'il a commis des erreurs de procédure. Ces démarches sont rares et mal reçues par les magistrats, qui préfèrent parfois prononcer des non-lieu plutôt que de prendre le risque de voir aboutir une requête en annulation.
2. Les jugements seront rendus un an plus tard, le 15 octobre 1997, dans la plus grande discrétion : « attendu que l'article revêt incontestablement un caractère diffamatoire pour Loïk Le Floch-Prigent », la première chambre du tribunal de grande instance de Paris condamne *VSD* à verser au plaignant 40 000 francs de dommages et intérêts. *Paris-Match* est condamné, par le même tribunal, à lui verser 10 000 francs. Dans ses attendus, le tribunal rappelle doctement que « la personne poursuivie, jusqu'à son jugement, bénéficie de la présomption d'innocence et qu'il appartient dès lors au journaliste de s'abstenir de toute appréciation malveillante ou commentaire de nature à faire naître dans l'esprit du lecteur un sentiment d'une certitude prématurée de culpabilité ». La presse est donc tancée et condamnée, mais bien entendu pas les magistrats, greffiers ou autres auxiliaires de justice, à l'origine du dérapage.

qui est à charge à mon encontre, réfutant ou refusant de vérifier les éléments de vérité me bénéficiant. Peu importe les mensonges de MM. Jaffré, Moreau et Hustache... ils m'accusent, ils sont donc crédibles. Vous évoquez sans cesse les pressions dont vous sous-entendez que j'en serais l'auteur, sans la moindre enquête sur celles-ci ni d'ailleurs sur celles dont j'ai été la victime. En effet, dès juillet, je vous ai parlé des filatures et de leur auteur Martin Bauer. Il semble qu'il n'ait toujours pas été entendu. Vous allez jusqu'à entendre " off " des témoins. Il semble que la peur de la détention soit efficace pour recueillir des éléments à charge, même s'ils ne sont pas conformes à la vérité. » L'ancien président d'Elf s'insurge contre ce qu'il estime être la mauvaise foi ou l'incompétence de la juge : « Je n'ai même pas pu vous convaincre que lors de la guerre du Golfe, le baril avait dépassé les 30 dollars ; vous m'avez traité de menteur ! » En conséquence de quoi Le Floch conclut : « Je pense qu'il est inutile que je continue en l'état à participer à vos interrogatoires, puisque seules vos questions vous intéressent. Je ne peux accepter plus longtemps de subir une instruction à la fois irrégulière, uniquement à charge. » Eva Joly a un haut-le-cœur à la réception de ce courrier qu'elle n'admet ni dans le fond, ni dans la forme. Le Floch veut la guerre ? Il l'aura !

5

Gabrielle prend les choses en main

Après un coup de fil affolé de sa belle-fille, Gabrielle Le Floch-Prigent s'est rendue, comme tous les jours, à la basilique Notre-Dame du Bon Secours pour fleurir l'autel, nettoyer les porte-cierge et prier. Puis elle est rentrée chez elle, s'est installée sur la table de la salle à manger, a pris sa plume et a écrit d'une traite, avec une seule rature, la lettre suivante qu'elle a adressée à Alain Juppé, hôtel de Matignon :

Monsieur le Premier ministre,

Je vous ai entendu un soir du mois de juin dire à la télévision que tant qu'un prévenu n'est pas jugé et condamné il est présumé innocent.
Comment pouvez-vous allier cette prise de position avec les traitements que subissent les " présumés innocents " dont fait partie mon fils, Monsieur Loïk Le Floch-Prigent.
Depuis le mois d'août où ses médicaments très spécifiques pour le psoriasis lui ont été refusés pour cause de pont du 15 août, il a des lésions qui se sont ouvertes, ont saigné, suppuré, et s'asseoir lui est très difficile pour ne pas dire impossible sans un coussin anti-escarres. Que dire des interrogatoires de 8 heures du matin à 6 heures du soir sur un banc de bois ?
Il a demandé à être soigné à l'hôpital. Ce n'est qu'hier soir qu'on s'est décidé. Et comme il a refusé qu'on lui mette une fois de plus les menottes il est resté en prison.

Qui donc un jour se décidera à taper sur la table en disant
" ça suffit ". N'y a-t-il personne pour s'interposer devant de
pareils agissements ? La hiérarchie de la magistrature ou le
garde des Sceaux n'ont-ils rien à y voir ? On parle d'une loi
mais une loi va-t-elle maîtriser de tels détails ? Et pourtant
c'est vital.

Ce n'est pas assez de priver les êtres humains de liberté, dans
un pays où l'on jette des fruits, des légumes, du lait, du vin,
où l'on brade la viande et le beurre à l'étranger, où l'on met
les terres en jachère parce qu'il y a trop de céréales – les
détenus non coupables ont faim. C'est l'amaigrissement de
mon fils de 16 kg qui lui a provoqué ces lésions.

Je suis révoltée et sans doute ne suis-je pas la seule.

Il paraît que personne ne peut rien contre la juge Eva Joly
sous prétexte d'indépendance de la Justice. Alors, si c'est la
juge Eva Joly qui fait la loi en France, elle et d'autres
d'ailleurs, ce n'est pas la peine de faire des élections.

Je vous prie d'agréer Monsieur le Premier ministre l'expression de mes sentiments respectueux.

G. Le Floch,
le 24 octobre 1996.

La vieille dame ne sait plus à qui s'adresser. Elle a remué ciel
et terre, écrit des pétitions, mobilisé la famille au sens large, tenté
de convaincre les rombières de Guingamp de la justesse de sa
cause, en vain. Même Dieu ne répond pas à ses appels. Et il lui
renvoie de mauvais signaux. Le mois précédent, à Lourdes, où
elle était venue transporter des grabataires pour acheter son paradis et forcer, par l'intermédiaire du Très-Haut, la libération de
son fils, elle s'était écroulée, victime d'un malaise cardiaque. Les
médecins avaient voulu la faire hospitaliser, mais elle avait rejoint son hôtel et, le lendemain matin, s'en était retournée à Guingamp au volant de son break Peugeot. Depuis, les mauvaises
nouvelles s'étaient succédé. La santé de son fils s'était dégradée,
son amaigrissement devenait préoccupant. En réponse à la lettre
dans laquelle il lui annonce qu'il ne répondra plus à ses
questions, Eva Joly s'est déchaînée contre lui. Elle le convoque,
comme si de rien n'était, à des confrontations pendant lesquelles
il reste silencieux et debout, incapable de s'asseoir en raison des
plaies qui rongent ses fesses. Elle l'a, à nouveau, mis en examen,
pour abus de biens sociaux à propos des commissions versées

lors de l'achat de la filiale d'Occidental Petroleum. Ainsi que pour des sommes versées par Elf à un certain Patrick Auger, un agent immobilier, qui les dilapidait aussitôt au casino de Deauville.

Il s'agit là d'une histoire incroyable, qui permet de mesurer la taille du fossé qui existe entre les pratiques anciennes d'un groupe comme Elf et les nouvelles exigences de la justice.

Eva Joly a découvert qu'Elf, entre 1989 et 1993, sous la signature de Le Floch, a versé plus de 27,7 millions de francs sous forme de prêts et d'« avances de trésorerie » à un certain Patrick Auger, qui a retiré aussitôt en liquide les sommes versées sur son compte bancaire. Pendant quelques jours, la juge va croire qu'elle tient enfin la bonne piste qui lui permettra de prouver que l'ancien patron d'Elf s'est bel et bien enrichi personnellement, à travers des hommes de paille. Car ces « prêts » jamais remboursés consentis à Patrick Auger ressemblent, de près comme de loin, à une vaste escroquerie. Ce personnage, qui exerce officiellement le métier d'agent immobilier, est en effet bien incapable de fournir la moindre preuve qu'il détient des « brevets d'électronique industrielle » justifiant les versements d'Elf. Or Eva Joly tombe sur une convention, datée du 30 décembre 1990, dans laquelle Le Floch autorise le versement d'une dernière « avance » de 17,6 millions de francs à Patrick Auger, en contrepartie de l'abandon de l'exploitation de ses « brevets » dans le souci « de ne pas [le] pénaliser dans ses activités ». Auger, simple prête-nom de Le Floch qui irait tout simplement récupérer l'argent en bout de chaîne, à Deauville ?

Très vite, Eva Joly devra déchanter : l'affaire se révèle beaucoup plus compliquée et plus mystérieuse que ne l'espérait la juge. Dans une note adressée à Jeanne-Marie Cardaire, l'ancienne « directrice des cadres », Le Floch indique, à propos de la convention signée avec Patrick Auger : « Ceci me paraît conforme à ce que M. Guillaumat avait souhaité. » Jeanne-Marie Cardaire est la mémoire vivante d'Elf : ancienne secrétaire de Pierre Guillaumat, cette femme âgée, aux cheveux blancs, toujours habillée de gris, sac-cabas à la main, ne paie pas de mine, mais elle est détentrice de quelques-uns des secrets les mieux gardés de la

République. Elle ne les livre qu'au compte-gouttes, lorsqu'elle y est contrainte. Or Eva Joly va découvrir que ces versements ont une longue histoire : ils commencent en décembre 1962, avant même la création d'Elf ! Pierre Guillaumat, alors président de la Société nationale des pétroles d'Aquitaine, donne son accord pour la première avance « à titre exceptionnel » de 105 000 nouveaux francs versés par la compagnie d'exploitation pétrolière à Pierre Auger, le père de Patrick, qui reçoit une nouvelle « avance » en 1963. Les versements, interrompus pendant la période où Albin Chalandon est président [1], reprennent vingt ans plus tard. En 1983, Michel Pecqueur signe, avec la mention « accord », un document dans lequel il est indiqué que le montant total des avances de trésorerie consenties à M. Pierre Auger « en vue de la mise au point et de l'exploitation en commun de brevets d'électronique industrielle, dans le cadre de la diversification, s'élève à 6 918 000 francs ». L'explication de ces versements ? Pierre Auger, camarade de Pierre Guillaumat dans la Résistance – et dans les services secrets – aurait été en même temps un proche d'Ahmed Ben Bella, le premier président de l'Algérie indépendante. Dans un climat politique de plus en plus hostile à la France, en dépit de la protection théorique des accords d'Evian, le groupe pétrolier public aurait pu continuer à extraire de l'huile à Hassi-Messaoud, au Sahara, et à gagner ainsi de l'argent, grâce à l'entremise de cet inconnu. Un service réel : Pierre Guillaumat se serait engagé à verser une rente à Pierre Auger, jusqu'à sa mort. Cet engagement aurait été tenu par les présidents successifs du groupe, à travers les années. Guillaumat l'avait demandé à Michel Pecqueur et les deux anciens présidents auraient fait une démarche commune auprès de Le Floch, dès sa prise de fonctions, si on en croit ce dernier. En outre, Pierre Auger aurait souhaité que l'argent d'Elf soit versé non plus sur son compte mais sur celui des sociétés qu'il détenait en commun avec son fils Patrick...

On est là dans un univers qu'ignorent généralement les juges, les journalistes ou les analystes financiers : au cœur de l'étrange monde du pétrole, fait de commissions faramineuses et de ser-

---

1. Albin Chalandon assure que personne ne lui a jamais rien demandé et qu'il a découvert cette affaire dans la presse.

vices rendus dans des domaines que l'on n'imagine guère, mais aussi de relations personnelles et d'engagements verbaux tenus pendant une génération par des présidents successifs... Un monde secret et peut-être disparu. Un monde dont Philippe Jaffré, en tout cas, ne goûte guère le charme. Mis au courant de ces versements, il déposera en décembre 1994 une plainte, qui aboutira à un jugement, en référé, exigeant le paiement, par Patrick Auger d'une provision de 8 060 000 francs. Cette plainte sera suivie d'une autre, en septembre 1995, pour « détournement d'objets saisis », Patrick Auger étant suspecté d'avoir dissimulé ses biens pour ne pas payer les sommes dues.

Il est vrai que l'histoire est un peu trop belle et qu'elle cache sans doute des aspects plus prosaïques auxquels Jeanne-Marie Cardaire n'est peut-être pas étrangère. Le Floch aurait délibérément fermé les yeux, cherchant ainsi à ménager cette étrange personne, détentrice de tous les grands et les petits secrets de la compagnie et de l'Etat, et à s'assurer son silence. Avec Jeanne-Marie Cardaire, Philippe Jaffré lui-même a d'ailleurs semblé marcher sur des œufs. Alors qu'elle est partie à la retraite, en janvier 1996, le PDG d'Elf lui fera adresser un courrier, par son directeur de cabinet, dans lequel il dit lui conserver « toute sa confiance ». Pourtant, dix mois plus tard, le 15 novembre 96, Jeanne Cardaire sera amenée dans le bureau d'Eva Joly. Elle en sortira mise en examen, mais libre. Patrick Auger, lui, sera placé en détention provisoire pendant trois semaines. Au cours de sa garde à vue, il a affirmé n'avoir « jamais de sa vie rencontré M. Le Floch-Prigent » et a démenti, a fortiori, lui avoir servi d'intermédiaire. Pendant sa détention, il confiera à ses codétenus avoir compris qu'il serait libéré sur-le-champ, s'il mettait en cause l'ancien président d'Elf.

Autres mauvaises nouvelles pour Gabrielle Le Floch : Eva Joly a obtenu un réquisitoire supplétif lui permettant d'étendre ses recherches sur d'éventuels faits d'enrichissement personnel visant les travaux réalisés aux Genettes et l'usage de la carte American Express dont disposait Loïk : 3,2 millions de francs auraient été dépensés en trois ans, pour toutes sortes d'achats. Il ne fait de doute pour personne que Le Floch tirait à sa guise et sans vergogne sur sa carte de crédit d'entreprise. Cette pratique était alors répandue chez les patrons d'entreprises publiques, avec l'accord tacite du gouvernement, mais Le Floch-Prigent a été beaucoup plus loin que les autres[1] et il paiera pour eux : sans doute sera-t-il, au moins, condamné pour cela. Gabrielle Le Floch-Prigent sait qu'avec le relevé de ses dépenses de carte American Express, Eva Joly a mis le doigt sur le point faible de la carapace de son fils.

La vieille dame n'est pas à l'aise, non plus, avec les investigations que conduit le juge autour de la maison des Genettes, sans négliger aucun détail. En bonne provinciale, elle en a payé une partie en vendant des lingots d'or accumulés du temps de son mari et qui n'ont jamais été déclarés. La juge la croira-t-elle ? Gabrielle Le Floch-Prigent a le sentiment, par surcroît, d'avoir été personnellement trahie par Michel Labie, ancien délégué général d'Elf en Asie, devenu chargé de mission auprès de Philippe Jaffré et qui suit, avec Eva Joly, la session de l'Institut des hautes études de la défense nationale. Ce Michel Labie a chargé Le Floch, alors qu'il avait été si aimable et prévenant avec elle, en Chine, où elle était partie en voyage quand son fils était le patron d'Elf. Ils avaient parlé à bâtons rompus de Loïk, de leur maison des Genettes, des travaux et voilà que l'autre a été tout répéter à la juge en déformant, affirme-t-elle, ses propos !

Mais pour cette Bretonne en granit, l'insupportable reste avant tout la détention de son fils qui n'en finit pas. Eva Joly a rendu le 3 octobre une nouvelle ordonnance de rejet de sa demande de mise en liberté. Le 18 octobre, l'appel contre cette décision est rejeté par la cinquième chambre d'accusation de la cour d'appel de Paris, toujours présidée par Mme Garnier. La cour affirme à nouveau que « la détention de Loïk Le Floch Prigent est l'unique moyen d'empêcher une concertation frauduleuse avec les complices et coauteurs ainsi que des pressions sur les témoins », et estime qu'« une mesure de contrôle judiciaire serait inopérante et

---

1. Déjà, en 1986, Michel Pecqueur utilise sa carte de crédit d'entreprise American Express n° 3749 553424 41071 sans beaucoup de précautions. Figure notamment au dossier l'achat, en mars, d'un costume Givenchy pour 10 939 francs.

que l'état de santé ne paraît pas incompatible avec la détention ». La routine. Quelques jours plus tard, c'est Eva Joly elle-même qui va rendre une nouvelle ordonnance de prolongation d'incarcération. La loi oblige les juges à motiver à nouveau leur décision, avant la fin du quatrième mois de détention, s'ils veulent la prolonger. La juge évoque la nécessité de « conserver les preuves (...), empêcher la concertation avec les témoins (...) et préserver l'ordre public d'un trouble d'une exceptionnelle gravité par le nombre d'exactions économiques, leur importance, leur modus operandi, par un PDG investi de la confiance de la puissance publique ». Toujours la routine.

En réalité, l'élément décisif qui a décidé Gabrielle Le Floch-Prigent à écrire à Alain Juppé, c'est ce qui s'est passé le jour même à la Santé. Comprenant qu'ils n'obtiendraient pas la mise en liberté par la voie judiciaire, les avocats de Le Floch avaient décidé d'utiliser la voie médicale. Comme à l'armée, c'est de loin la plus efficace : elle arrondit les angles en permettant à tout le monde de sauver la face. En l'occurrence, de sortir Le Floch de sa prison sans que la juge se déconsidère. Cette démarche paraît d'autant plus légitime à la famille et aux avocats que leur client est, vraiment, dans un triste état : il ne peut plus lire ou écrire qu'une heure ou deux par jour car sa cornée est atteinte par le psoriasis et sa vue baisse dangereusement. Problème : au moins en partie, cette affection est psychosomatique, même si ses effets sont bien réels ; elle n'est donc pas reconnue par l'administration pénitentiaire. Il faut trouver quelque chose de plus consistant, de plus tangible, de mieux balisé. Une vraie maladie, connue et répertoriée.

Par chance, de longue date, l'ancien patron d'Elf souffre d'une hernie ! Parfait pour se faire hospitaliser à Cochin, où on l'attend de pied ferme, grâce à des relations dans le corps médical que ses proches ont activées. Le médecin-chef de la Santé lui-même a demandé qu'on lui fasse des examens dans cet hôpital. A 14 h 30, le 24 octobre, Le Floch est extrait de sa cellule, conduit dans la cour et confié à une équipe de gardiens qui s'apprête à l'escorter :

— Vous devez être menotté et entravé pour ce transfert, lui dit l'un d'entre eux.

Le barbu a un haut le cœur :

— Il n'est pas nécessaire de me mettre les menottes et encore moins de m'entraver. Demandez au juge ou au directeur, il y a des consignes.

— Pour aller à Cochin, c'est la règle : menottes et entraves.

Un brigadier intervient :

— Seulement les menottes pour M. Le Floch.

— Non ! Ni menottes, ni entraves !

Le surveillant :

— Pas de menottes, pas de Cochin.

— Alors, pas de Cochin.

Stupéfaction des gardiens. Le brigadier plaide, mais le maton ne cède pas. Loïk Le Floch connaît maintenant les pratiques du monde policier et pénitentiaire. Il hausse le ton :

— Combien les journaux vous ont-ils payé pour avoir une photo de moi, entravé, avec les menottes, arrivant à Cochin ?

— ...

— Allez vérifier les instructions auprès de votre directeur...

— Pas de menottes, pas de Cochin, répète le surveillant en essayant de lui mettre les bracelets. Loïk le bouscule, reprend son manteau et lui lance :

— OK. Pas de menottes, pas de Cochin.

Il plante là les gardiens interloqués et exige de rejoindre ses codétenus, qui sont à la promenade. Ceux-ci s'étonnent. Un inspecteur de police détenu l'interpelle :

— Ils t'ont empêché de sortir ? Qu'est-ce qui s'est passé ?

— Pas de menottes, pas de Cochin, lâche Le Floch pour toute explication.

Plusieurs de ses codétenus pensèrent, ce jour-là, que l'ancien patron d'Elf était devenu fou : menottes ou pas, on ne refuse jamais de quitter la prison pour l'hôpital. En réalité, c'était le premier signe d'une renaissance. Du fond de sa cellule, Loïk Le Floch-Prigent a repris l'initiative. Le climat, imperceptiblement, a changé. Les témoins nuancent leurs positions. C'est notamment le cas de Philippe Hustache, l'ex-directeur financier qui, dès le 16 février 1996, avait le premier descendu son ancien patron en disant que celui-ci avait « court-circuité les procédures habituelles en faisant monter [les opérations contestées] par ses propres hommes de confiance », un argumentaire qui sera repris par le substitut le 4 juillet pour justifier sa demande d'incarcération. Paradoxe : Hustache est resté à son poste sous Le Floch qu'il critique. Et il a quitté Elf – pour se mettre au service de la famille Dassault – neuf mois après l'arrivée de Jaffré. Mais voilà que le 26 septembre, une confrontation entre Hustache et Le Floch est organisée. Curieuse confrontation puisque l'ancien PDG refuse désormais de parler, bien qu'Eva Joly l'ait mis en garde sur les risques qu'il y avait à « se priver ainsi de fournir à l'instruction les arguments éventuellement à sa décharge ». En voyant son ancien patron amaigri, debout et silencieux, Philippe Hustache blêmit. Et nuance ses propos. En matière immobilière, il reconnaît qu'il n'était pas « dans le secret » et exprime désormais la simple « impression » que les « orientations » venaient du président. Plus loin, interrogé sur la ligne de défense de Le Floch qui disait se contenter de définir la stratégie en laissant aux financiers le soin d'organiser les montages, Philippe Hustache apportera même de l'eau à son moulin. « Le groupe Elf est organisé de façon décentralisée, reconnaît-il, chaque branche de chacune des grandes filiales ayant son propre échelon financier chargé d'ordonnancer et de liquider les paiements. » S'agissant de Bidermann, il précise même que « ce dossier a été traité au niveau d'Elf-Gabon, que préside André Tarallo ».

Un mois plus tard, le 21 octobre, le jour même où Claude Richard est « arrêté » à Roissy, Loïk Le Floch est confronté, l'après-midi, à André Tarallo. Celui-ci, à son tour, se montrera d'une extrême prudence vis-à-vis de son ancien patron. S'agissant de l'affaire Bidermann, le patron d'Elf-Gabon soulignera même l'intérêt porté par ce pays à investir dans cette société, à hauteur de 163 millions de francs. Bien sûr, personne n'est dupe : Tarallo se défend, à titre personnel, de l'accusation d'abus de biens sociaux, puisqu'il est, juridiquement, le responsable de cet investissement secret. Il n'empêche : le climat a vraiment changé.

Au cours de cette « confrontation », Le Floch n'a pas dit un mot. Il garde le silence, mais il n'a plus qu'une idée en tête : disqualifier son successeur, montrer qu'il n'a porté plainte que par vindicte personnelle. Il attaque. Il fait pression sur ses avo-cats pour demander – en vain – à Eva Joly de procéder à l'audi-tion de Martin Bauer, le détective privé que son successeur aurait lancé à ses trousses. Il va surtout porter plainte contre Jaffré pour « subornation de témoins » auprès du tribunal de Nanterre. Est en cause une note diffusée « à la demande du président » le 19 avril 1995, signée par Philippe Jacques, directeur administratif, et pré-sentée comme un extrait du compte rendu du Comité d'informa-tion et de coordination (CIC) du groupe Elf qui s'est tenu le 12 avril. Ce texte « personnel et confidentiel » exprime la position officielle de Jaffré sur l'affaire Elf-Bidermann, à la veille du dé-pôt de sa plainte. Jaffré y donne sa version des faits, rejette toute implication dans les sommes versées à Bidermann après son arri-vée dans le groupe, le 4 août 1993. La note se termine ainsi : « Le Groupe et ses collaborateurs risquent d'entendre malheu-reusement encore parler de l'affaire Bidermann. Mais aussi douloureuse soit-elle, cette affaire relève du passé. Elle ne met pas en cause Elf (...). » Les collaborateurs du groupe qui seront interrogés disposent désormais d'un texte de référence...

Gabrielle Le Floch n'est pas étrangère à cette insensible évolu-tion du rapport de forces comme à la pugnacité retrouvée de son fils. Début octobre, une nuit, pour la première fois, elle a songé à se suicider, convaincue que même la Sainte Vierge l'avait ou-bliée. Au petit matin, elle s'est précipitée à la basilique, pour mettre les choses au point, directement, avec la mère de Dieu :

— Sainte Mère, pourquoi m'avez-vous abandonnée ?

— ...

— Vous n'avez pas le droit, je n'ai plus que vous. Loïk est perdu, il va mourir...

— ...

— Bon, d'accord, j'ai douté. C'est vrai, Sainte Mère, mais je vous promets que cela ne se reproduira pas...

— ...

Gabrielle Le Floch a quitté l'église revigorée, sûre d'avoir été enfin entendue. Quelques heures plus tard, sa vieille amie Jac-queline Le Picard l'appelle de Paris :

— Gabrielle, il faut absolument que vous appeliez Olivier, il peut vous aider.

— Olivier, mais c'est un petit garçon, comment pourrait-il m'aider ?

Parfois les vieilles personnes ne voient pas les enfants grandir. Comment Olivier Le Picard, le galopin adoré qui avait remplacé Loïk dans son cœur et dans sa chambre, à Guingamp, pourrait-il bien aider en quoi que ce soit son fils, devenu un haut personnage de l'Etat en butte aux méchancetés du Tout-Paris ?

— Si, si, Gabrielle, c'est son métier. Appelez-le, je vous en prie.

Olivier Le Picard, quarante-trois ans, est à la tête d'un des plus importants cabinets français indépendants de lobbying. Ses rapports avec Loïk Le Floch sont particuliers. Ils ont dix ans d'écart. Il le connaît peu, hormis quelques souvenirs d'enfance, quand les deux familles louaient ensemble un chalet à Courchevel. Le copain de Loïk, c'était Pierre, son frère aîné. Loïk et Olivier ont simplement habité, l'un après l'autre, la même maison et ont tous deux été élevés par Gabrielle Le Floch, qui a reporté sur le petit Le Picard la tendresse qu'elle ne pouvait plus guère donner à son fils.

Le soir, Gabrielle Le Floch appelle Olivier Le Picard :

— Mon petit Olivier. Ce n'est pas possible, ce qu'ils lui font.

— Je sais Gabrielle, c'est terrible. Comment puis-je vous aider ?

— Je ne sais pas. Ta mère m'a appelée. Elle m'a dit que c'était ton métier. Je voudrais que tu m'expliques...

— Je viens vous voir demain.

Olivier Le Picard annule ses rendez-vous et prend le TGV de 9 h 40 qui arrive à Guingamp à 12 h 50. Gabrielle vient le chercher à la gare avec sa 2CV, achetée il y a vingt-trois ans, dont elle se sert en ville.

— Mon pauvre Olivier, je n'ai pas la force de te faire un repas. Viens au restaurant avec Erwann.

Erwann est un jeune neveu... qui occupe, à son tour, la chambre de Loïk et d'Olivier. Est-ce par fatigue ou par bravade que Gabrielle les emmène dans le petit restaurant voisin de la rue du Général-de-Gaulle? A leur entrée, les conversations s'arrêtent. Chacun chuchote, explique, commente. « Ma Dalton » est autant aimée qu'elle est détestée ou moquée à Guingamp, avec ses manières abruptes, ses certitudes, ses bonne œuvres envahissantes et sa façon cavalière de dicter aux autres leur conduite. Chacun guette cette vieille dame trop digne pour laisser paraître sur son visage buriné les marques de la détresse et de la honte d'avoir un fils depuis quatre mois en prison. Détresse, peut être, mais de honte, il n'y en a pas. Même si elle est, à ce moment, à peu près la seule, Gabrielle est sûre à 100 % de son Loïk. La Sainte Vierge est avec elle. Sourde, elle n'entend, à Guingamp, que les bonnes paroles; aveugle, elle ne voit que les signes de soutien.

Sitôt assis, Olivier Le Picard donne le ton. Que dit-il? Qu'il faut arrêter de jouer profil bas, alors qu'il s'agit d'un procès politique ou, plus exactement, d'un procès en sorcellerie. Parce qu'ils refusent d'admettre cette situation juridique particulière, les avocats vont d'échecs en déconvenues. Pour ce lobbyiste professionnel, il faut parler, voir des journalistes, révéler le contenu du dossier, allumer des contre-feux. Donner un autre point de vue pour rompre la chaîne qui unit le parquet, le juge et la police aux journalistes spécialisés. Rendre coup pour coup. Olivier Le Picard propose de commencer en introduisant dans le jeu un nouvel avocat de ses amis. Il s'agit de Pierre-François Veil, l'un des fils de Simone Veil. Avocat d'affaires, comme son frère aîné Jean Veil, il sera sans complexes vis-à-vis d'Eva Joly et du système pénal, alors que les ténors du barreau répugnent tous à adopter la stratégie de rupture que souhaite l'accusé. Ceux-ci ont d'autres affaires en cours et doivent entretenir de bonnes relations avec Eva Joly et tous les magistrats. Pour Pierre-François Veil, le pénal ne représente qu'une petite partie de ses activités. Encore faut-il le convaincre d'associer le nom de Veil à celui de Le Floch-Prigent. Pierre-François Veil exprimera, lui aussi, ses réserves. Mais après un examen attentif, il décide de plonger. Il faudra aussi convaincre Le Floch, très réticent au départ. Pour lui, le fils de Simone Veil ne pouvait être que balladuro-centriste, donc appartenir au camp d'en face. Quant aux autres avocats, ils ne voient évidemment pas l'utilité de faire venir ce blanc-bec égaré dans le pénal. Très vite, pourtant, ils devront se rendre à l'évidence. Cet avocat tout neuf, colosse massif et franc, va contribuer à débloquer un certain nombre de situations. Ne serait-ce que parce qu'il fait partie de ceux dont on pense qu'ils ne défendent que les causes qui le méritent. La présence de Pierre-François Veil est un atout pour la défense. Il se donne à fond et va se heurter, parfois brutalement, avec Eva Joly. Pierre-François est en terrain connu. Comment faire abstraction du fait qu'il est le fils de Simone Veil ? Magistrate de haut rang, l'ancienne ministre de la Santé a été notamment secrétaire général du Conseil supérieur de la magistrature. Elle fait partie de la famille. Elle a de l'influence. Il va falloir jouer serré.

Le 2 novembre, « Ma Dalton » trouve dans sa boîte une lettre à l'en-tête du Premier ministre. Alain Juppé lui a répondu de sa main:

Madame,

Votre lettre m'a profondément ému. Je viens de demander au garde des Sceaux de provoquer une enquête.
Mais dois-je vous confier que mon désarroi est grand quand je vois combien le gouvernement est désarmé et combien les responsables politiques sont paralysés face à de telles situations ?
Je ne me résigne toutefois pas à l'impuissance. Soyez assurée que je ferai tout ce que je pourrai pour que la dignité de la personne de votre fils, quels que soient par ailleurs les actes qui pourraient lui être reprochés, soit respectée.
Je vous prie d'accepter, Madame, l'assurance de mes hommages les meilleurs.

Alain Juppé.

6

Jaffré perd la main

L'article du *Figaro* dénonçant les conditions d'incarcération de Le Floch avait beaucoup agacé Eva Joly, mais celui que publie *Le Nouvel Observateur*, le 14 novembre, va la mettre hors d'elle. Titré « Le calvaire d'un présumé coupable », il raconte cette instruction hors du commun en donnant, pour la première fois, le point de vue de la défense et en faisant parler Le Floch. Pourquoi plusieurs de ses anciens collaborateurs l'accablent-ils ? Le patron déchu répond depuis sa cellule : « Parce qu'ils ont peur. Peur de mon successeur, qui a prise sur eux et me poursuit de sa vindicte ; et peur d'Eva Joly, qui utilise toute la gamme des moyens de pression sur eux. »

Pour Eva Joly, cela ne fait pas de doute : cet article a été écrit par un journaliste de mauvaise foi, ou bien assez benêt pour s'être laissé manipuler. Manipuler par les avocats de Le Floch, mais aussi par des conseillers en communication, largement rémunérés, dont elle est convaincue qu'il s'est entouré. Elle y voit aussi la main des services secrets, si influents chez Elf. Pour preuve, l'évocation des coups de téléphone que lui a adressés Claude Richard depuis Jérusalem. Comment l'auteur de l'article peut-il en avoir eu connaissance ? S'agit-il du premier coup de canon d'une contre-offensive planifiée et orchestrée par la co-horte des corrompus et ceux qui les protègent ? Finalement convaincue, après une enquête rapide auprès de journalistes amis, que cet article résultait non d'un complot mais d'une initiative individuelle, Eva Joly décide de rencontrer le directeur du journal, pour que pareil dérapage ne se reproduise pas. Elle réagit ainsi comme la plupart des gens de pouvoir qui supportent mal de voir critiquer leur action, même légèrement, persuadés qu'on s'attaque à leur personne. Aujourd'hui, les juges les plus en vue font penser aux patrons triomphants des années quatre-vingt, habitués à se voir tresser des couronnes par une presse économique souvent flagorneuse. Comme eux, les juges importants entretiennent d'ailleurs des rapports privilégiés, confiants et mutuellement fructueux avec un tout petit nombre de journalistes spécialisés, à l'exclusion de tous les autres. Dans cette logique de pouvoir et de connivence, la moindre distanciation, les moindres interrogations sont, forcément, considérées comme des agressions malveillantes.

Faire pression ? Eva Joly appelle le directeur du *Nouvel Observateur* :

— Vous ne me connaissez pas, mais j'apprécie depuis toujours votre personne et vos prises de position. Votre journal a publié un article choquant dont je conteste le contenu. Mais là n'est pas l'essentiel. Je souhaite vous rencontrer pour vous dire mon admiration et vous expliquer dans quelles conditions je travaille.

— Je vous remercie. Je n'y vois que des avantages. Où voulez-vous qu'on se rencontre ?

— Dans un café, si vous le voulez bien.

— Vous ne voulez pas plutôt passer au journal ?

— Non, cela me gêne. Il ne faut pas qu'il y ait de malentendu. Ce n'est pas un juge qui voit un directeur de journal, c'est Eva Joly qui souhaite rencontrer Jean Daniel.

Rendez-vous est finalement pris pour un déjeuner, la semaine suivante, le jeudi 28 novembre, au Cercle suédois et norvégien, rue de Rivoli. La juge d'instruction et le directeur du *Nouvel Observateur* sont assis sous le portrait d'Alfred Nobel – créateur du prix Nobel et inventeur de la nitroglycérine. Eva Joly est arrivée avec une vieille machine à écrire sous le bras, pour montrer à son interlocuteur la modicité des moyens qui lui sont attribués. Elle a aussi préparé, par écrit, un petit topo, très flatteur pour son interlocuteur. Elle lui demande de faire une conférence devant le cercle norvégien et exprime même le souhait de faire avec lui un voyage en Norvège.

Après avoir expliqué à quel point elle s'était prise de passion pour la France, son pays d'adoption, après avoir affirmé sa détermination de voir enfin ce pays traiter ses juges comme ils le méritent, Eva Joly entre dans le vif du sujet. Elle démolit l'article publié, en s'appuyant, à juste titre, sur l'erreur factuelle qui a consisté à écrire qu'elle avait exigé qu'on passe les menottes à Le Floch lorsqu'il est extrait de la prison pour être conduit dans son bureau. Elle affirme que jamais celui-ci n'a été entravé en sa présence ou sur son ordre et se présente, au contraire, comme viscéralement attachée aux droits de la défense et au respect des prévenus. Elle ajoute que personne ne peut lui reprocher de traquer la corruption sans s'arrêter devant la porte des puissants. Puis elle élargit son propos, en se présentant comme victime d'un acharnement médiatique. Elle se dit blessée d'être présentée comme liberticide, alors qu'elle déplore plus que quiconque l'archaïsme des prisons françaises et les pratiques médiévales de l'administration pénitentiaire, par rapport au meilleur sort fait aux détenus dans les pays scandinaves et en particulier en Norvège. Elle s'affirme sous pression, désarmée face à des cohortes d'avocats d'affaires ultrapointus, disposant d'énormes moyens, qui conseillent la vingtaine de personnes qu'elle a mises en examen dans cette affaire et guettent le moindre de ses faux pas.

Pendant cette conversation, Eva Joly se dérobe à plusieurs reprises lorsque son interlocuteur lui pose des questions plus précises sur ce qu'elle pense de la culpabilité de Loïk Le Floch et des autres protagonistes de l'affaire :

— Vous savez bien que je ne peux pas évoquer devant vous le fond du dossier, j'en suis désolée.

Un peu plus tard, Jean Daniel revient à la charge à propos de Le Floch :

— Mais au fond, quel est votre sentiment intime ?

— Je crois que Loïk Le Floch-Prigent a versé plus d'un milliard de francs de commissions pendant qu'il était à la tête d'Elf et je suis convaincue qu'il en a détourné au moins 10 %, pour son propre compte, c'est-à-dire qu'il s'est mis 100 millions de côté.

— C'est une certitude ?

— Non, c'est ma conviction. Mais je ne suis pas – pas encore – arrivée à le prouver.

Incroyable démarche que commentera le lendemain Jean Daniel, au cours de la conférence de rédaction du journal, tenue en présence de Robert Badinter, ancien garde des Sceaux, prédécesseur de Roland Dumas au Conseil constitutionnel et... conseiller du *Nouvel Observateur*.

Après son exposé, Jean Daniel interroge Robert Badinter, devant la rédaction réunie :

— Que pensez-vous de cette démarche ?

— Ahurissante. C'est la première fois que j'assiste à un viol du secret de l'instruction en étant de l'autre côté de la barrière. Jamais je n'aurais imaginé qu'un juge d'instruction aussi en vue puisse convoquer un directeur de journal et lui parler d'une affaire qui concerne un prévenu, a fortiori lorsque celui-ci est en prison. C'est désolant et effrayant.

Au cours de la discussion qui suit, Robert Badinter refusera de croire que Loïk Le Floch a été mis en examen et incarcéré le même jour, après plus d'un an d'enquête pendant lequel il n'a pas eu accès à son dossier :

— C'est impossible. Ce serait une atteinte aux droits de la défense et une cause de nullité.

La justice n'est pas tout à fait la même, selon qu'on l'observe d'en bas ou d'en haut.

La publication de l'article du *Nouvel Observateur*, dans un premier temps, va conforter Eva Joly dans son intention de retenir contre Le Floch la circonstance aggravante d'infraction commise « en bande organisée », qui aurait rendu possible la prolongation de la détention au-delà des six mois maximum prévus pour les infractions qui lui sont reprochées. C'est en tout cas ce dont elle le menace. Après l'ordonnance de prolongation de détention qu'elle a rendue fin octobre, hors requalification des délits, elle doit le libérer avant le 4 janvier. Elle a donc le sentiment – justifié – d'avoir de moins en moins de prise sur lui, d'autant qu'après l'épisode des menottes, Le Floch a fini par être transféré sans entraves à l'hôpital Cochin où il se refait une santé. Il s'est bien fait opérer pour sa hernie, mais reçoit enfin le traitement adéquat pour son psoriasis.

Cette requalification des délits restera à l'état de menace : le parquet y était opposé et l'a fait savoir à Eva Joly. Une prolon-

gation de la détention par un nouvel artifice de procédure ris-
querait d'être mauvais pour l'image de la justice, qui n'a rien à
gagner à voir l'instruction se résumer, aux yeux du grand public,
à la lutte à mort de deux ennemis jurés. Paradoxalement, elle aurait risqué d'attirer la sympathie sur le prévenu et conduit à se poser des questions sur les véritables motivations de la juge, désormais guettée au tournant par une partie du parquet et quelques-
uns de ses confrères de la galerie financière.

Au cours de cet automne 1996, le sauce tourne aussi à l'aigre
du côté de Philippe Jaffré, qui doit désormais se battre sur tous
les fronts pour conserver son fauteuil de patron d'Elf. A mesure
qu'avance l'instruction, le Tout-Paris, toujours versatile, commence à se poser quelques questions. En portant plainte contre
Le Floch, Jaffré n'a-t-il pas engagé un processus dont il pourrait
lui-même être la victime ? En cet automne 1996, il commence à
se poser la question. Le patron d'Elf n'éprouve pas le moindre regret d'avoir envoyé son prédécesseur en prison. Ce qui l'ennuie,
c'est de voir l'instruction sortir de son lit, au risque de nuire à Elf
et à la France, mais aussi de donner des armes à ses ennemis et à
ses détracteurs. Car sa situation personnelle est fragile. L'hostilité
du président de la République à son égard est de notoriété publique. En juillet 1996, Jacques Chirac lui a même fait l'affront
de ne pas l'inviter à l'accompagner lors d'un voyage au Gabon et
au Congo, préférant convier – à la veille de sa mise en détention
– Loïk Le Floch, en tant que... président de la SNCF. Au cours de
ce déplacement, Chirac a même refusé de se rendre sur la plate-
forme de N'Kossa d'Elf, la plus grosse unité flottante du monde,
arrivée en mai au large des côtes congolaises.
    En réalité, c'est dès son élection surprise à la présidence de la
République que Jacques Chirac va chercher à se débarrasser de
Philippe Jaffré, ce balladurien qui non content d'aider son adversaire, lui a coupé les vivres. Le lendemain de son élection, Omar
Bongo, président du Gabon, avait appelé son vieux copain pour
lui demander la tête de Jaffré. Chirac avait été très clair :
    — Ne t'inquiète pas, Omar, je m'en occupe. Laisse-moi juste
un peu de temps.
    Il faudra effectivement un peu de temps à Chirac pour réaliser
qu'Elf est devenue une entreprise privée, dont seuls les adminis-

trateurs peuvent écarter le président. Or ceux-ci ont été choisis par Edouard Balladur et Philippe Jaffré lui-même. Chirac n'est pas le seul à se tromper d'époque : le poids historique de l'Etat au sein d'Elf est si prégnant que les rumeurs d'éviction de Philippe Jaffré sur ordre de l'Elysée se répandent comme une traînée de poudre ! Comment ce président gaulliste, nourri au lait des réseaux africains, accepterait-il qu'un nettoyeur de bilans balladurien préside aux destinées du pétrole français ? De fait, Chirac va envisager un putsch. Balladurien lorsqu'il a été nommé administrateur d'Elf et redevenu chiraquien, Jacques Friedmann, à la demande du chef de l'Etat, fera le tour du conseil pour tester le soutien de chacun de ses membres à son président. Friedmann se révélera d'une maladresse insigne. Et sa démarche pataude va au contraire ressouder le conseil d'administration autour du patron. Chirac réalise alors que ni les 10 % du capital que l'Etat détient encore dans Elf, ni la *golden share* (action spécifique) ne lui seront d'aucune utilité pour se débarrasser de Jaffré. La participation résiduelle de l'Etat va donc être vendue, pour 10 milliards de francs.

Restent les autres méthodes. Les administrateurs d'Elf vont être, l'un après l'autre, mis sous pression. On fait circuler des noms de patrons qui pourraient succéder à Philippe Jaffré. On avance celui de Jean-François Dehecq, PDG de Sanofi, la filiale pharmaceutique d'Elf, un chiraquien apprécié par l'ancien député d'Ussel depuis qu'il racheté, en Corrèze, une usine menacée de fermeture. Plus tard, on citera aussi Michel Roussin, l'ancien ministre de la Coopération, qui a dû démissionner en raison d'affaires liées à la Mairie de Paris avant de bénéficier – mais un peu tard – d'un non-lieu.

Toutes ces démarches sont activement soutenues par les chefs d'Etat africains qui travaillent avec Elf et qui ne cachent pas leur hostilité à Jaffré. Le conflit date de septembre 1993, un mois seulement après la nomination de Jaffré. Celui-ci donne congé à André Tarallo et Alfred Sirven. Car Edouard Balladur l'avait mis en garde, d'emblée :

— Méfiez-vous des réseaux de Le Floch-Prigent et de ceux de Chirac à l'intérieur du groupe.

— Ce qui veut dire ?

— Il vous faut écarter Alfred Sirven et André Tarallo, si vous voulez avoir les mains libres.

Pas si simple. Personne ne défend Sirven. Mais Omar Bongo signale à Jaffré que si André Tarallo est écarté de la présidence d'Elf-Gabon, il exigera, comme il en a le droit, qu'il soit remplacé par un Gabonais. Jaffré cède à contrecœur puis, peu à peu, se laissera subjuguer par cet homme affable et compétent, qui règle la plupart des problèmes avec les Africains. Et qui s'occupe sans complexes des affaires de gros sous qui lui répugnent. Il pense que Tarallo fait écran, exactement comme Le Floch avant lui, qui avait laissé au même Tarallo et à Sirven le soin de s'occuper des « affaires réservées ». Tarallo va alors s'imposer de mois en mois à Jaffré comme l'homme incontournable. D'autant qu'il va s'éloigner de Chirac pour se rapprocher de Balladur, suivant en cela le parcours de son ami et mentor Charles Pasqua. Un jour, au cours d'un déjeuner organisé avec Albin Chalandon, l'ancien patron d'Elf met en garde le nouveau :

— Il faut que vous sortiez André Tarallo de la présidence d'Elf-Gabon.

A l'époque, Chalandon n'a aucun doute sur l'honnêteté de Tarallo, qu'il a connu comme un « petit soldat » d'Elf, celui en qui on a toute confiance.

— Ce n'est pas possible, Bongo ne l'accepterait pas.

— Mais Tarallo ne peut pas être à la fois le président d'Elf-Gabon et le conseiller personnel de Bongo, le gestionnaire de sa fortune personnelle. Le mélange des genres est dangereux !

— Vous avez raison, mais on marche sur des œufs.

Et Jaffré se gardera bien de changer quoi que ce soit à son dispositif.

Pascal Lissouba, premier président élu du Congo-Brazzaville, et Eduardo Dos Santos, président de l'Angola, sont, vis-à-vis de Jaffré, sur la même longueur d'onde qu'Omar Bongo. Leur hostilité a des causes objectives, liées aux rapports de forces entre le groupe pétrolier et ses pays hôtes, ainsi qu'à l'éviction de Le Floch et, peut-être, à l'assèchement des commissions versées. Mais c'est avant tout la personnalité de Jaffré qui agace les leaders de ces trois pays riverains du golfe de Guinée. Ces grands chefs africains ne supportent pas son côté Tartufe professant la vertu... Ils sont choqués par son approche exclusivement financière des sujets d'intérêt commun et son absence de toute

forme de convivialité. Macintosh, avec son discours froid et sté-
réotypé, n'impressionne personne sous les tropiques. Omar Bongo, un jour, résumera son sentiment : « Ce type est bizarre, il ne
me parle jamais ni de sa famille, ni de ses enfants et encore
moins des miens. »

A partir du printemps 1996, cette réserve va se transformer en
hostilité affichée. Omar Bongo et Pascal Lissouba s'inquiètent
des développements de l'affaire Bidermann. Ils écrivent à
l'Elysée. Ils envoient des émissaires à Paris. Au ministère de la
Coopération, chez Elf, mais aussi à l'Elysée comme à Matignon,
on se veut rassurant : tout est sous contrôle et André Tarallo ne
sera pas inquiété. C'est plus que jamais la ligne officielle, à la
veille de l'incarcération de Le Floch. Le 2 juillet, Jaffré a écrit à
Bongo, Lissouba et Dos Santos pour leur annoncer la très prochaine mise en examen de « notre ami André Tarallo ». Philippe
Jaffré semble très au fait du déroulé de l'instruction d'Eva Joly,
puisqu'il en connaît par avance les étapes ! Selon *La Lettre du
Continent*, une publication bien informée sur tout ce qui se passe
en Afrique et qui exprime parfois le point de vue des services secrets français, Jaffré souligne, dans sa lettre au trois chefs d'Etat,
« le caractère particulièrement formaliste de cette mise en examen » et assure qu'il garde au « Monsieur Afrique » du groupe
pétrolier « toute [sa] confiance ». « Je vous assure que je ne
ménagerai pas mes efforts pour aider notre ami, dans la mesure
où il sera concerné », précise même le président d'Elf. Parallèlement, Jaffré a écrit à André Tarallo une lettre de couverture, dans
laquelle il l'exonère pour toutes les opérations qu'il a pu faire
avec les Africains dans le cadre de ses fonctions chez Elf...

Pourtant le « pacte », plus ou moins tacite, passé entre Philippe
Jaffré et Eva Joly ne tiendra pas. Le rôle de la CPIH, filiale d'Elf-
Gabon, dans les investissements les plus contestés d'Elf – à commencer par Bidermann – est révélé, avec tous ses détails, par les
journaux. A Libreville, Omar Bongo s'inquiète et s'énerve. Il réagit en accordant une interview choc que *Libération* publie le 18
septembre. « Je sais que cela peut paraître bizarre, mais tout
président de la République que je suis, je ne connais ni la CPIH,
ni le capital, ni le rôle, ni rien, affirme Omar Bongo. Pour
l'instant, ce n'est que par les journaux que j'apprends des nou-

velles. Bien que nous soyons des associés[1], personne de chez Elf n'est venu me donner des explications. Ce qui, d'ailleurs, n'est pas du tout normal. Je vais demander aux responsables d'Elf où, exactement, ils ont mis l'argent, où il est passé et ce qu'il en reste. » Pour « éviter les errements du passé », Bongo suggère la dissolution de la CPIH afin qu'Elf et le Gabon se partagent l'argent... En donnant cette interview, Bongo pensait s'exonérer de ce qu'il appelle « ces affaires franco-françaises ». Mais il vient de faire une grosse erreur tactique : en affirmant qu'il n'était au courant de rien, le président gabonais accable indirectement son protégé André Tarallo, patron d'Elf-Gabon. Celui-ci aurait-il placé en douce, de son propre chef, sans l'accord de ses actionnaires, l'argent de la société dans Bidermann et ailleurs ?

Quelques jours plus tard, le 3 octobre, Eva Joly délivre une commission rogatoire internationale pour connaître les bénéficiaires d'un compte ouvert à la Canadian Imperial Bank of Commerce (CIBC) de Genève au nom de la société Kourkas, immatriculée aux îles Vierges britanniques. La CIBC est connue à Genève pour abriter les fortunes personnelles de chefs d'Etat africains ainsi que l'argent que certains d'entre eux mettent à la disposition de leurs amis politiques, en France. Et Kourkas est une société fiduciaire qui abriterait une partie des fonds d'Omar Bongo. Cette décision d'Eva Joly est considérée par celui-ci comme une intrusion dans les affaires intérieures du Gabon. C'est pour lui la preuve que toutes les promesses qui lui ont été faites, tant par Philippe Jaffré que par Jacques Chirac, pèsent peu face à la détermination d'Eva Joly et que l'instruction prend un tour fort dangereux pour lui.

Or Omar Bongo el Hadj, président d'un Etat d'Afrique noire riche et peu peuplé, n'est pas n'importe qui : c'est lui qui défend et promeut Elf au Gabon, mais aussi au Congo, en Angola et ailleurs. Il a été le partenaire de la compagnie publique française dès sa création. Bongo, qui exerce sur ses voisins francophones un leadership incontesté, en a beaucoup profité. C'est un ami de la France et de ses dirigeants ? Bien plus que ça : il est Français, des orteils aux cheveux. Il connaît la carte électorale mieux que

---

1. Le Gabon détient 25 % d'Elf-Gabon, dont la fille d'Omar-Bongo est vice-présidente ; Elf-Gabon contrôlait 65 % de la CPIH.

personne, admettant cependant qu'«avec son découpage, Charles Pasqua nous a un peu brouillé les cartes ». Un jour, Jean-Louis Bianco, ancien secrétaire général de l'Elysée sous François Mitterrand, eut la surprise de recevoir un coup de fil lui expliquant qu'il avait tort de se présenter dans le canton de Forcalquier, « où la gauche rate toujours le coche à 100 voix près ». Grand surveillant de la Grande Loge nationale de France (et Grand Maître de la Grande Loge du Gabon), Bongo était le patron de la poste centrale de Libreville lorsque, quelques années après l'indépendance, il a été placé par la France aux côtés de Léon M'Ba, président déclinant et impopulaire du Gabon. Bongo était alors un agent du SDECE, sous l'autorité de Maurice Robert, un ancien de la Coloniale, chef du secteur Afrique de l'espionnage français, comme le révélera Pierre Péan[1]. A la mort de Léon M'Ba, en 1967, poussé par la France, Bongo devient, à trente-deux ans, le plus jeune chef d'Etat du monde ! Mais il ne rompt pas avec les services. Il prend même son ancien chef à ses côtés, pour s'occuper de la sécurité. Honorable correspondant des services secrets français, Bongo restera aussi celui... du *Canard Enchaîné*. Il l'apprécie tellement qu'il tolérera l'existence d'un journal satirique dans son propre pays. En réalité, rien de ce qui se passe en France n'échappe à cet homme élevé par les bons pères, qui s'est longtemps appelé Albert-Bernard avant, sur le tard, de se convertir à l'islam et de faire le pèlerinage de La Mecque.

Pierre Péan a raconté en détail[2] comment, en 1971, Germain M'Ba, nationaliste gabonais qui risquait de faire de l'ombre au jeune chef d'Etat, a été assassiné en plein Libreville, peu après le débarquement d'un groupe de mercenaires français dirigés par Bob Denard, le futur compagnon d'infortune de Le Floch... En France aussi, Albert-Bernard a le bras long. En octobre 1979, un certain Robert Luong, fils d'une Guyanaise et d'un milliardaire indochinois, ami de la femme de Bongo, est trouvé dans une mare de sang sur un parking de HLM, à Villeneuve-sur-Lot. Il a deux balles dans la tête. Deux hommes de la garde rapprochée de Bongo avaient été repérés peu avant dans la région. Pierre Péan

---

1. *Affaires africaines*, Fayard, 1983.
2. *Ibid.*

révélera[1] qu'un Français, membre de l'association des Amis du Gabon, a remis, en février 1983, un chèque d'un million de francs à la veuve de Robert Luong pour qu'elle ne s'oppose pas à la clôture du dossier par un juge d'Agen, qui prononcera un non-lieu.

Omar Bongo el Hadj, qui se considère largement créditeur de la France, ne supporte pas d'être traité comme un vulgaire roi nègre. On le verra en avril 1995, lors du procès de Francesco Smalto, jugé pour « proxénétisme aggravé » : le couturier a fait livrer à Bongo des costumes accompagnés de faveurs, sous la forme de jolies et peu farouches petites mains. La presse française se déchaîne, sans la moindre pudeur. *France-Soir* rapporte les propos tenus à l'audience : « Le soir au Palais, ça s'est mal passé, affirme devant les juges une certaine Monika : Bongo ne voulait pas mettre de capote et comme il a la réputation d'être séropositif et que son petit ami Serge est mort du sida, j'ai refusé de faire l'amour avec lui. » Toutes les autres décrivent sa colère à la vue d'un préservatif...

Bongo réagit à sa manière. Le professeur Philippe Blot, chef de service à l'hôpital Robert-Debré, son médecin traitant, et... Bernard Debré, ministre de la Coopération d'Edouard Balladur, sont priés d'annoncer que le président du Gabon est « prêt à se soumettre aux tests de dépistage ». Tous les organes de presse sont invités à Libreville pour s'en assurer sur place ! Ce qui choque surtout Omar Bongo, à bon droit, c'est qu'on l'ait traité différemment des princes saoudiens et d'une très haute personnalité marocaine qui apparaissent aussi dans le carnet rose de Francesco Smalto et sur lesquels la justice et la presse sont restés beaucoup plus discrets. Sans parler des chefs d'Etat européens, dont on ne voit jamais l'appétit sexuel étalé, de la sorte, sur la place publique. Ce sentiment d'injustice, sur fond de racisme larvé, Omar Bongo le déplorera violemment, plus tard, dans l'affaire Elf, lorsqu'il verra la façon dont la justice française s'intéresse à lui alors qu'elle fait tout pour détourner son regard d'Helmut Kohl, le chancelier allemand, dont le groupe pétrolier français est suspecté d'avoir participé au financement de la campagne électorale de 1994. « Occupez-vous de l'affaire du finan-

---

1. *Ibid.*

cement de la raffinerie allemande Leuna, elle est gravissime »,
dira-t-il encore, en avril 1998, à un groupe de journalistes français en reportage au Gabon.

L'affaire Smalto est la goutte d'eau qui fait déborder le vase.
Bongo avait jusque-là évité d'afficher publiquement sa préférence entre Chirac et Balladur, bien qu'il n'ait jamais pardonné à
ce dernier d'avoir décidé la dévaluation du franc CFA. En pleine
campagne électorale, convaincu que Balladur et Pasqua sont à
l'origine des accusations qu'il lit dans la presse, le président du
Gabon va choisir son camp. Celui de Chirac.

Après le faux pas de l'interview à *Libération*, il faut, au plus
vite, sauver les meubles. Le 21 novembre 96 Samuel Dossou-
Aworet, « conseiller spécial auprès de la présidence » du Gabon,
écrit une lettre à **Eva Joly**, dans laquelle il nuance les propos de
son chef. Dossou est ce qu'on appelle une voix autorisée. Sa femme
Honorine est ambassadeur du Gabon en France. Béninois d'origine, économiste de formation, patron d'un petit groupe de trading
pétrolier baptisé Petrolin, il est au cœur du pétrobusiness africain.
« Fils africain d'André Tarallo[1] », il s'occupe de la commercialisation de la part nationale du brut extrait au Gabon – un quart, soit
environ 4,5 millions de tonnes – mais il sert aussi de conseiller
en matière pétrolière aux présidents congolais et tchadiens. Le 16
juillet 1996, alors que les policiers cherchaient à le localiser à la
demande d'Eva Joly, Dossou était assis à la table présidentielle,
au palais de Libreville, lors du dîner de gala offert par Omar
Bongo en l'honneur du président de la République française...

Samuel Dossou va carrément démentir Omar Bongo, avec
l'accord de ce dernier. « Pour dissiper tout malentendu médiatique, écrit-il à la juge, je précise d'emblée que la République gabonaise, actionnaire d'Elf-Gabon, a toujours été informée des
investissements effectués dans le groupe Bidermann par la CPIH
(...). CPIH qui avait notamment pour objectif déclaré d'aider par
ses investissements à la diversification de l'économie gabonaise.
Le développement de notre modeste secteur textile était souhaité
et nous avions placé quelque espoir dans ce rapprochement avec
le premier groupe textile français (...). Le conseil d'administration a

---

1. *Libération* du 19 juillet 1996.

également été informé des prêts octroyés à ce groupe au moyen des liquidités d'Elf-Gabon (...). De plus, le soutien actif et visible qu'accordait la présidence d'Elf-Aquitaine à M. Bidermann nous a certainement incités à intervenir. C'est ainsi qu'ont été accomplies les opérations de la société Kourkas (...). » Cette prise de position officielle vise évidemment à dégager André Tarallo de toute responsabilité dans le soutien accordé à Bidermann par Elf-Gabon et la CPIH. Mais, par ricochet, elle exonère aussi Le Floch : comment reprocher à Elf, société française, d'avoir soutenu Bidermann si l'actionnaire gabonais d'Elf-Gabon a jugé que c'était un bon investissement ? Plus le dossier avance, plus il devient difficile de séparer le vilain Le Floch du joli Tarallo. Celui-ci, trois jours plus tard, ira à Libreville en compagnie de Jaffré pour tenter de verrouiller la situation. Mais Philippe Jaffré est désormais bien incapable de se porter garant d'Eva Joly, que la résistance imprévue de Le Floch a mise hors d'elle. La juge multiplie les procédures et envoie des commissions rogatoires dans toutes les directions.

Peu à peu, Philippe Jaffré est même envahi par une peur insidieuse : celle d'être lui-même mis en cause, comme le murmurent les entourages de Jacques Chirac, à l'Elysée, et d'Alain Juppé, à Matignon, et comme s'en réjouit par avance le Tout-Paris. Il apparaît en effet que l'affaire Bidermann est plus complexe que la façon dont elle a été présentée : Philippe Jaffré et Geneviève Gomez ne peuvent faire porter la totalité du chapeau à Le Floch. Sur la forme et même sur le fond, comme l'avait reconnu Geneviève Gomez elle-même, le 15 juin 1995, peu après le dépôt de la plainte ! « Les investissements de la CPIH ne sont pas d'une très grande logique, mais ceux dans Bidermann n'étaient pas une absurdité », avait déclaré Teuf-Teuf, alors chargée des participations financières du groupe, lors de la réunion d'information des actionnaires d'Elf-Gabon[1]. Les milieux du pétrole savent en outre que, très rapidement, Jaffré a été obligé de renouer avec le versement de commissions secrètes, pour défendre les intérêts de la compagnie[2]. Il y a eu cette visite discrète rendue au général

---

1. Citée par *La Lettre du continent* du 22 juin 1995.
2. Dans les sociétés pétrolières comme dans les entreprises de défense, le versement des commissions – hors cas particuliers – est organisé par un n° 2,

Aboucha, président du Nigeria, où Jaffré s'est déplacé, accompagné de son père, peu après le décès de sa mère. Du côté des chiraquiens, on raconte que 50 millions de dollars de commissions ont été versés par Elf au Nigeria et qu'une partie est revenue en France pour la campagne présidentielle d'Edouard Balladur... Rumeur sûrement infondée puisque, lors de l'introduction d'Elf à la Bourse de New York, Jaffré a signé à la Security and Exchange Commision (SEC) un document dans lequel il s'engageait à ne pas verser de commissions pour obtenir des marchés.

A l'époque, personne ne parle encore de la raffinerie de Leuna et des faveurs accordées à Helmut Kohl, en accord avec François Mitterrand. Or Jaffré sait que cette affaire ultrasecrète, montée du temps de Le Floch, peut le rattraper. Il sait qu'il a lui-même adoubé Hubert Le Blanc-Bellevaux, l'organisateur de cette négociation parallèle, allant jusqu'à salarier chez Elf, pendant près de 18 mois, cet énarque sulfureux, homme lige d'Alfred Sirven, ami de Gilles Ménage, l'ancien directeur de cabinet de François Mitterrand. Le Blanc-Bellevaux et Ménage se sont connus en 1975 au cabinet de Pierre Lelong, secrétaire d'Etat aux PTT. Tous deux ont commencé à droite de l'échiquier politique, dans la mouvance de l'ancien ministre de l'Industrie giscardien Michel d'Ornano dont dépendait Lelong. Mais Hubert Le Blanc-Bellevaux, de son vrai nom Jean-Pierre Le Blanc-Hugon, a été radié du corps de l'administration civile et de la liste des anciens élèves de l'ENA en raison d'opérations conduites sous couvert de l'Association technique d'importation charbonnière (ATIC). Paradoxalement, s'agissant de Le Blanc-Bellevaux, Loïk Le Floch s'était montré plus prudent que Philippe Jaffré : il l'avait cantonné dans son rôle d'intervenant extérieur.

Mais ce qui semble gêner le plus Jaffré, à cette époque, est l'enquête que conduit Eva Joly sur la Sofineg. Pour jeter un voile sur l'activité réelle de cette société pourtant créée par Loïk Le Floch, Philippe Jaffré n'a pas ménagé ses efforts. Ce qui explique son comportement agressif vis-à-vis des magistrats de la Cour

---

sorte d'officier traitant, le seul qui parle aux intermédiaires et leur indique la répartition des sommes qui leurs sont versées. Lorsque l'argent est transféré, des reçus sont délivrés sur papier libre. Le responsable d'Elf téléphone alors aux destinataires finaux pour vérifier que tout est OK et qu'il n'y a aucune contestation. Les papiers sont alors détruits simultanément de part et d'autre.

des comptes. Car en portant leurs regards sur la Sofineg, ceux-ci ont soulevé un lièvre qui n'était pas prévu. L'objet de cette société de droit suisse, sous-filiale d'Elf, que Le Floch a créée l'année précédant son éviction, sur le modèle de Renault-Finances, chère à Pierre Dreyfus, est de « réaliser des opérations d'ingénierie financière, de rapprochement d'entreprises, de fusions et d'acquisitions, de gestion de portefeuille et de conseil pour le compte des autres sociétés financières du groupe ». Le Floch en a offert à André Tarallo la présidence pour, officiellement, mettre de l'ordre dans le maquis des diversifications hérité de Michel Pecqueur. En septembre 1992, sous l'égide d'André Tarallo et de Philippe Hustache, directeur financier d'Elf, la Sofineg signe avec les autres filiales de portefeuille d'Elf des contrats de gestion de leurs intérêts financiers. « Elle se rémunère chaque trimestre sur la base de 0,2125 % de l'actif net réévalué », indique la Cour des comptes. Par ailleurs, la Sofineg reçoit d'Elf 30 millions de francs par an sous forme de versement forfaitaire. L'argent d'Elf entre à flots. Et ressort. Pour aller où ?

« Des faits constitutifs d'enrichissement sans cause et/ou d'abus de biens sociaux ne peuvent à ce jour être écartés, ont écrit les magistrats dans leur rapport d'instruction : l'absence d'informations précises sur les charges réelles de Sofineg, qui dégage un résultat – sur 18 mois – certes modeste (environ 21 millions de francs) mais significatif au regard de son chiffre d'affaires (11 %) ne permet pas de mieux comprendre la justification d'un tel mécanisme de transfert de fonds en Suisse (...). La Cour constate donc qu'un pourcentage important des charges de la société (a minima 85 millions de francs, soit plus de 50 % des charges totales) ne font l'objet d'aucune justification. Aucune hypothèse quant à l'usage et aux destinataires de ces fonds ne peut donc être a priori écartée. »

Ces accusations graves resteront lettre morte. Il y a 16 millions d'honoraires non identifiés et 39 millions de francs de dépenses d'affrètement d'avions, alors qu'Elf possède sa propre flotte. Tous les initiés savent que la Sofineg a assuré le transport, en avion privé, d'hommes politiques de droite, notamment de Charles Pasqua, sous le pseudonyme de « Fernandel » pendant la campagne électorale d'Edouard Balladur, ainsi que de quelques « amis » comme Pierre Weill, président de la Sofres. Des listes nominatives circulent. La Sofineg a aussi salarié des hommes politiques. Les dépenses de personnel atteignent 68 millions, mais la direction d'Elf est incapable de fournir le moindre tableau des effectifs. Elle bloque les investigations de la cour, comme le constate le rapport définitif. Celui-ci indique que « la direction financière de l'entreprise [Elf] a excipé de la " réglementation suisse " interdisant le transport hors de Suisse des pièces comptables, pour en refuser la communication à la Cour ». Celle-ci ne pouvait pas se déplacer en Suisse pour étudier les comptes d'une filiale à 100 % d'une entreprise publique française. La mauvaise volonté est patente. « Il est évident que l'actionnaire, au demeurant unique, qu'est la société Elf-Aquitaine a le pouvoir de se faire transmettre les documents comptables nécessaires à la compréhension de l'activité et des résultats de la Sofineg », notent les magistrats dans leur « rapport d'instruction », phrase qui ne sera pas maintenue dans la version définitive du rapport. Celui-ci indique que « la direction du groupe [Jaffré] a reconnu que le dispositif mis en place depuis 1992 (y compris la création de la Sofineg) avait été l'occasion de " gaspillages tout à fait regrettables " ». Mais Jaffré a affirmé avoir contrôlé lui-même la situation et en avoir tiré la conviction qu'« aucune infraction n'avait été commise ». Si c'est Jaffré qui le dit ! La cour fera semblant de le croire sur parole. Fin 1993, Geneviève Gomez prend la présidence de la Sofineg, pour en organiser la dissolution.

En cet automne, Jaffré est montré du doigt. Les critiques les plus sévères portent sur sa gestion. Son aversion viscérale pour Le Floch l'a, en effet, conduit à prendre des décisions contestables. Lorsqu'il apprend que des commissions importantes ont été promises en Ouzbékistan, que François Mitterrand a été impliqué via de curieux intermédiaires, comme on le verra, Jaffré décide tout à trac de renoncer à toute exploration dans ce pays de l'ex-URSS, en affirmant qu'il ne recèle aucune des richesses promises. Pourtant, l'Ouzbékistan était considéré par l'Armée rouge, du temps de sa splendeur, comme une immense réserve de pétrole et de gaz encore en friche. En fait, le dossier du pétrole en Ouzbékistan, comme au Kazakhstan, est un de ceux que Jaffré a décidé de clore avant même de l'ouvrir, tout simplement parce que son prédécesseur en avait fait son cheval de bataille. Le nouveau patron d'Elf-Aquitaine préférera aller prospecter un peu plus loin, au milieu de la mer Caspienne, où toutes les compagnies se disputent les permis pour découvrir et exploiter des champs de pétrole connus et, pour le moment, moins chers à extraire. Il laissera ainsi aux majors américaines le soin d'exploiter le pétrole d'Ouzbékistan[1]. Cette décision, Philippe Jaffré n'a pas osé l'annoncer lui-même à Islam Karimov, cet autocrate de cinquante-cinq ans qui préside l'Ouzbékistan, lors de sa visite officielle en France, en octobre 1993. Il s'est fait représenter, dans la grande salle des fêtes de l'Elysée, par Frédéric Isoard, le patron des hydrocarbures. Jaffré sera tout aussi méfiant vis-à-vis du Kazakhstan, ou Elf plie bagage après un seul forage – négatif – ce qui, dans le domaine à hauts risques de la recherche pétrolière, ne permet pas d'anticiper quoi que ce soit.

On pourra toujours gloser sur l'intérêt de tel gisement par rapport à tel autre. Il reste qu'au prix de quelques grosses concessions faites par Le Floch à l'« orthodoxie », Elf avait, en 1993, une bonne longueur d'avance autour de la mer Caspienne, ce nouvel eldorado pétrolier peut-être comparable au golfe Persique; et que la pusillanimité de Jaffré va conduire cette compagnie pétrolière – considérée jusque-là comme l'une des plus ambitieuses du monde – à rater son implantation de masse dans une des dernières zones ouverte du globe, laissant le champ libre aux Américains.

Malgré tout, Jaffré fait front. La chance est avec lui. Elf découvre des gisements géants – des éléphants, parmi les plus gros dans le monde – dans les eaux profondes du golfe de Guinée, au large de l'Angola et du Congo, qui font oublier la mer Caspienne. La pression qu'il exerce sur les coûts internes, associée à la hausse du dollar, dope le cours de Bourse d'Elf et disqualifie toutes les attaques portant sur la gestion de son président. Les chefs d'Etat africains comprennent peu à peu que Chirac ne pourra les débarrasser de Jaffré. Mais ils pensent toujours qu'Eva Joly saura arrêter ses investigations à leur porte. Cette dernière, il

---

1. Après coup, Jaffré ira partout dire qu'il n'y avait pas de pétrole en Ouzbékistan. Pourtant, de tous les Etats de l'ex-URSS, c'est le seul dont la production d'hydrocarbure n'a pas reculé mais au contraire augmenté après l'éclatement de l'empire! De 1990 à 1996, celle de pétrole a presque triplé pour atteindre 7,7 millions de tonnes tandis que celle de gaz progressait de 20 % à 49 milliards de mètres cubes.

est vrai, est encore dans la ligne. Elle va, insensiblement, se désintéresser des affaires africaines. Trop risqué. A l'un des avocats de Le Floch qui lui reproche de chercher la petite bête dans les cheveux de son client sans porter le moindre intérêt ni aux agissements d'André Tarallo ni à ceux de Philippe Jaffré lui-même, elle répond, agacée :

— Maître, vous ne voudriez tout de même pas que je mette en examen la partie civile !

Eva sort de ses gonds

La lettre de Gabrielle Le Floch à Alain Juppé a porté ses fruits. C'est sans menottes, le 18 novembre 1996, que Loïk Le Floch est transféré à l'hôpital Cochin, à huit heures du matin. La prison de la Santé n'est éloignée de l'hôpital que de cent mètres à vol d'oiseau, mais l'ancien patron d'Elf est accompagné de six policiers. Le fourgon qui fait le tour du pâté de maisons est précédé par deux motards et suivi par une voiture. Le « malade » est installé dans un chambre au rez-de-chaussée. Quatre escouades de deux gardiens de la paix du XIVe arrondissement de Paris vont se relayer à la porte de sa chambre, pour éviter qu'il ne s'enfuie, pour le protéger – comme certains, dans son entourage, le croient – ou, plus simplement, parce que c'est le règlement. Un lit, des draps, des médecins attentifs et des infirmières souriantes qui le traitent normalement : le prisonnier se sent tout ragaillardi. Mais il aura l'occasion de déchanter dès le lendemain. En veste vert pomme, Anne-Rose Thiam comparaît en effet, le 19 novembre, devant la douzième chambre du tribunal de Paris, en appel de sa condamnation à trois ans de prison pour escroquerie et usurpation d'identité. La gourgandine a gardé toute sa flamme. Elle contre-attaque en mouillant Loïk Le Floch-Prigent dont elle redit avoir été la maîtresse : « Il me donnait 10 000 francs par jour », précise-t-elle à l'audience. Ce n'est pas du tout le sujet du jour et le juge le lui fera savoir, mais qu'importe : le lendemain, *Le Parisien* publie un compte rendu de l'audience, sous le titre « Le Floch au cœur du procès de la call-girl ».

Deuxième choc, le 4 décembre, lorsque tombe l'arrêt de la cinquième chambre d'accusation de la cour d'appel de Paris, qui s'est réunie le 6 novembre pour se prononcer sur les requêtes en nullité déposées à propos, notamment, des auditions de Claude Richard et d'Anne-Rose Thiam par Eva Joly. La cohorte des mis en examen par la juge s'est jointe à cette procédure[1]. Dans un arrêt de 22 pages, la cour rejette l'ensemble des requêtes : tous les actes de procédure d'Eva Joly sont validés, à l'exception d'une perquisition effectuée chez un certain Ronald Bereby, expert-comptable et commissaire aux comptes mis en cause par Anne-Rose Thiam. Cette perquisition est le seul acte de toute la procédure qui ne relevait pas de ces « vérifications sommaires à effectuer d'urgence » qu'un juge d'instruction peut décider sans attendre la saisine du parquet, s'il prend connaissance de faits nouveaux. La cour, présidée par Claudine Garnier, ne trouve en revanche rien à redire à l'audition de Claude Richard en Israël, pas plus qu'à celle d'Anne-Rose Thiam du 21 août, ou à ses lettres non versées au dossier. La complexité des attendus les rend inaccessibles au commun des mortels mais l'argument principal est qu'« il n'y a pas eu (...) violation d'une formalité substantielle prévue par une disposition de procédure pénale ayant porté atteinte aux intérêts de la partie concernée ». S'agissant de l'audition de Claude Richard en Israël, la cour écrit même qu'« en tout état de cause, les actes critiqués ne sont pas de nature à porter atteinte aux droits des requérants qui n'avaient pas qualité à s'y opposer ». En clair, les actes de procédure litigieux sont validés... parce qu'ils n'ont pas fait subir de préjudice

---

1. Outre Loïk Le Floch-Prigent, Maurice Bidermann, Claude Richard, Fatima Belaïd et André Tarallo, on trouve dans le club Jean-François Pagès, ancien responsable de l'immobilier d'Elf (le seul avec Le Floch qui est détenu), ainsi que Dominique Bouchez, ex-directeur financier de Bidermann, le docteur Laurent Raillard, cet ami de Mitterrand qui a vendu sa maison à Elf, l'homme d'affaires Nathan Meyohas, ainsi qu'Alain Bechtel et Charles-Henri Filippi, les deux cadres dirigeants du CCF qui avaient été détachés chez Elf pour... mettre de l'ordre dans le maquis des participations financières.

direct à l'ancien patron d'Elf, ce qui ne manque pas de sel lorsqu'on sait que *L'Express* avait fait sa couverture avec le mémorandum de Claude Richard, sous le titre : « Le document qui accable Le Floch » ! « Ces acrobaties juridiques reviennent à dénier l'existence du Code de procédure pénale », commente Me Olivier Metzner. Tous les avocats vont aussitôt se pourvoir en cassation.

Pour Loïk Le Floch, en tout cas, le message est clair : la justice a refusé de désavouer officiellement Eva Joly sur ce dossier. Tous les magistrats, officiellement, sont derrière elle. Il a épuisé tous les recours et s'est brisé contre ce qu'il pense être le mur du corporatisme. La justice ne lui a pas laissé le moindre filet d'air. Pourtant, cette décision de la chambre d'accusation ne l'angoisse pas outre mesure. Le prisonnier n'a plus, à ce moment-là, qu'une idée en tête : retrouver la liberté, d'autant plus tentante qu'il en hume les effluves depuis sa chambre de l'hôpital Cochin. Toutes ces arguties juridiques lui paraissent secondaires : l'important est de sortir au plus vite pour recouvrer ses forces, physiques et intellectuelles, avoir accès au dossier et reprendre en main sa défense. De ce point de vue, l'arrêt de la cour peut même être positif. Eva Joly ayant gagné son bras de fer avec lui, elle pourra le libérer sans risque de perdre la face, vis-à-vis de ses collègues comme de l'opinion publique. C'est du moins ce que lui expliquent ses avocats qui vont tenter d'obtenir de la juge une sortie en douceur. Ceux-ci tablent sur une réaction logique d'Eva Joly. Elle doit libérer Le Floch, en tout état de cause, avant le 4 janvier 1997[1]. Donc avant Noël, sauf à rompre avec les traditions. Elle aurait donc tout intérêt à anticiper sa décision pour se montrer magnanime et couper court aux accusations d'acharnement qui fusent ici et là. Et pour montrer qu'elle a conduit, seule et en toute liberté, son instruction de bout en bout. Avec toutes les précautions de langage qui s'imposent, Me Pierre-François Veil fait valoir ces arguments auprès de la juge. Celle-ci semble réceptive. Elle n'est plus hostile à un élargissement rapide de son client. Un accord informel est trouvé : en signe de bonne volonté,

---

1. La détention provisoire ne peut être prolongée au-delà de six mois si les infractions reprochées sont passibles de peines inférieures à cinq ans de prison.

Le Floch reprendra la parole et répondra aux questions qu'elle lui pose. Et elle le libérera après son audition, recueillie au terme de plus de cinq mois de détention. A la condition préalable qu'il retourne à la Santé, pour un jour ou deux : symboliquement et techniquement, il ne peut être entendu et libéré depuis l'hôpital.

Le jeudi 5 décembre, Le Floch, qui disposait dans le corps médical de suffisamment d'appuis pour rester plus longtemps à Cochin, accepte donc de regagner sa cellule le lundi 9 décembre. Un peu plus tard dans la journée, ses avocats lui annoncent que l'audition aura lieu le mercredi suivant et qu'il sera sans doute libéré le jour même. Prévenue, Gabrielle Le Floch file à la gare et prend une réservation sur le TGV Guingamp-Paris. Le lundi, comme prévu, Le Floch rejoint la prison de la Santé, où il arrive – on ne se refait pas – en conquérant. Pour si peu de temps, il ne prend pas la peine de cantiner et donne même une partie de ses vêtements à son voisin Jean-Luc Mialet, un jeune policier marseillais accusé de complicité avec des terroristes basques, qui est arrivé en mocassins et vêtements légers et qui grelotte, complètement désemparé par ce qui lui arrive[1]. Mais le mardi, Le Floch apprend qu'Eva Joly veut organiser des confrontations et l'interroger trois jours de suite, avant de le libérer le vendredi soir. Trois jours à attendre.

Tout va basculer le jeudi matin. Depuis la Safrane qui la conduit au Palais de Justice, Eva Joly voit sur les dos de kiosques la couverture agrandie de *L'Express* avec un titre choc : « La confession de Loïk Le Floch ». Le dossier couvre dix pages du journal et commence par une interrogation que pose Gilles Gaetner, un des journalistes qui suit l'affaire depuis ses débuts : « Et si l'affaire Le Floch-Prigent était, en réalité, une affaire Elf, tout court ? » L'article marque un changement de ton net de

---

1. Jean-Luc Mialet, en pleine dépression nerveuse, se suicidera, le 20 janvier suivant, par pendaison, avec le cordon de son jogging qui ne lui a pas été enlevé. Il avait été arrêté à Marseille parce que sa carte de police, qu'il avait régulièrement déclarée volée deux ans plus tôt, avait été retrouvée dans les affaires de membres présumés de l'ETA... La juge Laurence Le Vert, de la brigade antiterroriste, qui avait décidé de l'incarcérer, avait été alertée par sa femme de son état dépressif et des risques pour sa vie. Mialet réclamait, en vain, un médecin depuis quatre jours...

L'Express, jusque-là remarquablement informé et très sévère sur Le Floch. Après avoir déroulé l'histoire en donnant, sur chaque point évoqué, la position de la défense, Gaetner conclut : « Etonnant dossier, en vérité (...), où le président du plus grand groupe français semble avoir été tenu à l'écart de certaines opérations. Comment est-ce possible ? A la juge Joly de savoir jusqu'où cette affaire la mènera. » Mais le scoop de *L'Express*, c'est ce qu'il appelle la « confession » de Le Floch. Titrée « Entre secrets d'Etat, coups tordus et luttes d'influence », il s'agit de la reproduction d'un texte écrit de sa main, qui retrace le contexte géopolitique dans lequel a toujours évolué Elf. On y lit que, dès la création du groupe, en 1962, « les gaullistes souhaitaient une sorte de ministère du pétrole inamovible assurant l'approvisionnement de la France » ; qu'il voulaient « disposer d'une sorte d'officine de renseignements dans les pays pétroliers, Guillaumat étant un ancien des services secrets et Total-CFP n'ayant jamais su jouer ce rôle ». Le Floch précise même : « Elf est bien conçu comme une entreprise au service de l'Etat pour sa politique extérieure, le vote des pays africains avec la France à l'ONU faisant partie de sa position de grande puissance. » Le regard porté sur les présidents africains est particulièrement cru : « Au Gabon, où Elf nomme Bongo, mais c'est vrai du Congo, devenu quelque temps marxiste, toujours sous le contrôle d'Elf ; c'est vrai aussi pour le Cameroun où le président Biya prend le pouvoir avec le soutien d'Elf pour contenir la communauté anglophone de ce pays. » Le Floch affirme n'avoir « rien voulu changer au système Elf Afrique managé par André Tarallo, PDG d'Elf-Gabon, en liaison avec les gaullistes parce que c'était la chance de la France, même si les aspects financiers de ces relations irritaient le chef de l'Etat [François Mitterrand]. Les deux têtes de pont étaient Jacques Chirac et Charles Pasqua (...). Pendant ma présidence, jamais je n'ai demandé à Alfred Sirven de combattre cette équipe, mais au contraire de s'y intégrer et de la surveiller ; d'ailleurs, lui-même est gaulliste de cœur et n'a aucun antagonisme de principe avec Tarallo et Cie. Tarallo est par ailleurs en liaison quotidienne avec Guy Penne (conseiller pour les affaires africaines) qui est le Foccart de Mitterrand, tout en maintenant des liens permanents avec Foccart, Wibaux, etc. L'argent du pétrole est là, il y en a pour tout le monde ».

Un peu plus loin, Le Floch écrit qu'après son arrivée à Matignon, Edouard Balladur, « en nommant Philippe Jaffré à Elf et en mettant Michel Roussin à la Coopération, a voulu doubler ces réseaux d'influence. Il a fait engager par Jaffré Marc Cossé, que j'avais vidé d'Elf. (...) Bien sûr, cette équipe n'était pas de taille ». Tout comme jadis Giscard, qui « n'aura à son actif que les avions renifleurs, n'entrera jamais dans le dossier énergétique du pays, que les ingénieurs des mines conservent jalousement ». Après de longs développements sur la diplomatie pétrolière, pays par pays, où Le Floch se donne systématiquement le beau rôle, il aborde les problèmes d'espionnage. « C'est une loi non écrite qu'Elf soit une agence de renseignement (...). Guillaumat a mis en place l'organisation (...) et les opérations se déroulent ensuite sans l'intervention des présidents (...). Pecqueur n'y fait nullement attention et les réseaux prolifèrent. A mon arrivée, j'essaie, avec le directeur de la DGSE et celui de la DST, de mettre un peu d'ordre. Je n'y arriverai pas parce que la DGSE est un grand bordel où personne ne sait plus qui fait quoi. L'homme qui est en contact avec les services de renseignement est un certain M. Daniel (...) mais tout se passe ailleurs (...) avec un doigt de Tarallo, un doigt de Pasqua et des zestes de RPR. »

Cette couverture de *L'Express*, affichée sur les kiosques de Paris, Eva Joly la reçoit comme une véritable provocation. Le Floch avait accepté de lui parler à nouveau, il n'était pas dit qu'il irait plaider sa cause devant la France entière ! La lecture de l'article, qui relativise son rôle sur une grosse partie des délits dont elle l'a accusé, la rend furieuse. Et plus encore sa « confession ». Parce que Le Floch y dévoile le dessous des cartes d'une entreprise comme Elf, ce qui peut justifier certains des faits qui lui sont reprochés et montre, en tout cas qu'elle et lui n'évoluent pas dans le même univers. Que leurs systèmes de références sont étrangers, voir antagonistes. Par surcroît, elle ne supporte pas que Le Floch, qu'elle croyait brisé, disqualifié, déconsidéré, fasse la une des magazines et que ceux-ci accordent autant de crédit à son discours.

Pourquoi cette « confession », à ce moment-là ? *L'Express* écrit qu'elle a été « rédigée par l'ancien président d'Elf, quelques jours avant son incarcération et remise, confidentiellement, à l'un de ses proches ». C'est un pieux mensonge, qui ne trompe personne : elle a été écrite en prison, où, pour fixer ses idées et développer ses arguments, Le Floch a noirci des centaines de feuilles de papier sur différents thèmes et les a fait parvenir à différents journalistes, soit par des intermédiaires, soit directement par la poste. Certains de ces textes étaient plus ou moins construits et élaborés, certains étaient plus confus. Il en était même qui, décousus, montraient surtout à quel degré de délabrement physique et intellectuel avait pu tomber, certains jours, l'ancien patron. C'est une de ces notes, écrite d'un seul jet, sans recours à la moindre documentation, que publie *L'Express*. Plus tard, contre toute vraisemblance, Le Floch dira que ces notes ont été communiquées à *L'Express* à son insu, soit par un de ses avocats, soit par la juge elle-même, qui avait accès à son courrier. Tout laisse plutôt à penser qu'estimant que *L'Express* étant, parmi les hebdomadaires, celui qui lui était le plus hostile, il a autorisé un de ses avocats à lui donner un scoop avec la contrepartie espérée d'un meilleur traitement journalistique. Le coup était peut-être jouable si Le Floch avait été libéré comme prévu, mais il va se retourner contre lui dès lors qu'il est encore aux mains d'Eva Joly. D'autant que *Le Canard Enchaîné* indiquera, le mercredi suivant, qu'une dizaine d'autres notes manuscrites de la même veine circulent. *Le Canard* évoquera notamment celle qu'a écrite Le Floch sur la revente, par Philippe Jaffré, de la CPIH, la filiale litigieuse d'Elf-Gabon, à la BNP que préside son ami Michel Pébereau. Jaffré et Pébereau avaient choisi un troisième balladurien, Jean-Marie Messier, à l'époque associé-gérant chez Lazard, comme intermédiaire. « Pour un acte aussi stupide, écrit Le Floch, on s'explique mal la nécessité de la participation de Lazard. La somme versée [...] en commission varie selon mes sources entre 24 et 48 millions de francs. » Une commission « injustifiée », rapporte *Le Canard*.

Pourquoi Le Floch a-t-il pris le risque de laisser publier ce genre de texte, alors qu'il disait risquer sa vie s'il parlait des pratiques souterraines d'Elf et de l'establishment des affaires ? Parce que, dans sa cellule, il ne supporte plus le silence auquel il est astreint et a besoin de coucher sur le papier les idées qu'il ressasse dans sa tête ? Il va, en tout cas, payer son imprudence au prix fort. Lorsque le prévenu entre dans son bureau, Eva Joly l'attaque d'emblée, devant ses avocats éberlués :

— Qui vous a permis de donner cette interview ? Il va falloir me donner des explications. Vous avez beau dire que tout le monde a volé, c'est vous qui êtes un voleur, il va falloir que vous me disiez ce que vous avez fait de l'argent que vous avez volé.

— Madame, ce texte a été publié sans mon accord et contre mon gré. Je n'y avais aucun intérêt. Ce sont des notes éparses que *L'Express* a reçues par un canal que j'ignore. Ils les ont publiées pour me nuire...

— Vous mentez ! Vous êtes un menteur ! Cessez de mentir et dites pour une fois la vérité.

— Est-ce que vous pouvez, madame, cesser de m'insulter et de vous énerver. Cela ne sert à rien.

C'est un déclic. Eva Joly change soudain de ton :

— Vous avez raison, il ne faut pas que je m'énerve. Mais cela ne se passera pas comme ça.

A vingt heures, au terme d'une journée de confrontations harassantes, Eva Joly s'adresse soudain à Le Floch :

— Vous ne pourrez pas sortir demain soir, comme je l'avais envisagé, parce que j'ai encore plusieurs confrontations à organiser.

— Mais vous aviez dit...

— Il y a des éléments nouveaux, il faut que vous me disiez la vérité sur plusieurs points.

— Mais je vous ai tout dit. Quand est-ce que vous allez m'entendre. Lundi ?

— Non, pas lundi. Je pense vous entendre jeudi et vendredi prochains. Vous partirez quand vous m'aurez dit la vérité.

Pierre-François Veil intervient :

— Pouvons-nous au moins espérer une libération ce jour-là ?

— Oui. Je pense signer votre levée d'écrou vendredi prochain sauf, bien entendu, s'il apparaît d'ici là des faits nouveaux.

Une semaine pleine, c'est-à-dire une éternité pour Le Floch qui croyait dormir le lendemain soir chez lui. En tablant sur la logique du comportement d'Eva Joly, Pierre-François Veil s'est lourdement trompé. Pour tous les avocats présents ce soir-là, cette libération différée à petit feu n'est en rien liée à une quelconque recherche d'information : soit Eva Joly veut faire craquer le prisonnier pour obtenir enfin des aveux qu'il lui a refusés jusque-là, soit, tout simplement, elle se venge de lui et de sa résistance imprévue. Face à sa juge, Le Floch s'efforce à tenir le choc, mais aussitôt quitté le bureau, il craque. Et ne dormira pas une seconde cette nuit-là. Il craint le pire.

Quand il retrouve Eva Joly, le lendemain, elle est plus que jamais déchaînée. Elle le traite à plusieurs reprises de menteur, conteste chacune de ses réponses. Privé de sommeil, affamé, épuisé physiquement et psychologiquement, Le Floch est à bout. Le 12 juillet, au cours de la perquisition à la SNCF, il avait pleuré mais s'était repris aussitôt. Cette fois-ci, il craque devant elle, fond en larmes et geint :

— Arrêtez de me torturer, rendez-moi ma liberté, je vous en supplie, s'il vous plaît...

— Alors, avouez !

— Mais je n'ai rien à avouer, pleurniche-t-il. Vous le savez. C'est fini, laissez-moi tranquille.

Eva Joly devient blême. Elle qui ne supportait pas de voir cette force de la nature lui résister depuis six mois, admet encore moins de le voir dans cet état. L'état, pourtant, où elle l'a mis :

— Un PDG de société ne supplie pas comme ça, vous n'êtes pas quelqu'un de digne.

Le Floch passera un week-end épouvantable. Honteux d'avoir craqué, de s'être humilié et ridiculisé. Furieux d'avoir reparlé à la juge, au terme d'un marché de dupes. Il se rend compte qu'il s'est fait avoir. Il ne comprend pas pourquoi la juge le hait à ce point. Il a le sentiment de n'avoir jamais été haï ainsi par personne.

Eva Joly va laisser mariner Loïk Le Floch dans son jus. Le lundi matin, elle va reporter son intérêt sur Sophie Deniau, fille de Lise Toubon et belle-fille de Jacques Toubon, empêtrée dans l'affaire Isola 2000, une station de sports d'hiver des Alpes-Maritimes qu'elle a présidée et qui est tombée en faillite avec un passif de 548 millions de francs. Eva Joly a gardé cette affaire en suspens pendant de longs mois, ce qui lui a permis de disposer d'un moyen de pression sur le garde des Sceaux et de conduire à sa guise l'affaire Bidermann-Le Floch. « Il ne dépend que de moi de dire si Sophie Deniau est coupable ou si elle s'est laissé manipuler par d'autres, a dit la juge à certains de ses collègues : son sort est entre mes mains. »

Etant légalement obligée de libérer Le Floch, le moment était venu pour Eva Joly de trancher le sort de Sophie Deniau et de son mentor Dominique Bouillon. C'est le scénario du 4 juillet qui semble se rejouer à nouveau. Alors qu'elle a enquêté depuis plus d'un an sans l'entendre une seule fois, Eva Joly place Sophie Deniau en garde a vue dans les locaux de la brigade financière et la met en examen pour « abus de biens sociaux, complicité d'abus de biens sociaux et complicité d'abus de confiance ». Vers huit heures du soir, la prévenue est transférée au Palais de Justice où Eva Joly la laisse en plan devant son bureau pendant près de trois heures. Finalement, peu avant vingt-trois heures, Sophie Deniau entre dans le bureau pour entendre Eva Joly prononcer une phrase étrange, à l'adresse des policiers qui l'ont accompagnée :

— Pourquoi est-elle si fraîche ?

Il est vrai que cette immense femme blonde, aux yeux bleu clair et au teint de pêche, attendait depuis des mois ce dur moment et s'était préparée, psychologiquement et physiquement : sport intensif, eau claire et tisanes.

D'emblée, Eva Joly fait valoir à Sophie Deniau qu'elle a de la chance :

— Vous auriez pu venir ici entre deux gendarmes et les menottes aux mains.

Puis elle lui annonce qu'elle envisage de l'incarcérer et qu'elle va organiser le débat contradictoire sur sa mise en détention. La belle-fille du garde des Sceaux en prison ? Pour le parquet, qui dépend hiérarchiquement de lui, c'est un exercice difficile. Mais, comme par un fait exprès, le substitut de permanence à cette heure tardive s'appelle Sylvie d'Arvisenet, membre de la section financière du parquet, une jeune femme dure et exigeante, souvent sur la même longueur d'onde qu'Eva Joly[1]. Le réquisitoire est d'une extrême violence. Le parquet va-t-il, à travers elle, donner la mesure de son indépendance revendiquée, en demandant l'incarcération de la belle-fille du garde des Sceaux ? Sylvie d'Arvisenet n'ira pas jusque-là. Elle se contente d'affirmer que Sophie Deniau « mérite d'être envoyée en prison », sans le demander explicitement. Les avocats plaident à leur tour en signalant que l'instruction court depuis des mois, qu'aucun fait nouveau n'est intervenu récemment et que la détention, immédiatement après une mise en examen tardive, ne saurait se justifier.

Eva Joly va alors s'isoler une demi-heure, tandis que chez eux, Jacques et Lise Toubon tournent en rond en s'attendant au pire. Finalement, peu avant deux heures du matin, Eva Joly rend son verdict. Elle s'en tient à une caution de 750 000 francs – montant d'un an des salaires de Sophie Deniau à Isola 2000 –, assortie de sévères mesures de contrôle judiciaire : interdiction de quitter le territoire, de gérer une société et de rencontrer toute autre personne mise en examen dans le dossier[2]. Elle renonce à la mise en détention mais souhaite néanmoins garder Sophie Deniau à sa disposition jusqu'au lendemain. Elle envisage de prononcer une assignation à résidence à... l'hôtel Ritz ou chez un des avocats.

---

1. Sylvie d'Arvisenet a annoncé en janvier 1998 son départ de la magistrature pour rejoindre la Compagnie générale des Eaux où elle doit s'occuper de... déontologie. Parmi la masse des personnalités influentes embauchées par Jean-Marie Messier, le jeune patron de la CGE, elle retrouvera un autre ancien magistrat, ancien député RPR, battu aux élections de 1997 : Alain Marsaud.
2. Sophie Deniau aura la surprise de découvrir dans *Le Monde* du lendemain, sous la plume d'Hervé Gattegno, le contenu du dossier d'instruction et le compte rendu de la soirée. Convaincue que ces informations, compte tenu de l'heure tardive du débat contradictoire et des horaires de bouclage du journal – avant dix heures du matin – n'ont pu être communiquées au journaliste que par une source judiciaire, elle portera plainte pour « violation du secret de l'instruction ». Pour une fois, celle-ci sera instruite. Le juge Hervé Stephan, qui en a été chargé, entendra même Eva Joly un an plus tard, au grand dam de cette dernière qui affirmera, pour sa défense, que son bureau est ouvert à tous les vents, que plusieurs auxiliaires de justice peuvent avoir parlé. Elle en profitera même pour dénoncer, une nouvelle fois, la pauvreté des moyens dont elle dispose.

Finalement, la jeune femme sera autorisée à aller dormir chez elle, avant de rejoindre ses bureaux, le lendemain à dix heures, pour une perquisition à laquelle elle se rendra par ses propres moyens.

En toute équité, ayant épargné l'épreuve de la prison à Sophie Deniau, Eva Joly en dispensera aussi Dominique Bouillon, le principal accusé, dont le parquet avait demandé, cette fois-ci ouvertement, l'incarcération.

Eva Joly ne revoit Loïk Le Floch que le jeudi. Son état physique, qui s'était nettement amélioré au cours de son séjour à l'hôpital Cochin, s'est à nouveau brutalement dégradé. Son psoriasis a explosé, il est couvert de plaques rouges, sa cornée lui fait mal, sa vue s'est remise à baisser. Il ne s'alimente plus et maigrit à vue d'œil. Au programme de la journée, il y a une confrontation, le matin, avec Philippe Hustache et l'après-midi avec Claude Richard. Aucune surprise à attendre : l'essentiel se passe ailleurs. Eva Joly cherche un fait nouveau qui lui permettrait de demander la prolongation de la détention de Le Floch au-delà du 4 janvier ou, au minimum, de lui coller quelques mises en examen supplémentaires pour qu'il ne sorte pas la tête et le verbe hauts.

Pendant les confrontations, les policiers de la brigade financière recueillent les confessions de l'entrepreneur en bâtiment qui a supervisé les quelque 5 millions de travaux réalisés dans la maison des Genettes. Ce marbrier reconnaît avoir consenti à son client Le Floch une remise sur travaux restant à payer, sur la base d'une fausse « compensation de créance ». Parmi divers documents, Le Floch avait produit une note du 29 septembre 92, stipulant qu'il cédait à cet entrepreneur des cheminées et des boiseries anciennes dont la valeur (600 000 francs) serait déduite de la facture. Après quarante-huit heures de garde à vue, menacé d'être incarcéré, il craque et affirme que les cheminées et les boiseries n'ont jamais existé. Des photos portent cependant la trace des cheminées disparues. Il raconte aussi que Le Floch, après avoir arrêté les travaux lorsqu'il présidait Gaz de France, les a repris en janvier 1996, dès son arrivé à la SNCF : pour consolider son étang, il a fait livrer... de nombreuses traverses de chemin de fer. Mais renseignements pris, elles ont été norma-lement achetées dans un dépôt voisin. Si cet entrepreneur dit vrai, Le Floch aurait payé, au noir, 600 000 francs sur un chantier de 5 millions. Fraude fiscale, certes, mais insuffisante pour envoyer quelqu'un en prison, a fortiori de l'y laisser. Sur le dossier des Genettes, qu'elle pensait si prometteur et qu'elle a épluché jusqu'à la maniaquerie, Eva Joly a fait chou blanc, ou peu s'en faut.

Vendredi 20 décembre. Alors que tous les Parisiens font leurs derniers achats de Noël, Loïk Le Floch arrive au Palais de Justice à dix heures. A midi, il n'a pas été entendu mais a droit à un « repas Pierre-François » : son avocat qui, lui aussi, n'arrête pas de faire le pied de grue, est passé chez Flo et rapporte, pour lui et pour son client, un plateau-repas de qualité. Tous deux attendront jusqu'à seize heures qu'Eva Joly les fasse appeler pour une confrontation avec Jean-François Pagès. L'ancien responsable de l'immobilier d'Elf admet une nouvelle fois avoir été aux Ge-nettes, mais réaffirme que c'était simplement pour constater l'état des lieux. Il n'y a aucun fait nouveau. Le Floch et Pierre-François Veil croient qu'Eva Joly va le libérer. Mais celle-ci élève soudain la voix :

— Vous avez fait un pacte de corruption !

— Non, je n'ai jamais rien fait de tel.

— Si, je le sais, mais vous ne vous en tirerez pas comme ça, ni vous ni vos amis. Je représente la justice et vous ne me bafouerez pas. Toute cette corruption sera nettoyée.

Le ton baisse d'un cran à l'arrivée d'Olivier Metzner. Eva Joly ménage son effet et lui dit, au dernier moment, d'un ton détaché, qu'elle a encore deux ou trois choses à faire et qu'elle ne deman-dera pas la mise en liberté de Le Floch ce soir :

— Vous reviendrez lundi après-midi et alors on verra bien.

— On verra quoi ?

— On verra s'il y a de nouvelles charges et de nouvelles dénonciations et on verra si vous me direz la vérité.

Le Floch retourne à la Santé pour y passer un week-end de plus, le dernier avant Noël... Le régime de la douche écossaise, depuis quinze jours, l'a brisé. Il est à bout. Ses avocats aussi. Marlène, sa femme, est en larmes. Gabrielle, sa mère, est effondrée. Ses enfants, aussi. Tout le monde craque. Dans *Le Monde*, Hervé Gattegno lui-même prend ses distances avec la juge : « Le 20 décembre, alors que la liberté semblait acquise, écrit-il, Mme Joly a joué d'un ultime contre-pied pour allonger d'un week-end le mandat de dépôt. »

Cette nuit-là, dans sa prison de Draguignan, l'homme d'affaires Pierre Botton, gendre de Michel Noir, l'ancien maire de Lyon, tente de se suicider « par surdose volontaire de médicaments ». Dans la journée, le juge d'application des peines l'avait informé qu'il ne bénéficierait pas d'une libération immédiate, alors que condamné par la cour d'appel de Lyon à cinq ans de prison dont 18 mois avec sursis pour abus de biens sociaux et banqueroute, il se trouvait à la moitié de sa peine et avait renoncé à se pourvoir en cassation. Surtout, le juge lui a fait savoir qu'il le privait de ses droits familiaux... C'était une erreur. Une simple erreur.

Le lendemain, Marlène Le Floch apporte au parloir de quoi manger. Mais Loïk ne peut plus rien avaler. Il vomit, il se vide, passant de 74 kilos le vendredi à 71 kilos le lundi ! Alors qu'il pesait 92 kilos, six mois plus tôt. Le lundi 23 décembre, le prévenu restera dans la souricière tout l'après-midi. Eva Joly attendra jusqu'à dix-huit heures avant de le faire entrer dans son bureau. Elle lui demande une nouvelle fois ses aveux, même partiels. En vain. Elle signe alors sa remise en liberté, non sans lui avoir signifié une nouvelle mise en examen pour « usage de faux » à partir du témoignage recueilli sur le financement de sa maison des Genettes. La juge subordonne la mise en liberté au versement, dans des délais brefs, d'une caution de 500 000 francs. Elle l'assortit d'un contrôle judiciaire lui interdisant de rencontrer... 120 personnes, parmi lesquelles Pierre Weill, patron de la Sofres ! Pourquoi Weill ? Cet ami de Le Floch et de Bidermann, qui était présent lors au mariage de Loïk et de Fatima, figure dans la liste des personnalités qui auraient été transportées gratuitement par les avions d'Elf... Mais Eva Joly croit surtout qu'il fait partie de ces grands de la communication qui se sont mis en tête de redresser l'image de Le Floch. Il y aura un quiproquo. Pendant quelques minutes, Pierre-François Veil croira qu'il s'agit de lui et qu'Eva Joly lui interdit de rencontrer son propre client !

Ce contrôle judiciaire est strict. Si Le Floch ne le respecte pas, lui dit-elle, elle n'hésitera pas à le réincarcérer :

— Vous ne pourrez pas sortir de France.

Le Floch sait qu'enfin il dormira le soir chez lui. Il ne peut s'empêcher de provoquer celle qui l'a tant humilié :

— Ce n'est pas un problème car c'est en Guadeloupe que je compte aller passer une semaine, pour soigner mon psoriasis en prenant le soleil.

— Non, quand je dis France, cela veut dire France hexagonale.

— Mais mon psoriasis !

— Il y a de très bonne lampes à bronzer dans Paris.

— Mais vous savez bien que je ne peux plus prendre d'UV à partir de sources artificielles, car je risque d'attraper un cancer. C'est écrit noir sur blanc dans mes rapports médicaux.

Eva Joly aura alors cette réponse inouïe, significative du degré d'aversion atteint entre ces deux personnages qui, peu à peu, l'un vis-à-vis de l'autre, ont perdu tout sens commun :

— Les cancers de la peau, mon mari médecin m'a toujours dit que ce n'est pas très grave.

Fuir, très vite. Loïk Le Floch rejoint la Santé qu'il quittera à 22 h 30, après avoir réuni ses affaires et salué ses codétenus. Il est libre, après 5 mois et 18 jours de prison, dont 3 semaines d'hôpital.

Reste à réparer les pots cassés. Le mardi 24 décembre, alors que Paris se vide pour préparer le réveillon, Loïk Le Floch, qui ne voit plus clair – en prison, il ne pouvait plus lire qu'une demi-heure par jour – court les médecins. Un ophtalmologiste lui explique qu'il a « la cornée desséchée ». Oublié, le personnage toni-truant à la truculence falstaffienne. Amaigri, couvert de plaques rouges, le cheveu plus rare et l'œil plus délavé, sursautant au moindre claquement de porte, l'ancien patron de Rhône-Poulenc, d'Elf, de Gaz de France et de la SNCF a l'air d'un SDF qu'on aurait habillé et douché.

TROISIÈME PARTIE

1

Opération Bravo

Après la tornade de décembre et la libération forcée de Loïk Le Floch, Eva Joly se retrouve un peu seule, en ce début 1997. Le soutien de l'opinion lui reste acquis, mais il lui faut assumer, vis-à-vis d'elle-même et des autres magistrats, d'avoir envoyé en prison pendant six mois l'ancien patron d'Elf alors qu'elle n'a pas obtenu de lui le quart d'un aveu d'une demi-turpitude. A l'origine de sa mise en détention, la tonitruante affaire Bidermann a peu à peu perdu de sa consistance : cet investissement n'était pas si absurde et s'inscrivait en tout cas dans la tradition des interventions extra-pétrolières du groupe public. L'instruction a montré ce qu'avait omis d'indiquer Philippe Jaffré à la Cour des comptes : à savoir qu'avant l'arrivée de Le Floch les participations financières d'Elf, sous la responsabilité de Philippe Hustache, étaient en friche, hors de tout contrôle ; et que le nouveau patron, dès sa nomination, a essayé d'y mettre bon ordre en lançant des audits. Ce qui ne le blanchit en rien mais oblige néanmoins à une approche plus nuancée. D'autant qu'il est apparu peu à peu que, sortie de son contexte, l'affaire Bidermann a été gonflée. Malgré l'énormité des moyens mis en œuvre, la juge n'est toujours pas parvenue à démontrer de façon irréfutable les libéralités consenties par Maurice Bidermann à Loïk Le Floch en contrepartie de l'investissement d'Elf dans ses propres affaires.

D'ailleurs, Hervé Gattegno, commentant dans *Le Monde*[1] la libération de l'ancien patron d'Elf, prend clairement ses distances
avec le flot d'informations diffusées jusque-là : « Alors que la
piste de quelque 787 millions de francs d'aides consenties au
groupe Bidermann n'a pas révélé de circuit remontant véritablement jusqu'à lui, écrit-il, Mme Joly s'est employée à montrer que M. Le Floch-Prigent avait abusé des fonds du groupe
qu'il dirigeait. »

Pour cela, la juge a multiplié les mises en examen. La raison
est d'abord technique : lorsqu'une personne est prévenue, il n'est
pas possible de l'entendre comme témoin sur une affaire
connexe. Mais la juge n'est toujours pas parvenue à démontrer
que Le Floch s'est enrichi personnellement en détournant pour
son compte l'argent d'Elf, même si son train de vie pharaonique
de grand patron international était incompatible avec un salaire
de dirigeant d'entreprise publique française. Il a, en outre, laissé
se développer le versement de commissions officielles, évaluées
à 800 millions de francs par an, contre 100 millions du temps de
Pierre Guillaumat, 200 millions à l'époque d'Albin Chalandon et
300 millions sous Michel Pecqueur. A quoi s'ajoutent les
commissions occultes et autres versements masqués effectués
avec ou sans son accord, qui portent à 1,5 milliard de francs par
an les sommes extraites des caisses d'Elf pour rejoindre celle de
partis politiques ou de particuliers, pendant la période où il était
président. Il est certain que Le Floch a chargé Alfred Sirven et
André Tarallo de s'occuper directement du versement de ces
commissions et qu'il a laissé en distraire une partie pour le
compte d'hommes politiques français. Il a été prouvé que des salaires fictifs ont été versés, sous son autorité. Peut-être était-il
convenu que la cagnotte que constituait Sirven pourrait lui servir
le jour venu. Mais c'est une hypothèse et rien, dans le dossier, ne
permet d'affirmer que Le Floch ait accaparé pour lui-même une
partie de ces sommes, soit 100 ou 150 millions de francs, comme
Eva Joly l'a dit à Jean Daniel. Aucun compte bancaire secret, en
Suisse ou ailleurs, qui lui appartiendrait en direct, n'a été décou-

---

1. *Le Monde* du 24 décembre 1996.

vert, à la différence de la plupart des autres protagonistes de l'affaire.

Aussi, en ce début d'année 1997, Eva Joly se trouve-t-elle à la croisée des chemins. Si elle s'en tient à la ligne qu'elle s'était initialement fixée, en accord avec le parquet d'un côté et avec la partie civile de l'autre, elle va devoir clore son dossier avec ce qu'elle a, c'est-à-dire pas grand-chose, au regard de la masse de ce qui a été écrit et suggéré. Elle risque même de devoir subir l'affront d'un désaveu partiel lors du procès public, qui sanctionne le prévenu, mais aussi son juge et la façon dont a été conduite l'instruction. Autre solution : poursuivre plus avant ses investigations, au risque d'emprunter des chemins interdits : ceux qui mènent à la grande corruption, aux chefs d'Etat et à leurs entourages. Eva Joly n'est pas une femme à s'arrêter sur un demi-succès ou un demi-échec. Elle ne craint pas les puissants et, de par ses origines norvégiennes, est éloignée des modes de pensée de l'establishment à la française. Sa liberté d'esprit est totale et son indépendance vis-à-vis du pouvoir, réelle. Si elle recule, c'est la Justice qui, avec elle, sera humiliée. Elle va donc choisir la voie à hauts risques, en dépit des conseils qui lui sont prodigués et malgré – peut-être à cause – des menaces dont elle est l'objet. Mais elle ne s'y engage pas tête baissée. Son objectif n'est pas de mettre au jour ces pratiques et d'accrocher tel ou tel chef d'Etat à son tableau de chasse. Elle n'a que faire d'Omar Bongo, de Deng Xiaoping, d'Helmut Kohl ou de Felipe Gonzáles. Elle veut démasquer un certain nombre d'hommes politiques français dont elle sait désormais que, sous couvert de secrets d'Etat, ils s'en sont mis plein les poches.

Remonter le plus haut possible, d'accord. Mais comment découvrir qui a touché des centaines de millions de francs de rétrocommissions sans mettre au jour les bénéficiaires des commissions ? Comment révéler et dénoncer les courants dérivés en fermant les yeux sur le flux principal ? Telle est la tâche impossible à laquelle Eva Joly va désormais s'atteler. Elle a cependant quelques atouts. Notamment les relations confiantes et directes qu'elle entretient avec le juge genevois Paul Perraudin, avec lequel elle est en relation téléphonique permanente. Grâce à lui, elle ne pêche pas à l'aveuglette. Et elle envoie ses filets – ses commissions rogatoires – dans les seuls endroits où nagent les poissons qu'elle souhaite capturer et ne les déploie pas ailleurs. C'est cependant une pêche à hauts risques. A tout moment, elle risque de déstabiliser l'ordre établi et les intérêts essentiels de la France à l'étranger. Mais l'écœurement de cette luthérienne devant le cynisme avec lequel un groupe d'individus, couverts en haut lieu, s'est vautré sans retenue dans la corruption, sans égards pour un pays en crise, avec ses six millions chômeurs et de pauvres, l'emporte sur toute autre considération.

Ses regards se portent évidemment vers l'entourage direct de François Mitterrand. Comme tout le monde, Eva Joly connaît les rumeurs récurrentes qui mettent en cause l'ancien chef de l'Etat. L'aveu tardif de ses liens intimes avec René Bousquet, de son passé vichyssois, de son cancer caché pendant deux septennats ainsi que la révélation de l'existence de sa fille Mazarine, vers laquelle il a porté en secret toute son affection, tout valide en bloc ce qu'a écrit depuis longtemps, mais dans l'indifférence générale, la presse d'extrême droite à son sujet. Mais c'est l'ensemble des journaux qui évoquent désormais, à mots plus ou moins couverts, une des faces cachées de l'ancien secrétaire du Parti socialiste, porteur de tous les espoirs du peuple de gauche, qui a toujours affiché avec dédain son mépris pour l'argent. Les interrogations se sont faites plus insistantes après l'affaire Pechiney et la découverte du double délit d'initié commis par Roger-Patrice Pelat, l'ami du Président, à l'occasion du rachat d'American Can par le groupe public français, en octobre 1988. Car il est avéré que l'homme à la Rolls, au cœur du délit, avait acheté des actions en même temps pour son propre compte et pour compte d'autrui. Cette deuxième filière suivait des méandres exotiques pour arriver sur un compte offshore baptisé Elyco, comme... Elysée & Co. La mort suspecte parce qu'opportune de Roger-Patrice Pelat, à l'hôpital américain de Neuilly, ajouta au mystère et aux soupçons[1]. Peu de gens connaissent en vérité la nature réelle du rap-

1. Roger-Patrice Pelat est mort d'un arrêt cardiaque au sein même d'un des meilleurs services de réanimation de Paris, où il avait été admis après un ma-

port que François Mitterrand a entretenu avec l'argent – un mélange de mépris et de fascination – mais tout le monde a compris que cet homme prenait d'autant plus facilement ses distances avec lui en public qu'il n'en a jamais eu besoin en privé. Toute sa vie, il s'est toujours entouré d'amis plus que fortunés et dont quelques-uns avaient l'habitude de payer pour deux.

A plusieurs reprises, au cours de sa carrière, ses riches amis lui ont sauvé la mise. Notamment en 1973 : le leader de l'opposition apprend qu'il est l'objet d'un contrôle fiscal imprévu, à l'initiative de Valéry Giscard d'Estaing, ministre des Finances de Georges Pompidou. C'est la tuile. Il y a eu des rentrées de fonds, après les élections législatives, dont François Mitterrand peut difficilement justifier l'origine. « Je suis fini, il m'a eu », lâche-t-il alors, accablé, en pensant à son futur adversaire à l'élection présidentielle. Il n'y a pas un instant à perdre : l'inspecteur des impôts doit venir le lendemain. Mitterrand réunit ses amis de sac et de corde, mais qui font de l'or de tout ce qu'ils touchent. Roland Dumas, Roger-Patrice Pelat, entre autres, cogiteront une nuit entière et c'est Pelat qui trouvera la solution au petit matin. Un grand patron, ami du futur Président, parmi les plus riches, certifiera qu'il lui a acheté ses livres rares, en trichant un peu sur les dates. Un camion de déménagement est aussitôt commandé pour vider la bibliothèque du futur candidat de l'Union de la gauche... Cette idée de vente de livres pour justifier des entrées de fonds est si lumineuse qu'elle sera utilisée par la suite à plusieurs reprises, notamment par Pierre Bérégovoy, pour justifier le prêt que lui accordé Roger-Patrice Pelat.

Parmi les amis du Prince, il y a ceux dont la réputation financière est sans tache, comme Jean Riboud, le patron de Schlumberger, ou André Bettencourt, principal actionnaire, par sa femme, de L'Oréal. Mais il y a aussi les autres dont la fortune a des origines soit mystérieuses, soit carrément sulfureuses : Dumas, Pelat et aussi François de Grossouvre, suicidé dans son bureau de l'Elysée dans une atmosphère de fin de siècle. Ceux-là

---

laise. Il avait reçu une mystérieuse visite peu de temps auparavant. L'hôpital a diligenté une enquête interne, car la mort inopinée d'un patient sous surveillance est rare. Celle-ci n'a rien donné.

sont connus. D'autres ne le sont pas, comme le banquier Jean-Pierre François, qui a cultivé la menace et le mystère au point que personne, pendant des années, n'a osé citer son nom. La presse d'extrême droite parlait, à mots couverts, du « banquier de Mitterrand ». Cet homme tiré à quatre épingles, qui a épousé une Iranienne, s'est enfui d'Autriche avant la guerre en France, où il a rencontré Roland Dumas dont il restera, pendant cinquante ans, l'ami intime. Il y a aussi le « publicitaire » André Magnus. Ou bien le bon docteur Raillard, compagnon de golf et pourvoyeur de costumes du Président. Ou encore Robert Mitterrand, son propre frère, dont les ressources officielles permettaient difficilement, à une époque, d'expliquer son train de vie : on l'a vu capable de bloquer toute la première classe d'un vol vers Lisbonne pour lui, sa compagne et ses chiens... Autant de personnages romanesques dont Michel Rocard, plus tard, réglera méchamment le sort[1] : « Par une sorte d'esthétisme, le président de la République aimait à s'entourer de gens un peu à la limite. »

A la limite, ou au-delà ? C'est pour répondre à cette question qu'Eva Joly va d'emblée porter ses regards et ses investigations vers l'entourage de l'ancien chef de l'Etat, convaincue qu'Elf était devenue, sous Loïk Le Floch, une machine à détourner de l'argent à son profit. Toutes les pistes l'intéressent. Elle les essaie toutes. Certaines se révéleront fausses, comme celle qui va la conduire au château de Nouaillac (Lot-et-Garonne), qui appartient à Gilles Ménage. Cette affaire révèle le climat inouï dans lequel se déroule cette instruction hors du commun. Le 6 mars 1997, accompagnée de dix policiers de la brigade financière, sur une simple dénonciation par lettre anonyme, Eva Joly s'en va perquisitionner la résidence secondaire de l'ancien directeur de cabinet de François Mitterrand, qui, à ce titre, a été au cœur du scandale des « écoutes de l'Elysée ». Selon le corbeau, des « documents sur l'affaire Elf auraient été planqués par M. Ménage dans des caches aménagées dans les murs et les placards ». La lettre anonyme fait état d'un partage de 25 millions de francs

---

1. Interview au *Journal du Dimanche*, le 1er février 1998.

de commissions, via un avocat genevois, sur des investissements pétroliers au Qatar. Gilles Ménage est cité parmi les bénéficiaires, avec Loïk Le Floch et un homme d'affaires, M. Soulier, spécialisé dans les relations avec le Qatar. Les activités de ce personnage et les affaires du Qatar occupent près de la moitié de la dénonciation, ce qui a conduit certains à imaginer que le corbeau pourrait être proche du capitaine Paul Barril, ancien n° 2 de la cellule des gendarmes de l'Elysée, conseiller du chef d'Etat qatari, en conflit violent avec Gilles Ménage[1]. La lettre indique aussi que 15 millions d'actions Elf ont été partagées entre Ménage et « un pilier des gouvernements socialistes » ; que Bouygues a blindé gratuitement toutes les fenêtres du château de Nouaillac ; et que c'est Gilles Ménage en personne qui a orchestré la campagne de presse contre Eva Joly.

Cette lettre de dénonciation intéresse d'autant plus Eva Joly qu'elle a, depuis quelque temps, Gilles Ménage dans son collimateur. Le train de vie de l'ancien directeur de cabinet de François Mitterrand, nommé à la présidence d'EDF et redevenu simple préfet hors cadre à 32 000 francs par mois, semble élevé par rapport à ses ressources connues. Surtout, elle découvre l'amitié qui lie Gilles Ménage et Hubert Le Blanc-Bellevaux. Il y a là, pour Eva Joly, une filière directe qui conduit de François Mitterrand à l'argent caché d'Elf. Mais ce sont des supputations. Reste à trouver les preuves.

Assistée du gardien de la propriété et du maire de la commune, la juge fait fouiller – et sonder par un menuisier – tout le château, de la cave au grenier. Gilles Ménage n'a pas été prévenu. Depuis Nouaillac, la juge lui téléphone pour qu'il vienne la rejoindre – en avion privé ? – ce qu'il refuse aussitôt. La fouille ne donne rien. Eva Joly va donc poursuivre son enquête auprès du gardien à qui elle pose d'étranges questions. Elle lui demande si François Mitterrand est venu ici. Et Edith Cresson ? Des ministres ? Le commandant Christian Prouteau, patron des supergendarmes de

---

1. L'affaire des écoutes de l'Elysée avait déjà été lancée avec la remise anonyme, au Palais, d'une disquette par une jeune femme vêtue de noir. Il avait déjà été écrit à l'époque que Paul Barril pouvait être à l'origine de cette dénonciation.

l'Elysée ? Loïk Le Floch-Prigent, Jean-François Pagès ou d'autres dirigeants d'Elf ? A toutes ces questions, le gardien ébahi répond par la négative. Eva Joly a fait chou blanc, sur toute la ligne. A-t-elle été manipulée ? Par qui ?

Gilles Ménage est outré. Il estime être victime de pratiques « qui relèvent clairement de la grande provocation policière » et affirme[1] qu'on a voulu lui « monter un chantier ». En janvier, déjà, sa voiture a été fracturée et ses agendas volés. Il annonce son intention de porter plainte pour dénonciation calomnieuse. « Suffirait-il d'une lettre anonyme pour qu'un magistrat fouille un domicile, sans même convoquer son occupant ? [...] se demande *Le Canard Enchaîné* : s'il en est ainsi, d'autres vocations de corbeau vont naître. » *Le Canard* met le doigt sur un vrai problème de démocratie : depuis quelques années, les juges sont inondés de dénonciations anonymes – comme aux plus sombres heures de l'Occupation – dont certaines révèlent de vrais délits mais dont d'autres ne sont motivées que par d'obscures et lâches querelles, non plus de voisinage, mais de jalousies et de pouvoir. Ce flot de dénonciations calomnieuses est particulièrement abondant dans les affaires très médiatisées, à l'encontre de ceux qui sont déjà, par avance, désignés coupables. Or trop de juges ne font pas preuve, vis-à-vis de ces lettres, d'un minimum de distance et de réserve. Il arrive même que certains d'entre eux, peu scrupuleux, s'écrivent à eux-mêmes et s'adressent des lettres anonymes ! C'est là un moyen d'éviter un éventuel blocage de leur dossier par le parquet : la lettre anonyme qu'ils reçoivent est versée au dossier. Elle leur permet d'en explorer, sans attendre, les nouvelles facettes, en procédant aux vérifications rapides prévues par la loi. Après quoi, ces juges disposeront d'arguments plus forts pour obtenir du parquet les nouvelles saisines qu'ils réclament. Surtout si, entre-temps, les nouveaux développements s'étalent dans la presse.

Ce n'est pourtant pas une lettre anonyme, mais le témoignage de Michel Labie, responsable d'Elf pour l'Asie, qui met Eva Joly

---

1. *Le Figaro* du 10 mars 1997.

sur la piste d'une affaire connexe, qui lui semble riche de promesses, au moment même où elle est contrainte de libérer Le Floch. Il s'agit d'un contrat de vente de six frégates de la classe Lafayette à Taiwan. Ce pays cherche par tous les moyens, au début des années quatre-vingt-dix, à se doter des équipements militaires nécessaires pour bloquer la Chine communiste, toujours tentée par la reconquête de la grande île. Il s'agit d'un contrat mirifique de 16 milliards de francs, qui sera suivi de deux autres, l'un portant sur des missiles Mica de Matra, l'autre sur des Mirage de Dassault : plus de 60 milliards de francs au total, avec des bénéfices d'autant plus confortables que Taiwan, craignant les pressions de la Chine communiste sur ses fournisseurs, paie le double du prix habituel, dont un tiers à la commande !

Quel rapport avec Elf ? Pour faire aboutir le premier contrat, appelé « Opération Bravo » par les Français, Elf a prêté à Thomson-CSF son représentant attitré dans la région. Il s'agit d'Edmond Kwan, un Américain d'origine chinoise, résidant à Hongkong. Ce personnage, grand et distingué, est ce qu'on appelle pudiquement un intermédiaire. C'est-à-dire qu'il touche des commissions pour faciliter la signature de grands contrats, à charge pour lui de les reverser aux acheteurs et parfois aux vendeurs où à d'autres personnalités françaises – ce sont les rétrocommissions – en prenant sa dîme au passage. Certains intermédiaires réalisent un véritable travail, conseillent les entreprises exportatrices sur les portes à ouvrir, les pelouses à arroser et les tarifs en vigueur, notamment lorsqu'il s'agit de PME... Mais dans le cas des gros contrats, négociés par de très grandes entreprises qui disposent de leurs propres réseaux d'influences, ils agissent le plus souvent comme paravent et comme agent redistributeur. Quand il intervient pour Elf ou pour Thomson, Edmond Kwan fait partie de cette deuxième catégorie.

Il y a plusieurs verrous à faire sauter. Le 3 janvier 1990, une semaine après que Matignon eut confirmé publiquement l'accord officiel de la Commission interministérielle d'études pour l'exportation de matériels de guerre (CIEEMG) pour la vente des frégates, la décision est annulée en raison des vigoureuses protestations de la Chine communiste. Un accord secret, datant du général de Gaulle, interdit en effet à la France de vendre des armes à Taiwan. « Le gouvernement a finalement décidé de céder aux pressions de Pékin, écrit alors *Le Monde*[1] : la décision en reviendrait à l'Elysée. » C'est à ce moment-là qu'une certaine Christine Deviers-Joncour, amie d'Alfred Sirven et qui deviendra célèbre par la suite pour ses relations avec Roland Dumas, contacte Jean-François Briand, directeur général de Thomson-CSF. Celui-ci, qui ne veut négliger aucune piste concernant un contrat aussi essentiel, accepte de rencontrer Alfred Sirven qui lui proposera les services du « chef du réseau d'Elf en Chine, doté d'un tissu de relations politiques et familiales », mais sans mentionner son nom. L'accord est conclu. Le 19 juillet suivant, un contrat est signé entre Thomson-CSF et la société Frontier AG, de Berne. Il est déposé, sous enveloppe cachetée, dans un coffre d'une agence BNP du quartier de La Défense, à l'ouest de Paris. La lettre-contrat évoque, sans précisions, la « collaboration » de Frontier AG aux « négociations » relatives à la vente des frégates. Elle prévoit que Thomson-CSF accordera à Frontier AG 1 % du marché, si la vente a finalement lieu, sans autre engagement précis. Elle est signé d'Edgar H. Brunner, notaire suisse en retraite, et d'Alain Thétard, chargé chez Thomson-CSF de la « représentation internationale », sous la houlette de Jean-François Briand. Mais ce serait en réalité Hubert Le Blanc-Bellevaux qui aurait présidé à sa rédaction au terme de « deux jours de négociations intenses ». La lettre ne mentionne pas Edmond Kwan, qui tentera de s'en expliquer plus tard : « Elf-Aquitaine et M. Sirven se sont mis d'accord pour que je ne rencontre pas quelqu'un de Thomson. » Il affirme que les informations qu'il était censé recueillir en Chine devaient être transmises à « ses correspondants à Paris ».

Quels correspondants ? Edmond Kwan citera Alfred Sirven ainsi qu'un certain Gilbert Miara, présenté comme le « correspondant du gouvernement français ». « Pour autant que je sache, il avait des rapports avec le gouvernement français, mais je ne sais pas s'il était fonctionnaire, dira Kwan. En Chine (...) on

---

1. *Le Monde* du 9 janvier 1990.

ne pose pas de questions. S'il pensait que je devais le savoir, il me l'aurait dit. » Fonctionnaire, Gilbert Miara ne l'est pas vraiment. Ce pied-noir de cinquante-neuf ans est un ancien marchand de biens qui s'est reconverti dans la production cinématographique, aux côtés de Claude Brasseur. Personne, en réalité, ne comprend alors ce que cet oiseau de nuit, qui ne fréquente pas de Chinois et n'a jamais vu de frégate de sa vie, vient faire dans cette galère. Mais il est vrai que personne, à l'époque, ne souhaite vraiment tirer les fils qui remontent jusqu'à lui.

Nouveau revirement, le 27 septembre 1991 : un communiqué du Quai d'Orsay rend publique l'autorisation donnée aux entreprises françaises de signer le contrat taiwanais. Pour sauver la face de Pékin, on laisse croire que ce sont des frégates désarmées – coques nues – qui seront vendues. Mais personne n'est dupe. Avant d'en arriver là, d'intenses négociations ont eu lieu avec la Chine, tandis qu'un débat violent a fait rage parmi les dirigeants politiques français. Travaillé au corps par le lobbying de Thomson-CSF, alléché par les milliards en jeu comme par les emplois générés par ce contrat et ceux qui suivront, Michel Rocard, Premier ministre, a pesé – en vain – de toutes ses forces en sa faveur. Tout comme Jean-Pierre Chevènement, ministre de la Défense et ami de longue date d'Alain Gomez, patron de Thomson, frère de Geneviève Gomez, l'égérie de Philippe Jaffré. Le Quai d'Orsay, dont le locataire est alors Roland Dumas, en revanche, a freiné des quatre fers. Mais c'est Edith Cresson, lorsqu'elle remplace Michel Rocard à Matignon, qui donnera le coup de pouce décisif. Car François Mitterrand, qui a attendu jusqu'au dernier moment, tranchera... en faveur de la vente des frégates.

Tout est bien qui finit bien ? En réalité, l'affaire ne fait que commencer. Deux mois après la signature du contrat, Alain Gomez reçoit une télécopie venue de Suisse émanant d'Edgar H. Brunner, le notaire suisse d'Edmond Kwan, qui réclame le versement à Frontier AG de 160 millions de francs, selon les termes du contrat signé. Le patron de Thomson avait été averti quelques mois plus tôt, en octobre, de la signature de ce contrat par Jean-François Briand, son directeur général, lors de son départ de Thomson-CSF. Briand l'avait mis en garde : « Cette affaire m'a l'air bidon. Je n'ai pas l'impression qu'il y ait vraiment eu de travail fait. J'ai bloqué l'exécution du contrat. » Très vite, Alain Gomez prend sa décision : il ne paiera sous aucun prétexte. Une semaine plus tard, le 4 décembre, il répond donc qu'il refuse de payer, arguant qu'il n'y a aucune trace d'une quelconque intervention de la société suisse dans la signature du contrat. Il se dit « victime d'une escroquerie ». A ses proches, il affirme qu'il « ne se laissera pas faire par des rançonneurs » et qu'il n'est pas du genre « à payer deux fois la même chose ». En réalité, il a flairé le mauvais coup et s'est convaincu que s'il réglait un seul centime, il apparaîtrait comme complice d'un détournement de fonds.

Mieux que quiconque, Alain Gomez sait ce que Thomson-CSF a dû véritablement débourser pour arracher ce contrat : en réalité, ce sont 500 millions de dollars, soit à l'époque 2,5 milliards de francs de commissions qui auraient été payés et dûment déclarés à l'administration française, selon les chiffres des industriels du secteur qu'a publiquement confirmés Roland Dumas lui-même[1] ! Versés d'abord à Taiwan, à hauteur de 1,6 milliard de francs, soit 10 % du contrat. Puis en Chine populaire, dans l'entourage du président Deng Xiaoping et au ministère des Affaires étrangères. Du côté de Taipeh, l'intermédiaire principal a été un autre Américano-Chinois, Andrew Wang, au surnom bien français : Dédé. Du côté de Pékin, c'est une Chinoise romanesque qui est intervenue. Cette Mata-Hari porte le doux nom de Lili Liu. Liée à l'ancien président américain Jimmy Carter, elle est proche d'Alain Gomez et en même temps bien introduite auprès des hauts dignitaires de la Cité Interdite. Elle a mené grand train à Pékin avant de disparaître soudainement. Elle aurait obtenu 3,5 % du contrat, soit près de 600 millions de francs, versés à sa société, Sand Piper. Lili a un compte à la City Bank de Hongkong, approvisionné via les îles Vierges britanniques. Selon une lettre anonyme, mais dont la véracité n'a jamais été démontrée, le reste de cette énorme commission, soit 300 millions de francs, aurait pu revenir en France[2].

---

1. Le *Figaro* du 9 mars 1998.
2. L'argent aurait été déposé dans une banque de Pékin qui aurait acheté des... bons du Trésor de l'Etat gabonais. Contre ces bons, l'argent aurait été li-

Dédé chez les capitalistes, Lili chez les communistes... Qui a touché et combien ? Nul ne peut le dire. Mieux vaut d'ailleurs ne pas trop chercher : deux ans plus tard, le 10 décembre 1993, on retrouvera le corps du directeur adjoint de la marine taiwanaise flottant entre deux eaux dans le port de Taipeh. Le *captain* Yin Ching Feng s'était intéressé d'un peu trop près aux conditions d'achat des frégates de Thomson. Difficile de croire à un accident. Son corps était criblé de balles. L'agent de Thomson-CSF quittera Taiwan dans la journée pour n'y plus revenir...

Convaincu qu'il s'agit d'une escroquerie, sans doute Alain Gomez a-t-il pensé qu'Edmond Kwan et ceux qui se cachent derrière lui n'insisteraient pas après son refus brutal de payer. Erreur d'appréciation. Avec une âpreté qui reste encore aujourd'hui difficile à expliquer, Alfred Sirven et les commanditaires occultes, par le biais de Kwan dont le nom apparaît alors pour la première fois officiellement, vont porter l'affaire en Cour internationale d'arbitrage, comme prévu par le document ultrasecret, enfermé dans le coffre de la BNP, qui ne peut être ouvert qu'en présence des deux parties. La cour se réunira à Genève. Trois arbitres seront désignés : José Pedro Perez-Llorca, ancien ministre espagnol de la Justice, les avocats Jean-Denis Bredin et François Brunschwig.

La cour d'arbitrage va se déplacer en cortège à La Défense pour ouvrir le coffre et se saisir des documents qu'il contient. Elle va procéder à de nombreuses auditions, y compris à celle d'Alfred Sirven, qui dément devant elle l'existence d'un possible trafic d'influence : « Quel vilain terme ! » s'exclame-t-il, un rien provocateur. Le franc-maçon, qui disparaîtra peu après dans la nature, se dit « responsable de l'action d'un certain nombre de réseaux » et explique qu'« en dehors des contacts officiels [...] il y a toute une action de persuasion, de négociation sous la table » dans ce type de contrats. La cour entendra Edmond Kwan. Celui-ci affirme qu'il a joué de son « influence » auprès de M. Zhu Rongji, ancien maire de Shanghai, récemment nommé vice-ministre du gouvernement de Pékin, chargé de l'économie. C'est au

---

vré à Libreville et transféré en France, par valises, en avion privé. Un avion d'Elf ?

cours de la visite de ce dignitaire à Paris, en avril 1991, que les obstacles ont été levés. Ensuite « tout a été réglé comme par miracle », commentera Alfred Sirven devant les trois arbitres. Mais en réalité, Kwan semble être un piètre intermédiaire. D'abord, il se trompe sur le nombre de frégates que Taiwan doit acheter en citant le chiffre de 16, alors que ce sont 6 frégates dont il s'agit en réalité. Ensuite, il se couvrira de ridicule lorsque *Le Monde* publiera la lettre qu'il a adressée à Alfred Sirven et où il réclame 4 millions de dollars au lieu des 2 millions initialement prévus. Tous ceux qui ont un tant soit peu côtoyé le monde des grands contrats savent que jamais un vrai intermédiaire ne se comporterait de la sorte ! Les arbitres entendront aussi Jean-François Briand, ancien directeur général des affaires internationales de Thomson, qui expliquera, à mots couverts, pourquoi il a été chercher Edmond Kwan, via Sirven : « Ce qui m'intéressait, c'était d'avoir l'appui du " réseau Elf " parce qu'on s'aventurait dans cette affaire de Taiwan d'une manière nouvelle. » Il ne sera pas plus explicite. La commission entendra aussi Gilbert Miara. Mais celui-ci bénéficiera d'un traitement spécial. Pour l'entendre, la cour se déplacera à Paris, dans le bureau de Jean-Denis Bredin. Et il ne restera aucune trace écrite de cet entretien, sous le prétexte douteux d'une absence de sténotypiste. En réalité, Miara a accepté d'éclairer la cour sur son rôle, de répondre aux questions sur la nature de ses relations avec Roland Dumas, à la condition d'une confidentialité totale, que lui ont accordée les arbitres. Ceux-ci ne sont pas là pour pourchasser des corrompus, comme les juges pénaux. Encore moins pour faire de la morale. Mais pour trancher les litiges commerciaux.

Deux personnalités seulement refuseront de se rendre aux convocations successives qui leur sont envoyées : Edgar Brunner, le notaire suisse et... Loïk Le Floch-Prigent. Celui-ci, qui a quitté Elf et préside Gaz de France, prétexte « un emploi du temps trop chargé ». En réalité, Le Floch est soumis, selon lui, à d'énormes pressions contradictoires. D'un côté, Tony Dreyfus, avocat de Thomson-CSF, lui « conseille » de reconnaître qu'Edmond Kwan n'a joué aucun rôle dans la vente des frégates. De l'autre côté, on lui « suggère » de dire, au contraire, que l'intervention du Chinois a été décisive pour infléchir Pékin. Pas question de se lancer dans une déposition verbale qui peut, à tout moment, déraper. A l'inverse de Gilbert Miara qui veut bien parler à condition qu'il n'y ait pas de traces, Le Floch ne veut pas parler, mais souhaite qu'il y ait des traces... Il décide donc de coucher sa position par écrit. Le 4 mai 1994, le président de Gaz de France envoie à la Cour internationale d'arbitrage une lettre dans laquelle il confirme, alors qu'il était patron d'Elf, avoir donné à Alfred Sirven « l'autorisation » de recommander M. Kwan à Thomson « après avoir pris la précaution d'en informer [...] le ministre des Affaires étrangères ». S'agissant de l'efficacité de l'Américano-Chinois, Le Floch évite soigneusement de se prononcer. « J'ai fait un rapport de gendarme », expliquera-t-il plus tard. Il évoque, lui aussi, le voyage à Paris de Zhu Rongji et la séance de travail qui a suivi au cours de laquelle Alfred Sirven, puis Roland Dumas lui ont indiqué qu'un « compromis était en cours ». S'agissant du rôle d'Edmond Kwan, l'ancien patron d'Elf écrit que « M. Roland Dumas a, par la suite, exprimé son opinion que " nos correspondants " avaient vraiment fait du bon travail en Chine ». Le Floch refuse délibérément de se prononcer : il se couvre prudemment et systématiquement derrière l'ex-ministre des Affaires étrangères.

Devant la cour arbitrale, la position de Thomson est inflexible. Si Alain Gomez ne conteste pas la véracité du document qu'a signé son directeur Alain Thétard, il persiste à affirmer qu'aucun travail sérieux n'a été accompli. C'est pourquoi il refuse de payer le contrat signé par ses cadres... Comment peut-il dire que ce contrat a été signé à son insu, contre l'intérêt de l'entreprise, sans se retourner contre eux ? C'est un des mystères de ce dossier. Une des explications peut résider dans le fait qu'il a été monté à une époque où Jean-Charles Marchiani était salarié de Thomson. C'est à la demande de Charles Pasqua qu'Alain Gomez avait embauché ce Corse auréolé de la libération – moyennant le paiement de sommes considérables d'origine inconnue – des otages français au Liban. Mais le nom de Jean-Charles Marchiani, que Pasqua nommera plus tard préfet du Var pour déstabiliser François Léotard, a aussi été, jadis, cité dans l'affaire Markovic, exploitée pour tenter d'écarter du pouvoir Georges Pompidou, alors honni par certains gaullistes réputés purs et durs. Marchiani a fait un passage court et remarqué dans les services secrets français. A l'époque de la négociation de la vente des frégates à Taïwan, Jean-Charles Marchiani a été vu à plusieurs reprises en compagnie d'Alfred Sirven, en particulier dans les locaux discrets de la rue Christophe-Colomb qui appartiennent à Elf. Après son passage chez Thomson, avant d'être nommé préfet du Var, Jean-Charles Marchiani a brigué, en vain, la présidence d'un office d'exportations d'armes dépendant du ministère de l'Intérieur et situé derrière la place Beauvau.

Tout se passe comme si Alain Gomez, en refusant de payer, avait cru que ses adversaires abandonneraient d'eux-mêmes la partie, de peur d'être démasqués. Il faut dire qu'il les avait prévenus dès le départ, par une lettre envoyée par ses avocats : si Thomson perdait devant la cour d'arbitrage, soit il fallait qu'ils se désistent, soit, lui, Gomez, porterait plainte. Toujours selon la même logique : surtout ne pas payer, ne pas mettre un doigt dans l'engrenage. En 1991, il pense donc qu'ils n'oseront pas réclamer leur « dû ». Trois ans plus tard, en 1994, même attitude, alors que Gomez se croit plus que jamais en terrain conquis : Premier ministre, Edouard Balladur le protège. Tout comme Nicolas Bazire, son directeur de cabinet, qui a été salarié par Thomson-CSF lorsqu'il préparait, boulevard Saint-Germain, l'installation d'Edouard Balladur à Matignon. Avec Nicolas Sarkozy, le trio semble installé au pouvoir pour longtemps. Il n'a rien à refuser à Alain Gomez, président de Thomson depuis 1982. Celui-ci va même obtenir d'Edouard Balladur une loi sur mesure pour pouvoir accomplir un quatrième mandat successif à la tête de l'entreprise. Mais il faut aussi l'accord de François Mitterrand, qui se fait prier. C'est alors que Le Floch qui n'est plus patron d'Elf-Aquitaine, reçoit, affirme-t-il, un étrange coup de téléphone :

— Alain est très embêté, lui dit son interlocuteur, car le Président ne veut pas signer le décret lui permettant de rester à la tête de Thomson.

— Je comprends, mais je n'y puis malheureusement pas grand-chose... Mon influence est limitée.

— Ne croyez pas cela. Vous vous souvenez de cette affaire de frégates chinoises...

— Oui, mais cette histoire ne me concerne pas.

— Sans doute, mais elle peut devenir gênante... On parle de 100 millions que vous auriez pris pour vous ou qui auraient disparu... Il faut que vous alliez voir le Président.

— Tout cela n'a aucun sens.

Aucun sens, mais Le Floch téléphonera néanmoins, à Anne Lauvergeon d'abord, à François Mitterrand ensuite. La première est atterrée. Le second lâche simplement :

— Je savais bien que c'était un drôle de type. C'est sans importance. Ne tenez aucun compte de ce qu'on vous dit.

Pourtant, quelques jours plus tard, François Mitterrand signera le décret et Alain Gomez pourra entamer son quatrième mandat à la tête de Thomson. Mais pas pour longtemps.

Il n'est plus rien quand la sentence de la cour de Genève est prononcée, le 23 août 1996, après quatre ans de batailles d'avocats et de pratiques dilatoires de Thomson qui, sous couvert de secret-défense, a même refusé de révéler le montant de la transaction et l'échéancier des paiements. Le paysage politique a changé : Edouard Balladur a été battu par Jacques Chirac et Alain Juppé, nommé à Matignon, a renvoyé Gomez, en un quart d'heure, en partie à cause de son soutien à Balladur et à Pasqua. La sentence est claire et sans bavure : Thomson-CSF est condamnée au « paiement immédiat », à Frontier AG, de 25,12 millions de dollars et 12,7 millions de francs – soit plus de 160 millions de francs, à quoi s'ajoutent les « intérêts de retard, aux taux légaux fixés par le droit français ». Au total, près de 230 millions de francs ! La décision sera confirmée le 30 janvier 1997 par le tribunal fédéral de Lausanne. Les trois arbitres ont rejeté les imputations de trafic d'influence, estimant qu'« aucun élément de preuve n'[avait] été fourni permettant d'estimer qu'une faveur quelconque [avait] été sollicitée d'une autorité française (...) et non plus d'une autorité de Taiwan ». Fort de ce jugement, devenu exécutoire sur le sol français, un huissier mandaté par Frontier AG se présente le matin du 3 décembre 1996, aux sièges parisiens du Crédit Lyonnais, de la Société Générale et de la BNP pour saisir les comptes de Thomson-CSF dans ces trois établissements. C'est la panique : la société est alors dans le maelström de sa privatisation à épisodes. Alors que tout semblait réglé, la commission de privatisation, vexée par les méthodes cavalières d'Alain Juppé, a rejeté la veille l'offre de rachat de Lagardère. L'Elysée et Matignon ont gardé l'information secrète, le temps de trouver une alternative. Si la visite de l'huissier s'ébruite et plus encore s'il saisit les comptes bancaires de Thomson-CSF, l'entreprise sera déstabilisée, Alain Juppé sera proprement ridiculisé et la privatisation repoussée aux calendes grecques. Aussi les avocats de Thomson-CSF vont-ils se battre pendant deux jours avant de trouver la parade : Marcel Roulet, le *nouveau* président, forme un recours suspensif devant la cour d'appel de Paris. Mais il ne se décide pas encore à porter plainte au pénal pour « escroquerie », pour ne pas ajouter à la confusion.

Aussi Eva Joly n'est-elle pas encore en charge de ce dossier lorsqu'elle convoque Alain Gomez, comme témoin, le 7 janvier 1997. C'est toujours Loïk Le Floch qui l'intéresse. Alain Gomez ne le porte pas dans son cœur. Il réfute le bien-fondé du témoignage que l'ancien patron d'Elf a écrit pour la cour d'arbitrage :

— M. Kwan n'a rien fait. Je ne comprend pas pourquoi M. Le Floch-Prigent témoigne de sa prestation.

Néanmoins, Alain Gomez ne désigne pas Loïk Le Floch comme le grand tireur de ficelles de l'Opération Bravo :

— Pour moi, c'est une escroquerie de Sirven.

Eva Joly demande à l'ancien patron de Thomson-CSF ce qui s'est passé après son refus de payer les 160 millions de francs que lui réclamait Frontier AG :

— A votre connaissance, M. Le Floch-Prigent était-il furieux ?

— J'en suis convaincu.

— En avez-vous parlé avec lui ?

— Non, jamais, mais Loïk Le Floch m'a appelé, à cette époque, à une dizaine de reprises et ce ne pouvait être que pour cela.

— Mais vous ne l'avez jamais pris au téléphone ?

— Non, jamais.

Loïk Le Floch affirmera plus tard à Eva Joly qu'il n'a jamais appelé Alain Gomez pour le pousser à payer la commission, ni même pour lui parler de ce dossier, mais pour un sujet mineur. Quant à Alain Gomez, mesurant par la suite l'ampleur prise par cette affaire, il rectifiera ses propos. Le Floch n'aurait tenté de le joindre, à cet époque, qu'a deux ou trois reprises. Il n'y a pas là matière à coincer l'ancien patron d'Elf. Eva Joly va pourtant garder l'affaire sous le coude : elle réclame à Marcel Roulet la copie de la sentence de la cour arbitrale de Genève. Le patron de Thomson-CSF la lui transmet aussitôt. Pour la juge, cette sentence n'a aucune valeur. Il s'agit même, selon elle, d'une « escroquerie au jugement[1] ». Un peu plus tard, le 26 février, Roulet déposera enfin une plainte contre X, pour « tentative d'escroquerie » que le parquet confiera aussitôt à Eva Joly. Grâce à quoi les 160 millions de commissions réclamées par on ne sait qui sur la vente des frégates, comme la mystérieuse plus-value réalisée à l'occasion du délit d'initié de Pechiney et parvenue sur le compte Elyco, ne seront jamais versés. Mais la juge détient désormais un bout du fil rouge qui la conduira, espère-t-elle, aux sommets de l'Etat. Et d'abord jusqu'à « l'ami Roland », ce flamboyant avocat que François Mitterrand a installé, pour neuf ans, à la présidence du Conseil constitutionnel, quelques mois avant la fin de son mandat. Comme par une ultime provocation.

---

1. La logique pénale qui prend en compte la morale et la logique des affaires, qui l'exclut, sont parfaitement antagonistes. De plus Eva Joly admet mal le rôle de ces arbitres avocats, mille fois mieux rémunérés que les vrais juges comme elle : le coût de la cour d'arbitrage, pour cette affaire, a été facturé 350 000 dollars, soit 2,1 millions de francs...

2

Dédé-la-Sardine

Se justifier, s'expliquer, rebondir au plus vite. Après sa libération, Loïk Le Floch-Prigent brûle de s'exprimer. Habitué, pendant toutes ces années où il a présidé de grandes entreprises, à faire passer ses messages auprès de journalistes empressés, il se croit capable de remonter seul, par le verbe, le torrent qui l'a submergé. Et refuse d'écouter ses avocats qui lui déconseillent de donner la moindre interview. Il s'insurge :

— J'ai été traîné dans la boue. Il faut bien que je rétablisse la vérité !

Olivier Metzner prend son air de chanoine :

— Quoi que vous disiez, vous ne serez pas entendu.

— Mais je dois me défendre sur le plan médiatique, là même où j'ai été attaqué.

— Regardez ce qui est arrivé à Bernard Tapie, Pierre Botton ou Alain Carignon. Leurs interventions dans la presse ont été perçues, par les juges, comme une tentative de les contourner, voire de les disqualifier. Vous ne vous rendez pas compte que vous n'êtes qu'un enjeu. L'enjeu d'une bataille de pouvoir. Tapie a dégusté deux fois plus parce qu'il a ouvert sa gueule. Ne prenez pas ce risque : Eva Joly vous le fera payer !

Bien que terrifié à l'idée de retourner en prison sous le premier prétexte venu, Le Floch n'écoutera pas Olivier Metzner. Il donne au *Nouvel Observateur*[1] une longue interview dans laquelle il re-connaît le versement, sous sa responsabilité, d'énormes commis-sions :

— Dans le pétrole et le gaz, explique-t-il, les sommes en jeu sont considérables et les appétits immenses, se justifie-t-il. Les mœurs de cette industrie ne ressemblent à aucune autre et les gens les plus rigoristes devraient en être conscients, quand ils vont faire leur plein ! Aussi le métier de pétrolier répond-il à des règles non écrites très fortes (...). Ce qui compte, c'est que les commissions permettent de bonnes opérations pour Elf et pour la France (...). Il y a toujours des intermédiaires et la morale n'est guère plus sauve quand ils se baptisent banques d'affaires.

— Mais une partie des commissions revient en France, dans les poches des dirigeants d'entreprises ou des hommes poli-tiques...

— Qu'Elf ait été au centre d'intérêts financiers et politiques, tout le monde le sait, dès l'origine ; que le monde pétrolier soit un monde de commissions dont la justification et la destination finale sont parfois douteuses, tout le monde l'imagine ; que le tra-vail qui m'a été demandé pendant quatre ans ait dépassé dans le domaine diplomatique, dans celui des rapports avec les services secrets, celui d'un président de société classique, nombreux sont ceux qui le savent ; que je sois à cet égard dépositaire de secrets d'Etat, que je n'ai pas trahi et que je n'ai pas l'intention de trahir, c'est une évidence. Mais il est plus facile de désigner un bouc émissaire, d'écraser un serviteur de l'Etat, plutôt que de faire le procès d'une France qui a bien marché avec son Afrique, sa mer du Nord, son Lacq, sa fonction diplomatique, son jeu subtil d'ombres et de lumières dont j'accepte d'avoir été un des héri-tiers, mais dont je n'ai été ni l'initiateur, ni le bénéficiaire...

Loïk Le Floch se défend ensuite de tout enrichissement personnel et justifie l'investissement d'Elf dans Bidermann.

— A vous entendre, vous seriez persécuté par une juge (...) manipulée par votre successeur. Est-ce crédible ?

— Dans ma cellule, je me suis demandé s'il n'y a pas eu

---

1. *Le Nouvel Observateur* du 23 janvier 1997.

manipulation menée de longue date autour d'une entreprise inféodée à un clan et cherchant à neutraliser un président qui n'était pas dans le moule. J'ai des indices (...). Je constate que l'on cherche à faire de moi le mouton noir de cette affaire. Nombreux sont ceux, en effet, qui souhaitent faire du dossier Elf un dossier Le Floch, peut-être pour que certaines questions ne soient pas posées.

Les avocats de Le Floch avaient vu juste : cette interview met Eva Joly en rage, alors qu'elle ne suscite, sur le fond, qu'un intérêt mesuré. Le consensus est général : Le Floch est coupable et il entraîne avec lui, dans l'opprobre, tous ceux qui attendent des preuves ou simplement posent des questions. Son plaidoyer n'y change rien. Pourtant, l'interview ne passera pas inaperçue. Un point particulier va choquer : il s'agit des conditions de la détention du patron de la SNCF. Qu'a-t-il donc dit ?

— La prison est d'abord destructrice de la personne et de sa dignité : mes nuits sont hantées par les bruits que j'entendais làbas dont les pires sont sans doute les hurlements des détenus, en particulier ceux des nouveaux venus sodomisés dès leur arrivée par leurs compagnons de cellule, sans que nous puissions intervenir. Je ne veux pas m'étendre sur ce sujet par décence vis-à-vis de tous ces prisonniers – dont certains bénéficieront d'un non-lieu – qui sont plus mal traités que je ne l'ai été. Mais je culpabilise de n'avoir pas mesuré, alors que j'étais dans une position de pouvoir pendant quatorze ans, à quel point notre système carcéral, essentiellement punitif, est peu digne d'un pays développé.

Scandale immédiat. L'administration pénitentiaire, le directeur de la Santé et le syndicat FO des gardiens de prison – toujours sur la même longueur d'onde, s'agissant de ce genre de sujets – publient des communiqués indignés dans lesquels ils dénoncent vertement ces « allégations mensongères » et menacent d'attaquer le journal, ce qu'ils ne feront pas. Il y a des pierres qu'il vaut mieux ne pas soulever. On explique, de tous côtés que, depuis le quartier réservé aux personnalités de la prison de la Santé, il n'est pas possible d'entendre ce qui se passe du côté des droit commun. Pourtant, six mois plus tôt, Bob Denard, dans *France-*

Soir[1], avait lui aussi parlé de ces cris nocturnes insoutenables, sans que ses propos aient été ni relevés ni démentis. Il est vrai que le vieux mercenaire s'était exprimé de façon moins crue. Tandis que Le Floch en rajoute, comme souvent, dans l'impudeur et la provocation. Cet épisode met en lumière la façon dont sont filtrées les informations sur la réalité des conditions carcérales : si quelqu'un comme Le Floch clame son innocence, affirme qu'il n'a pas pris d'argent dans la caisse, il n'est pas crédible et n'est donc ni entendu, ni écouté. Symétriquement, lorsqu'un petit malfrat dénonce les conditions de détention et les traitements ignobles infligés à certains prisonniers, cela n'intéresse personne. Mais en revanche, entendre le mot « sodomisé » dans la bouche d'un ex-grand patron, même déchu, quel choc[2] ! La force de l'interview réside aussi dans la photo de Le Floch, la première publiée depuis son incarcération. Il a pris la pose, en chemise, avec cravate, dans son salon. On le découvre amaigri de 20 kilos, il a perdu ses cheveux et surtout son regard, plus délavé que jamais, est étrangement vide. C'est le regard d'un homme maté. D'un chien battu.

Par contraste, Eva Joly apparaît rayonnante lors de sa première apparition télévisée, quelques jours plus tard. Ce dimanche de février, elle est l'invitée principale de l'émission économique « Capital », sur M6, consacrée à la justice et à ses moyens. La juge désormais la plus connue de France est venue pour plaider la cause de la Justice et réclamer des moyens financiers supplémentaires, évidemment pas pour parler des dossiers qu'elle ins-

---

1. *France-Soir* du 25 juillet 1996.
2. Quelques semaines plus tôt, *Le Nouvel Observateur* avait publié un texte d'Alain Carignon qui, lui aussi, avait fait scandale. L'ancien ministre décrivait sa vie carcérale et parlait sans détour de ses « difficultés à nettoyer une sorte de glu dispersée en boule contre les murs et le lavabo » qu'un violeur d'enfant récidiviste avait laissée dans la cellule qu'il occupait avant lui.
Après la publication de l'interview de Le Floch, *Le Nouvel Observateur* recevra plusieurs lettres, parmi lesquelles celle d'un policier qui ne souhaitait pas la voir publiée sous son nom. Ayant dû remplacer des gardiens lors d'une grève, ce policier avait signalé un viol de détenu à la haute hiérarchie de la prison. « La réponse, écrivait-il, restera toute ma vie gravée dans ma mémoire : " Ne vous inquiétez pas, au début, ça les énerve, mais après ça les calme. " »

truit. A l'aise dans son tailleur turquoise, bien coiffée, bien maquillée, Mme la juge réussit avec succès son examen de passage. Sa prestation est même excellente, au point que certains professionnels de la télévision se diront convaincus qu'elle a été entraînée. Eva Joly affiche un sourire de bon aloi, une détermination sans faille et son accent la rend sympathique. A aucun moment Emmanuel Chain, son interlocuteur, ne cherche à la mettre en difficulté, ce qui la dispensera d'avoir à affronter l'imprévu dans une émission qui ne se déroule pas en direct. Elle parle de son petit bureau, de ses petits moyens, de son petit salaire (hors primes, bien sûr) et affiche sur tous les sujets une bonne conscience impressionnante. Elle est tellement dans son personnage que ses yeux ne cillent pas quand elle affirme qu'elle n'a « jamais aucun contact avec la presse », alors qu'elle téléphone régulièrement dans les rédactions, qu'elle rencontre les journalistes en qui elle a confiance et surtout qu'elle est, ce soir-là, sur un plateau de télévision, face à l'un d'entre eux ! Sous le charme, la plupart des téléspectateurs ne se choqueront pas de voir Mme la juge se comparer aux grands patrons qu'elle traque et exprimer son souhait d'être nommée... directrice de l'administration pénitentiaire. Démarche saugrenue. Pendant plusieurs jours, le directeur en place a cru qu'Eva Joly avait reçu des promesses et qu'il n'avait plus qu'à faire ses valises. La haute hiérarchie judiciaire, quant à elle, n'a guère apprécié cet acte de candidature par média interposé. Les politiques, enfin, ont cru qu'Eva Joly leur envoyait un message codé pour leur signifier qu'elle accepterait de quitter le dossier Elf et ses prolongements, contre une promotion personnelle.

Quelques-uns d'entre eux se sont réjouis un peu vite. Car telle n'était pas l'intention d'Eva Joly : c'était la réponse sincère et directe à une question précise, venant d'une femme ambitieuse et sûre de ses capacités. Mais Eva Joly n'a aucune intention de négocier la sortie de son dossier contre un quelconque avantage personnel. En ce mois de février 1997, elle est même décidée à élargir ses investigations, à suivre toutes les pistes des commissions d'Elf susceptibles de la conduire vers des hommes politiques de premier rang. Problème : il lui faut trouver un autre chaînon. L'intermédiaire qui saurait tout, connaîtrait les destinataires finaux des commissions versées et voudrait bien... se mettre à table.

Cet intermédiaire a un nom : André Guelfi, soixante-dix-huit ans, crinière blanche, visage parcheminé du vieux baroudeur qui pilote depuis toujours ses propres avions : dans les années cinquante, en Indochine, où son nom est associé à tort, selon lui, au trafic des piastres ; au Maroc, où il est le pilote personnel du roi Hassan II ; mais aussi, en mai 1958, lorsqu'il transporte Roger Frey et Jacques Foccart en Corse – où les paras ont pris le pouvoir. Né à Mazagan, au Maroc, Guelfi est un gaulliste de la première heure. Un gaulliste sans états d'âme : c'est dans les réseaux corses du mouvement qu'il fait la connaissance, dans les années cinquante, de Charles Pasqua, alors jeune employé chez Ricard... Plus tard, il se fera connaître sous le surnom de Dédé-la-Sardine parce qu'il a, jadis, géré une flotte de bateaux congélateurs de haute mer, basée à Agadir. Peu après le grand tremblement de terre qui a ravagé la ville, un de ses bateaux a coulé au large de la Mauritanie. Par chance, André Guelfi était bien assuré... Remarié, en 1970, avec une demoiselle Frontex, lointaine parente des Pompidou, il se vante partout de financer l'UDR, l'ancêtre du RPR. Il est alors proche du roi et surtout du général Oufkir dont il est le pilote et l'ami. Pourquoi quitte-t-il le Maroc ? Après une des tentatives d'assassinat d'Hassan II et l'exécution qui a suivi du général Oufkir, on raconte qu'il se serait enfui par la mer en laissant son Mystère 20 sur l'aéroport de Rabat-Salé[1]. Après quoi il aurait pris possession des 20 millions de dollars qu'Oufkir possédait sur des comptes en Suisse, officiellement pour gérer cette fortune et subvenir aux besoins de la famille du général exécuté, assignée pendant des années au Maroc. Et au secret. Il aurait utilisé cet argent pour monter, notamment, des opérations immobilières. En 1975, il prend ainsi le contrôle de trois palaces parisiens, le Prince de Galles, le Meurice et le Grand Hôtel, dont

---

1. Tous les participants et témoins du meurtre de Mehdi Ben Barka, leader de l'opposition marocaine, à Paris, en 1965, ont été assassinés les uns après les autres. Le général Oufkir, organisateur et auteur principal de cet assassinat, s'est rendu à une convocation du roi sans se méfier. Il a été tué dans son antichambre, par le commandant Dlimi, qui mourra plus tard dans un accident de la route suspect, à Marrakech.

les actifs incluaient 47 % des actions de la Rente Foncière, propriétaire de 128 immeubles dans la capitale. Il va aussi faire construire l'hôtel Novapark, rue François-Ier, conçu en tape-à-l'œil pour les riches Moyen-Orientaux et vite revendu, à perte.

Mais c'est dans les pays de l'Est qu'André Guelfi va faire fortune, puis devenir un intermédiaire incontournable pour tous les industriels français. Toujours en 1975, conjointement avec le propriétaire d'Adidas, Horst Dassler, Guelfi a racheté Le Coq Sportif ainsi qu'une petite société, rebaptisée ISL, qui possède des droits de transmission des événements sportifs. Celle-ci va vite se révéler être un pactole. Résidant à Lausanne, Guelfi se lie avec le président du Comité international olympique, Juan Antonio Samaranch, dont il devient le pilote et l'homme d'affaires personnel. Depuis qu'ils sont présidés par Samaranch, les jeux Olympiques sont devenus une immense affaire d'argent. C'est grâce à Guelfi, qui fait miroiter aux dignitaires communistes les dollars des retransmissions télévisées, que Samaranch va obtenir du comité olympique qu'il choisisse Moscou comme ville organisatrice des jeux de 1980, en dépit de l'opposition puis du boycott américain. Les grands apparatchiks, à cette occasion, auraient été magnifiquement arrosés. Samaranch et Guelfi sont chez eux dans toute la nomenklatura des pays de l'Est. Ils fréquenteront aussi bien Brejnev que Tchernienko ou Gorbatchev. Mais aussi Boris Elstine ou Anatoly Sobtchak, qui deviendra maire de Saint-Pétersbourg. Ils soignent particulièrement les valeurs montantes et les responsables des grandes régions, qu'ils aideront même plus tard à s'imposer comme chefs d'Etat, après la chute du mur de Berlin, en 1989. André Guelfi s'est notamment lié d'amitié avec Victor Chernomyrdine, qui deviendra le chef du gouvernement russe et Islam Karimov, le futur président de l'Ouzbékistan. C'est justement pour des commissions versées par Elf en Ouzbékistan ainsi qu'au Venezuela qu'Eva Joly a décidé d'entendre André Guelfi, qu'elle convoque le 28 février 1997. Il est soupçonné d'avoir perçu plus de 7 millions de dollars (40 millions de francs) d'honoraires lors des projets d'investissements d'Elf en Ouzbékistan, en 1992, en contournant, avec Loïk Le Floch, les circuits officiels du groupe.

Dédé-la-Sardine se jette dans la gueule du loup. Résident suisse, ne faisant l'objet d'aucun mandat d'arrêt, bénéficiant de nombreuses protections, il aurait parfaitement pu, comme Alfred Sirven, refuser de se rendre à la convocation de la brigade financière, sous un prétexte quelconque. Mais il a été rassuré par le sort aimable réservé par Eva Joly à son ami André Tarallo, corse, vieux gaulliste et lié, comme lui, à Charles Pasqua. Certains proches de l'ancien ministre de l'intérieur, actifs dans les milieux policiers, lui assurent même qu'il peut se rendre sans crainte au Palais de Justice : ils lui garantissent qu'il ne sera pas incarcéré. Le vieux baroudeur est d'autant plus confiant qu'il négocie au même moment, pour le compte de Dassault, un énorme contrat avec la Russie. Grâce à ses bonnes relations avec le Premier ministre Victor Chernomyrdine, Guelfi a obtenu un accord de principe pour la vente de quinze Falcon 900 – ce qui se fait de mieux et de plus cher dans les avions d'affaires – au gouvernement russe. Il négocie même pour le compte de Dassault l'implantation d'une usine de montage de Falcon en Russie. Guelfi en a tenu informé Jean-Pierre Denis, secrétaire général adjoint de l'Elysée, chargé des questions économiques et industrielles[1]. Fin janvier, une délégation russe est venue visiter, en compagnie de Serge Dassault les chaînes de fabrication du Falcon 900 à Bordeaux-Mérignac. Et c'est encore Guelfi qui sert d'intermédiaire pour que Charles Pasqua reçoive le général Lebed, le 17 février. Au cours de cet entretien, l'opposant à Boris Elstine, qui se présente comme un « héritier du général de Gaulle », aurait parlé, lui aussi, de ce contrat ainsi que d'achat et de ventes d'armes entre la Russie et la France. Pierre-Philippe Pasqua, le fils unique du sénateur des Hauts-de-Seine, est au cœur de ces circuits, en tant qu'administrateur de la discrète Cecri (commerce d'armes et de munitions), une société qui est en relation d'affaires avec le même Guelfi.

En réalité, Dédé-la-Sardine va se faire prendre comme un bleu dans les filets d'Eva Joly. Convoqué à la brigade financière, il appelle le commissaire Durand :

---

1. Ses lettres des 21 et 29 janvier 97 sont restées sans réponse.

— Je dois aller en Russie pour un contrat important. Je ne peux venir vous voir que la semaine d'après, ou alors demain matin, avant mon départ.

— Demain, c'est parfait. C'est une formalité. Il y en aura pour une heure.

Mais Guelfi est cravaté dès son arrivée. Cet homme de près de quatre-vingts ans est aussitôt mis en garde à vue et va passer sa première nuit dans une cellule d'attente, sur un banc, sans eau, sans toilettes. Et c'est un homme fourbu, hagard, qui est présenté le lendemain à Eva Joly qui le fera encore attendre plusieurs heures avant de le mettre en examen – c'est le quatorzième dans le dossier ! – pour « recel d'abus de biens sociaux » avant de l'envoyer en prison. Guelfi lui demande un sursis, au moins pour le week-end :

— Je dois aller négocier la candidature de Saint-Pétersbourg pour les jeux Olympiques de l'an 2008. Il y a des milliards de francs à la clé pour les industriels français, à commencer par Bouygues et la Générale des Eaux. Je n'ai rien à cacher. Je reviendrai avec tous les documents que vous voulez.

Eva Joly ne cède pas. Elle ne croit rien de ce que lui dit Guelfi. Elle signe son mandat de dépôt à la Santé, montrant le peu de cas qu'elle fait des promesses que d'autres, sans doute, ont faites à sa place.

André Guelfi a du souci à se faire. Les propos qu'il a tenus pendant sa garde à vue ne cadrent pas du tout avec l'idée qu'Eva Joly se fait du dossier. Il commet, d'emblée, une faute impardonnable. Alors que la juge lui demande d'avouer qu'il a fait revenir une partie des commissions versées vers Loïk Le Floch-Prigent, Guelfi affirme qu'il ne lui a jamais reversé le moindre centime. De plus, il conteste le caractère « hors normes » des commissions qu'il a versées pour le compte d'Elf. Plus fâcheux encore : Guelfi révèle qu'il a continué à travailler pour Elf après l'arrivée de Philippe Jaffré, jusqu'à la fin de 1994, sur recommandation de Charles Pasqua, alors ministre de l'intérieur ; il indique qu'il est intervenu auprès du président du Venezuela où Jaffré souhaitait effectuer de nouvelles prospections. Ainsi que dans les pays de l'ex-URSS. L'impudent va jusqu'à dire qu'il n'a pas vu de différences entre les pratiques de Loïk Le Floch et celles de Philippe Jaffré, à ceci près que ce dernier ne lui a pas versé la totalité de la commission promise – il n'aurait reçu que 7 millions de dollars sur les 100 qu'il lui réclame pour l'ensemble de ses interventions en faveur d'Elf en Russie[1]. Il affirme que leur conflit est en arbitrage auprès d'un ancien magistrat du tribunal de commerce. Guelfi montre à qui veut la voir une lettre que Victor Chernomyrdine lui a adressée, dans laquelle le Premier ministre russe le remercie pour tous les efforts qu'il a faits en Russie et regrette qu'ils n'aient pas abouti. A cause de Jaffré, ajoute Guelfi.

Un axe caché Loïk Le-Floch-André Guelfi ? Eva Joly, pour le coup, est à côté de la plaque. Car les réseaux corses et pasquaïens de Dédé-la-Sardine n'ont rien à voir avec ceux du barbu. Comment Guelfi est-il intervenu dans les opérations de prospection d'Elf dans les pays de l'Est, où Le Floch avait décidé de faire porter, en priorité, les efforts de la compagnie ? L'affaire mérite d'être contée, tant elle est révélatrice des mœurs de cette fin de septennat où, pour influencer un François Mitterrand à bout de forces, aigri et refermé sur lui-même, mieux valait entrer par la petite porte plutôt que par les circuits officiels.

En 1990, par l'intermédiaire de Mathieu Valentini, courtier en assurances d'Elf, André Guelfi entre en contact avec Loïk Le Floch, qui souhaite passer de gros contrats avec les Russes mais qui se heurte à des difficultés imprévues. Maurice Mallet, responsable des relations d'Elf avec les pays de l'ex-URSS, n'a pas le contact. Pire : les Russes ont monté des dossiers contre lui, selon les pires méthodes du KGB. Interrogé sur une éventuelle intervention d'André Guelfi, Mallet s'y oppose :

— Elf ne peut pas se compromettre avec un type comme ça.

Alfred Sirven entre dans le jeu. Il cherche à écarter Maurice Mallet. Finalement, près d'un an plus tard, le dossier russe n'a toujours pas avancé et Le Floch reprend contact avec Guelfi. Celui-ci pose un préalable :

---

1. Tout en minimisant ses relations avec André Guelfi, Philippe Jaffré confirmera l'existence d'un « petit contentieux financier » avec cet intermédiaire.

— Il faut que vous sortiez Maurice Mallet du jeu. Après quoi il faut me donner carte blanche et me préciser l'ensemble de vos exigences. Je prends les frais à ma charge. Si l'affaire se fait, je prends ma commission, à la fois sur le contrat et sur chaque baril de pétrole qui sera commercialisé.

Le Floch et Sirven donnent leur accord. André Guelfi devient le mandataire d'Elf pour négocier un énorme contrat pétrolier en Russie, dans la région de Saratov.

Il y a la Russie, mais aussi ses anciens satellites. Bombardé conseiller d'Islam Karimov, le président de l'Ouzbékistan, Guelfi va aussi proposer à Elf d'obtenir dans ce pays des permis de recherche prioritaires. Alors qu'ils ont traité par le mépris les premiers émissaires envoyés par Elf, les Ouzbeks déroulent pour Guelfi le tapis rouge[1]. Quatre ministres viennent l'accueillir à la descente de son Falcon 10. Il a fait miroiter la lune au président : en échange de permis d'exploitation, il construira des hôtels et soutiendra la candidature de Tachkent aux jeux Olympiques de l'an 2000. Le CCF, la Générale des Eaux et la société Delplanque, poussés par Guelfi, envisagent alors d'investir en Ouzbékistan, tablant sur la manne pétrolière, avant que la moindre goutte ait jailli...

Côté ouzbek, le terrain est donc balisé. Côté français, tout n'est pas si simple. Car Roland Dumas, ministre des affaires étrangères, était alors hostile à cet investissement, comme il l'était à l'opération Bravo. La raison avancée était que l'Ouzbékistan était en passe de devenir une dictature islamiste. Et qu'il valait mieux jouer le Kazakhstan, plus riche et plus stable. Pour une affaire aussi subalterne que l'obtention de permis de prospection en Ouzbékistan, il fallait donc un arbitrage de l'Elysée. La petite porte pour accéder au saint des saints, ici, sera Françoise Sagan, vieille amie de François Mitterrand qui porte sur elle un regard

---

1. L'envoi d'émissaires extérieurs à la compagnie est une pratique fréquente dans le monde pétrolier. En l'occurrence, Elf avait envoyé dans un premier temps Paul Leca de la compagnie Kelt Perrodo pour garder les mains libres. Cela ne valait en effet pas la peine de vexer le Kazakhstan et le Turkménistan avant d'être sûr de faire affaire en Ouzbékistan.

plein de tendresse. Les ans ont passé, mais il voit toujours en elle l'auteur de *Bonjour tristesse*, la jeune fille délurée et désabusée qu'elle fut. Comment le vieux baroudeur André Guelfi entre-t-il en contact avec la romancière ?

Il l'avait connue il y a fort longtemps, alors que Françoise Sagan, alors au faîte de sa gloire, voulait prendre des leçons de conduite sportive. Or, parmi ses multiples facettes, André Guelfi a été coureur automobile. Elle s'était présentée à lui par un sommaire « Françoise Sagan, *Bonjour tristesse* ». Guelfi, qui n'a jamais lu un livre de sa vie, n'avait rien compris. Ils se sont retrouvés beaucoup plus tard, via le chevalier servant de Françoise Sagan : il s'appelle Marc Francelet, se présente comme « journaliste » à *Paris-Match*, roule en Ferrari, hante les nuits parisiennes. Mais Marc Francelet est surtout l'impresario et l'homme de confiance de Jean-Paul Belmondo, qui fut lui-même un vieil ami (jusqu'à ce qu'ils se brouillent) d'André Guelfi. Via l'As des As, Marc Francelet et André Guelfi se connaissent depuis vingt ans. C'est donc la filière Sagan-Francelet, que Guelfi va activer pour obtenir le soutien de François Mitterrand.

Guelfi appelle Francelet :

— Marc, il faut faire sauter ce verrou. On va y arriver. Si on réussit notre coup, si Elf va là-bas, tu n'auras plus jamais besoin de travailler et Françoise non plus.

Pour tout contrat, Guelfi écrit à Françoise Sagan, le 2 mars 1993, une lettre dans laquelle il lui demande son aide. « Bien entendu, précise-t-il, je suis d'accord pour partager 50 % avec toi, sur ma part, déduite de mes frais. C'est toi qui régleras le problème de Marc. » Puis, le 9 septembre 1992, André Guelfi écrit directement à François Mitterrand, deux jours avant son hospitalisation à l'hôpital Cochin, lui demandant d'intervenir pour qu'Elf soit autorisée à aller prospecter en Ouzbékistan. Il fait valoir qu'il a déjà bloqué les Américains. Je suis « en contact avec M. Loïk Le Floch-Prigent, précise-t-il, que j'aide dans la conclusion d'un contrat avec le Venezuela ».

Comme convenu, Françoise Sagan appuie auprès de François Mitterrand la démarche d'André Guelfi. Quelques jours plus tard, elle reçoit de l'Elysée une lettre datée du 30 septembre, signée du conseiller technique Jean Lévy, qui s'exprime au nom du chef de l'Etat : « J'ai eu l'occasion de rencontrer le président d'Elf-Aquitaine, [et celui-ci] m'a semblé intéressé par les informations contenues dans le message d'André Guelfi », lui écrit-il. Six mois plus tard, alors que les premières informations sur les investissements d'Elf en Ouzbékistan ont été publiées, à l'issue d'un voyage de presse organisé par Guelfi et Francelet, Françoise Sagan crie victoire. « Je reçois de Marc Francelet l'article sur l'Ouzbékistan, écrit-elle à Guelfi[1]. Je suis ravie quand je vois que tout a commencé par ce parchemin déposé par M. Karimov sur mon piano : j'ai été fière que le président me prenne au sérieux (...). Sans son appui, Loïk Le Floch-Prigent ne se serait pas engagé. »

Françoise Sagan semble, à l'époque, plus efficace que le ministère des Affaires étrangères et celui de l'Industrie réunis : en visite à Paris, le vice-président du Venezuela, demandait en vain une audience à Mitterrand. L'affaire sera débloquée par un coup de fil de la romancière et tout le monde se retrouvera à l'Elysée, en présence d'André Guelfi. Une autre fois, le 27 mai 1993, Françoise Sagan écrit à François Mitterrand pour lui demander de recevoir Ulugbek Eshtaev, Premier ministre ouzbek, qui fait antichambre depuis quinze jours. Affaire aussitôt réglée. Ainsi, grâce aux amitiés secrètes du Prince, Dédé-la-Sardine est devenu un personnage incontournable, aux yeux des chefs d'Etat étrangers, mais aussi de Le Floch lui-même !

Mais le vent tourne. Balladur est devenu Premier ministre et Charles Pasqua ministre de l'Intérieur. Guelfi va alors tenter d'utiliser Françoise Sagan pour que François Mitterrand obtienne d'Edouard Balladur le maintien de Le Floch à la présidence d'Elf jusqu'à la fin de son mandat. C'était la condition pour que les énormes contrats pétroliers en négociation avec les Russes soient signés. Mais ces démarches seront vaines. Entre Gomez et Le Floch, le choix que lui propose Balladur, Mitterrand choisit de sauver la tête du patron de Thomson. Le 26 juillet 1993, quelques jours avant son remplacement par Philippe Jaffré, le chef de l'Etat prévient Françoise Sagan et Marc Francelet :

---

1. N.d.A. : Il s'agit d'un article du *Nouvel Observateur* du 8 avril 1993 titré : « Sur la route du pétrole rouge ».

— Je suis désolé de vous dire que Loïk Le Floch-Prigent ne pourra pas aller au bout de son mandat.

— Mais vous nous aviez dit que...

— Ne vous inquiétez pas. j'ai négocié avec le Premier ministre une porte de sortie honorable. Votre ami sera nommé à la tête de Gaz de France.

Pour le Président, tous les postes de patron se valent. C'est la tuile. André Guelfi change aussitôt de ton. Il dénonce auprès de François Mitterrand « l'attitude incompréhensible du ministre des affaires étrangères qui a refusé de recevoir Islam Karimov, sans excuses » et ajoute : « C'est grâce à mon ami Charles Pasqua qui a reçu son représentant comme un chef d'Etat que le lien s'est resserré. » Voilà Dédé-la-Sardine qui trie les ministres ! Sans complexes, il ajoute qu'il souhaite voir prolonger le mandat de Le Floch à la présidence d'Elf « pour attendre la conclusion du contrat au Venezuela ».

Les liens entre Françoise Sagan et François Mitterrand restent, en revanche, toujours aussi forts. Le 7 septembre 1993, elle écrit au chef de l'Etat : « J'ai attendu tout l'été l'hélicoptère qui devait vous amener dans ma maison de Normandie. » Elle lui indique qu'elle a été envahie par une « clique d'hommes d'affaires en larmes » et lui demande, « pour épargner mon tapis » de modifier son prochain voyage dans l'ex-URSS pour faire un détour en Ouzbékistan. Sagan conclut en disant qu'il s'agit de son « ultime missive à la Mata-Hari ». Est-ce cette étrange lettre qui conduira le chef de l'Etat à faire un détour en Ouzbékistan, en avril 1994, avec sa suite d'une centaine de conseillers et de journalistes ? Loïk Le Floch, qui poursuivait parallèlement les mêmes objectifs, assure que Mitterrand s'est décidé à passer par l'Ouzbékistan après qu'il lui eut expliqué que si ce pays avait pour capitale la vilaine Tachkent, elle abritait aussi la merveilleuse Samarkand, la ville des Contes des mille et une nuits...

Entre temps, André Guelfi, toujours avec la caution de Charles Pasqua, était allé voir Nicolas Bazire, directeur de cabinet d'Edouard Balladur, afin qu'il vende au Premier ministre l'idée d'une invitation en France de Karimov. Ce qui sera fait un an plus tard. Problème : les forages sont décevants. Il y a du pétrole, mais pas d'eau. Or il n'est pas possible d'extraire, à des coûts abordables, l'un sans l'autre. Islam Karimov doit s'expliquer. En juin 1993, Guelfi et Francelet organisent une réunion entre le président de l'Ouzbékistan et Loïk Le Floch à Crans Montana, dans les Alpes suisses. Ils sont présents tous les deux. Le président d'Elf s'étonne :

— Notre permis d'exploitation est sans objet. Il n'y a pas de pétrole exploitable au nord de votre pays.

Islam Karimov ne se démonte pas :

— Dans ces conditions, allez au sud, dans la région de Boukhara. Là, il y en a sûrement.

Le sud est en bordure du Turkménistan, où il y a beaucoup de gaz et donc de bonnes chances d'avoir du pétrole ; en tout cas, du gaz.

Mais tout ceci sera sans lendemain : dès sa nomination, Philippe Jaffré arrêtera toute prospection, en Ouzbékistan comme au Kazakhstan, avant même qu'un vrai puits ait été foré. Pour Guelfi, l'affaire est terminée. François Mitterrand n'est plus d'aucune utilité et Françoise Sagan non plus. Bien entendu, la romancière manipulée ne touchera rien de l'argent promis. Au contraire, Guelfi lui écrira une lettre sèche dans laquelle il se dégage en prenant prétexte de menaces dont il aurait été l'objet.

André Guelfi est d'autant plus étonné de se retrouver, quatre ans plus tard, entre quatre murs, à la prison de la Santé, que ses intervention au Venezuela comme en Ouzbékistan n'avaient rien de secret. « On avait décidé de signer un protocole d'accord pour l'exploration, prévoyant un partage de production entre Elf et l'Ouzbékistan, explique-t-il ainsi dans le mensuel *Capital*[1]. Je devais toucher 3 % sur chaque baril produit », précise-t-il. Ce qu'il ne sait pas, c'est ce qu'a dit de lui Geneviève Gomez à Eva Joly, le 27 février. L'ancienne adjointe de Philippe Jaffré a expliqué à la juge que dès la fin du mois d'août 1993, André Guelfi était venu la voir pour lui expliquer ses activités et se faire payer. Eva Joly lui demande si elle savait qui il était.

---

1. *Capital*, juillet 1995.

— Je savais qu'il s'agissait d'un intermédiaire à la réputation sulfureuse (...). Il est venu avec l'ensemble des contrats qu'Elf lui avait signés. J'ai examiné ces contrats, qui étaient hors normes. J'ai pensé qu'il s'agissait d'une libéralité consentie par Loïk Le Floch-Prigent.

— A combien se montaient ses contrats ?

— Le montant des commissions prévues par les contrats pour la Russie, l'Ouzbékistan, le Kazakhstan et le Venezuela dépassait les 120 millions de francs, non inclus les frais.

— Combien ont coûté les recherches sur les contrats où Guelfi était intermédiaire ?

— Entre 800 millions et 1 milliard de francs.

— Quelle en a été la concrétisation en termes de permis ou d'exploitation ?

— Néant.

Ce que Geneviève Gomez ne dit pas, ce jour-là, c'est que Philippe Jaffré a refermé le dossier d'Elf dans les pays de l'ex-URSS sans même l'avoir ouvert. Son odeur lui était insupportable. Premier sur place, le groupe pétrolier français se fera rapidement doubler par les grands américains, qui se sont rués sur la mer Caspienne, tandis que Shell et l'ENI italienne passeront des accords majeurs avec Gazprom, la première entreprise mondiale, qui a donné à la Russie son Premier ministre Victor Chernomyrdine, l'« ami » d'André Guelfi[1]. Plus tard, Guelfi dira même à Eva Joly que si Le Floch était resté un seul mois de plus à la tête d'Elf, tous les accords pétroliers engagés dans l'ex-URSS auraient été mis en œuvre. « L'arrivée de Jaffré, dit-il, a coûté la place de la France dans ces nouveaux territoires. »

L'envoi en prison d'André Guelfi ne fait pas la une des journaux. C'est devenu la routine. En revanche, elle agite beaucoup certains milieux. Même ceux de l'olympisme ! Le 7 mars, la candidature de Lille n'est pas retenue dans la liste finale du comité

---

1. Au regard des enjeux colossaux, l'obtention de permis d'expoitation en Ouzbékistan n'a, finalement, pas coûté bien cher à Elf. André Guelfi a facturé une cinquantaine de millions de francs, au total : honoraires et factures d'avion, frais d'hôtel en Ouzbékistan, « faux frais » divers..

national olympique, pour l'organisation des jeux de 2004. Bien sûr, la métropole du Nord n'avait aucune chance de décrocher ces jeux. Mais jamais la France du baron Pierre de Coubertin n'avait, jusque-là, subi l'affront de voir sa candidature rejetée dès le premier tour. Les gens informés feront le lien avec l'incarcération de l'homme d'affaires personnel d'Antonio Samaranch, président du CIO. Celui-ci ne démentira pas...

Ce soutien est un piètre réconfort pour André Guelfi, qui vit un drame épouvantable. Pour lui, le quartier réservé aux personnalités de la prison de la Santé ressemble aux portes de l'enfer, au terme d'une vie de jouisseur épris de grands espaces et de liberté absolue. Sa situation est exceptionnelle et peu enviable. Il est très rare, en France, que des personnes aussi âgées soient incarcérées, à fortiori si aucune violence ne leur est reprochée. Au-delà de soixante-quinze ans, les mois de prison comptent triple. De plus, comme Le Floch et la plupart des délinquants en col blanc, Guelfi est incarcéré alors qu'il ne connaît ni les codes, ni les usages de l'administration pénitentiaire. Lui aussi mettra des semaines à cantiner. Entré en prison avec ses Weston, il n'arrivera jamais à obtenir les baskets qu'il a demandées. Il fera même une fixation sur elles. Son seul réconfort viendra d'un de ses compagnons de captivité, Bernard Tapie, qui s'est immédiatement imposé comme le nouveau chef du quartier réservé aux personnalités[1]. Le flambeur prête immédiatement ses Adidas au vieil homme. C'est le début d'une nouvelle et fructueuse amitié.

A la santé, Dédé-la-Sardine ne tient pas le choc. Il ne supporte pas, lui non plus, les transferts au Palais de Justice avec déshabillage intégral et fouille au corps, à l'aller comme au retour. Se rendant compte qu'Eva Joly sait à peu près tout sur tout, il adopte vis-à-vis d'elle une position simple : il décide de tout lui raconter[2]. D'abord le versement, par Elf, d'une commission de 256

---

1. Lors de la première visite de son avocat, Tapie voit dans le parloir un graffiti à la gloire du Front national. Il appelle un gardien :
— Dites-moi, il faudra me faire effacer cela !
Le gardien, interloqué, hésite un instant. Puis lâche, déférent :
— Bien sûr, M. Tapie. Ce sera fait.
2. Le 20 mars, la chambre d'accusation confirme la mise en détention.

millions de francs à l'occasion du rachat, par la compagnie, de la raffinerie de Leuna, dans l'ex-Allemagne de l'Est, ainsi que du réseau de stations-service Minol. Ces commissions ont transité par des entreprises écrans qui lui appartiennent et auraient été remplir les caisses de la CDU, le parti chrétien-démocrate d'Helmut Kohl. Eva Joly n'est pas surprise. Elle connaît déjà ces allégations. Des interventions ont eu lieu au plus haut niveau. C'est là une affaire d'Etat qui met en cause les relations franco-allemandes, l'Euro et peut être l'Europe. Elle doit être traitée à part et ne figurera même pas, en l'état, au dossier. Eva Joly fait donc comprendre à André Guelfi qu'il doit lui révéler des faits plus concrets et exploitables pour être libéré. Le Floch ? Eva Joly pense – parce qu'on le lui a dit – qu'il a touché une partie des commissions versées au Venezuela. Lors d'un entretien, Gene-viève Gomez, lui avait dit qu'elle ne connaissait pas le desti-nataire final mais que Philippe Hustache, l'ancien directeur financier d'Elf, lui avait assuré que c'était Loïk Le Floch. Dédé-la-Balance n'a qu'un nom à dire et il est libre. Il va alors tenter un coup. Quelques jours plus tard, il promet à la juge qu'il est prêt à lui donner, contre sa liberté, le nom des Français qui ont touché une rétrocommission sur les 20 millions de dollars versés au Venezuela pour obtenir des permis d'exploration. La juge est convaincue qu'elle tient enfin Le Floch et que son instruction va être ainsi brillamment validée. Tout doit se jouer le jeudi 3 et le vendredi 4 avril 1997, car elle s'envole le lundi suivant, pour une semaine, en Grèce et en **Turquie**, en voyage d'études avec les au-diteurs de l'IHEDN, avec lesquels elle était partie, quinze jours plus tôt, en Egypte.

Le jeudi matin, Eva Joly convoque Hagop Demerdjian (ça ne s'invente pas !), homme d'affaires canadien, d'origine armé-nienne, résidant à Londres, qui a reçu la commission pour le Ve-nezuela de Guelfi[1]. Demerdjian prend l'avion et se rend au Palais

---

L'avant-veille, *Libération* avait publié un article sévère sur André Guelfi, prenant pour argent comptant qu'il n'y a pas de pétrole en Ouzbékistan !

1. Au Venezuela, les informations sur le versement d'une commission de 10 millions de dollars ne sont pas passées inaperçues. La presse en fait ses choux gras. L'opposition demande des explications au président Rafaele Caldera. Déstabilisé, celui-ci aurait menacé de rappeler son ambassadeur en France.

de Justice l'après-midi. Il explique, pièces à l'appui, qu'il n'a reçu que 10 millions de dollars sur son compte Sulina et qu'il les a répartis en quatre parts égales, pour le parti au pouvoir, pour le parti d'opposition, pour un certain Firmin Fernandez, aujourd'hui décédé (à destination, pense-t-on, du chef de l'Etat vénézuélien) et pour lui-même. Où sont passés les autres 10 millions?

Le lendemain, Loïk Le Floch est convoqué à quinze heures dans le bureau d'Eva Joly pour être confronté avec André Guelfi. Un mandat de dépôt a été préparé. Comme d'habitude, avant chaque échéance importante, un article est publié au débit de ceux qu'Eva Joly veut confondre. Cette fois-ci, c'est *le Parisien* qui évoque, sur une demi-page, une nouvelle affaire mettant en cause Le Floch. C'est une histoire compliquée de traduction d'un contrat en russe. Un paragraphe a été rajouté. Il prévoit le versement à la ville de Saratov d'une commission de 20 millions de dollars. Selon les avocats de Le Floch, il ne s'agit pas d'un faux, mais de plusieurs propositions de contrats faites par Elf, dont aucune n'a abouti. Pour eux, cette affaire a été montée en épingle pour les besoins de la cause. Car, de toute façon, il ne s'agissait pas de versements, mais de promesses d'investissements d'infrastructures dans Saratov et sa région, ce qui est normal et habituel dans les contrats pétroliers.

Le Floch confondu? Rien ne va se passer comme prévu. Eva Joly interroge André Guelfi:

— A qui avez-vous versé les 10 millions de dollars prélevés sur la commission théoriquement versée au Venezuela?

Dédé-la-Balance ménage son effet:

— J'ai fait virer une somme de 5 millions de dollars au profit d'Alfred Sirven, sur le compte 57007 SA.

— SA veut dire Alfred Sirven?

— Je ne sais pas, mais je me rappelle que cette somme était destinée à Sirven.

— Et le reste?

— Le même jour[1], j'ai donné l'ordre de transférer la somme de 2,5 millions de dollars au profit du compte 117240 TA Colette...

---

1. Il s'agit du 16 août 1992.

— A qui appartenait ce compte ?

— ... Il s'agissait d'un virement au profit d'André Tarallo.

— D'André Tarallo ?

— Oui, mais je me rappelle mon étonnement car Firmin Fernandez m'avait aussi parlé d'Omar Bongo.

André Guelfi évoque enfin les derniers 2,5 millions de dollars, placés sur un compte « MV ». Ce sont les initiales de Mathieu Valentini. Féru d'aéronautique, Valentini est un ami commun de Guelfi, de Tarallo et de Le Floch. Il ne pourra pas être inquiété ou démentir : il est décédé.

La révélation des vrais destinataires de la rétrocommission vénézuélienne fait à Eva Joly l'effet d'un électrochoc. Le Floch aussi tombe des nues. Des rétrocommissions, il en a vu passer au-dessus de sa tête. Mais en voilà une qui lui avait échappé : Sirven et Tarallo, ses subordonnés, l'avaient concoctée dans son dos, pour leur propre compte ! Le Floch est blanchi par Guelfi, mais il n'est pourtant pas quitte : Eva Joly lui notifie une nouvelle mise en examen, pour « faux et usage de faux » à propos de cette sombre histoire de versement d'une commission à la ville de Saratov. Mais le climat a changé du tout au tout. Tout à son affaire avec André Tarallo, Eva Joly ne s'intéresse plus à Le Floch. Celui-ci est pressé de s'en aller :

— Madame, pouvez-vous prendre ma déposition ?

— Ecoutez, je n'ai pas le temps. Dictez-la vous-même à mon greffier !

Ainsi fut fait. Olivier Metzner, qui s'était absenté pour une autre affaire, tombe des nues en entrant dans le bureau d'Eva Joly. Le spectacle, il est vrai, vaut le détour : Loïk Le Floch dicte consciencieusement sa déposition au greffier, un jeune militaire, en présence de l'avocat Pierre-François Veil mais en l'absence d'Eva Joly :

— Mais où est le juge ?

— Je ne sais pas, elle m'a dit de dicter le procès-verbal, de le signer et de partir...

Loïk Le Floch-Prigent ratera néanmoins le dernier avion pour rejoindre, à Saint-Tropez, l'assemblée annuelle du syndicat des agences de voyages, où il a été invité en tant qu'ancien président de la SNCF. Sa place à la table d'honneur est restée vide et le lendemain, à plusieurs reprises, Louis Gallois, son successeur à la tête de la SNCF, comme Christian Blanc, le président d'Air France lui donneront des marques publiques de sympathie. Ce sont là des petits riens sans lendemain mais qui, dans sa situation, comptent. Il lui faut maintenant se reconstruire. Il sait, depuis la veille, qu'il ne retournera pas à la Santé. Le Floch est hors jeu. Le dindon est sorti de la farce.

3

Monsieur Afrique

La révélation brutale d'une rétrocommission, empochée directement par André Tarallo, alors que celui-ci est officiellement couvert par Philippe Jaffré – la partie civile! – semble prendre Eva Joly totalement à contre-pied. En même temps qu'elle libère – comme promis – André Guelfi et qu'elle demande à Loïk Le Floch de dicter et de signer sa propre déposition, elle délivre sur-le-champ un mandat d'amener, baptisé « plan Orsec », visant le Monsieur Afrique d'Elf. La brigade financière ira aussitôt chercher André Tarallo. Résident suisse, il est à Paris ce vendredi : il fête ses soixante-dix ans et doit s'envoler le lundi suivant pour rencontrer Omar Bongo à Libreville, en compagnie de Philippe Jaffré. Les policiers le cueillent par surprise et le conduisent jusqu'au cabinet d'Eva Joly où il arrive, blême, à 16 h 30. Le face-à-face va durer sept heures, dans une ambiance dramatique. Sacré anniversaire !

Tarallo ne nie pas que c'est lui qui a ouvert la compte Colette – c'est le prénom de sa femme – sur lequel Guelfi a déposé 2,5 millions de dollars prélevés sur une commission versée théoriquement au Venezuela. Mais il affirme qu'il n'a fait que servir de boîte aux lettres pour Samuel Dossou, bras droit d'Omar Bongo et mari de l'ambassadrice du Gabon en France, afin que celui-ci... achète un avion. Il aurait sympathisé avec André Guelfi, à l'occasion des obsèques, en Corse, de Mathieu Valentini, l'ami commun qui a, lui aussi, touché des commissions sur le Venezuela : « Pour ses projets d'avions », explique Tarallo. Dossou lui aurait confirmé l'histoire en lui demandant d'ouvrir un compte dont il serait « le vrai titulaire ». Tarallo ajoute : « J'ai commis la sottise, dans ma précipitation, lorsque j'ai ouvert le compte et que le banquier m'a demandé quel serait le nom de ce compte, j'ai dit " Colette ".[...] Ce compte a été entièrement utilisé pour acquérir un avion. »

Eva Joly s'étonne :

— Pour quelle raison est-ce que vous faites les courses de M. Dossou, vous qui étiez le n° 1 de l'exploitation-production chez Elf ?

— Parce que M. Dossou voulait une opération spécifique.

Comprenne qui pourra. Les explications avancées par Tarallo sont on ne peut plus confuses. Lui-même le reconnaîtra, alors qu'Eva Joly le presse de dire cette fois-ci l'entière vérité :

— Je ne peux vous en dire plus. J'ai toujours agi avec discrétion. Lorsque j'étais amené à aider, je l'ai fait sans penser à mes intérêts personnels. Je ne peux guère parler, ce qui me vaut d'être dans la situation où je suis (...). Je ne mettrai en cause personne.

Mais cette façon de s'exonérer de tout en suggérant qu'on a agi pour le compte d'autrui au nom des intérêts supérieurs de l'Etat, c'est une rengaine dont Eva Joly a soupé. Pour des raisons qui resteront toujours incompréhensibles, mais où la naïveté et les préjugés ont sans doute leur place, elle avait fait crédit au gaulliste André Tarallo, le mettant en examen comme à regret, fermant les yeux sur ses folies immobilières de Bonifacio et l'écartant systématiquement du champ de ses investigations. Aussi considère-t-elle, pour le coup, qu'elle a été trahie.

La plaisanterie est finie. Eva Joly, aux yeux de ceux qui l'ont côtoyée ce jour-là, est dans un état second. Le plaisir d'avoir enfin débusqué une véritable rétrocommission, reconnue comme telle, après deux ans d'enquête et des dizaines de mises en examen souvent assorties d'incarcérations, l'emporte sur la gêne qu'elle aurait pu ressentir de s'être si longtemps trompée de cible. Elle est euphorique, furieuse et résolue. Elle joue avec celui qu'elle a si longtemps protégé, comme un chat avec une souris. Elle le coince sur son train de vie, par rapport à ses revenus déclarés. Il affirme qu'il est rémunéré en Suisse pour son rôle de conseiller de Bongo. A-t-il des preuves de ces revenus extérieurs ? Ont-ils été régulièrement déclarés ? Elle l'accule sur l'importance de son patrimoine – sa maison de Bonifacio, son appartement du quai d'Orsay, à Paris, et l'autre qu'il possède à Genève, par rapport à ses revenus de toute nature encaissés depuis plusieurs années.

Soudain, Eva Joly appelle Anne-Marie Beaugnion, le substitut du procureur de permanence :

— Anne-Marie, il faudrait que tu restes, j'aurai besoin de toi pour le débat contradictoire.

Le débat contradictoire ? André Tarallo comprend tout de suite qu'Eva Joly a l'intention de l'envoyer dormir, lui aussi, à la Santé, peut-être pour occuper la cellule qu'André Guelfi vient de libérer. Les avocats s'agitent. L'Elysée, Matignon, sont immédiatement prévenus, ainsi qu'Omar Bongo lui-même. André Tarallo en prison ! Le protégé de tous les chefs d'Etat africains amis de la France ! Jacques Chirac est convaincu que si André Tarallo est envoyé en prison, si on l'oblige à parler, à tout révéler, Omar Bongo n'hésitera pas à rompre les relations diplomatiques avec la France. Pas question de laisser mettre par terre quarante ans de relations étroites – voire incestueuses – de la France avec ses anciennes colonies d'Afrique noire. Pas question de laisser éclater les secrets du financement historique du mouvement gaulliste, des origines de la Ve République jusqu'à aujourd'hui. Il y aurait quoi faire retourner dans sa tombe Jacques Foccart, l'ancien conseiller du général de Gaulle pour les affaires africaines, qui a justement été enterré la semaine précédente, hors de la présence – tout un symbole – d'Omar Bongo dont il était le père et le parrain[1].

Le débat contradictoire a bien lieu. Les réquisitions du parquet

---

1. La vraie raison est qu'Omar Bongo refuse de se rendre en France tant qu'il n'obtiendra pas les garanties de ne pas être importuné par la justice. Il marquera néanmoins son attachement à Jacques Foccart dans une interview accordée à l'hebdomadaire *Jeune Afrique* où il le qualifie de « sage » et d'« ami ».

sont sévères. L'affaire semble réglée. Et pourtant, à deux heures du matin, André Tarallo sortira libre du Palais de Justice, avec un contrôle judiciaire et un caution de... 10 millions de francs, à verser dans de brefs délais. Omar Bongo a-t-il appelé son « frère » Chirac? Celui-ci, en tout cas, est resté pendu au téléphone avec Jacques Toubon, son garde des Sceaux, qui a lui-même appelé son ancien directeur de cabinet, Alexandre Benmakhlouf, devenu procureur général près la cour d'appel de Paris. Et Benmakhlouf a téléphoné personnellement à Eva Joly, à 1 heure du matin, pour lui demander de ne pas incarcérer Tarallo. A regret, la juge a cédé. Non pas aux pressions, mais elle a tenu compte, cette fois-ci, de la raison d'Etat, au nom de l'intérêt national.

Par rapport au sort réservé à plusieurs protagonistes du dossier, celui d'André Tarallo est donc enviable. Et pourtant, ce n'est pas assez. Il lui faut sa liberté d'aller et de venir, toujours au nom de la raison d'Etat. Omar Bongo a en effet convoqué Philippe Jaffré à Libreville et exigé qu'André Tarallo l'accompagne. Pas de Jaffré sans Tarallo qui est, aux yeux de Bongo, la caution et le seul élément de continuité chez Elf. Hors de question de s'y opposer : Bongo fait toujours planer la menace d'une nationalisation d'Elf-Gabon. C'est déjà pour cette raison que Philippe Jaffré, après avoir longtemps tergiversé, a finalement prononcé, un mois auparavant, la dissolution de la CPIH, filiale luxembourgeoise d'Elf-Gabon, que Bongo avait réclamée publiquement et en vain. Cette opération a permis à Elf de mettre la main sur 2,2 milliards de francs de liquidités et à l'Etat gabonais de récupérer 490 millions de francs. Le voyage à Libreville est reporté d'un jour. Le temps de lever l'interdiction de sortie du territoire national imposée à Tarallo par Eva Joly. Celle-ci étant partie en Grèce et en Turquie pour une semaine, elle n'aura pas à se déjuger. Il reviendra au juge Zanoto, qui la remplace, d'accorder la dérogation. L'histoire ne dit pas ce que se sont dit Philippe Jaffré et André Tarallo dans l'avion privé qui les a conduits à Libreville. Le président d'Elf a-t-il fait la leçon à celui d'Elf-Gabon pour avoir mis les doigts dans la confiture vénézuélienne? Ou bien a-t-il, lui aussi, fait taire ses hautes exigences morales, au nom de la raison d'Etat et des intérêts supérieurs d'Elf?

A Libreville, en tout cas, les rôles sont inversés. C'est Jaffré qui arrive en position d'accusé. Omar Bongo lui reproche d'avoir contribué à faire dégénérer l'enquête sur Elf, sa plainte et le soutien qu'il a apporté à l'instruction. Accusé ? Jaffré n'est pas gêné. Il a refusé de faire bénéficier l'avocat parisien de Bongo de l'avion d'Elf et semble courroucé de le retrouver néanmoins à Libreville. Il va même afficher une étrange désinvolture lors de sa rencontre avec le chef de l'Etat. Devant lui, Bongo fait semblant de dormir, ce qui est le signe d'un grand agacement. Soudain, il lève un œil :

— J'aimerais bien qu'on cesse d'ennuyer le Gabon.

— Moi aussi, mais vous savez que la situation, à Paris, est devenue très compliquée.

— Le préalable serait que vous retiriez la plainte pénale que vous avez déposée.

— Mais cela ne changerait rien, la juge Eva Joly est devenue incontrôlable. Elle n'a pas respecté notre pacte tacite qui cantonnait son enquête aux affaires Bidermann-Le Floch.

— Peut-être, mais le retrait de votre plainte pénale aurait un effet psychologique majeur. Plus de partie civile, plus de justifications aux commissions rogatoires.

— Ce n'est pas possible. J'ai évité de donner à la justice un certain nombre de documents où figurent les noms d'hommes politiques français et étrangers. Elle le sait. Je suis moi-même à la merci d'une perquisition chez Elf, avec quinze policiers. Tout ce que je peux vous promettre, c'est de veiller à ce que mes avocats ne l'aident pas dans ses investigations dès lors qu'elles pouraient concerner les relations avec le Gabon.

Bongo n'est pas convaincu. Mais il se déplace sur un autre terrain :

— Je crois que vous étiez favorable à la dévaluation du franc CFA.

— C'est exact. C'était, à mes yeux, une mesure d'assainissement indispensable des économies africaines...

— Ce qui est sûr, c'est que les médicaments sont devenus hors de prix pour les Africains, qui en ont pourtant bien besoin. Y avez-vous songé ?

Philippe Jaffré se demande où Omar Bongo veut en venir.

— Les médicaments et les autres produits importés, bien sûr. Mais on ne peut pas fonder des économies sur l'exportation de matières premières et les importations massives de produits finis.

— C'est bien ce que je pense. C'est pourquoi, compte tenu du rôle et des responsabilités d'Elf dans notre pays, il serait souhaitable que votre filiale Sanofi crée une usine de médicaments génériques au Gabon, pour le marché national et pour l'exportation en Afrique.

Le soir, au cours du dîner offert en son honneur par Omar Bongo, Philippe Jaffré accaparera la parole, en décrivant notamment, par le menu, un musée de Berlin d'où il revenait. Une nouvelle fois, Omar Bongo mimera la somnolence, puis il rompra la séance. Jaffré parti, il se contentera d'un commentaire laconique :

— Il est curieux, ce Jaffré. Il ne parle que de lui. Peut-être ne pense-t-il qu'à lui.

C'est un voyage pour rien. De retour à Paris, Jaffré se gardera de toute initiative qui aurait pu le mettre en porte-à-faux. Il se contentera de rencontrer le directeur de cabinet d'Hervé de Charette, ministre des Affaires étrangères, pour le tenir au courant de la gravité de la situation. Informé de l'inertie délibérée de son interlocuteur, Omar Bongo, à Libreville, a le sentiment d'avoir été trahi. Il appelle ses collègues Eduardo Dos Santos (Angola), Pascal Lissouba (Congo-Brazzaville) et Paul Biya (Cameroun) pour leur demander de faire front commun contre le patron d'Elf. Il fait savoir à Philippe Jaffré qu'il ne doit plus remettre les pieds au Gabon, jusqu'à nouvel ordre. Ce qui, évidemment, fait le bonheur des Américains, au moment où les résultats des prospections dans le golfe de Guinée dépassent toutes les espérances. Les uns après les autres, les pétroliers découvrent, en eau profonde mais à des coûts abordables, des patates (terme français) ou des éléphants (terme anglo-saxon), c'est-à-dire d'énormes gisements qui n'attendent que d'être exploités...

Comment en est-on arrivé au bord de la rupture avec un pays

jusque-là sous contrôle et un chef d'Etat ami, proche des services secrets français ? Les signaux n'ont pas manqué jusqu'à ce 18 mars, en fin d'après-midi, qui voit Mme Honorine Dossou-Naki, ambassadrice du Gabon en France, se rendre à l'Elysée pour remettre à Dominique de Villepin, secrétaire général, une lettre destinée à Jacques Chirac dans laquelle Omar Bongo exprime officiellement son inquiétude face aux développements des investigations judiciaires vers son pays, contrairement aux promesses qui lui ont été faites. Déjà, André Tarallo a été dépêché à Libreville pour donner à Bongo de nouvelles garanties. L'affaire est urgente : l'absence de Tarallo à la cérémonie de remise de la Légion d'honneur à Michel Roussin, ancien ministre de la Coopération, est remarquée.

Le 27 mars suivant, un avocat parisien se rend au Palais de Justice et remet à Eva Joly une lettre lui confirmant une requête d'Omar Bongo qu'il lui avait présentée quelques semaines plus tôt par téléphone : il demande l'interruption des commissions rogatoires qu'elle a diligentées en Suisse, le 3 octobre 1996, pour connaître les ayants droit des comptes déposés à la Canadian Imperial Bank of Commerce (CIBC) de Genève. Omar Bongo a joint une attestation signée de sa main certifiant que c'est « sur [son] ordre » que la société Kourkas a été acquise par Samuel Dossou-Aworet, « conseiller spécial auprès de la présidence », puis que celui-ci a ouvert un compte à la CIBC. Kourkas est une société fiduciaire immatriculée aux îles Vierges britanniques au nom de Samuel Dossou, mais qui appartiendrait à Omar Bongo. Celui-ci considère néanmoins les recherches d'Eva Joly comme une intrusion dans les affaires intérieures du Gabon. Coïncidence : le jour même où son avocat entreprend cette démarche, Omar Bongo apprend que le juge genevois Pascal Perraudin a ordonné la mise sous séquestre du compte Kourkas à la CIBC, « à titre conservatoire », en exécution de la commission rogatoire du 3 octobre 96. Omar Bongo a le sentiment d'avoir été délibérément mené en bateau. Il ne cesse d'appeler Chirac à qui il reproche de ne pas faire régner l'ordre dans son pays. L'affaire de-

vient publique car *Le Monde*[1] en fait état à la une en évoquant la
« colère » d'Omar Bongo, en raison du tour qu'a pris l'instruction.

La brouille est patente, mais il n'est pas question de l'assumer
au grand jour. Le 1er avril, quelques heures après la sortie du
Monde à Paris, la présidence de la République gabonaise publie
un communiqué qui dément la colère d'Omar Bongo, assure que
les « relations franco-gabonaises ne sont traversées par aucune
turbulence » et que l'article du *Monde* « ne comprend aucun fait
véridique ». Le communiqué ajoute que « l'affaire Elf-Bidermann est une affaire de la justice française qui ne concerne pas
l'Etat gabonais ». Mais cet article du *Monde* aura une autre
conséquence. Alors qu'Eva Joly avait finalement accepté de renoncer à ses commissions rogatoires sur le compte Kourkas, elle
prendra prétexte du fait qu'on a voulu lui forcer la main par voie
de presse pour revenir sur sa décision.

Quelques jours plus tard, le 11 avril, le tribunal fédéral de Lausanne rejette la demande de « suspension » de la mise sous séquestre du compte Kourkas de Samuel Dossou. Michel Halpérin,
avocat suisse de Bongo, a, en vain, demandé l'immunité diplomatique pour ce compte qui « dépend du président gabonais ».
Une contestation de la procédure de saisie est par ailleurs engagée sur le fond devant la chambre d'accusation de Genève.
Omar Bongo a présenté parallèlement au département fédéral des
affaires étrangères une « très vive protestation ». Pascal Lissouba,
président du Congo, a également protesté par l'intermédiaire de
ses conseillers financiers en Suisse et demandé à Berne de bloquer les commissions rogatoires lancées par Eva Joly. Il y en aurait onze !

La réponse d'Omar Bongo, cinglante et inquiétante, viendra
sous la forme d'un éditorial publié le 24 avril dans *L'Union*, le
principal quotidien gabonais. Le chef de l'Etat fait souvent passer
des messages sous la signature de Makaya, sorte de justicier au
grand cœur, Zorro tropical, pseudonyme utilisé par plusieurs
journalistes proches du président et qui expriment alors sa

---

1. *Le Monde* daté du 2 avril 1997.

pensée. Mais parfois, comme ce jour-là, Omar Bongo prend lui-même la plume. Et, pour que personne ne se trompe, il adressera le matin même, depuis le palais présidentiel, un fac-similé de l'éditorial à Dominique de Villepin à l'Elysée, ainsi qu'à ses avocats et à diverses personnalités françaises.

Que dit Omar Bongo ? « Depuis quelques jours, moi, Makaya, je constate que les Français, à travers leurs journaux et leur classe politique embourbés dans les sales magouilles de fausses factures, financements occultes et autres délits d'initiés, recommencent à chercher désespérément des poux dans la tête de notre préside. Les histoires d'Elf-Loïk-Le Plouc-Tarallo-Jaffré et leur gonzesse norvégienne, Eva Joly, qui sent la morue, moi, Makaya, ça commence à me taper sur le système.

« Il faut que les Français comprennent que nous ici on en a marre de voir des petits plumitifs du journal *Le Monde*, *Libération*, *France-Soir* et Cie, traiter les préside africains comme des moins que rien, des serpillières sur lesquelles, tous les matins, ils viennent essuyer leurs pieds pleins de gadoue.

« En tout cas, en ce qui concerne notre préside, je le répète, on en a plus que marre. Parce que la France là c'est quoi ? Une puissance moyenne, qui n'existe que parce qu'elle s'accroche à l'Allemagne qui l'a toujours battue sur tous les plans... Je préfère ne pas tout déballer. Donc, il n'y a pas que la France, d'ailleurs, Bill Clinton, l'Amerloque, a envoyé dernièrement une lettre de félicitations à notre préside, pour la stabilité de notre pays. Il est donc grand temps que le Gabon gomme cette image de chasse gardée de la France pour se tourner vers un partenaire comme les Etats-Unis, plus ouvert et plus compréhensif à son égard.

« Parce que ces blancs-becs de l'Hexagone, ils pompent notre pétrole depuis la coloniale, nous refilent en retour des broutilles et ils trouvent le moyen d'insulter tout le temps notre préside et de vilipender notre pays. Dans cette histoire d'Elf et les commissions destinées au Venezuela, qui se baladent, on ne sait plus qui est qui, et qui fait quoi. Au départ, on a tenté de moraliser notre préside, après on a parlé de son conseiller en hydrocarbures et voilà qu'aujourd'hui l'étau se resserre autour des Français eux-mêmes (...).

« Et tel que c'est parti, ne soyez pas étonnés demain quand vous allez apprendre que Jaffré lui-même n'est pas blanc comme la neige de son village, qu'Edouard Balladur, cet ancien Premier ministre turc-arménien, avec qui je me suis déjà frotté, et autres Pasqua, sont en réalité les vrais acteurs de ce thriller mal ficelé.

« Notre préside avait raison de dire que c'est une affaire franco-française, quoi. Alors, que les journaux parisiens laissent notre préside tranquille maintenant, parce que tous les Français qui se la coulent douce ici chez nous, risquent de souffrir de cette nouvelle crise franco-gabonaise (...). A bon entendeur. »

Cet éditorial fleuri ne prête à sourire qu'en apparence. Sous son style bouffon, il s'agit d'un texte ciselé, fait pour être lu à plusieurs niveaux. De prime abord, c'est le coup de colère d'un chef d'Etat envoyant à l'ancienne puissance coloniale ses quatre vérités. Makaya-Bongo menace ouvertement les dirigeants français d'un renversement d'alliance au profit des Américains. Et prévient que les Français résidant au Gabon « risquent de souffrir de cette nouvelle crise franco-gabonaise ». Il la confirme donc, alors qu'il l'avait démentie quelques jours plus tôt, dans un communiqué officiel, en réponse à l'article du *Monde*. Mais une analyse plus fine fait apparaître un chapelet de bombes à retardement et de menaces voilées que seuls les initiés peuvent décoder.

Ainsi, lorsqu'il évoque Elf-Loïk-Le Plouc-Tarallo-Jaffré, Omar Bongo fait un bon mot, mais il signifie surtout que, pour lui, les deux présidents d'Elf et celui d'Elf-Gabon sont à mettre dans le même sac. Lorsqu'il évoque la « gonzesse norvégienne qui sent la morue », il montre le respect limité qu'il porte à Eva Joly.

Quand Bongo parle de « la France, puissance moyenne, qui n'existe que parce qu'elle s'accroche à l'Allemagne » et qu'il précise « je préfère ne pas tout déballer », il ne se contente pas d'un petit coup de provocation : il fait savoir qu'il connaît les dessous de l'achat, par Elf, de la raffinerie de Leuna et du réseau de distribution Minol et que son silence a un prix. En corollaire, lorsqu'il déplore que la presse française fasse deux poids deux mesures entre les chefs d'Etat africains et les autres, il signifie qu'il entend désormais être aussi bien traité que l'est Helmut Kohl. Lorsqu'il affirme que « Jaffré n'est pas blanc comme la neige de son village », il distille le doute sur les pratiques anciennes mais aussi actuelles d'Elf, sur le dossier Leuna, comme avec le général Abaya, président du Nigeria, et quelques autres... Enfin, lorsqu'il affirme qu'« Edouard Balladur (...) et autres Pasqua sont en réalité les vrais acteurs de ce thriller mal ficelé », Makaya-Bongo met les pieds dans le plat, prend à contre-pied toute l'instruction conduite par Eva Joly mais dit tout haut ce qu'un certain nombre de gens bien informés, en France, pensent tout bas.

A la lecture de ce brûlot, que lui a immédiatement transmis Dominique de Villepin, Jacques Chirac appelle Omar Bongo. Il lui promet une remise à plat du dossier et affirme que « les Français et les Gabonais qui ont commis des actes délictueux seront responsables devant la justice de leur pays ». Ce qui signifie que Samuel Dossou et a fortiori Omar Bongo n'auront pas de comptes à rendre devant la justice française. A compter de ce jour, les autorités françaises et gabonaises vont déployer des trésors de la diplomatie pour rétablir les relations confiantes et mutuellement fructueuses qui ont toujours existé entre les deux pays. Le climat va d'ailleurs rapidement s'améliorer. Dès le 2 juin 1997, après la défaite de la droite aux élections législatives anticipées, la démission d'Alain Juppé et la nomination de Lionel Jospin à Matignon, Omar Bongo va reprendre ses vieilles habitudes de participant actif à la vie politique française. Le jour de la formation du nouveau gouvernement, au moment même où Michel Rocard intrigue à l'Elysée pour se faire adouber comme ministre des Affaires étrangères de Lionel Jospin, Bongo appelle son « frère » Chirac pour lui demander de s'opposer à une éventuelle nomination de Jack Lang à ce poste. Ce dont il n'avait d'ailleurs jamais été question. Quelques jours plus tard, la paix est officiellement déclarée entre Elf et le Gabon. Pour que chacun le sache, la compagnie publie, le 13 juin, un communiqué saugrenu dans lequel elle annonce que Philippe Jaffré « a été longuement reçu le 12 juin à Libreville, par Omar Bongo, président de la République » du Gabon. Il est précisé que « l'entretien s'est déroulé dans un climat de très grande cordialité ». Comme si tout cela n'allait pas de soi entre le président d'une compagnie pétrolière et celui d'un pays dont elle assure l'essentiel des ressources...

En France, pourtant, la bataille va continuer, violente mais secrète, entre les balladuriens et les chiraquiens, entre les pro et
anti-Pasqua, entre ceux qui sont favorables à André Tarallo et
ceux qui lui sont hostiles, sur fond de querelles internes au sein
de la police. Cette bataille va donner lieu à une incroyable opération, digne d'une république bananière. Une opération, qui va,
cette fois-ci, faire complètement basculer le dossier et le rendre
définitivement incontrôlable. Elle a pour toile de fond les investigations que conduit Eva Joly pour confondre André Tarallo : la
juge a dû se résoudre à le laisser en liberté, mais celui-ci n'est pas
quitte pour autant. Le voile est déchiré. La juge relance son enquête à partir des dénonciations dont elle n'avait, jusque-là, pas
voulu tenir compte. Le 18 avril, elle a envoyé trois officiers de
police judiciaire de la brigade financière perquisitionner chez le
décorateur de Saint-Tropez Henri Garelli. C'est sa secrétaire,
Marie-José Nazar, qui lui avait téléphoné, en juillet 1996, pour la
prévenir des dépenses invraisemblables de Tarallo. Vers dix-sept
heures, les policiers interrompent leur perquisition. Ils ont découvert deux copies de chèques datés des 30 janvier et 20 novembre 1994 (de 59 300 et 94 880 francs), tirés sur le fameux
compte Colette de la CBI-TDB Union bancaire privée de Genève
(n° 301-228579), destinés à payer des travaux effectués chez André Tarallo à Paris. Et une copie de chèque (de 400 000 francs)
relatif à des travaux à Bonifacio, tiré sur le même compte le 27
décembre. Aussitôt prévenue par téléphone, Eva Joly leur demande de lui transmettre ces photocopies par fax. La secrétaire
comptable a dit vrai. Ces nouveaux éléments laissent à penser
que Tarallo a utilisé l'argent détourné pour lui-même. Reste à
vérifier le reste. Au total, les factures de décoration dans ses trois
résidences à Genève, au quai d'Orsay et à Bonifacio seraient de
45 millions de francs. Les policiers rentrent à Paris et, dès le
lendemain, un samedi, commencent à exploiter les documents.
L'un d'entre eux rédige le procès-verbal de saisie, recensant dans
le détail les pièces emportées. Dix scellés sont confectionnés.
Neuf d'entre eux sont mis dans un carton, posé au sol. L'un reste
sur un bureau. A dix-neuf heures, le commissaire et ses officiers

quittent ensemble la rue du Château-des-Rentiers, un vaste immeuble impersonnel du XIIIe arrondissement de Paris, siège de la brigade financière.

Quand ils reviennent, le lundi matin, le carton a tout simplement disparu. Le scellé resté sur la table n'a pas été touché. Il contenait les agendas de l'architecte Henri Garelli. Pendant quelques heures, les policiers ne voudront pas croire au vol : le bâtiment, hautement sensible, est gardé jour et nuit, ses entrées sont strictement filtrées. Quant aux bureaux, ils étaient fermés à clé et il n'y a aucune trace d'effraction. Une femme de ménage se serait-elle trompée ? Très vite, il doivent se rendre à l'évidence. Il y a bien eu vol de scellés, au cœur même de la brigade financière. De plus, un ordinateur au moins – celui du chef du groupe d'enquêteurs – a été lu et son disque dur, qui contient tous les éléments de l'enquête sur l'affaire Elf, a sans doute été recopié. Son mot de passe a été forcé. Pour quoi, pour qui ? Le but ne peut être de faire disparaître les documents saisis, puisque leur contenu a été lu par les policiers et que l'essentiel a été faxé à Eva Joly. De toute façon, les enquêteurs pourront reconstruire l'ensemble du dossier, à partir des témoignages et des doubles qui existent ici et là. L'objectif, évidemment, est ailleurs. C'est une menace et un avertissement. Les visiteurs, qui ont agi avec une aisance incroyable, ont voulu montrer qu'ils sont opposés à la nouvelle tournure prise par le dossier et qu'ils n'ont peur de rien. Ils ont défié ouvertement Eva Joly et Eric Lacour, le patron de la brigade financière, nommé à ce poste alors que Charles Pasqua était ministre de l'Intérieur d'Edouard Balladur. Par cette provocation, ceux qui les ont envoyés ont voulu montrer leur force et leur détermination. Les auteurs du délit connaissent parfaitement le dossier, car rien n'avait filtré, à l'extérieur, sur la perquisition de Saint-Tropez. Ce ne peut donc être que des policiers de la brigade financière eux-mêmes ou des personnes bénéficiant d'énormes complicités dans la maison.

L'affaire fait l'effet d'une bombe. Le préfet de police de Paris, Philippe Massoni, demande immédiatement à l'IGS, la police des polices – les « bœuf-carottes » –, de trouver les coupables. De son côté, le parquet de Paris ouvre une information judiciaire pour « vol ». La juge Marie-Paule Moracchini est chargée de l'enquête. Haïe par les policiers à cause de son absence de complaisance à leur égard dans plusieurs autres affaires, elle délivre une commission rogatoire à l'IGS qui se rend le jour même rue du Château-des-Rentiers, dans un immeuble en pleine ébullition. Le commissaire et les trois officiers de police qui ont réalisé les scellés sont placés en garde à vue, puis relâchés sans qu'aucune charge ait été retenue contre eux. Cette gesticulation provoque la colère de leurs collègues. Pourquoi auraient-ils détruit des pièces qu'ils sont allés chercher et qu'ils ont faxées en urgence au juge ? Les bœuf-carottes perquisitionnent alors la totalité de l'immeuble, qui abrite également tous les cabinets des délégations judiciaires de la sous-direction des affaires économiques et financières de la PJ, en charge des dossiers sensibles. Ces interrogatoires, cette perquisition sont très mal vécus par les policiers, coutumiers du fait lorsqu'il s'agit d'autrui mais peu habitués à être eux-mêmes traités de la sorte. Ceux-ci font rapidement savoir à la presse que « les premières investigations indiquent qu'on peut entrer dans l'immeuble comme dans un moulin, par les sous-sols ». C'est une façon d'ouvrir le champ des possibilités. Car l'hypothèse la plus probable – un vol commis par les policiers eux-mêmes, au sein de leur propre service – est insupportable. Aussi bien pour eux que pour l'ordre public.

Qui a osé ? Le Tout-Paris policier, judiciaire et politique voit immédiatement dans ce coup tordu la main des Corses qui gravitent dans l'entourage de Charles Pasqua. Ceux-ci ont toujours leurs fans dans les milieux policiers. Cette mise en cause paraît d'autant plus logique que les familiers du dossier Elf savent, depuis des mois, qu'Eva Joly enquête en secret sur le rôle des réseaux corses en Afrique. Des indices lui laissent croire que ces réseaux sont à l'origine des menaces dont elle a été l'objet. Les Corses apparaissent à toutes les pages du dossier Elf, d'André Tarallo à André Guelfi en passant par Charles-Henri Filippi, Charles Pasqua, son homme à tout faire Daniel Léandri ou ses bons amis les frères Feliciaggi. Rien d'étonnant à cela : la présence active des Corses en Afrique est une tradition qui date de la coloniale et qui n'a jamais été interrompue. Ils fournissaient les gros bataillons de ceux qui étaient prêts à faire carrière outre-mer. « Aujourd'hui les réseaux politiques se mêlent aux réseaux d'affaires, écrivent Sophie Coignard et Marie-Thérèse Guichard[1] : Charles Pasqua a beau jurer qu'il existe entre eux une frontière étanche (...), il existe à tout le moins des liens. Ainsi, l'ancien ministre de l'Intérieur entretient-il d'amicales relations avec Michel Tomi, entreprenant promoteur des paris hippiques en Afrique. Le PMU est un vrai pactole : on parie gros dans la brousse sur les courses de Vincennes et de Maisons-Laffitte, dont les images sont relayées par Canal-France International. Le même Michel Tomi, dont le frère Jean-Baptiste, ancien patron du casino de Bandol, est le maire très écouté de Tasso, en Corse-du-Sud, est d'ailleurs associé dans un autre domaine tout aussi lucratif, celui des machines à sous, avec Robert Feliciaggi, maire de Pila-Canale. Cet autre ami de Charles Pasqua et d'André Tarallo gère une cinquantaine de casinos en Afrique. » La gestion de casinos est une activité lucrative et bien commode.

La piste corse est aussi celle que vont suivre d'emblée les bœuf-carottes. Ils vont commencer par s'intéresser à Henri Antona, un ancien de la brigade financière, proche de Daniel Léandri. Antona est membre de l'Association franco-gabonaise des Hauts-de-Seine qui fournit à Pasqua l'occasion de nombreux voyages en Afrique. PDG de Techni, une filiale de la Générale des Eaux, qui contrôle de nombreuses sociétés de nettoyage, de gardiennage ou de chauffage tout spécialement dans les Hauts-de-Seine, il bénéficie de la protection de Charles Ceccaldi-Reynaud, maire de Puteaux et personnalité influente des milieux corses en métropole. Sophie Coignard et Marie-Thérèse Guichard racontent[2] que « quand le jeune et impétueux Jean-Marie Messier, qui a succédé à Guy Dejouany à la tête de la Générale des Eaux, veut faire le nettoyage de ses filiales, dont Techni, le maire de Puteaux lui envoie un message sans ambiguïté : " pas question de toucher à Antona " ».

---

1. *Les Bonnes Fréquentations, histoire secrète des réseaux d'influence*, Grasset, 1997.
2. *Ibid.*

Mais la piste Antona ne débouche sur rien. Daniel Léandri ?
Ce personnage hors du commun a marqué les milieux parle-
mentaires depuis le jour où, devant les huissiers médusés, il a
voulu accompagner Charles Pasqua dans l'hémicycle sans se séparer de son arme de poing ! Ancien brigadier-chef, Pasqua
l'avait installé, place Beauvau, dans un bureau contigu au sien
pour s'occuper de ses « affaires réservées », tout en lui servant de
garde du corps. Surnommé « le Tondu » ou « Monsieur Tout à
fait » (c'est un tic de langage), Daniel Léandri a longtemps été
actif en Afrique. En juillet 1994, il est promu officier dans l'ordre
national ivoirien par le président Henri Conan Bédié. Léandri n'a
pas que des amis. L'ancien brigadier-chef possède une propriété
de standing sur la Côte d'Azur. Il aurait bénéficié, du temps de
Loïk Le Floch, comme beaucoup d'autres, d'un salaire de
complaisance chez Elf et de l'usage d'une carte de crédit,
plafonnée à 150 000 francs par mois. Alfred Sirven lui avait
même attribué un bureau rue Christophe-Colomb – dans
l'immeuble qu'il occupait, celui où, plus tard, Philippe Jaffré se
fera aménager un appartement à usage personnel. Un immeuble
où défilait beaucoup de monde, à commencer par Jean-Charles
Marchiani, le préfet préféré de Charles Pasqua.

Tout cela donne un contexte, mais ne dit pas qui a volé les
scellés mettant en cause Tarallo et qui a donné l'ordre de le faire.
Rien, en réalité, ne vient étayer les rumeurs mettant en cause
l'entourage de Pasqua et les Corses en général. Cette piste va
même singulièrement se brouiller avec la lettre qu'Emile Perez,
secrétaire général du Syndicat des commissaires de police, remet
à l'IGS, le 16 mai. C'est une lettre de deux pages, écrite sous
l'en-tête de la « Direction de la police judiciaire-Brigade financière » et signée, de façon anonyme, par « les officiers de Police
judiciaire de la Brigade financière ». Des extraits ont déjà été publiés dans *Le Monde*[1]. Bien qu'André Tarallo ne soit pas cité
nommément, il s'agit d'un texte écrit comme s'il lui était adressé.
Ses auteurs évoquent « l'épreuve » subie « du 4 au 5 avril, jour
de votre anniversaire (...) et le délabrement du fonctionnement de

---

1. *Le Monde* du 23 avril 1997.

notre service, afin que vous compreniez que l'affaire dans laquelle vous êtes mis en cause s'inscrit dans le cadre d'agissements qui datent de la période consécutive au changement de majorité à l'Assemblée nationale en 1993 ». Ils précisent : « Les dossiers que nous traitons, mêlant les affaires financières, la politique, voire les intérêts de notre pays, ont constamment suscité des interventions de part et d'autres, parfois surprenantes, mais toujours intelligentes et courtoises (...). La coutume voulait que le ou les fonctionnaires en charge d'un dossier posant problème décident, en leur conscience de responsables d'enquêtes, de la suite à donner à ces situations. Depuis quatre ans, ce modus operandi s'est peu à peu transformé, par la volonté de notre chef de service, désireux de servir les intérêts d'une caste qui a infiltré avec brio le monde des affaires de notre pays[1]. » Comme preuve de la collusion avec les balladuriens, les auteurs rappellent les conditions de la perquisition d'Eva Joly chez Elf, qu'ils situent « en fin d'année 1996 », alors qu'elle a eu lieu le 29 mars : « Il est important de savoir que quelques enquêteurs de notre service ont été invités à déjeuner par Philippe Jaffré en compagnie d'Eva Joly et sont repartis les bras chargés de parfums pour leurs épouses (...). Peut-être serait-il temps de s'interroger sur les convergences d'intérêts pouvant exister entre ce magistrat, Philippe Jaffré et ceux qui ont placé ce dernier à ce poste... » Les auteurs de cette étrange lettre ne se laissent pas abattre : « Cependant, croyez bien qu'il nous reste quelques moyens et quelque espoir et que, parmi ces moyens, si nous avions pu vous prévenir à temps, nous l'aurions fait... ceci au nom de la justice et de cette notion de service public à laquelle nous croyons. » Ils concluent en évoquant la menace de « chantage » ou de « pressions » émanant « de ceux qui ont été écartés du pouvoir par l'expression du suffrage universel ».

Bref : ceux qui ont écrit cette lettre se présentent comme proches d'André Tarallo et hostiles à Edouard Balladur et à Charles Pasqua, liés pour le meilleur et surtout pour le pire, de 1993 à 1995. En première approche, les auteurs anonymes sem-

---

1. N.d.A. : il s'agit d'Eric Lacour, nommé par Charles Pasqua alors qu'Edouard Balladur était Premier ministre.

blent bien montrer du doigt Balladur, Pasqua et leur chef Eric Lacour. Mais, dans ce domaine, rien n'est jamais simple : il peut
aussi s'agir d'un coup tordu, comme on les monte parfois dans
ces milieux policiers, visant à décrédibiliser ceux que l'on
prétend défendre. Bizarrement, il y a dans cette lettre de grosses
erreurs de dates et plusieurs contradictions : André Tarallo et
Philippe Jaffré sont présentés comme opposés l'un à l'autre, alors
qu'ils ont si longtemps marché la main dans la main !

Finalement, de cet embrouillamini politico-policier, émerge
une seule certitude : il existe deux clans antagonistes, rue du
Château-des-Rentiers, sur fond de querelles internes au RPR et
peut-être de solidarités corses ! Des policiers, déterminés et
probablement couverts en haut lieu, se sont regroupés pour cla-
mer leur hostilité à leur chef Eric Lacour et pour dénoncer la
façon dont travaille la brigade financière, en plein accord avec
Eva Joly : ils lui reprochent d'être active dans tous les milieux
politiques, sauf du côté des balladuriens. L'argumentaire est
nourri par l'évocation d'épisodes méconnus, survenus dans le
cours d'enquêtes financières mettant en cause des personnalités
balladuriennes. Sont ainsi évoquées les interventions de Nicolas
Sarkozy, lorsqu'il était ministre du Budget d'Edouard Balladur,
dans une affaire de brasseries parisiennes ainsi que les précautions prises, allant jusqu'au dessaisissement d'un juge, pour instruire une plainte de la Mutualité Française visant Jean-Marie
Messier, le patron de la Compagnie générale des Eaux, ancien
conseiller du même Balladur, alors qu'il était associé-gérant de la
banque Lazard.

Ce vol de document au cœur même de la brigade financière
peut faire très mauvais effet dans l'opinion, sans parler de la
déstabilisation interne de ce service ultrasensible. Car elle accré-
dite le sentiment, jusque-là diffus, que l'affaire Elf est traitée sur
la base de batailles internes et de rapports de forces politiques,
bien loin de l'idéal judiciaire. Pour couper court à ces dérives,
une semaine jour pour jour après la découverte du vol, les policiers de la brigade financière recevront la visite – hypermédia-
tisée – d'Olivier Foll, et d'Eva Joly, qui les assureront de leur
« entier soutien ».

Nombreux sont ceux qui pensent, à ce moment, qu'Eva Joly, par réaction et pour marquer son terrain, va briser le tabou, envoyer André Tarallo en prison et se payer, d'une manière ou d'une autre, Charles Pasqua. Ou, au moins, son fils Pierre, officiellement agent immobilier à Grasse, résident monégasque, dont le nom apparaît à plusieurs reprises dans son dossier. Mais rien de tel n'arrivera.

Non pas qu'Eva Joly soit prête à renoncer. Elle est plus déterminée que jamais. Mais elle sait qu'elle ne peut se permettre le moindre faux pas, avec les gros calibres qu'elle a désormais dans son collimateur, à côté desquels un Le Floch a les capacités de contre-attaque d'un immigré voleur de mobylette : il s'agit, à gauche, de Roland Dumas et de tous ceux qui défendent la mémoire de François Mitterrand ; et à droite de Pasqua père et fils. Elle est convaincue que ce sont eux qui actionnaient Alfred Sirven et André Tarallo ou qui, à tout le moins, les protégeaient en haut lieu.

Le jour même où est constaté le vol de scellés à la brigade financière, à vingt heures, Jacques Chirac annonce la dissolution de l'Assemblée nationale et la tenue d'élections législatives les 25 mai et 1er juin. Alors que les journalistes politiques saluent ce joli coup, soupèsent les risques – qu'ils estiment, à chaud, limités – et cherchent les raisons de cette décision, les initiés sont tous convaincus que cette dissolution surprise est liée, au moins en partie, aux affaires en général, à l'affaire Elf et à Leuna en particulier. Fort de la légitimité d'une nouvelle assemblée, d'une garantie de disposer pendant cinq ans d'une majorité à l'Assemblée, Jacques Chirac et Alain Juppé seraient en mesure, croit-on au Palais de Justice, de donner un coup d'arrêt aux débordements dangereux de l'enquête d'Eva Joly.

4

La raffinerie d'Helmut

Loin de se laisser impressionner, Eva Joly va évidemment aussitôt élargir le champ de ses investigations. C'était bien mal la connaître que d'imaginer la faire céder, en se lançant dans une grossière provocation comme ce vol de scellés, ou bien en accentuant les menaces contre sa personne. Celles-ci ont commencé dès le début de son instruction. Un jour, près du Havre, alors qu'elle rendait visite aux parents de son futur beau-fils, elle s'est fait voler son agenda dans sa voiture. Rien d'autre n'a été emporté. Puis ce furent des signes montrant que ses conversations étaient écoutées. Au début, Eva Joly était convaincue qu'elle était épiée par des policiers proches d'elle. Dans un premier temps, elle a même exigé que cesse une protection rapprochée qui lui avait été imposée, sans qu'elle ait rien demandé. Elle a fait sonder son cabinet pour chercher des micros cachés. A quoi s'ajoutaient des menaces proférées au téléphone ou par courrier. Eva Joly a alors demandé, de sa propre initiative, le 13 juin 1996, une protection policière rapprochée au ministère de l'Intérieur, par l'intermédiaire de Jacqueline Cochard, présidente du tribunal de grande instance de Paris. Sauf cas particuliers, seuls les magistrats parisiens antiterroristes étaient, jusque-là, armés et ainsi protégés. Protection accordée : depuis dix mois, deux policiers du Service de sécurité du ministère de l'Intérieur (SSMI) vont donc chercher Eva Joly dans sa maison de l'Essonne – surveillée en permanence –, la raccompagnent le soir et l'encadrent dans tous ses déplacements.

Ces menaces et cette protection n'ont pas toujours été prises au sérieux, y compris à la galerie financière. Eva Joly n'était-elle pas surtout sensible aux commodités et au prestige d'être transportée par des policiers-chauffeurs, en Safrane noire ou en Peugeot 406 grise – comme les PDG qu'elle traque et dont elle se veut l'égale ? Quant aux menaces dont elle a dit avoir été l'objet, elles ont d'abord été utilisées comme argument pour justifier l'incarcération de Loïk Le Floch et de quelques autres prévenus. Mais aucun élément précis n'était venu les étayer, aucune plainte n'avait été déposée et aucune enquête n'avait été diligentée. Etaient-elles bien réelles ? Ce sont là des questions qu'on ne se pose plus, en ce mois d'avril 1997. Car le vol à la brigade financière prouve au moins que des services parallèles, dénués de tout scrupule, disposant de moyens considérables, suivent, contrôlent et cherchent à orienter l'enquête de la juge. Celle-ci, de plus, a reçu des menaces de mort. Le ministère de l'Intérieur et la chancellerie les ont prises au sérieux. Jacques Toubon appellera lui-même Eva Joly :

— Madame, je veux vous dire que je suis à vos côtés.

Ce qui demande un brin d'abnégation lorsqu'on parle à celle qui a voulu envoyer votre belle-fille en prison. Mais Jacques Toubon ne se dérobera pas. Il va donner son accord pour qu'Eva Joly, comme elle l'a demandé et comme le permet le code pénal, soit épaulée par un autre juge d'instruction chargé de l'affaire Elf. Pour se protéger et protéger son dossier s'il lui arrivait malheur, mais aussi pour répartir le stress. Epauler n'est pas le bon mot : les juges sont, théoriquement, sur un pied d'égalité. Le 6 mai, le président du tribunal de grande instance de Paris désigne la juge d'instruction parisienne Laurence Vichnievsky, également spécialisée dans les affaires financières, pour instruire l'affaire Elf aux côtés d'Eva Joly, qui avait invoqué la « gravité du dossier » et les « pressions » pesant sur sa personne. En apparence, les deux femmes sont à l'opposé l'une de l'autre. Issue d'une famille d'émigrés russes blancs, épouse d'un architecte, mère de trois enfants, Laurence Vichnievsky est une grande fille brune, active, ouverte, qui a de la gueule. Elle habite le XVIe arrondissement de Paris et cultive un look décontracté, branché-bon-chic-bon-genre, pull et grands manteaux. Elle s'habille souvent en noir et, dès qu'elle le peut, enfile un jean et un blouson de cuir. Elle sort en boîte, danse le rock à merveille et adore l'Italie. Son cursus est plus traditionnel que celui d'Eva Joly. Elle a été formée à l'Ecole nationale de la magistrature de Bordeaux. Elle a touché à la politique, avec le titre de conseiller au cabinet du très controversé Pierre Arpaillange, ministre de la Justice de Michel Rocard, de 1988 à 1990.

Mais Laurence Vichnievsky s'est surtout fait un nom en s'opposant violemment au sénateur Michel Charasse, qu'elle voulait entendre, au titre de témoin, dans le cadre de son instruction sur le financement occulte du Parti communiste français. Elle avait convoqué trois anciens secrétaires d'Etat au Budget (seul Alain Juppé, devenu entre-temps Premier ministre, n'a pas été convoqué) pour connaître les raisons de la clémence du fisc vis-à-vis de la Générale des Eaux, qui déduisait ses versements au PCF. Mais alors que Nicolas Sarkozy et Henri Emmanuelli se rendent, de mauvaise grâce, à la convocation – d'ailleurs pour ne rien dire – Michel Charasse refuse, à plusieurs reprises, au nom de la séparation des pouvoirs. Une attitude jugée offensante par Laurence Vichnievsky qui décide de lui imposer une amende de 10 000 francs pour « refus de témoigner » et demande carrément la levée de son immunité parlementaire pour l'obliger, par la contrainte, à venir dans son bureau. Très logiquement, le 23 avril 1997, le bureau du Sénat refusera – à l'unanimité – cette demande de levée d'immunité, alors que Michel Charasse n'est, dans cette affaire, accusé ni soupçonné de rien. Mais son franc-parler, ses provocations et sa façon abrupte de dénoncer les dévoiements d'une certaine justice moralisatrice, politiquement correcte et avide de confisquer le pouvoir aux politiques, en ont fait la bête noire de certains juges. Et réciproquement : fort du soutien du Sénat, Michel Charasse a entamé une procédure devant le garde des Sceaux, en réclamant, au nom du « préjudice subi » une « réparation » de 100 000 francs. Par surcroît, il proposera même à Laurence Vichnievsky de venir écouter ses explications, dans l'hémicycle, mais dans les rangs du public, comme tout citoyen en a le droit... Cette ultime provocation est restée en travers de la gorge de la juge, dont on dit, au Palais, qu'elle rêve d'en découdre avec les hommes politiques corrompus, surtout ceux de gauche, plus encore qu'avec les chefs d'entreprise.

Eva Joly a consolidé ses arrières. Mais pour elle, la meilleure façon de se défendre est encore d'attaquer. Le jour même où le vol du carton est constaté à la brigade financière, la juge se rend au domicile parisien d'André Guelfi. Elle demande à Dédé-la-Sardine de nouvelles précisions sur les fonds qui ont transité dans la comptabilité de la compagnie Noblepac, au Liechtenstein, qui lui appartient. Alors qu'il était en détention, Guelfi avait affirmé qu'il s'agissait de commissions versées à la CDU pour l'élection d'Helmut Kohl, à l'occasion du rachat de la raffinerie de Leuna et du réseau de distribution Minol, dans l'ex-Allemagne de l'Est, mais elle lui avait répondu qu'elle ne voulait pas toucher à cette partie du dossier. Apparemment, le vol des scellés l'a fait changer d'avis. Elle est décidée à tirer au clair cette énorme affaire qui touche aux relations franco-allemandes, axe de l'Union européenne en construction. Comme tout le monde, Eva Joly s'est posé la question, après le vol de documents et surtout le viol de l'ordinateur qui contient tous les témoignages recueillis, y compris ceux qui ne figurent pas au dossier : les auteurs ne doivent-ils pas être cherchés du côté de ceux qui critiquent l'ancrage de la France à l'Allemagne et qui rejettent Maastricht ? Veut-on, à travers le dossier Leuna, déstabiliser Helmut Kohl et remettre en cause l'Euro comme l'Europe ?

Ce dossier Leuna, personne ne l'a évoqué jusque-là, sauf Omar Bongo, de façon très allusive. C'est un secret d'Etat. Mais le mardi 29 avril, *Le Parisien* et *Le Figaro* annoncent qu'Eva Joly a reçu la veille du juge genevois Paul Perraudin les réquisitoires supplétifs qu'elle réclamait pour enquêter sur les commissions occultes versées par Elf à l'occasion de cet énorme contrat, signé en 1992. Une journaliste allemande de RTL Télé appelle aussitôt

Eva Joly. Celle-ci, « extrêmement agitée », la rappelle dix minutes plus tard, pour lui assurer... qu'il n'y a pas trace de commissions versées à la CDU dans son dossier. Citant des sources judiciaires, les autres quotidiens répéteront la même chose, le lendemain. Mais *Le Nouvel Observateur* et *L'Express*, qui étaient sous presse lorsque les premières informations ont été publiées, ainsi que *Le Canard Enchaîné*, sont unanimes : il y a bien eu versement de commissions mammouths qui, sous prétexte de frais de lobbying commercial, auraient été emplir les caisses de la CDU, le parti d'Helmut Kohl, pour financer sa campagne électorale de 1994. *L'Express* indique que 200 millions de francs auraient atterri sur le compte de la société Noblepac, installée au Liechtenstein et appartenant à Guelfi. L'argent aurait transité par la CSU, branche bavaroise de la CDU, via une banque genevoise. Des précisions sont aussitôt apportées par l'Agence économique et financière *(Agéfi)* de Lausanne : un contrat occulte aurait été signé entre Elf et Noblepac, le 21 septembre 91, prévoyant le versement de 256 millions de francs en cas de reprise de Leuna et de Minol. Ce document de deux pages est signé par Alain Guillon, alors président d'Antar-France. Le 24 décembre 92, Elf ayant emporté le contrat, les fonds promis sont transférés en deux versements sur la Handelsfinanz-CCF Bank : 36 millions sur le compte Showfast, 220 millions sur le compte Stand by Estate.

Alain Guillon aurait mis en place cette opération avec Hubert Le Blanc-Bellevaux. Celui-ci, parfaitement germanophone, serait venu à Lausanne pour mettre au point son volet allemand. Il s'agit de justifier une commission de 13 millions de marks, versée par le groupe sidérurgiste allemand Thyssen, en complément des 256 millions de francs versés par Elf. Selon l'*Agéfi*, Guillon serait arrivé « avec une multitude de dossiers, qu'il a fait traduire et imprimer, pour helvétiser les études réalisées par Elf ». Officiellement, Thyssen achète « une étude » à Noblepac. L'argent est ensuite réparti : 8 171 796 marks sont virés en juin 93 sur un compte à l'Union bancaire privée, appartenant à Alfred Sirven. Le reste aurait été partagé entre Guelfi, une société Finalac et un troisième intermédiaire...

Devant Eva Joly, André Guelfi a effectivement dévoilé le pot aux roses, sans livrer cependant le nom des destinataires finaux. Il raconte avoir obéi à Hubert Le Blanc-Bellevaux, qui était venu le voir de la part d'Alfred Sirven :

— Il faudrait que nous puissions utiliser une de vos sociétés offshore pour monter une opération vers l'Allemagne.

— De quoi s'agit-il ?

— C'est pour la raffinerie de Leuna. C'est blanc-bleu. Mitterrand et Kohl sont au courant, ils sont d'accord.

Guelfi explique à Eva Joly qu'avec de telles cautions et alors qu'il est en affaire avec Elf, il ne pouvait pas ne pas accéder à la requête de son interlocuteur. L'argent est viré sur sa société et redistribué, le jour même, aux sociétés qu'on lui a désignées « au nom du président d'Elf ». Eva Joly sursaute :

— C'est Loïk Le Floch-Prigent qui vous a donné l'ordre et la clé de répartition ?

— Non, c'est Alfred Sirven, en tant que président d'Elf-International. Mais pour moi, c'était pareil.

Vite, éteindre l'incendie à tout prix, alors que toute la presse allemande, le *Spiegel* et *Focus* en tête, partent en chasse. En Allemagne, les services de la chancellerie s'en tiennent au : circulez, il n'y a rien à voir. En France, le garde des Sceaux demande des explications à Gabriel Bestard. Démarche inhabituelle, le parquet de Paris publie le communiqué suivant : « Le procureur de la République près le Tribunal de Grande Instance de Paris fait connaître que les indications publiées dans la presse relatives à un financement des partis politiques étrangers par le groupe Elf, ne reposent sur aucun fondement qui serait tiré du dossier de la procédure d'information judiciaire suivie au cabinet de Mme Eva Joly, juge d'instruction. »

Ce n'est, formellement, pas un mensonge. Le 19 mars 1997 devant Eva Joly, Maurice Mallet, cet ancien responsable d'Elf évincé à la demande de Guelfi, avait bien déclaré : « A propos d'intermédiaires et de gâchis de fonds, on peut parler de la raffinerie de Leuna et des dépenses somptuaires (...). C'est une de mes premières oppositions avec le président. Je pense qu'Elf a payé cette raffinerie au moins trois fois sa valeur. Cette affaire a eu lieu sous incitation politique, car il s'agissait d'un accord entre M. Kohl et M. Mitterrand et parce que M. Mitterrand avait dit qu'il fallait faire cette opération, tout en sachant qu'industriellement elle n'était pas fiable et qu'elle coûterait très cher inutilement à la société. » Mais tous les témoignages plus précis sur ce sujet ont été recueillis, semble-t-il, hors dossier.

L'affaire est si grave qu'elle seule peut expliquer ce qui reste un des plus grands mystères de l'instruction d'Eva Joly. Alors qu'il est devenu patent que le personnage central de l'affaire Elf est André Sirven, celui-ci n'a toujours pas fait l'objet d'un mandat d'arrêt international ! C'est lui que l'on a, pendant des mois, présenté comme « le bras droit » ou « l'âme damnée » de Le Floch ou même comme son supérieur hiérarchique dans la franc-maçonnerie. Pendant des mois, Eva Joly a tout fait pour confondre Le Floch, y compris compter les peupliers de sa propriété, mais elle s'est abstenue de faire chercher celui qui peut le confondre aussi bien que l'absoudre. C'est Sirven le principal chaînon manquant, celui qui peut tout révéler. Et peut-être tout faire sauter. Or les policiers de la brigade financière se sont contentés de lui adresser une convocation, à laquelle il ne s'est pas rendu, au prétexte d'« un déplacement de plusieurs jours lié à ses affaires ». Il ne fera jamais l'objet d'une commission rogatoire ni d'un mandat d'amener en bonne et due forme. Ce qui permettra à ce résident suisse, propriétaire d'un appartement à Genève, de ne plus être inquiété. Car aucun mandat d'arrêt international n'a encore été lancé contre lui, même au lendemain des déclarations d'André Guelfi sur les commissions versées au Venezuela avec des rétrocommissions pour Tarallo, Sirven et Valentini, numéros de comptes à l'appui. On apprendra même que Sirven s'est rendu à plusieurs reprises à Paris, fin 1996, et qu'il aurait acheté pour 32 millions de francs de bijoux chez Cartier, place Vendôme ! Et qu'il a, toujours à Paris, acheté pour 70 millions de francs des meubles et de tableaux.

Ce n'est que le 12 mai 1997, après le vol à la brigade financière, qu'Eva Joly fera savoir qu'elle a lancé un mandat d'arrêt international contre celui qui aurait été le pivot du versement des commissions à destination de la CDU, qui aurait sorti de ses comptes suisses, début 1998, 600 millions de francs de liquidités. Certaines de ses anciennes relations disent même, en privé, qu'il s'est constitué une cagnotte près de dix fois supérieure : 6 milliards de francs. Mais ce mandat d'arrêt international aurait été rédigé à la hâte, dit-on au Parquet, et comporterait davantage de considérations d'ordre moral que de points formels de droit. Cette rédaction approximative aurait permis, ajoute-t-on quai des Orfèvres, aux autorités suisses de ne pas l'exécuter. Aussi, l'intéressé ne semble pas avoir été beaucoup dérangé : il a disparu quelques semaines, à proximité de la frontière germano-suisse, mais il serait vite revenu à Genève et aurait voyagé dans divers pays africains. Ses appuis, en Suisse, semblent considérables. Le 10 juillet 1997, Alfred Sirven obtient ainsi de l'office cantonal de la population un permis C lui octroyant le statut définitif de résident à Genève. *Le Nouveau Quotidien*, un journal de Lausanne, qui lève le lièvre[1], s'entendra répondre par cet office que « cette personne est officiellement établie depuis cinq ans à Genève. Elle avait donc droit à un permis d'établissement ». Le journal s'étonne : « En dépit du mandat d'arrêt international lancé contre lui le 5 mai ? » Réponse du tout-puissant office cantonal de la population : « Le dossier d'Alfred Sirven est vide et les mandats d'arrêt internationaux, surtout lorsqu'ils touchent la finance, ne sont pas systématiquement exécutoires en Suisse. » Quelques jours plus tard, vingt-quatre députés suisses, dont l'iconoclaste Jean Ziegler, interpellent le Conseil fédéral : « Le gouvernement peut-il nous dire pourquoi la police n'exécute pas les mandats d'arrêt internationaux alors que la Suisse fait partie d'Interpol ? » La réponse du Conseil fédéral, adressée aux députés le 13 mars 1998, est particulièrement alambiquée. Pour que l'entraide judiciaire fonctionne, il faut que les infractions reprochées soient les mêmes dans les deux pays et la Suisse estime ne pas être en mesure de savoir si les faits reprochés à Sirven remplissent cette double condition[2]...

---

1. *Le Nouveau Quotidien* du 4 décembre 1997.
2. Le Conseil fédéral note qu'en date « du 13 janvier 1998, l'Office fédéral

L'incongruité du sort enviable réservé à Alfred Sirven et la connaissance parfaite qu'a Eva Joly des endroits où elle met les pieds a conduit, pendant des mois, plusieurs proches du dossier à imaginer qu'elle avait passé un accord avec lui : il lui livrerait régulièrement des informations en échange de sa liberté. Mais il y aurait, selon nos informations, une autre raison, plus vraisemblable, à la protection dont bénéficie Alfred Sirven : elle résulterait de la volonté expresse des hautes autorités allemandes, qui aurait été exprimée aussi bien auprès de Jacques Chirac que d'Alain Juppé et de Lionel Jospin, de couper tous les fils qui pourraient, du côté français, remonter jusqu'à Helmut Kohl. Plusieurs personnes qui ont approché Alfred Sirven assurent même qu'il est sous la protection conjointe des services secrets français et allemands. Quels sont donc les secrets si terribles, connus de Sirven, de ce « projet industriel », présenté en 1992, des deux côtés du Rhin, comme « l'investissement franco-allemand le plus significatif depuis 1945 » ?

C'est effectivement une énorme affaire. Le 16 janvier 1992, la Treuhandanstalt, organisme public chargé de vendre, dans les meilleurs conditions, toutes les entreprises de l'ancienne Allemagne de l'Est, signe avec un consortium composé du groupe pétrolier français Elf et de l'entreprise sidérurgique allemande Thyssen un contrat prévoyant l'achat et la reconstruction de la raffinerie de Leuna, dans l'ancienne Allemagne de l'Est, près de la frontière tchèque, ainsi que du réseau Minol, qui avait le monopole de distribution en Allemagne de l'Est avec près de 1 000 stations-service. Coût : plus de 20 milliards de francs pour construire la nouvelle raffinerie, dont les deux tiers pour Elf qui s'engage à sauver de 6 000 à 10 000 emplois sur un site condamné où « travaillaient » jusqu'à 27 000 personnes. C'est, de loin, l'opération la plus ambitieuse et la plus risquée de Loïk Le Floch, car aucune raffinerie n'a été mise en service en Europe

---

de la police a demandé à [la France] de lui faire parvenir un complément d'informations. Dès réception de celui-ci, un examen approfondi des circonstances sera effectué par cet office, dans le but de déterminer si les conditions lui permettant de délivrer un mandat d'arrêt aux fins d'extradition sont réalisées ». Les autorités font en outre valoir que l'autorisation d'établissement accordée à Alfred Sirven « n'a pas d'incidence sur la possibilité d'extrader ».

depuis une génération, tant les capacités de production sont excédentaires. En outre, Leuna, au centre de l'Europe, est particulièrement mal placée : l'avenir est aux raffineries offshore, près des ports, capables de s'approvisionner en brut le moins cher, en fonction des variations de prix dans telle ou telle zone du globe... Quant au réseau Minol, Elf espère pouvoir conserver 670 stations sur les 1 000, alors que le groupe n'en avait que 400 en Allemagne. Mais les stations-service d'autoroute n'entrent pas dans le champ de l'accord. Surtout, Elf a surestimé l'attachement des Allemands de l'Est à la marque Minol : symbole des années noires, elle est, en fait, rejetée sans appel. En conséquence de quoi Shell, BP et Esso vont s'installer sur les meilleurs emplacements, sans que les autorités allemandes réagissent, alors que Minol devait bénéficier d'un monopole de deux ans. Par surcroît, les groupes internationaux arrivent sous leurs couleurs, qui symbolisent, dans les rues, l'Occident et la modernité, tandis qu'Elf restera caché, pendant de longs mois, derrière le vilain Minol.

Le Floch avait mesuré ces handicaps. Mais il avait estimé que rien n'était trop cher pour détenir 8 % du plus grand marché d'Europe et, à partir de là, attaquer les pays de l'Est. Le soutien de Thyssen devait, à ses yeux, limiter les risques. Risques financiers mais aussi risques politiques. En outre, Le Floch avait négocié en sous-main avec les Russes pour que plusieurs de leurs compagnies pétrolières (alors en voie de création) approvisionnent Leuna aux coûts du brut maritime, seule façon pour que cette raffinerie soit compétitive. De toute façon, la marge de manœuvre du président d'Elf, en la matière, était faible. Le projet a, en réalité, été décidé et porté par Helmut Kohl et François Mitterrand. Il a été soutenu par toutes les autorités politiques françaises et allemandes. Il faut se souvenir qu'à cette époque battait la controverse de l'alignement systématique du franc sur le mark, qui faisait payer par la France une partie du coût de la réunification allemande. D'où l'intérêt porté à un projet comme Leuna : côté français, il flattait l'orgueil national ; côté allemand, il évitait un désastre social. Sur les deux rives du Rhin, enfin, il montrait l'aspect positif de la coopération industrielle, pas seulement monétaire, entre les deux pays.

Pendant six mois, ceux qui se situent entre sa nomination à la présidence d'Elf et la privatisation de la compagnie, Philippe Jaffré fera mine d'assumer cet encombrant héritage. Personne ne remarque qu'il a demandé un délai, du 1er janvier au 28 février 1994, pour le début des travaux et les premières grosses dépenses. On comprendra vite : dès qu'il se sentira les mains libres, une des premières décisions de Jaffré va être de remettre en cause le projet Leuna-Minol, en tout cas tel que Le Floch l'avait ficelé. Le 9 février 1994, alors que sa privatisation n'est même pas achevée, Elf publie un communiqué : « La société reste désireuse de mener à bien ce projet à condition que des associés s'engagent formellement avec elle de façon à ce que sa participation y soit minoritaire. » Quelques jours plus tard, le 14 février, lors du premier conseil d'administration privé d'Elf, Jaffré démolit le projet Leuna et révèle qu'un contrat secret, daté du 23 juillet 1992, stipulait que Thyssen pouvait vendre tout ou partie de ses parts, pendant les trois ans suivant la mise en service de la raffinerie, Elf étant obligé de racheter sa part du capital (33 %) ainsi que le tiers des subventions reçues. Jaffré s'étonne que « cette clause exorbitante », qui fait d'Elf le seul actionnaire et le seul responsable de Leuna, en cas de pépin, ait été cachée au conseil d'administration, en 1992. Un des administrateurs souligne alors que c'est « la première fois que le conseil dispose d'éléments détaillés sur le contenu et les risques du projet et qu'il lui est demandé d'en délibérer sur le fond ».

Cette remise en cause soudaine de la signature du groupe va faire l'effet d'une bombe en Allemagne. Helmut Kohl va réagir personnellement et sans détours. *Le Canard Enchaîné* révèle[1] que le chancelier allemand a adressé, le 18 février 1994, une lettre à Edouard Balladur, alors Premier ministre, dans laquelle il lui écrit : « La Treuhandanstalt a l'impression qu'Elf n'a pas l'intention de remplir ses engagements. Je tiens à faire savoir que cela me rend très soucieux. » C'est une pression directe pour qu'Edouard Balladur ramène son poulain Jaffré à la raison. Mais celui-ci fait de la résistance.

---

1. *Le Canard Enchaîné* du 18 mars 1998.

Plusieurs rencontres secrètes vont avoir lieu, les jours suivants, entre Philippe Jaffré et Birgit Breuel, la présidente de la Treuhand-anstalt, propriétaire de Leuna et de Minol. Celle-ci, hors d'elle, a le sentiment d'avoir été trahie. Elle est furieuse et inquiète[1]. Mais Jaffré reste inflexible. Le 25 février 94, dans un discret salon de l'aéroport de Düsseldorf, il lui confirme qu'Elf ne fera pas Leuna seul. Birgit Breuel ne se laisse pas faire. Elle le menace, en retour d'envoyer à la Commission des opérations de bourse (COB) et à la SEC, son homologue américaine, une lettre dénonçant les irrégularités commises, selon elle, lors de la privatisation !

Trois jours plus tard, le 28 février, expire le délai accordé pour les premiers coups de pioche. Günter Rexrodt, ministre de l'Economie allemand, sort du bois. Il menace Elf d'une amende de 5 milliards de francs si la compagnie renonce à construire la raffinerie. Mais Jaffré ne cède pas. Il répond[2] : « Nous avons besoin de partenaires allemands. »

Philippe Jaffré n'a sans doute pas mesuré l'ampleur de cette affaire d'Etat. Helmut Kohl appelle François Mitterrand et Edouard Balladur à plusieurs reprises. Tous les réseaux fonctionnent à plein, ceux de la diplomatie comme ceux des affaires. Ambroise Roux, président de l'Association française des entreprises privées (Afep), mandaté en « juge de paix » par François Mitterrand, Jacques Chirac et par plusieurs industriels actifs en Allemagne, demande à Edouard Balladur d'obliger Jaffré à respecter la signature d'Elf, sous peine d'enlever tout crédit à celle de la France. Balladur se prête d'autant plus volontiers à la démarche que lui aussi est convaincu de la nécessité politique de faire Leuna. Surprise : Jaffré lui explique qu'Elf étant désormais une entreprise privée, il n'a plus à tenir compte de la grande politique et que lui, Jaffré, n'a plus de comptes à rendre qu'à ses actionnaires. C'est à ce moment-là qu'Edouard Balladur et Nicolas Bazire, son directeur de cabinet, réalisent que Jaffré leur a

---

1. La présidence de la Treuhandanstalt est un poste particulièrement exposé, tant les intérêts en jeu sont considérables. Le prédécesseur de Birgit Breuel, Detlev Rohwedder, a été assassiné en 1991, dans la nuit du lundi 1ᵉʳ au mardi 2 avril, dans son domicile de Düsseldorf. Les auteurs du crime n'ont jamais été retrouvés.
2. Sur Radio Classique Affaires.

échappé. Il ne travaille plus que pour lui. Edouard Balladur en sera blessé. Philippe Jaffré ne devra plus s'attendre à la moindre faveur de sa part.

Philippe Jaffré a beau faire le coq, c'est tout de même un poids plume face à Helmut Kohl, François Mitterrand, Jacques Chirac et Edouard Balladur réunis. D'intenses négociations sont donc engagées, en dépit de son opposition. On ira même faire appel, pour l'occasion, à Le Floch. Alors qu'il est président de Gaz de France, il est envoyé à Moscou, a l'insu de Philippe Jaffré, pour une mission secrète : demander aux compagnies russes, hostiles à son trop moral successeur chez Elf, qu'elles tiennent leurs engagements secrets passés avec lui.

Ces négociations aboutiront, le 28 mars, à un compromis auquel Jaffré ne peut que souscrire : la participation d'Elf dans le projet passe de 67 % à 42 % (Jaffré espérait 33 %). Les sociétés pétrolières russes Rosneft, Surgutneftgaz et Megionneftgaz entrent avec 24 %, qu'elles paieront en pétrole. Et si Thyssen se retire, en vertu des accords signés, c'est la société chimique Buma, contrôlée par la Treuhandanstalt, donc publique, qui reprendra sa participation de 33 %. « La part d'Elf-Aquitaine dans ce projet qui se trouvait être de 100 % du fait de la possibilité de sortie de Thyssen sera donc à terme ramenée à 43 % », indique un communiqué d'Elf[1].

Que d'efforts pour faire avancer la coopération franco-allemande ! Il est vrai que l'acharnement des politiques à faire aboutir le projet est aussi dû, on l'apprendra plus tard, à ce fameux versement de 256 millions de francs (par Elf) et des 13 millions de marks (par Thyssen) qui aurait été effectué au parti d'Helmut Kohl dont la réélection, en 1994, était loin d'être assurée, en 1992. Un soutien décidé par François Mitterrand, alors que Pierre Bérégovoy était Premier ministre, mais entièrement assumé par Edouard Balladur, son successeur. Au nom de l'amitié franco-allemande et de la nécessité de garder, de l'autre côté du Rhin, un ami sûr et un partisan convaincu d'une Europe où la France,

---

1. C'est en réalité un échafaudage en trompe-l'œil. Quelques mois plus tard, les compagnies russes se retireront du projet, ainsi que les capitaux allemands. Elf se retrouvera propriétaire à 100 % du projet.

comme l'Allemagne, doit avoir toute sa place. Un homme prêt à braver son opinion publique frileuse pour imposer l'Euro et signer la mort du mark. A plusieurs reprises, lorsque surgiront des difficultés dans le couple franco-allemand, François Mitterrand dira à Edouard Balladur :

— M. le Premier ministre, n'oubliez pas tout ce que nous doit le chancelier...

Lorsque l'information sort, fin avril 1997, la rumeur court depuis plusieurs semaines de l'existence d'une véritable bombe politique en marge du dossier d'Eva Joly. Même si Eva Joly n'a pas versé au dossier les déclarations de Guelfi, celles-ci se sont ébruitées. Qui a parlé ? Les mêmes sources judiciaires qu'à l'accoutumée. Mais aussi Omar Bongo, qui n'a pas supporté qu'on l'accable alors qu'Helmut Kohl n'était pas inquiété. Le président du Gabon n'admet pas que les autorités françaises fassent deux poids deux mesures, en maintenant l'affaire Leuna sous l'éteignoir, alors qu'elles sont incapables d'empêcher les juges français et suisses d'aller fouiller dans ses comptes. Il y voit la preuve que la France respecte et craint l'Allemagne alors qu'elle méprise le Gabon. Quant à la presse française, qui n'est pas tendre avec lui, Bongo attend de voir comment elle réagira, en laissant filer, par des proches, l'information qui lui brûle les lèvres. Mais comment Omar Bongo lui-même pourrait-il être au courant des commissions qu'aurait versées Elf à la CDU ? Parce que le président du Gabon, ancien des services secrets français, n'ignore rien des activités du groupe pétrolier pas plus que du dessous des cartes de la politique française. De plus, le Gabon sert parfois de plaque tournante aux capitaux baladeurs.

En même temps que les juges français, les journalistes, des deux côtés du Rhin, vont donc partir en chasse. Les Allemands sont les plus actifs, car le monde politique allemand a été, jusque-là, épargné par les affaires. Du moins en comparaison de ce qui se passe en Italie et en France. C'est l'avenir politique de l'indéboulonnable Helmut Kohl qui est en cause. *Der Spiegel, Focus*, la télévision, dépêchent des dizaines de journalistes dans toutes les directions. Ils vont être aidés par la justice suisse, plus ouverte que d'habitude. Déjà, la révélation du cheminement des commissions par l'*Agéfi* suisse avait surpris : cette feuille haut de gamme a pour habitude de publier les communiqués financiers et n'a ni le goût, ni les moyens d'enquêter dans des domaines aussi sensibles. Le plat lui a été servi tout chaud. Tout se passe comme si certains juges suisses francophones, qui voient valser l'argent sale venu de l'Europe entière, n'étaient pas mécontents de faire savoir que la corruption ne se limite pas aux pays latins d'Europe et aux cantons romands et italiens de leur propre pays ! Mais qu'au contraire, c'est parce que la volonté d'y faire le grand ménage est plus affirmée que la corruption est plus visible.

Le 22 mai, le juge genevois Perraudin perquisitionne au siège de la société fiduciaire Orgafid, à Lausanne. Orgafid gère différentes sociétés dont Nobleplac, la coquille d'André Guelfi immatriculée au Liechtenstein. C'est par les comptes de cette société que sont passés en 1992 et 1993 deux commissions occultes de près de 300 millions de francs. Dans les documents saisis, il y a d'abord un contrat d'assistance et de lobbying signé le 21 septembre 1991, paraphé par Alain Guillon pour Elf, pour une somme de 256 millions de francs qui a été virée, fin 1992, sur le compte de Noblepac à la Handelsfinanz Bank de Genève. Le 24 décembre, 36 millions prélevés sur cette somme sont virés à Showfast et 220 millions à la société Stand by Estate, de Vaduz (Liechtenstein). Ces deux sociétés dissimuleraient Hubert Le Blanc-Bellevaux pour la première et un certain Dieter Holzer pour la seconde.

Ce Dieter Holzer est un personnage passionnant. Ancien trésorier et homme de confiance de Franz Josef Strauss, le Taureau de Bavière, il est l'ami de l'actuel Premier ministre du Land de Bavière, Edmunt Stoiber. Ancien consul d'Allemagne au Liban, il est aujourd'hui titulaire d'un passeport diplomatique de ce pays. Son épouse est libanaise. C'est une cousine d'Amine Gemayel, le leader chrétien. Traductrice assermentée auprès des tribunaux de Sarre elle est responsable de la société Delta International Trading qui exerce à Monaco – où le couple réside – l'activité d'« intermédiaire non spécialisé dans le commerce ». Une société qui a des filiales au Liechtenstein, aux Philippines et en Afrique du Sud. Ancien des services secrets ouest-allemands, Dieter Holzer est issu d'une grande famille de Sarre. Avant d'être transféré à Monaco, le siège de Delta International, était situé à Querschied, sa ville natale, dans une rue qui porte son nom : la Holzerstrasse.

Mais Dieter Holzer a d'autres caractéristiques. Ami d'Hubert Le Blanc-Bellevaux, il est aussi francophone que l'autre est germanophone. Tous deux, spécialistes en affaires ultrasensibles, sont correspondants l'un de l'autre dans leurs pays. Mais ils ont, en plus, un ami commun : Gilles Ménage, qui est à cette époque le directeur de cabinet de François Mitterrand. C'est une liaison directe qui n'a pas échappé à Eva Joly. Salarié quelque temps d'Elf International, officiellement « pour faire du lobbying » Dieter Holzer, débusqué par les journalistes allemands, a admis avoir introduit auprès d'Hubert Le Blanc-Bellevaux l'ancien trésorier de la CDU, Walter Leisler Kiep, devenu président de compagnie d'assurances. Lequel a obtenu le contrat d'assurance des stations-service Minol... Dans une interview à la *Berliner Zeitung*[1], Walter Leisler Kiep, reconnaîtra avoir servi d'intermédiaire dans le projet Leuna-Minol mais démentira avoir été associé à des versements de fonds occultes à la CDU ou à Helmut Kohl lui-même, comme le bruit en a couru en France : « Mes activités se sont limitées à organiser des entretiens entre les différentes parties prenantes », à déclaré Leisler Kiep, sans préciser à la demande de qui il était intervenu. Un autre intermédiaire, côté allemand, est Ludwig-Holger Pfahls, un ancien des services secrets allemands lui aussi, qui fut le directeur de cabinet de Gerhardt Stoltenberg, ministre de la Défense très lié à Helmut Kohl. Pfahls a déjà été suspecté d'avoir financé la CDU, en 1991, à l'occasion d'une vente de chars Tigre en Arabie Saoudite. Mais en l'absence de toute information judiciaire en Allemagne, confrontés à des démentis hautains et à des menaces de procès, les journalistes allemands ne pourront aller plus loin. Il leur faudra attendre les avancées de l'instruction en France et en Suisse.

Grâce aux perquisitions du juge Perraudin, on découvre que

---

1. *Berliner Zeitung* du 5 juin 1994.

les 13 millions de marks versés au mois de juin 1993 par Thyssen sont arrivés sur un autre compte de Noblepac ouvert par Guelfi à la CBI-TDB, Union bancaire privée de Genève. Officiellement pour acheter une étude technique sur Leuna, qui se révélera être la simple traduction d'un document existant rédigé en anglais. Guelfi a affirmé que cet argent avait été réparti « au profit des personnes qu'on lui avait désignées ». Il y aurait 1,1 million de marks pour Guelfi lui-même, 2,5 millions pour Dieter Holzer, 1,1 million pour Fimalac, faux nez d'un homme politique français de droite, et 8,17 millions de marks sur le compte d'Alfred Sirven. En clair, si les 256 millions de francs d'Elf ont été à la CDU, via diverses sociétés intermédiaires, les 13 millions de marks de Thyssen semblent avoir servi à rémunérer ces intermédiaires ! Ce qui conduira à un paradoxe judiciaire en forme d'impasse pour Eva Joly : Elf a versé une commission à laquelle la justice française ne veut pas véritablement s'intéresser. Mais c'est Thyssen qui a payé les intermédiaires. Or la justice française n'a évidemment rien à dire sur les versements d'une entreprise allemande à des résidents suisses !

Il n'empêche : le 3 juin, Hubert Le Blanc-Bellevaux, qualifié par *Le Monde* d'« ancien chargé de mission des présidents du groupe Elf-Aquitaine, Loïk Le Floch-Prigent et Philippe Jaffré », est cueilli à sa descente d'avion, au retour d'un voyage à Singapour, interpellé, placé en garde à vue puis incarcéré par Eva Joly. Il restera en prison près de trois mois, pendant lesquels il ne parlera pas, affirmant n'avoir joué qu'un rôle « technique », en exécutant les consignes d'Alfred Sirven. Puis viendra, quatre jours plus tard, le tour d'Alain Guillon, ancien directeur du raffinage d'Elf. Au temps de sa splendeur, Alain Guillon n'hésitait pas à affréter, à son seul usage, un deuxième avion spécial pour descendre au Grand Prix de Formule 1 de Monaco, jugeant qu'il y avait trop de monde dans celui mis à la disposition des cadres de la compagnie. Depuis, il a été licencié et, comme tant d'autres, il est inscrit au chômage.

Alors qu'Eva Joly se rend à Genève pour y rencontrer le juge Perraudin, Laurence Vichnievsky met Alain Guillon en examen pour « complicité d'abus de biens sociaux » et le place en détention provisoire. *Les Echos* rappellent que « Guillon et Le Blanc-Bellevaux ont été (...) à l'origine de l'évaporation d'importantes commissions, sous la présidence de Loïk Le Floch-Prigent dont Alain Guillon était un proche, bien que travaillant sous les ordres directs du PDG d'Elf-Gabon, André Tarallo ». Le 11 juin, les deux prisonniers sont confrontés avec André Guelfi. Tous trois se présentent comme des exécutants. Le contrat initial signé le 21 septembre 1991 entre Elf et Nobleplac avait, selon eux, reçu l'aval de la « hiérarchie » du groupe. La décision aurait été prise par un comité de direction d'Elf composé de huit personnes, présidé par Le Floch-Prigent, en présence d'un représentant de l'Etat. Guillon ajoute que « l'autorité de tutelle » avait été informée « en la personne du Premier ministre », Pierre Bérégovoy.

Enfin, le 19 juin, vient le tour de Le Floch, convoqué par Laurence Vichnievsky pour être confronté à Alain Guillon et livrer ses explications. L'ancien patron confirme le versement de 256 millions de francs de commissions et affirme qu'elles étaient connues de ses administrateurs. Elles auraient été mentionnées, dans un compte rendu officiel qui leur a été soumis, sous la rubrique « coût privé ». Le Floch précise même que ces commissions étaient la contrepartie obligatoire des deux milliards de marks de financements privilégiés accordés par le gouvernement fédéral. Il a signé le document qui autorise le versement de cette commission aux côtés d'André Tarallo, à l'époque patron de la direction des hydrocarbures, et par Alain Guillon, son subordonné direct.

A l'issue de la confrontation, Alain Guillon est remis en liberté, tandis que Le Floch est mis en examen pour la dixième fois. Mais il n'en a cure. C'est la routine. Au contraire, cette confrontation lui laisse un goût de miel. Pour un peu, il se réconcilierait avec la justice. Car Laurence Vichnievsky a écouté ses arguments, les a fidèlement dictés au greffier, s'est montrée attentive, précise, exigeante, mais dénuée de toute agressivité. Rien à voir avec ses confrontations de chien et de chat avec Eva Joly, dont il est toujours ressorti épuisé et déprimé.

Le 27 juin 1997, au Bundestag, les socialistes du SPD donnent de la voix. Ils reprochent à Helmut Kohl de bloquer l'enquête parlementaire sur le versement par Elf et Thyssen de commissions lors de l'acquisition de Leuna et de Minol. Les chrétiens démocrates (CDU/CSU) et le parti libéral (FDP) ont, en effet, empêché l'audition de témoins devant la commission d'enquête qu'a mis sur pied l'opposition, selon un porte parole du SPD qui réclame l'audition de Walter Leisler Kiep et de Dieter Holzer. Celles-ci n'auront pas lieu, en raison d'un « emploi du temps trop chargé ». L'ordre règne outre-Rhin.

La raffinerie de Leuna entrera en service en 1997. A pleine pages de publicités, publiées dans toute la presse allemande, Elf se félicitera de cet énorme investissement et vantera les mérites d'une coopération franco-allemande exemplaire. Mais le 26 février 1998, Philippe Jaffré annoncera à ses actionnaires une baisse des résultats d'Elf – à 5,6 milliards de francs – en raison d'une dépréciation de 5,4 milliards de francs de la raffinerie de Leuna dans les comptes. Décision en apparence technique : Elf a calculé que pendant sa durée de vie, Leuna rapportera 11 milliards de francs, alors qu'elle lui a coûté 20,4 milliards, de quoi il faut déduire 5 milliards de subventions de la Treuhandanstalt. Avec une provision de 5,4 milliards, l'opération Leuna est soldée.

Cet exercice comptable masque une décision totalement politique : « Nous avons dû terminer l'apurement du passé », déclare Jaffré, comme si Le Floch devait porter seul la responsabilité de ce projet, en réalité assumé par les deux présidents successifs et les plus hauts dirigeants politiques de la France et de l'Allemagne. Pour Jaffré, cette dépréciation comptable de 5,4 milliards de francs a un autre mérite : elle noie dans la masse les 256 millions de francs de surfacturation, engagés par Le Floch mais qu'il a inscrit dans ses comptes, en toute connaissance de cause.

5

L'arroseur arrosé

Les développements de l'affaire Leuna auront au moins un mérite pour Eva Joly et Laurence Vichnievsky : celui de leur ouvrir définitivement les yeux sur le rôle joué par Philippe Jaffré depuis l'origine, sur ce volet de l'affaire Elf comme sur les autres. Car si l'accord de principe entre Elf et la Treuhandanstalt a bien été initié par Loïk Le Floch, alors qu'Edith Cresson et Pierre Bérégovoy se succédaient à Matignon, si Jaffré a bien tenté de se dégager, en raison des risques financiers, il a finalement cédé aux pressions des responsables politiques en acceptant le deal, y compris les commissions de 256 millions de francs auxquels s'ajoutent les 13 millions de marks versés par Thyssen. Il va même salarier Hubert Le Blanc-Bellevaux et garder les intermédiaires choisis par Le Floch et Sirven, à savoir Dieter Holzer, Walter Leisler Kiep et Ludwig-Holger Pfahls. Il ira même jusqu'à rencontrer personnellement certains d'entre eux.

Surtout, l'investissement global, officiel, de 20,4 milliards de francs dans Leuna inclut les commissions qui ont donc été inscrites dans les comptes. Tout a été visé et entériné sous la présidence de Jaffré, avec l'accord de François Mitterrand, président de la République et d'Edouard Balladur, Premier ministre. Plus tard, Jacques Chirac à l'Elysée et Alain Juppé à Matignon n'y trouveront rien à redire. Bien sûr, Jaffré a été mis devant le fait accompli et n'a cédé qu'à contrecœur. Mais son prédécesseur aussi, si l'on en croit du moins le témoignage de Philippe Hustache ! A propos des 256 millions de commissions, l'ancien directeur financier d'Elf racontera, en effet, à Eva Joly : « Loïk Le Floch-Prigent, qui m'est apparu en 1991 désemparé, m'a dit que cet engagement était irréversible, qu'il avait été pris par Hubert Le Blanc-Bellevaux, sans autorisation préalable de sa part et que nous courrions le risque de mort d'homme si nous ne nous exécutions pas. »

L'arrivée de Laurence Vichnievsky dans le dossier a-t-elle contribué à dessiller les yeux de sa collègue vis-à-vis de Jaffré ? Sur la même longueur d'onde, les deux juges semblent désormais convaincues que le patron d'Elf, si prompt, au début de l'instruction, à communiquer à Eva Joly les pièces défavorables à son prédécesseur, aurait pu en oublier d'autres. Exactement ce dont il s'est plus ou moins vanté auprès d'Omar Bongo, pour l'amadouer. Parmi les dossiers disparus, il y a la Sofineg, cette société suisse aux comptes étranges et aux activités mystérieuses, dotée d'un conseil d'administration de complaisance. André Tarallo, lorsqu'il la présidait, avait ainsi choisi comme administrateur Gérard Ullmann, pour « services rendus à Elf ». Quel services ? Gérard Ullmann est surtout le fils de Georges Ullmann, qui avait monté, avec Jean-François Pagès, directeur des activités immobilières d'Elf, un système sophistiqué pour verser des commissions.

Mais la Sofineg sent surtout le soufre car on lui prête d'avoir rémunéré des hommes politiques français et transporté gratuitement plusieurs d'entre eux lors de leurs campagnes électorales ou pour leurs déplacements privés. Charles Pasqua, notamment. Des listes complètes circulent d'hommes politiques ayant été salariés ou ayant volé gratuitement sur des avions affrétés par Elf. En réalité, le groupe entretenait deux société suisses, prévues pour rendre ce genre de services : la Sofineg et Elf-International. La première, présidée par André Tarallo, traitait plus spécialement les hommes politiques de droite et Elf-International, présidée par Alfred Sirven, les socialistes, ou plutôt les amis de François Mitterrand. Un principe qui souffrait d'ailleurs plusieurs exceptions. Eva Joly détiendrait trois listes : la première concerne les amis et le tout-venant, la deuxième les hommes politiques de second rang, tandis que dans la troisième, figurent des ténors de la majorité et de l'opposition. Seule une poignée de noms des deux premières listes a filtré. Mais si la troisième liste est publiée ou si la juge décide de mettre en examen tous ceux qui y figurent, c'est une bonne partie du monde politique français qui risque d'être décapité.

Pour Jaffré, la liste des bénéficiaires des salaires fictifs et des listes de passagers de la Sofineg est une bombe à retardement. Déjà, au lendemain de la privatisation, il avait bloqué les investigations des magistrats de la Cour des comptes qui avaient étendu leur saisine à la Sofineg. Mais cette fois, Eva Joly et Laurence Vichnievsky soupçonnent Philippe Jaffré d'avoir fait disparaître toutes les pièces concernant cette société, absorbée et rebaptisée CPIH-Suisse en 1994. Fin 1995, les services fiscaux se sont penchés discrètement sur ses comptes, mais l'enquête a tourné court. Le 26 février 1997, Geneviève Gomez avait déclaré à Eva Joly qu'il n'y avait « plus aucune archive à la tour Elf concernant Sofineg ». En Suisse aussi, toutes les archives et les pièces comptables de la société ont disparu.

Autre bizarrerie : la façon dont André Tarallo a jeté l'argent par les fenêtres au vu et au su de Jaffré, alors que Le Floch n'était plus dans le coup. Fin mai 1997, les enquêteurs de la brigade financière remettent aux deux juges un « rapport de synthèse » sur le patrimoine d'André Tarallo. Ils évaluent à 213,6 millions de francs « la somme des dépenses (...), pour les acquisitions ou la construction de biens immobiliers, les travaux d'aménagement, la décoration et les achats de mobiliers divers », entre 1991 et 1997, dont 89,4 millions pour son palais de Bonifacio. Mais, curieusement, c'est à partir de 1993 qu'André Tarallo se lance dans les dépenses les plus folles. Les enquêteurs ont découvert qu'il avait acheté 45,7 millions de francs de meubles et objets d'art, rien que dans les salles des ventes, entre 1993 et 1997. A quoi s'ajoutent les emplettes chez les antiquaires. Sous le pseudonyme de Centuri – le nom de son village natal en Corse – le vieux monsieur si correct a acheté chez un seul d'entre eux, quai Malaquais, pour 5,7 millions de francs de vases et de tapis, toujours entre 1993 et 1996. Ses trois maisons n'y suffisaient pas : il entassait des sculptures, des lustres, des tableaux et même des malles Vuitton dans un garde-meuble de Montreuil. Or en 1993, plus question de mettre en cause l'aveuglement coupable de Le Floch : celui-ci avait cédé la place à Philippe Jaffré. Comment Tarallo a-t-il pu continuer à dépenser à ce rythme, jusqu'en 1997, alors qu'il avait déjà été mis en examen, que l'affaire Elf était tous les jours à la une des journaux, et que lui-même était montré du doigt ? Pourquoi Philippe Jaffré a-t-il écrit une lettre qui couvre Tarallo de toutes ses opérations ? En croyant qu'Eva Joly limiterait ses investigations aux présumées turpitudes de Le Floch et Bidermann et en fermant les yeux sur les pratiques d'André Tarallo, Philippe Jaffré a-t-il espéré orienter la justice ?

Ce genre de questions, le Tout-Paris les pose désormais avec insistance. L'étoile du président d'Elf a pâli. D'autant que son image a été brouillée par une étrange histoire. Philippe Jaffré doit se défendre d'avoir délibérément financé... Jean-Marie Le Pen. De prime abord, l'affaire ressemble à celle des avions renifleurs, à une beaucoup plus petite échelle, il est vrai. Là aussi, il y a une invention miracle. Il s'agit du moteur à eau, le rêve perpétuel des ingénieurs. En l'occurrence, d'un moteur à émulsion : le carburant est un mélange eau-essence, ce qui est réputé faire baisser la consommation et réduire la pollution. L'idée a souvent été testée, mais les avantages sont loin de compenser les inconvénients : difficulté d'homogénéiser le mélange, corrosion, performances dégradées, etc. L'Institut français du pétrole – et ses homologues dans les autres pays – travaillent depuis des décennies sur l'injection de vapeur d'eau dans le gazole, sans succès jusque-là. De plus, comme dans l'affaire des avions renifleurs, l'inventeur est un personnage étrange : Carlos Miriel, un Franco-Chilien, n'est associé à aucun laboratoire et travaille dans une arrière-cuisine. Les brevets du moteur à émulsion qu'il dit avoir mis au point sont détenus par une société, Ecotec, dont le capital est aux mains de deux proches du leader du Front national. Citoyen belge, Jean Garnier se dit promoteur immobilier. Il est l'ancien mari de l'actuelle Mme Le Pen. Quant à Jean-Pierre Mouchard, résident suisse, il est éditeur d'art, patron de choc et trésorier de l'association Jean-Marie Le Pen Cotelec qui récolte les fonds pour le Front national. Il avait ouvert en 1981 un compte à l'Union de Banques suisses pour Jean-Marie Le Pen. Et voilà qu'après quelques tractations, le 21 novembre 1996, Elf accepte d'acheter, pour 13 millions de francs, la moitié des actions de la société Ecotec. Justement celles qui sont détenues par Garnier et Mouchard. D'autres versements sont promis, lorsque le produit sera commercialisé. Or chacun se souvient que Jean-Marie Le Pen s'était montré, au cours de la campagne présidentielle, beaucoup plus sévère avec Jacques Chirac qu'avec Edouard Balladur. En retour des services rendus, Philippe Jaffré aurait-il ainsi apporté la contribution d'Elf au leader d'extrême droite ? Rien ne permet de le croire. D'autant que Philippe Jaffré affirmera, avec force, qu'il n'a jamais été tenu au courant de cette opération, il est vrai modeste en chiffre d'affaires. Les responsables directs de l'accord préciseront qu'ils ne connaissaient pas les amitiés de Garnier et de Mouchard lorsqu'ils ont traité avec eux et assureront que l'invention n'était pas aussi farfelue qu'on le dit : le moteur a émulsion d'eau d'Ecotec a bien été testé par Elf, sur des bus de Chambéry. Les résultats ont été assez concluants pour que l'expérience soit élargie. Mais Elf aura beau jurer, promettre, expliquer, rien n'y fera : l'ombre encombrante de Jean-Marie Le Pen continuera de planer sur Philippe Jaffré qui n'avait vraiment pas besoin de cela.

Car une autre histoire explique les distances prises par un certain establishment des affaires avec Philippe Jaffré, mais aussi le revirement des juges à son égard. Il s'agit de l'affaire de la banque Comipar-Pallas-Stern, mise en liquidation le 28 février 1997 par le tribunal de commerce de Paris. Les clients de cette banque avaient été mis en confiance par la qualité de ses actionnaires : Elf, notamment, avec 11,2 % du capital, arrive en deuxième position après la Société de Banque suisse. Traditionnellement, en cas de pépin d'une banque, on se débrouillait jusque-là pour éponger les pertes, sauver la mise des clients et sauvegarder la réputation de la place de Paris. Et les actionnaires faisaient leur devoir. Mais Philippe Jaffré, qui a pourtant présidé quelques mois la banque Stern avant qu'elle ne soit rachetée par le groupe Pallas, va refuser de prendre sa part des pertes. Mieux : c'est Elf qui précipitera le désastre en retirant brutalement ses fonds, en 1995[1]. Et qui, par la suite, refusera de participer à la moindre opération de sauvetage. La position de Philippe Jaffré restera la même, après le dépôt de bilan, en dépit des conseils du président du tribunal de commerce de Paris :

— Il faut éviter la liquidation pure et simple, lui explique Michel Rouger. Le tribunal ne cédera pas et appellera Elf, comme les autres actionnaires, en comblement de passif. Tuer Comi-parPallas-Stern coûtera beaucoup plus cher à Elf que de la sauver.

— Cela m'est égal. Je n'ai pas à réparer les fautes des autres. Ce n'est pas moi qui ait embarqué Elf dans cette galère.

— Mais Elf, de toute façon, devra prendre sa part des pertes. Pourquoi commettre l'irréparable ?

— C'est une question de principe. Chacun prendra ses responsabilités.

Michel Rouger est tombé sur un caillou pointu. Pas question, pour Jaffré, de payer, de sa propre initiative, la facture d'une participation prise par Loïk Le Floch, aux côtés de François Pinault et de quelques autres. D'autant que Le Floch est resté administrateur de Comipar.

Cette position irrationnelle, Jaffré va la poursuivre jusque devant la troisième chambre de la cour d'appel de Paris, présidée par Christian Feuillard, le 27 mars 1997. Plusieurs des actionnaires ont finalement annoncé qu'ils étaient prêts à faire un effort financier pour inciter les magistrats à se prononcer pour la continuation plutôt que pour la liquidation, mais Philippe Jaffré, une nouvelle fois, va se singulariser. Il fait lire par son avocat, devant la cour, une lettre dans laquelle il propose lui aussi d'injecter des fonds mais conditionne sa promesse d'apport de 240 millions de francs à un engagement d'abandon des poursuites éventuelles contre Elf et contre lui. Terrible maladresse !

---

1. C'est à la justice de déterminer la « période suspecte » et de dire si Jaffré a bénéficié d'informations privilégiées avant de tirer le tapis.

Le président Feuillard dit, en pleine audience, qu'Elf « ne manque pas de culot » en posant ce genre de conditions, malgré les observations, sévères à son égard, du tribunal de commerce. Quant à l'avocat général, il fait publiquement part de son « indignation devant l'attitude des actionnaires ». Et pour ceux qui n'auraient pas compris, il ajoute : « J'espère que les loups seront bientôt pris dans le piège judiciaire. » Les avocats sont atterrés : si l'on peut toujours négocier, avant les débats, surtout en matière financière, aucun magistrat ne peut admettre ce genre de chantage public, proféré à l'audience. Mais tel est Philippe Jaffré, habité de son bon droit, sûr de sa puissance. Un Jaffré que ne supporte plus Geneviève Gomez. L'associée des premiers jours, celle qui a fait sans rechigner le sale boulot, quitte alors Elf, choquée, en mauvais termes avec Jaffré[1]. Un peu plus tard, le président d'Elf embauchera sa belle-sœur Clémentine Gustin-Gomez, épouse (récemment séparée) d'Alain Gomez, pour diriger la communication du groupe. Et quelques jours plus tard, cette jeune femme ravissante, envoyée en première ligne pour défendre l'activisme de son patron, lâchera, le rose au front :

— C'est vrai, il a exagéré. Mais c'est ma belle-sœur qui lui a monté le bourrichon.

Eva Joly et Laurence Vichnievsky, à leur tour, vont changer du tout au tout de posture à l'égard du patron d'Elf. Le jeudi 15 mai 1997, la veille du week-end de la Pentecôte, le dernier avant les élections législatives, vers 10 h 45, les deux juges débarquent à la tour Elf avec une escouade de policiers. Va commencer alors une incroyable perquisition qui durera seize heures et se prolongera jusqu'à 2 h 45 le lendemain. Rien à voir avec les bonnes manières de celle du 29 mars 1996, quand les policiers étaient repartis avec des petits cadeaux tandis que les secrétaires annulaient leurs déjeuners parce qu'elles étaient « de perquisition ». Cette fois-ci, personne n'a été prévenu. Philippe Jaffré pas plus que les autres. Le patron, ce matin-là, n'est pas à la tour de La

---

1. Mais avec une indemnité d'un million de dollars, soit près de 6 millions de francs, selon *Le Nouvel Economiste*.

Défense. On le croit dans l'appartement de la rue Christophe-Colomb.

Dès qu'il peut être prévenu, Philippe Jaffré fait savoir à Eva Joly qu'il ne pourra rejoindre la tour Elf avant 13 h 30. Les étages de la présidence et de la direction générale sont en émoi. Les deux juges acceptent de ne pas visiter le bureau du patron hors de sa présence. Mais elles placent, dès leur arrivée, un policier devant le bureau de chacun des principaux dirigeants, avec interdiction formelle de sortir des pièces. L'un d'entre eux, pourtant, va s'y risquer : à 15 h 30, un directeur tente de s'éclipser en emportant un dossier dans sa serviette. Il a indiqué au policier de faction qu'il devait se rendre à une réunion à l'extérieur. Aussitôt prévenue, Eva Joly lui ordonne de retourner dans son bureau et de lui remettre le contenu de sa serviette : il s'agit d'un dossier classé confidentiel et intitulé Minol...

Les bureaux de Frédéric Isoard, directeur général des hydrocarbures, et de Jean-Luc Vermeulen, responsable de l'Afrique, sont fouillés à fond par les enquêteurs. Eva Joly se charge elle-même d'éplucher, pendant plusieurs heures, le bureau présidentiel, devant un Philippe Jaffré qui semble très tendu. Il est arrivé fort en colère, s'emportant, selon *Le Monde*[1], « contre l'intrusion des juges, escortés d'une quinzaine de policiers, jusque dans son bureau, alors même que le groupe Elf s'est constitué partie civile ». Mais Eva Joly et Laurence Vichnievsky restent de marbre, fermées à tout dialogue. Soudain, au milieu des piles de documents qu'elle survole pour les trier et mettre de côté ceux qui l'intéressent, Eva Joly tombe sur une note portant sur le réseau Minol, datée du 3 mars 1994, c'est-à-dire sept mois après le départ de Le Floch. Selon *Le Canard Enchaîné*[2] « le nouveau pédégé s'affole et déclare s'opposer à la saisie. Une réaction qui excite évidemment la curiosité de la magistrate : non seulement elle saisit, mais elle note l'incident dans son PV ». Philippe Jaffré restera ainsi jusqu'au bout de la perquisition, prenant des notes, exigeant de relire une à une toutes les pièces saisies, afin d'en vérifier le contenu.

---

1. *Le Monde* du 17 mai 1997.
2. *Le Canard Enchaîné* du 28 mai 1997.

Les deux juges savent ce qu'elles cherchent. Elles portent un intérêt tout particulier à tout ce qui touche aux Corses, particulièrement nombreux chez Elf – et en Afrique. Elles emportent notamment plusieurs documents qui évoquent des affaires où sont cités le noms des frères Féliciaggi : ce sont des hommes d'affaires que l'on retrouve dans le business des casinos, en particulier en Afrique. Les deux frères sont amis à la fois d'André Tarallo, de Charles et de Pierre Pasqua, le fils unique du sénateur des Hauts-de-Seine. L'un des deux est le suppléant de Jean-Paul de Rocca Serra, président du conseil général de Haute-Corse, aujourd'hui décédé. Eva Joly et Laurence Vichnievsky semblent informées : d'emblée, elles ont été visiter directement un bureau situé au 42e étage, deux niveaux au-dessous de celui de Jaffré. C'est l'un des bureaux les plus secrets de la tour Elf, celui du « responsable de la sécurité ». Surnommé « le Colonel », ex-légionnaire parachutiste, ancien des services secrets français et correspondant de la DGSE au sein du groupe, Jean-Pierre Daniel est officiellement chargé, depuis 1979, de garantir la sécurité des sites pétroliers dans les zones sensibles. Mais il est aussi en charge de la gestion des agents du groupe à l'étranger et, plus généralement, du renseignement.

C'est une caverne d'Ali Baba que vont ouvrir les juges. Une caverne qui recèle les trésors d'un monde parallèle, d'agents secrets officieux, de manipulateurs et de demi-soldes. Il y a dans son coffre des notes blanches émanant des Renseignements généraux, sur diverses personnalités, comme Roger-Patrice Pelat, sur des entreprises, comme la Compagnie générale des Eaux, ainsi que des synthèses d'enquêtes judiciaires, certaines récentes, d'autres datant de plusieurs années. Les juges tombent notamment sur le résumé des investigations menées par le juge Thierry Jean-Pierre sur le Parti socialiste ou du conseiller Renaud Van Ruymbeke sur le financement du Parti républicain. Une note évoque notamment le Groupement des régies réunies (GPR), lié au financement du PR. Une autre épluche en détail l'instruction d'Eric Halphen sur les marchés publics en Ile-de-France. Mais il y a aussi des documents faisant état d'une implication de la Syrie dans les attentats à Paris, au cours des années quatre-vingt.

D'autres qui épluchent les actions de coopération au Gabon menées par le conseil général des Hauts-de-Seine, présidé par Charles Pasqua. Ou bien qui révèlent, sans plus de précisions, un chantage sur Jacques Chirac qu'aurait tenté Alfred Sirven, en 1992.

Plus inquiétant encore : Eva Joly trouve dans le coffre de Jean-Pierre Daniel une note sur un projet d'assassinat de Pierre Péan, en 1984. Ce journaliste venait de publier un livre[1] bourré de révélations, en particulier sur les relations de la France et du Gabon que présidait déjà Albert Bernard Bongo. A l'époque, Pierre Péan avait eu vent des menaces qui pesaient sur lui, au point qu'il avait quitté son domicile pour aller se réfugier, pendant quelques semaines, chez des amis. Tout ceci donne du crédit aux accusations proférées, jusque-là dans le vide, depuis le début de l'instruction, par Loïk Le Floch, qui s'est plaint d'avoir été suivi, écouté, traqué. Et qui montrait à ses interlocuteurs les volets fermés de l'appartement en face du sien, rue d'Artois, où du matériel de détection filme et écoute tout ce qui se dit chez lui. Il s'est renseigné et a appris que si les juges l'avaient – normalement – placé sur écoutes, elles n'étaient pas à l'origine de ce système de grandes oreilles très sophistiqué. Pas plus que la DGSE, comme Le Floch l'a cru un moment. Il soupçonne alors Elf et l'officine de Jean-Pierre Daniel, sur ordre de Jaffré. Loïk Le Floch portera plainte, pour en avoir le cœur net. Et il ne sera pas déçu.

Epilogue provisoire de la découverte de cette officine dont les activités dépassaient de beaucoup la seule protection des intérêts d'Elf : les deux juges remettront l'ensemble des pièces saisies dans le bureau de Jean-Pierre Daniel au parquet de Nanterre. Le procureur Yves Bot ouvrira une enquête préliminaire qui débouchera sur des mises en examen pour « recel de violation du secret de l'instruction ». Philippe Jaffré, de son côté, fera rédiger – en anglais – une note interne, destinée aux patrons de filiales étrangères, dans laquelle il est écrit tout de go qu'« aucun service secret n'existe à Elf ». Il n'y aura pas de communiqué, en revanche,

---

1. *Affaires africaines, op. cit.*

fin septembre, pour annoncer le départ de Jean-Pierre Daniel et son remplacement par le général Patrice de Loustel, un ancien du service action de la DGSE, au poste de chef du service de sécurité d'Elf.

Un coffre-fort n'a pas été ouvert : celui de Bernadette de Bonrepos qui est, cette semaine-là, en vacances. Philippe Jaffré assure qu'il n'en possède pas la clé. Les deux juges exigent alors que des scellés soient apposés sur sa serrure, afin que personne ne puisse le vider de son contenu avant son ouverture. Que cherchent-elles ? La présence de Bernadette de Bonrepos aux côtés du patron d'Elf est une énigme pour tous ceux qui ne connaissent pas la nature des liens qui unissent Philippe Jaffré et Georges Pébereau, à travers son frère Michel, président de la BNP. Les deux hommes sont en apparence aux antipodes : Philippe Jaffré a longtemps été au cœur de l'establishment des affaires tandis que Georges Pébereau, dont Bernadette de Bonrepos était alors le bras droit, en a été exclu en 1988, après son raid contre la Société Générale qui venait d'être privatisée. En dépit de l'appui financier de plusieurs *golden papies* et du soutien affiché du ministre des Finances Pierre Bérégovoy, ce raid avait échoué en raison de la levée de boucliers de toute la place de Paris[1]. Pour pouvoir dénouer l'opération et sauver la face de Georges Pébereau, Pierre Bérégovoy avait demandé à Le Floch, alors que celui-ci venait d'être nommé à la tête d'Elf, de lui racheter la CPP, une petite banque bourrée de créances douteuses. Et Pébereau lui avait demandé d'embaucher Bernadette de Bonrepos. Philippe Jaffré a gardé cette jeune femme à ses côtés et n'a jamais critiqué cet investissement qui aurait coûté à Elf près de 100 millions de francs ! Les deux juges sont convaincues que le coffre de Bernadette de Bonrepos recèle une partie des petites affaires cachées d'Elf. Elles seront déçues, la semaine suivante, quand les policiers de la brigade financière iront enfin ouvrir ce coffre qui ne contenait, en fait, rien de décisif.

Le lendemain de la perquisition, Philippe Jaffré doit se rendre

---

1. *La République des loups*, Calmann-Lévy, 1989.

aux Rencontres musicales d'Evian, où le gratin de la politique, des médias et des affaires se retrouve, chaque année, à l'invitation d'Antoine Riboud et désormais de son fils Frank, le patron de Danone. Son avion se pose à Genève mais avant de rejoindre l'hôtel Royal, à Evian, Jaffré va faire un petit détour, de l'autre côté du lac, à Lausanne, pour rendre visite à André Tarallo. C'est là que réside son protégé : l'interdiction de sortie du territoire français d'André Tarallo semble tout aussi théorique que le mandat d'arrêt d'Alfred Sirven... Philippe Jaffré est venu lui raconter la perquisition de la veille et le tenir au courant des pièces qui ont été saisies par les deux juges, en particulier celles concernant les milieux corses et l'entourage de Charles Pasqua. Si l'on en croit *Le Canard Enchaîné*[1] Jaffré est aussi venu pour tenter de rassurer le vieux gaulliste :

— Je vous défendrai face aux juges.

— Mais avec quels arguments ?

— J'expliquerai comment votre propriété en Corse sert les intérêts du groupe et pourquoi vous avez accepté de cofinancer cet ensemble immobilier avec des Africains.

Aussitôt après sa rencontre avec André Tarallo, Philippe Jaffré rejoint Evian, toujours d'une humeur massacrante. Il a vu le journal de TF1 qui a fait un long sujet, à propos de la perquisition chez Elf, sur le thème de l'arroseur arrosé. Il est convaincu, sans doute à tort, que la chaîne n'a pu choisir cet angle sans se couvrir en haut lieu. Mais il n'en fera pas reproche à Patrick Poivre d'Arvor qui se trouve, ce soir-là, à sa table, dans la grande salle à manger rococo de l'hôtel Royal. Jaffré se contentera d'accaparer la conversation sur un thème, nouveau dans sa bouche : les dangers d'une justice toute-puissante et sans retenue pour la vie des entreprises et la bonne marche des affaires...

En dépit des excellents résultats d'Elf[2], Jacques Chirac pense

---

1. *Le Canard Enchaîné* du 21 mai 1997.

2. Premier groupe français par son chiffre d'affaires (232 milliards de francs, en hausse de 11,7 %) et par sa valeur boursière (plus de 150 milliards de francs), Elf annonce, au titre de 1996, un bénéfice net de 7,5 milliards de francs.

que le moment est donc venu de porter sa seconde offensive contre Jaffré, dont la tête lui est réclamée aussi bien par certains cadres influents du groupe que par plusieurs chefs d'Etat, pas seulement africains. Alors que les actionnaires du noyau dur d'Elf s'inscrivent les uns après les autres aux abonnés absents, à commencer par l'Etat qui s'est débarrassé des 10 % des actions gardées après la privatisation, Chirac va tenter de s'appuyer sur Claude Bébéar pour se débarrasser de Jaffré. Début mai, le président de la République approche celui d'Axa, pour savoir s'il accepterait de se découvrir en demandant la nomination d'un nouveau président. Certains membres du conseil d'administration ont discrètement indiqué qu'ils pourraient appuyer cette demande. Plusieurs fonds d'investissements anglo-saxons – qui contrôlent désormais près de la moitié du capital d'Elf – ont fait savoir qu'ils voteraient dans le même sens que le premier actionnaire. Claude Bébéar hésite, puis finalement refuse de s'engager dans une opération qu'il pense vouée à l'échec. Il n'a surtout pas envie de se mouiller pour un pouvoir politique devenu évanescent : Jacques Chirac a surpris tout le monde en prononçant la dissolution anticipée de l'Assemblée nationale. Une autre tentative de déstabilisation, plus sournoise, est alors lancée. Des administrateurs proposent la nomination au sein du conseil d'un vice-président, pour « épauler » Jaffré. Michel Pébereau, président de la BNP, son ancien « parrain » au Trésor comme au cabinet de René Monory aux Finances, a donné son accord de principe. Mais l'opération fait long feu[1]. Jaffré obtient un sursis jusqu'au lendemain des élections législatives. « Alors que les rumeurs de départ courent du haut en bas de la tour Elf, cette nomination aurait donné le signal de l'hallali », reconnaît un administrateur. « Mais la question reste posée, affirme un autre : un groupe de la taille d'Elf doit avoir un vice-président, au courant de tous les dossiers, capable de prendre les rênes en cas de besoin. »

---

1. Philippe Jaffré s'est soudain demandé si le fait de nommer un vice-président ne risquait pas de le déstabiliser un peu plus. Vis-à-vis de l'extérieur, la situation évoquait trop le précédent d'Alcatel-Alsthom. Marc Viénot, patron de la Société Générale, avait été nommé président intérimaire d'Alcatel-Alsthom après la mise en examen de son président Pierre Suard, pour assurer l'intérim et chercher un successeur.

Philippe Jaffré sera sauvé par le gong. Les tentatives de déstabilisation vont s'arrêter net au lendemain des élections législatives, gagnées par la gauche. Nommé à Matignon, Lionel Jospin,
que l'on dit allergique à l'odeur capiteuse des commissions, n'a
aucune raison, ni aucune envie de se mêler de ces batailles fratri-
cides entre balladuriens et chiraquiens. Ni de casser son image
d'homme de gauche responsable en cherchant, d'emblée, à sortir
du jeu le patron de la plus grosse entreprise privée française !

6

Pauvre petite fille riche

« Pourtant, que la montagne est belle. » Comment peut-on imaginer... un quelconque rapport avec la chanson de Jean Ferrat ? Rien à voir, non plus, en cette chaude matinée de juillet 1997, avec les contreforts des Alpes que l'on aperçoit, dans la brume, au-dessus du vieux Genève. Ce mot de passe évoque plutôt la montagne de billets qui s'échange subrepticement dans le hall de l'hôtel du Rhône, à onze heures. Le couple est arrivé, aux aguets. Elle, bronzée, en tailleur clair, mince et élégante, haut perchée sur ses talons. Lui, corpulent, solide, costume sombre, œil noir. Tous deux affichent une cinquantaine alerte et bien entretenue. Ils remettent chacun une valise à un inconnu, petit et chauve. Celle de la femme est la plus lourde. Elle contient, en coupures de 200 francs suisses, l'équivalent de 20 millions de francs français. Dans l'autre, il y a 4 millions. L'argent a été retiré quelques minutes plus tôt, en liquide, d'une banque genevoise, où il avait été viré par une société fiduciaire présidée par un certain Carlo Pagani, banquier à Lugano. L'homme qui prend livraison de leurs valises a été mandaté par Alfred Sirven. Celui-ci avait, en effet, « exercé de fortes pressions » sur le couple pour... qu'il rende l'argent touché en tant qu'intermédiaires dans la vente de frégates à Taiwan. Un argent qu'il leur avait un peu trop rapidement versé.

Voilà l'histoire que Christine Deviers-Joncour et Gilbert Miara, interrogés séparément, racontent, à peu près dans les mêmes termes, le 15 décembre 1997, à Eva Joly et Laurence Vichnievsky. Une histoire à dormir debout, qui vaudra à l'ancienne amie de Roland Dumas de rester en prison – où elle a été envoyée un mois plus tôt – et à Gilbert Miara d'y entrer. Les deux juges ne sont pas dupes : c'est une fable, préparée à l'avance, qui leur a été servie. Leur hypothèse est que, se sachant découverts, les deux complices ont vidé leurs comptes en Suisse et les ont transformés en argent liquide, qu'ils ont déposé sur des comptes à numéro connus d'eux seuls. De quoi voir venir, lorsque leurs ennuis judiciaires seront terminés.

Ce couple, dont la France n'a encore jamais entendu parler, est au cœur du dernier épisode de l'affaire Elf, celui qui va mettre en cause le président du Conseil constitutionnel, impliquer le chef de l'Etat, faire trembler la République et, pour la première fois, affoler le parquet. Pendant plusieurs mois, Eva Joly a tourné autour de l'affaire des frégates, a cherché à en savoir plus sur ses liens avec Elf, s'est demandé quel était le rôle exact de Loïk Le Floch et s'il avait été le deus ex machina des énormes commissions versées à cette occasion.

Difficulté majeure : l'opération Bravo, cette affaire d'Etat touchant à la diplomatie et au monde de l'armement, protégée par le secret-défense, n'entre évidemment pas dans le cadre de la saisine d'Eva Joly. Celle-ci ne s'y est pas moins intéressée. D'autant plus qu'on va lui montrer le chemin à suivre, au début du mois de mars 1997. La juge reçoit deux lettres anonymes. La première est griffonnée sur la couverture de *L'Express* qui titrait le 12 décembre 1996 : « La confession de Loïk Le Floch-Prigent ». En marge, on peut lire : « Madame la juge, demandez donc (...) des comptes sur l'amie de Roland Dumas, salariée à vie par Loïk Le Floch-Prigent ; Mme Deviers-Joncour n'a jamais travaillé pour Elf (...). » L'autre lettre anonyme ajoute une précision : « Si vous trouvez le nom de la société étrangère propriétaire du 19, rue de Lille, où vit Mme Deviers, vous trouverez le trou suisse d'Elf (...). Deviers = porteuse de valises qui en a bien profité. Visitez son palais de la rue de Lille, tableaux, tapisseries, meubles, vous serez édifiée. Elle appartient à la mafia des voleurs. » Il pourrait s'agir, tout simplement, de dénonciations de voisinage.

Au moment où Eva Joly reçoit ces deux lettres, elle est plongée dans l'affaire Leuna. Elle y prête donc attention mais sans plus. Ce ne sont que des dénonciations, parmi les dizaines qu'elle reçoit tous les jours, dans la sale tradition française : la plupart sont des ramassis de ragots haineux qui ne débouchent sur rien. Celles-ci, au moins, sont précises. Il y a des noms qui n'ont jamais été cités dans la presse, une adresse. La juge va se contenter, dans un premier temps, de vérifier si la piste qu'on lui désigne est sérieuse. Elle lance donc discrètement ses premières investigations mais celles-ci vont suffire à alerter Christine Deviers-Joncour et son ami Gilbert Miara. A moins qu'ils n'aient été prévenus par l'un ou l'autre de ceux qui suivent, dans l'ombre, le nouveau tour pris par l'instruction. Finalement, les deux juges ne se saisiront vraiment de cette affaire qu'en octobre. Le 10, Eva Joly interroge à nouveau Jeanne-Marie Cardaire, l'ancienne directrice des cadres :

— Connaissez-vous Christine Deviers-Joncour ? L'avez-vous embauchée ?

La vieille dame aux cheveux blancs, fidèle de tous les présidents d'Elf depuis Pierre Guillaumat, détentrice de tous les secrets, ne tourne pas autour du pot :

— Oui, je la connais. C'est moi qui ai rédigé son premier contrat de travail sur la Société nationale Elf-Aquitaine.

— Qui vous a demandé de l'embaucher ?

— J'ai été convoquée par Alfred Sirven. Celui-ci m'a dit que Roland Dumas, ministre des affaires étrangères, souhaitait qu'Elf embauche Mme Deviers-Joncour.

— Quelle était la nature de son contrat de travail ?

— Je ne me souviens pas exactement. Je me rappelle que la rémunération n'était pas énorme.

— Quelles étaient ses compétences ?

— Je ne les connais pas. Je ne les ai pas vérifiées. Il s'agissait pour moi d'exécuter un ordre.

— Quel travail a-t-elle réalisé, à votre connaissance ?

— On ne la voyait jamais à la tour Elf, sauf de temps en temps dans le bureau d'Alfred Sirven. Mais je n'avais pas à m'en inquiéter dans la mesure où il s'agissait d'un désir ministériel.

Eva Joly exulte. Enfin, un gros, un très gros poisson est au bout de sa ligne. Reste à le ferrer et à le remonter à la surface. Si elle peut établir que Christine Deviers-Joncour a bénéficié d'un emploi fictif à la demande de Roland Dumas, si elle peut prouver qu'il a lui-même profité de cette libéralité, Eva Joly pourra mettre en examen, pour recel ou complicité d'abus de biens sociaux, le président du Conseil constitutionnel en personne ! Elle n'aura pas instruit depuis deux ans l'affaire Elf en vain. Derrière cette Opération Bravo, elle pense qu'elle va pouvoir mettre a plat la vie et les secrets de deux hommes politiques de haut niveau, l'un à gauche, l'autre à droite, tous deux proches d'Alfred Sirven : Roland Dumas et Charles Pasqua. Emportée dans le tourbillon médiatique, sous l'œil de plus en plus circonspect de ses collègues, elle veut aller plus haut, plus loin. Le poisson pourrit par la tête ? C'est donc la tête qu'il faut couper. Une démarche avec laquelle le parquet va prendre ses distances. Pour le moment, ses arguments sont techniques : « Eva Joly se comporte comme un chirurgien qui opérerait, sans jamais prendre le temps de refermer et d'assurer le travail post-opératoire, lâche alors, en privé, un membre important du parquet. Son respect du droit et des procédures n'est pas à la mesure de sa volonté d'aboutir. » Le parquet joint les actes à la parole. Pour la première fois, il va oser s'opposer publiquement à Eva Joly et Laurence Vichnievsky.

Le souci principal des deux juges, en ce mois d'octobre 1997, est d'éviter que ce nouveau dossier ne leur échappe. Le 13, elles sollicitent donc un réquisitoire supplétif portant sur les salaires fictifs touchés par Christine Deviers-Joncour et sur les conditions exactes de l'acquisition de son triplex de 320 m² du 19 rue de Lille, acheté 17 millions de francs par l'intermédiaire d'une société civile immobilière (SCI). C'est une démarche à double tranchant. Car elle reconnaissent, par là même, que les faits nouveaux qu'elles ont découverts sortent du cadre de leur saisine. Pourtant, sans attendre la réponse du parquet, Eva Joly et Laurence Vichnievsky adressent, le 20 octobre, une commission rogatoire internationale au magistrat genevois Paul Perraudin, avec qui elles sont en liaison permanente, sur les comptes de Carlo Pagani. Ce banquier suisse, contrôle en effet 70 % de la SCI qui possède l'appartement de la rue de Lille, aux côtés de Christine Deviers-Joncour. Trois jours plus tard, elles convoquent Loïk Le Floch à propos des avantages consentis à cette inconnue, dont on sait seulement, à l'époque, qu'elle était liée à Roland Dumas, alors qu'il était ministre des Affaires étrangères. Il l'avait invitée à plusieurs voyages officiels, en Chine et ailleurs. L'audition de Le Floch est décevante. Laurence Vichnievsky pose les questions :

— Connaissez-vous Christine Deviers-Joncour ?

— Un peu.

— Dans quelles circonstances l'avez-vous rencontrée ?

— Peu de temps avant ma nomination à la présidence d'Elf, sans doute au début de l'année 1989. La première fois que je l'ai vue, c'était chez elle, à l'invitation de son mari, Claude Joncour. Roland Dumas était présent à ce dîner. Par la suite, je n'ai croisé Mme Deviers-Joncour que de façon épisodique, dans des cocktails, au ministère des Affaires étrangères ou à l'Elysée.

— Pour quelles raisons et dans quelles conditions l'avez-vous embauchée chez Elf et pour quels services rendus la compagnie lui a-t-elle versé d'importantes sommes d'argent ?

— Je n'en ai pas la moindre idée. Je ne savais pas que Mme Deviers-Joncour était salariée d'Elf.

— Comment est-ce possible ?

— Ce genre de décision pouvait très bien être prise à un niveau inférieur au mien.

— Sans que vous en soyez informé ?

— Compte tenu des personnalités en cause, sans doute aurais-je dû l'être. Mais cela a été décidé et mis en œuvre à mon insu.

La réponse du parquet à la demande de réquisitoire supplétif arrive le 4 novembre. Elle est négative. Au lieu de ça, le ministère public ouvre une nouvelle information judiciaire contre X, distincte de l'affaire Elf, pour « abus de biens sociaux, recel et complicité ». La manœuvre est claire : le parquet souhaite que cette nouvelle instruction soit confiée à un autre juge. Mais elle sera aussitôt déjouée, grâce à l'alchimie complexe qui préside à la répartition des dossiers, théoriquement au tour de rôle, sous l'autorité du doyen des juges d'instruction. L'affaire Deviers-Joncour est confiée à... Eva Joly et Laurence Vichnievsky. Cette décision est lourde de conséquences, en particulier pour Loïk Le Floch. Ayant purgé six mois de détention préventive, il ne pouvait plus être enfermé sans graves faits nouveaux, dans le cadre de l'affaire Elf. D'où sa relative tranquillité lorsqu'il a répondu à Laurence Vichnievsky. Désormais, il est à la merci d'une nouvelle incarcération, pour six mois si nécessaire, à la discrétion des deux juges.

La hiérarchie judiciaire n'apprécie pas ce qu'elle tient pour un coup de force. Sa réaction est immédiate. Le parquet demande – et obtiendra – l'annulation des actes d'Eva Joly et de Laurence Vichnievsky, réalisés entre le 13 octobre et le 4 novembre et de toutes les pièces entrées dans le dossier entre ces deux dates. C'est-à-dire les commissions rogatoires internationales adressées à Paul Perraudin et l'interrogatoire de Loïk Le Floch. Cette décision est sans conséquence sur l'enquête : les juges pourront envoyer de nouvelles commissions rogatoires et réinterroger Le Floch, avec plus de moyens de pression sur lui. Mais elle sonne comme un désaveu des méthodes employées. Le parquet reproche aux deux juges d'avoir adopté une posture trop médiatique. Et surtout de se border insuffisamment sur le plan juridique. A cette occasion, Elisabeth Guigou se révèle moins interventionniste que Jacques Toubon, à qui elle a succédé au ministère de la Justice, mais en même temps moins complexée vis-à-vis des magistrats.

Rien ne transpire, à l'extérieur, des critiques qui sont faites, au sein même de l'institution, contre les deux juges les plus en vue du moment. Le public n'en aura connaissance, en creux, que par leurs réponses publiques. C'est Eva Joly qui ouvre le bal en donnant une interview au quotidien économique *La Tribune* en forme d'ultimatum – sur les moyens qu'elle réclame – et de plaidoyer – pour la façon dont elle gère ses dossiers[1]. « Des de-

---

1. *La Tribune* du 12 novembre 1997.

mandes de moyens ont été formulées auprès de notre hiérarchie, mais nous n'avons rien obtenu pour l'instant sur ce plan, déclare la juge la plus célèbre de France à Laurent Chemineau. On m'a affecté un assistant greffier. Mais quand on songe que j'ai 60 appels téléphoniques par jour et que je n'ai pas de secrétaire... Il faut nous donner des conditions décentes de travail, un local digne, car les symboles comptent. Or, pour l'instant, nous sommes dans un bureau placard et l'effet symbolique est négatif. Avec Jean-Pierre Zanoto pour le Lyonnais et Laurence Vichnievsky pour Elf, nous recherchons un lieu à nous pour nous y installer en équipe. Je suppose que l'effort que je demande à la chancellerie représente de l'ordre de 1 à 3 millions de francs, selon les options retenues. Pour l'instant, je réserve la primeur de mes propositions à la présidence. »

C'est la volée de bois vert habituelle sur le manque de moyens de la justice que lance Eva Joly chaque fois qu'elle prend la parole en public. Va pour les outils techniques, téléphone, fax, ordinateur, dont les juges français sont, il est vrai, honteusement sous-équipés. Mais au parquet, on fait aussitôt remarquer que ce que réclame ouvertement la juge, c'est surtout un grand bureau, digne d'elle et de sa fonction ! On fait valoir aussi que derrière cette bataille de mètres carrés et de hauteur sous plafond se révèle toute l'ambiguïté du rôle des juges d'instruction. Ceux-ci se vivent, depuis quelques années, comme les meilleurs représentants – et les garants – de la justice, alors qu'ils n'en sont qu'un des rouages, au même titre que les officiers de police judiciaires, les greffiers ou autres. La Justice avec un grand J, c'est au tribunal qu'elle se rend, au nom du peuple. C'est pour cela que la loi interdit de contester une décision de justice, alors qu'elle permet, heureusement, de critiquer la façon dont est conduite une instruction. Et c'est aussi pour cela que les tribunaux sont des lieux impressionnants, avec un agencement immuable[1] et que les

---

1. L'architecture et la disposition des tribunaux n'en est pas moins critiquable. C'est ainsi que le ministère public, c'est-à-dire l'accusation, parle depuis une estrade, située à la même hauteur que les juges, tandis que les avocats de la défense se trouvent en contrebas, aux côtés de leurs clients accusés. Ce privilège accordé à l'accusation sur la défense est une survivance de l'Ancien Régime, qui n'est pas sans conséquence, en particulier aux assises, face à un jury populaire.

juges y portent la robe et l'hermine. Tandis que les juges d'instruction n'ont pas de signes extérieurs d'autorité. Pour eux comme pour les policiers, les journalistes, les informaticiens ou autres, la rigueur et la compétence professionnelle restent plus importantes que le prestige de leurs tenues et de leurs locaux.

Après les réclamations, le plaidoyer pro domo. « Je me comporte comme n'importe qui dans une situation d'urgence, explique Eva Joly aux lecteurs de *La Tribune* : je fais un tri, ce qui m'expose bien sûr à la critique. » La juge affirme avoir « pu sortir beaucoup de dossiers ces dernières années ». Elle rappelle son tableau de chasse : « En 1994, j'ai instruit les deux dossiers du *Phocéa* en sept mois et Bernard Tapie a été condamné en première instance et en appel à la prison ferme pour fraude fiscale, ce qui est une première en France (sic). Dans le même temps j'ai été saisie 35 fois et j'ai achevé l'instruction de 32 dossiers. En 1995, les chiffres sont respectivement 36 et 35. En 1996, j'ai mis en examen Loïk Le Floch-Prigent dans l'affaire Elf et une quinzaine d'autres personnes, tout en approfondissant [les dossiers] IBSA, Imopar-SDBO, Isola-2000 et Ciments Belges et tout cela en achevant l'instruction de 9 autres dossiers. En 1997, j'ai déjà terminé 14 dossiers et j'ai été saisie de 15 nouveaux. Dans une optique strictement statistique, j'aurais pu limiter Elf aux faux comptes de Bidermann. Mais je serais passée à côté de 28 autres opérations qui méritent aussi une instruction. » Conclusion de l'interview : « Je me donne trois ans, le temps d'achever le Crédit Lyonnais et d'autres gros dossiers en cours, avant de prendre du champ. »

Quelques jours plus tôt, Eva Joly avait déjà accordé une interview au quotidien conservateur norvégien *Aftenposten* – passée inaperçue en France – dans lequel elle demandait aux hommes politiques français de « prendre leurs responsabilités ». Révélant qu'elle était poursuivie par Air France pour un billet d'avion impayé de son greffier, elle estimait qu'elle « ne pouvait pas continuer son enquête sur le Crédit Lyonnais avant d'avoir obtenu davantage de crédits ». Ajoutait qu'elle a mené plus d'interrogatoires en un an, dans l'affaire Elf, qu'il n'en a été conduit, en dix-sept ans, dans l'affaire Papon. Mettait en parallèle les crédits supplémentaires de 200 millions de francs obtenus par les juges britanniques pour l'enquête sur Kevin Maxwell, le fils de Robert. Refusait les « prétextes budgétaires » et rappelait que les juges français ne sont pas plus nombreux qu'en 1860 et quatre fois moins nombreux qu'en Allemagne. « Nous combattons les crimes modernes avec des outils du XIXe siècle », protestait-elle.

Laurence Vichnievsky n'est pas en reste. Le lendemain de l'interview d'Eva Joly à *La Tribune*, elle en accorde une autre au *Parisien*. « Pour moi, le problème majeur n'est pas celui des mètres carrés, déclare-t-elle à Laurent Valdiguié. La priorité absolue, c'est la faiblesse des moyens mis à notre disposition. » La juge propose de « constituer autour des magistrats financiers des équipes autonomes de spécialistes (...). Nous aurions également besoin d'assistants de justice, capables de rédiger des synthèses ou d'opérer des recherches techniques ». Le journaliste rappelle alors à Laurence Vichnievsky qu'elle est épaulée par les services de police. La réponse de la juge est lourde de sous-entendus. Elle affirme que « les policiers sont débordés et [que] leur hiérarchie dépend du ministère de l'Intérieur. Dans les affaires sensibles, il est déjà arrivé que celle-ci rende compte au ministre des découvertes d'une enquête avant même que le juge d'instruction ne soit au courant. Nous sentons parfois des réticences subtiles ».

Cette utilisation des médias par les deux juges pour justifier et asseoir leur position personnelle met Elisabeth Guigou hors d'elle. En particulier l'intervention d'Eva Joly dans un journal norvégien. Alors que nul, parmi les politiques, n'ose plus critiquer publiquement les juges d'instruction et en particulier ces deux-là, le garde des Sceaux va les renvoyer dans leurs cordes, sans prendre de gants : « Je n'ai pas l'intention de prendre les décisions de répartition des moyens supplémentaires de mon ministère en regardant les médias. Il y a beaucoup de moyens anonymes, non exprimés, dans les affaires non médiatiques et qui doivent à mon avis mobiliser l'attention du ministère. Ce qui ne veut pas dire qu'il ne faut pas faire des efforts particuliers sur des dossiers complexes. »

Alors que s'engage cette passe d'armes, Eva Joly et Laurence

Vichnievsky sentent que le terrain devient miné. Il leur faut passer en force, rendre la situation irréversible. Tout va alors aller très vite. Pour faire tomber Roland Dumas, le plus simple est encore que Christine Deviers-Joncour mange le morceau et reconnaisse avoir servi de prête-nom à son flamboyant ami ministre.

Le vendredi 7 novembre, une demi-douzaine de policiers déboulent à 6 h 15 rue de Lille où Christine Deviers-Joncour habite avec son fils Philippe, dix-neuf ans. Tous deux sont réveillés en sursaut. La perquisition dure jusqu'à midi. Avant d'être emmenée, elle a juste le temps de laisser un message sur le répondeur d'un ami en lui disant de prendre en charge ses deux grands enfants. Elle semble s'attendre au pire. Devant les policiers, puis devant Eva Joly et Laurence Vichnievsky, elle ne se démonte pas. Elle tente de noyer le poisson, en affirmant qu'elle occupe l'appartement à titre gratuit : Carlo Pagani l'aurait chargée de le vendre et lui en aurait laissé la jouissance, en attendant. Elle assure qu'elle a fourni un travail réel de liaison entre Elf et le ministère des Affaires étrangères, justifiant un salaire modeste de 15 000 francs par mois.

Déception des deux juges qui s'attendaient à la voir craquer sous la menace de la prison. Aussi décident-elles de l'envoyer réfléchir à Fleury-Mérogis, au terme d'un débat contradictoire extrêmement tendu. Car le parquet, cette fois-ci, est hostile à l'incarcération et l'assume : le substitut de la République se contente de demander un strict contrôle judiciaire. Mais Eva Joly et Laurence Vichnievsky passent outre, comme elles en ont le droit. En raison de l'heure tardive, Christine Deviers-Joncour passera d'ailleurs sa première nuit au dépôt du Palais de Justice de Paris, une épreuve pire que la prison. Elle s'effondre. Comme tous ceux qui l'avaient connue jusqu'à cette épreuve, les deux juges sont convaincues qu'elle ne résistera pas longtemps : à l'instar de Bidermann, de Guelfi et de tant d'autres, l'ancienne amie de Roland Dumas, pense-t-on, ne supportera pas le choc de la prison et, pour en sortir, racontera tout ce qu'elle sait.

Erreur sur toute la ligne. Christine Deviers-Joncour ne craquera pas. Passé le premier choc, elle va se ressaisir. Cette femme qu'on croyait fragile et que Marie Guichoux, dans *Libé-*

ration[1] décrit « comme le tournesol qui suit la course du soleil » va, dans un premier temps, se comporter à la manière des caïds des films noirs, qui savent se taire et attendre sagement leur sortie de prison. Comme eux, c'est une détenue modèle. Placée au deuxième étage de la tour centrale du quartier des femmes de Fleury-Mérogis, elle ne montre aucun signe d'impatience. Discrète et calme, elle partage une cellule de 12 m² avec une autre femme. La cohabitation se passe sans heurts. L'administration pénitentiaire a-t-elle reçu des consignes ? Elle semble lui rendre la vie le moins difficile possible. Christine a demandé de pouvoir travailler à la bibliothèque. C'est un service autogéré, peu surveillé et qui permet de rompre avec l'univers carcéral. Cette faveur lui a été accordée.

Face aux deux juges, Christine Deviers-Joncour ne baisse pas les yeux et ne lâche rien, ou le moins possible. Eva Joly et Laurence Vichnievsky ont, vis-à-vis d'elle, semble-t-il, des sentiments mêlés. D'un côté elle ne peuvent s'empêcher d'admirer une telle force de caractère, d'autant plus qu'elle émane d'une femme. De l'autre, elles sont furieuses de ses dénégations, de ses explications changeantes et de sa résistance imprévue qui bouleverse leurs plans. Symétriquement, Christine Deviers-Joncour ne supporte pas d'entendre les deux juges lui demander, sans relâche, de dénoncer le président du Conseil constitutionnel. Par réaction et aussi par bravade, elle va adopter une attitude provocatrice qui exaspérera, à leur tour, Eva Joly et Laurence Vichnievsky. Presque ouvertement, Christine Deviers-Joncour est alors l'objet d'un « chantage judiciaire », selon les propres mots prononcés par ses avocats, Me François Gibault et Philippe Lemaire, le 11 février 1998. Au terme d'un nouvel interrogatoire, ceux-ci ont déposé une nouvelle demande de mise en liberté, qui sera rejetée comme toutes les autres. Philippe Lemaire déclare au *Monde* : « Mme Joncour a été entendue sept fois (...) Il est clair que les juges voudraient qu'elle dise qu'une partie de l'argent a été à Roland Dumas. Si elle le dit, elle sort de prison. Mais elle ne le dira pas, parce que ce n'est pas la vérité. »

---

1. *Libération* du 10 avril 1998.

Peu à peu, les défenses de Christine Deviers-Joncour vont céder. Elle ne veut plus subir les interrogatoires qui l'obligent à être
extraite de sa prison à l'aube, pour attendre des heures dans la
souricière puis dans le couloir de la galerie financière, avant
d'être confrontée aux deux juges et d'être ramenée dans sa cellule à dix-neuf heures, après avoir été menottée et être restée
toute la journée sans pouvoir manger ni lire. Tout cela pour un
interrogatoire qui, parfois, ne dure pas plus d'un quart d'heure :

— Etes-vous décidée à nous dire, enfin, la vérité ?

— Je vous ai dit la vérité.

— Etiez-vous la seule destinataire de l'argent que vous a versé
Alfred Sirven ? Qui étaient les autres bénéficiaires ? Roland
Dumas ?

— J'ai été rémunérée pour mon rôle dans l'affaire des frégates.
Je n'étais la femme de paille de personne.

— Bien. Il faudra que vous reveniez pour enfin nous dire la
vérité.

Se persuadant peu à peu que ces interrogatoires sont organisés
à dessein pour la faire souffrir et la déstabiliser, elle décide,
comme Le Floch avant elle, de ne plus répondre aux questions
des deux juges. Et refuse de se rendre à leurs convocations, sauf
à y être emmenée de force.

Cette réaction d'orgueil est aussi une défense. Peu à peu,
Christine Deviers-Joncour se laisse ronger par la prison. Les vi
sites de son fils Philippe, d'une demi-heure, trois fois par semaine, lui sont de plus en plus pénibles. Elle n'arrive plus à mas-
quer sa détresse. « Je la vois, en face de moi, effondrée sur la
table, le visage rouge, en pleurs, comme hébétée, les bras inertes,
raconte-t-il à *Paris-Match*[1]. Elle a perdu 6 kilos, parle de suicide,
s'enfonce dans la déprime. On la bourre d'anxiolytiques. Au
point que l'administration pénitentiaire a jugé qu'elle n'était plus
apte à exercer son travail à la bibliothèque. »

Christine Deviers-Joncour souffre, mais ne craque pas. Sa
loyauté à Roland Dumas force l'admiration. Le sort qui lui est
fait va heurter de nombreuses consciences. Et participer à l'évo-

---

1. *Paris-Match* du 9 avril 1998.

lution des esprits en faveur d'un train de réformes majeures de la justice française[1]. Finalement, les deux juges n'iront pas jusqu'au bout des six mois de détention provisoire que permet la loi. Elles signeront la levée d'écrou le 9 avril, sous contrôle judiciaire, avec obligation de verser avant un mois une caution d'un million de francs. Christine Deviers-Joncour sera restée cinq mois en prison. Sans livrer ses secrets.

A posteriori, ce comportement assez exceptionnel, dans l'adversité, explique un peu mieux le parcours hors norme de cette fille d'une demoiselle des postes et d'un prof de dessin, devenue l'amie d'un des hommes les plus puissants de France, vivant dans une appartement de 320 m^2 dans un des plus beaux endroits de Paris et dont les différents comptes en Suisse auraient été crédités, au total, de plus de 60 millions de francs. Alors que tous ceux qui l'ont côtoyée la tenaient jusque-là pour une gentille nunuche ! Christine est née le 28 juin 1947, dans le Périgord noir. Son père, Marcel, communiste, est professeur de dessin et peintre à ses heures perdues. Sa mère, Paule, est socialiste. Ce sont des gens simples et solides. Paule Deviers est une belle femme qui a connu jadis Roland Dumas. Elle en est restée proche et, pour les élections législatives de 1986, l'hébergera et tiendra sa permanence électorale.

Elève du collège La Boétie à Sarlat, Christine a dix-sept ans lorsqu'elle rencontre Jean-Jacques de Peretti qui en a dix-neuf. Par un curieux rendez-vous de l'Histoire, le jeune homme deviendra maire de Sarlat, ministre des Dom-Tom d'Alain Juppé, battra Roland Dumas aux élections législatives de 1993 après avoir été son adversaire malheureux à celles de 1988. Pour l'heure, un enfant naît de cette idylle de jeunesse ce qui, au mi-

---

1. Sans attendre la réforme d'Elisabeth Guigou, instaurant notamment un juge des libertés pour contrôler de façon indépendante les mises en détention provisoire, les députés socialistes, communistes et verts ont voté, le 4 avril 1998, une proposition de loi du député de gauche Alain Tourret, contre l'avis du gouvernement. Celle-ci limite la détention provisoire aux prévenus passibles d'une peine de trois ans de prison lorsqu'il s'agit d'un délit contre les personnes (au lieu d'un an actuellement) et de cinq ans pour les délits contre les biens (deux ans actuellement). Ce qui entraînerait mécaniquement la libération de 11 200 prévenus actuellement détenus.

lieu des années soixante, fait encore jaser dans une petite ville comme Sarlat. Ils se marient et montent à Paris où ils vivotent de l'argent que leur envoient leurs parents. Jean-Jacques de Peretti travaille un moment dans une agence de mannequins où sa femme fait quelques défilés, à l'occasion du salon du prêt-à-porter.

Le futur ministre est embauché chez IBM. Leurs vies divergent. Christine rencontre Claude Joncour, directeur des relations extérieures de la Compagnie générale de radiologie, qui est alors une filiale de Thomson, spécialisée dans le matériel médical. Elle se mariera avec lui en 1978, lorsque naîtra son second fils. C'est à travers Claude Joncour que Christine va entrer dans le cercle de la Mitterrandie. Il est en effet un proche de Georges Dayan, l'ami sans doute le plus intime de François Mitterrand, mort peu avant son élection à l'Elysée, en mai 1981. Claude Joncour restera lié avec sa fille Paule Dayan, que le président de la République gardera à ses côtés pendant ses deux septennats. Ecarté par Alain Gomez, Claude Joncour entrera chez Rhône-Poulenc où lui et sa femme feront la connaissance d'Alfred Sirven. C'est la version de Roland Dumas et de Christine Deviers-Joncour, mais Loïk Le Floch affirme n'avoir jamais eu connaissance d'une embauche de Claude Joncour chez Rhône-Poulenc. Et aucun de ceux qui étaient alors proches d'Alfred Sirven ne se souviennent non plus de l'avoir vu, ni lui ni sa femme. Plus tard, en tout cas, Claude Joncour deviendra le directeur général pour la France de Elscint, une entreprise israélienne de haute technologie qui fabrique notamment des scanners. Des scanners dont, à l'époque, tous les hôpitaux et toutes les cliniques de France cherchent à s'équiper, alors que les autorisations sont délivrées au compte-gouttes. Claude Joncour est alors un homme riche et courtisé, à la fois proche de l'Elysée et pape parmi les mandarins !

Sa femme va prendre, peu à peu, de l'assurance. Aidée par son mari et par Paule Dayan, elle ouvre une galerie d'art moderne, boulevard Saint-Germain. Elle est attirée par le luxe, les mondanités et surtout par l'argent dont elle parle souvent, pour se plaindre de ne pas en avoir assez. Son mari, à l'en croire, serait « regardant ». Mais elle conserve en même temps un charme juvénile qui plaît. De ses origines rurales, elle a gardé une sorte de rusticité roborative. Quand elle est lancée, rien ne l'arrête Un témoin l'a entendue raconter, sans ciller, devant des personnages importants de l'Etat, l'histoire du type qui s'est acheté des bottines neuves et les porte, tout nu devant sa glace :

— Elles sont superbes. Même ma zigounette les regarde.

Sa femme le coupe :

— La prochaine fois, achète-toi une casquette !

Le genre de blague de garçon coiffeur qui fait rire ces hommes importants, dès lors qu'elle est racontée, sur un ton badin, par une jolie femme de trente ans leur cadette... Bref : à cette époque, Christine Deviers-Joncour passe pour femme élégante, vive et délurée, qui masque des blessures. Christine Deviers-Joncour n'a rien à voir avec une Mata-Hari capable de prendre des commissions de plusieurs dizaines de millions de francs sur la vente de bateaux de guerre en Asie.

C'est en 1989 que sa vie bascule véritablement. Elle vit dans l'ombre de Roland Dumas qui la protège. Celui-ci est témoin au mariage de son fils aîné, toujours fragile, qu'il envoie à Moscou avec le titre d'attaché culturel. Mais surtout, Alfred Sirven, frère de Roland Dumas en maçonnerie, qui vient d'arriver chez Elf en même temps que Loïk Le Floch, l'embauche avec le titre de chargée de mission. Elle devait faire la liaison entre Elf et Roland Dumas. Cette embauche a-t-elle été exigée par le ministre comme le croient les juges mais comme le démentent Roland Dumas et Christine Deviers-Joncour ? De juillet à décembre 1989 elle touche un salaire de 50 000 francs par mois. C'est un peu voyant pour un travail imprécis qui ne nécessitait ni présence, ni bureau. Aussi, à partir du 1er janvier 1990 et jusqu'à son départ, en août 1993, son salaire est saucissonné. Elle touche 11 500 francs par mois d'Elf-Impex, une filiale spécialisée dans la rémunération des cadres. Pendant quelques semaines, elle cherchera à faire croire aux juges que son salaire était celui-là. Sans dire qu'Elf-Aquitaine International (EAI) lui versait en complément 10 000 francs suisses, soit près de 40 000 francs par mois. A quoi s'ajoute la mise à disposition par Elf d'un appartement, rue Robert-Estienne, une petite impasse dans le VIIIe arrondissement de

Paris, dans un immeuble où était logé... Alfred Sirven. Mais surtout, Christine Deviers-Joncour dispose d'une carte American
Express au nom d'EAI avec laquelle elle ira jusqu'à dépenser
200 000 francs par mois, une somme que son « employeur », à
plusieurs reprises, lui demandera de diminuer. Avec sa fraîcheur
juvénile, elle racontera plus tard au juge que l'argent d'Elf,
« c'était un peu comme la distribution de caramels ».

Avec cette carte de crédit, Christine va dépenser sans compter.
Elle qui était jusque-là « plutôt jean-basket » fréquente désormais
Dior, Mugler et Hermès, paie les notes des grands restaurants où
elle se rend avec Roland Dumas, s'achète des meubles, organise
des réceptions, bref, mène grand train. Elle est l'amie d'un ministre de la République peu dépensier – Roland Dumas, comme
François Mitterrand, n'a jamais un sou sur lui – et entend tenir
son rang. D'ailleurs, elle le tient : elle apprend plusieurs langues
étrangères, étudie les livrets avant d'accompagner Roland Dumas
à l'Opéra. La fille de la demoiselle des postes de Dordogne se
coule dans le moule. Elle porte des robes noires courtes, chics et
sexy. Elle est à l'aise avec les grands de ce monde que Roland
Dumas lui fait rencontrer, comme Mikhaïl Gorbatchev ou Hans
Dietrich Genscher, le ministre des Affaires étrangères allemand.

Aux alentours de 1993, Christine Deviers-Joncour va rencontrer Gilbert Miara. Elle qui se plaignait que tous les hommes de
sa vie se soient montrés pingres à son égard va enfin connaître la
fortune avec ce pied-noir, ami d'Alfred Sirven, dont le nom est
apparu dans l'Opération Bravo. C'est peu après que Christine
Deviers-Joncour achète son triplex de la rue de Lille, dans l'hôtel
particulier des Cazaux, payé 17 millions de francs. Un argent pris
sur les 45 millions que Sirven lui aurait versés pour, dit-elle, son
intervention auprès de Roland Dumas dans l'affaire des frégates.
Un appartement qu'elle va décorer et meubler mi-artiste, mi-
grand bourgeois. Il y a aux murs le dessin de Picasso et la toile de
Masson que Dumas lui a offerts, ainsi qu'une superbe tapisserie
des Flandres. Sa cuisine a été aménagée par Andrée Putman, un
designer de renom. Elle y organise des fêtes avec des personnalités du Tout-Paris de la politique et des affaires. Roland
Dumas y est comme chez lui. Comment Christine Deviers-

Joncour justifie-t-elle son brutal changement de train de vie, alors qu'elle se plaignait de peiner à joindre les deux bouts et à trouver une femme de ménage ? Elle assure à ses amis que cet appartement est « une affaire », que sa mère a vendu des terres et que sa banque lui a prêté l'argent. La croit-on ? Dans son entourage, dans ce milieu, personne ne se pose – et ne pose – trop de questions.

Christine Deviers-Joncour quitte Elf dès le remplacement de Loïk Le Floch par Philippe Jaffré et celui d'Alfred Sirven par Geneviève Gomez, pendant l'été 1993. Elle est aussitôt embauchée par Roland Dumas à son cabinet. « Elle m'a aidé dans mes recherches pour le livre de souvenirs dans lequel je m'étais alors engagé » affirmera plus tard le ministre, lorsque le pot aux roses aura été découvert. Alors qu'il était encore ministre des Affaires étrangères, sa société de conseil en publicité Kaïros avait été chargée de concevoir une plaquette promotionnelle sur le Quai d'Orsay. Par la suite, ce sera pour le Gabon. Le conseil général des Hauts-de-Seine lui passera aussi commande. Les clients de Christine Deviers-Joncour sont Roland Dumas, Omar Bongo, Charles Pasqua...

Le jour ou paraît son interview dans *La Tribune*, Eva Joly ordonne à la police une nouvelle perquisition – cette fois-ci ultradiscrète – au siège d'Elf, pour faire saisir le contrat de Christine Deviers-Joncour ainsi que la liste d'une vingtaine de personnalités qui ont été embauchées par Elf-Impex à l'époque ou Loïk Le Floch était le président du groupe. Les deux juges vont, elles, se rendre rue de Lille, où elles retourneront accompagnées d'un expert pour évaluer la valeur des meubles et des objets d'art. Au cours de leur perquisition, les deux juges tombent sur une lettre de Michel Charasse, alors secrétaire d'Etat au Budget, adressée à Roland Dumas. C'est une réponse à une intervention du ministre des Affaires étrangères en faveur de Christine Deviers-Joncour à propos d'un redressement à l'encontre de sa société Kaïros, qu'elle contrôle. Au terme de « vérifications » entreprises par les services fiscaux, écrit Charasse, « l'administration [peut] renoncer à la poursuite » des redressements.

Charasse, Dumas, interventions : l'affaire se retrouve aussitôt dans les journaux qui évoquent un redressement « de plusieurs millions de francs ». Charasse affirme qu'il s'est toujours contenté de transmettre ce genre d'intervention aux services par les procédures habituelles et, sur ce cas précis, dit ne se souvenir de rien. Personne ne le croit ! Et pourtant, il ne s'agit pas là, effectivement, d'une affaire d'Etat : le redressement fiscal de la société Kaïros était de 25 000 francs. Et l'intervention ne l'empêchera pas d'être placée en liquidation, en mai 1996. Cette lettre, jetée en pâture aux médias, participe de la volonté systématique de disqualifier ceux qui participèrent à la garde rapprochée de François Mitterrand.

Tout s'accélère. Le 20 novembre, les deux juges mettent trois fois en examen André Tarallo pour abus de biens sociaux. Notamment pour le recrutement de Christine Deviers-Joncour, car le contrat initial, saisi par la brigade financière, est signé par lui. Tarallo se défend en déclarant qu'il n'avait pas d'autre alternative que de « ratifier l'embauche » de l'amie de Roland Dumas ou de « démissionner ». Le lendemain, les juges mettent en examen Jean-Claude Vauchez, ancien administrateur délégué d'Elf-Aquitaine International (EAI) pour « complicité d'abus de biens sociaux ». Travaillant sous Alfred Sirven, Vauchez explique avoir agi « sur ordre ». Il affirme que des documents ont été détruits à sa demande, peu avant son licenciement, en octobre 1993. Et raconte que, au cours de l'été 1996, des cambrioleurs se sont introduits dans des locaux luxueux, de la rue Plantamour, à Genève, où était le siège de cette filiale d'Elf, présidée par Alfred Sirven, de 1990 à 1993. Vauchez raconte aussi qu'une « quarantaine de personnes » étaient rémunérées par EAI en Suisse. Ces salaires de complaisance s'échelonnaient entre 30 000 et 80 000 francs français par mois, avec le plus souvent l'usage d'une carte de crédit. Les noms n'étaient pas ceux des véritables bénéficiaires. Plusieurs hommes politiques français avaient choisi pour paravents, qui leur fille (lorsqu'elle porte un autre nom qu'eux), qui leur maîtresse, qui leur secrétaire. Ceux qui apparaissent en clair sont des seconds couteaux. Vauchez cite ceux de Jean-Jacques de Peretti, premier mari de Christine Deviers-Joncour et le père de son fils ; de Daniel Léandri, collaborateur de Charles Pasqua ; et du docteur Laurent Raillard, partenaire de golf de Mitterrand, celui-là même qui lui payait parfois ses costumes. Jean-Jacques de Peretti, reconnaît avoir perçu 20 000 francs nets par mois, plus des remboursements de frais sur justificatifs, en contrepartie d'une véritable mission. Mais Léandri et Raillard démentiront sèchement[1]. Pourtant, quelques mois plus tard, en avril 1998, les avocats du groupe pétrolier, avec l'autorisation de Philippe Jaffré, engageront une procédure contre le docteur Raillard, déjà mis en examen pour « recel d'abus de biens sociaux » pour les conditions de la vente de sa propriété de Louveciennes à Elf. A l'appui de celle-ci, ils transmettront des documents bancaires et comptables, tendant à prouver que ce radiologue touchait des salaires d'Elf et bénéficiait d'une carte de crédit – sur laquelle il aurait tiré 465 000 francs – pour un total proche de 2 millions de francs[2].

Jean-Claude Vauchez affirme qu'il préparait et signait ces contrats à partir de mémos que lui donnait Sirven. Cette audition permettra, au passage, de lever le voile sur le financement de l'hebdomadaire mitterrandolâtre *Globe Hebdo*, dirigé par Georges-Marc Benamou, que l'Elysée aurait bien voulu voir concurrencer sérieusement *Le Nouvel Observateur*, *L'Express* et *L'Evénement du Jeudi*. A la demande de son vieil ami Gilles Ménage, directeur de cabinet de François Mitterrand, Alfred Sirven aurait demandé à Vauchez d'engager, en 1992, 20 millions de francs pour *Globe Hebdo*, sous forme de caution bancaire déguisée.

A ce point de leur enquête, les deux juges n'ont dans leur dossier, contre Christine Deviers-Joncour, que des salaires de complaisance et la jouissance d'un bien immobilier sans rapport avec son patrimoine officiel. Tout va basculer avec la visite d'un antiquaire parisien qui demande à être entendu en urgence. Ce qu'il raconte est passionnant. C'est lui qui a vendu à Christine

---

1. « Je n'ai jamais été payé par Elf, ni en Suisse ni ailleurs », déclarait-il au *Monde*, le 30 novembre 1997.
2. Interrogé par *Le Monde*, le docteur Raillard affirme cette fois qu'il a perçu « un salaire correspondant à un travail réel ». Il s'agit d'une mission interministérielle sur l'imagerie médicale qui intéressait Sanofi, filiale d'Elf.

Deviers-Joncour, en 1992, pour 450 000 francs, la superbe tapis-serie des Flandres, représentant une scène de l'Antiquité, qui orne la salle de séjour de son appartement. L'antiquaire explique que le paiement aurait été effectué depuis un compte en Suisse – dont il révèle l'intitulé – avec une fausse déclaration d'expor-tation. Mais il raconte surtout que, deux jours plus tôt, il a reçu un coup de fil. Un homme lui demandait de dire à la police, s'il était interrogé, que la tapisserie avait été placée « en dépôt » chez Mme Deviers-Joncour. Rendez-vous est pris au Café de Flore, pour harmoniser les déclarations. L'antiquaire s'y rend, mais pas son interlocuteur qui se révélera être... Gilbert Miara.

Celui-ci est aussitôt mis en examen et incarcéré. Il reconnaît que c'est lui qui a appelé l'antiquaire. Il reconnaît aussi avoir si-gné la promesse de vente initiale de l'appartement de la rue de Lille. Il se vante d'avoir joué un rôle actif dans la vente des six frégates à Taiwan et d'être proche à la fois de Roland Dumas – via Christine Deviers-Joncour – et du soi-disant intermédiaire Edmond Kwan. Raconte qu'en 1991, il a été reçu par un haut dignitaire chinois de passage à Paris en compagnie de Roland Dumas et que le lendemain, l'affaire des vedettes est réglée « comme par miracle ». Il affirme qu'au début de 1992, quelques mois après la signature du marché des frégates, Christine Deviers-Joncour a reçu d'Alfred Sirven 45 millions de francs, pour le prix de son intervention. C'est sur cette somme, affirme-t-il, qu'a été prélevé l'argent qui a servi à payer l'appartement. Le reste ayant été rendu à Sirven, dans le hall de l'hôtel du Rhône, en 1997...

Selon une méthode dont elles sont coutumières, les deux juges vont relâcher Gilbert Miara avant de le reprendre à nouveau quelques jours plus tard. L'objectif est bien évidemment de mettre le gibier en confiance de le faire suivre par la police et de le mettre sur écoute, pour démasquer ses éventuels complices et glaner toutes les informations utiles. A ce petit jeu, les truands ne se laissent pas prendre, mais les demi-sel et les délinquants finan-ciers, parfois. En prison, Gilbert Miara n'a pas mis longtemps à parler, persuadé qu'Eva Joly sait déjà tout. Les deux juges veulent plus. Aussi va-t-il subir, lui aussi, les extractions de sa cellule au petit matin, les attentes interminables pour s'entendre poser la même question : « Qu'avez-vous à dire sur Roland Dumas ? Rien ? Eh bien vous reviendrez pour dire la vérité. »

Mais les juges ont d'autres moyens, heureusement, d'approcher la vérité. Elles ont désormais l'intitulé et les numéros de plusieurs comptes en Suisse, qui ont été alimentés par Elf, via une succursale du Crédit Lyonnais au Luxembourg. Il ne leur reste qu'à tirer la pelote, avec le soutien du juge genevois Perraudin. Très vite, on apprendra que Christine Deviers-Joncour n'a pas reçu que 45 millions de francs d'Elf. Elles retrouvent la trace de 14 autres millions. Et d'autres encore. Soit 66 millions au total, estiment les juges. Au terme d'un véritable jeu de piste, elles découvrent des comptes par lesquels l'argent a transité, avant de repartir ailleurs. Il y a notamment un compte Nersiv anagramme de Sirven. Mais deux autres retiennent l'attention et entretiennent le mystère : un compte Nitram, ce qui est l'anagramme de Mitran. Et un autre, intitulé Oror. Comme horreur. Ou plutôt comme Roro.

Roland Dumas est dans l'œil du cyclone. Son nom est cité avec insistance dans la presse. Les deux juges reçoivent des dizaines de lettres anonymes qui attirent leur attention sur les avoirs personnels et sur les méthodes cavalières de cet homme jusque-là si sûr de sa bonne étoile et de son impunité. Le 25 janvier 1998, *Le Monde* publie sur deux pages une enquête qui révèle qu'un mois plus tôt, les deux juges ont envisagé de faire une perquisition chez Roland Dumas. Cette fois-ci, face à un personnage de la stature du président du Conseil constitutionnel, la bataille s'annonce rude. Mieux vaut préparer le terrain !

7

Fin de parcours

Record battu. Jusque-là, dans les affaires sensibles confiées aux juges qui utilisent le levier médiatique, il arrivait que la presse soit informée des décisions de justice, en particulier des perquisitions, en temps réel. Et même parfois avec un peu d'avance, lorsque les photographes arrivent sur les lieux en même temps que le juge. Mais le samedi 24 janvier 1998, *Le Monde* et ses informateurs vont faire beaucoup plus fort. Au terme d'un long article sur « l'affaire d'Etat qui inquiète M. Dumas », Hervé Gattegno annonce une prochaine perquisition chez le président du Conseil constitutionnel [1]. Bien vu ! Alors que celui-ci est régulièrement mis en cause depuis près de trois mois, dès le mardi suivant, à 9 heures du matin, les juges Eva Joly et Laurence Vichnievsky se présentent à la porte d'un immeuble du quai Bourbon, dans l'île Saint-Louis, où se trouve son bureau

---

1. Dans cette enquête, Hervé Gattegno apportera la preuve que derrière l'Opération Bravo, se cache bel et bien une tentative d'escroquerie. *Le Monde* publie en effet une lettre d'Edmond Kwann à Alfred Sirven dans laquelle le prétendu intermédiaire chinois réclame le paiement de sa commission personnelle, qu'il veut doubler de 2 à 4 millions de dollars. La méthode est étrange et la somme en jeu ridicule, au regard des pratiques habituelles dans ce genre de contrats. Il ne peut pas s'agir d'une commission de véritable intermédiaire : c'est un pourboire accordé à un prête-nom. A qui devait être versé l'essentiel de la commission de 150 millions de francs ?

personnel. Les deux juges et les policiers qui les assistent fouillent, en sa présence, ce lieu chargé d'histoire : rez-de-chaussée haut de plafond, sous-sol sombre et voûté, c'est l'ancien atelier de Camille Claudel. En 1981, Roland Dumas avait cherché à vendre ce qui était alors son appartement. Les visiteurs avaient pu voir sa chambre, sombre, tendue de rouge et de noir, décorée à la manière d'une boîte de nuit pour initiés. Signe particulier : il y avait une petite piscine au pied de son lit, des chaussures et des paires de bottines partout ! Ce repaire, depuis, a changé de genre. Il est aujourd'hui décoré de tableaux de Chagall, Picasso, Juan Gris. L'ami avocat de François Mitterrand l'avait acheté en 1958, grâce à un prêt de l'Assemblée, après avoir quitté son petit logement de la porte Dorée, à l'est de Paris.

Cette perquisition, annoncée à l'avance, chez le cinquième personnage de l'Etat est une opération de grande envergure. Mandatés par les deux juges, les policiers fouillent plusieurs autres endroits où Roland Dumas aurait pu cacher ses secrets : à son domicile, rue de Bièvre, où se trouve aussi son cabinet d'avocat ; chez sa femme, Anne-Marie Dumas, rue de Grenelle ; dans sa résidence secondaire à Saint-Selve, près de Bordeaux ; à Périgueux, chez Christine Deviers-Joncour, et à La Dornac, près de Sarlat, chez la mère de cette dernière. Des gendarmes se rendent même dans le centre de Sarlat et investissent la maison d'un citoyen suisse, M. Brugger, décédé deux semaines plus tôt. Les juges ont recueilli une information selon laquelle cette ancienne relation de Roland Dumas lui aurait prêté sa cave pour y entreposer des archives ! Plus symbolique : deux enquêteurs, accompagnés d'une secrétaire, se rendent, dans l'après-midi du 27 janvier, au Palais-Royal, siège du Conseil constitutionnel, pour se saisir d'un dossier dont Roland Dumas a signalé lui-même la présence. Ce palais qui a vu défiler tant de cocottes et ourdir tant de complots, n'avait encore jamais fait l'objet d'une perquisition. Le président y dispose d'appartements privés, dans l'aile Montpensier. Sa chambre est celle de Marie-Clotilde de Savoie. Il y passe, mais n'habite pas. Peut-être parce qu'il n'aime pas la décoration des lieux, choisie par Robert Badinter. Ou peut-être parce qu'y plane l'ombre encombrante de son prédécesseur, à qui on l'a trop souvent comparé. Mieux que personne, il connaît cette plaisanterie de Roger-Patrice Pelat. « Mitterrand a deux avocats, avait-il dit un jour : Badinter pour le droit, Dumas pour le tordu ».

Tordu ? Peut-être. Mais Roland Dumas est d'abord un être d'exception, qui a mené une vie hors norme et jusque-là réussie. Une vie singulière et brillante, dégagée de toute convention, propre à choquer les esprits calibrés et conventionnels qui trouveront, sur le tard, l'occasion de se venger. Il va lui falloir en rendre compte, révéler ses secrets, se mettre à nu. Briser l'image officielle : une enfance heureuse à Limoges, un camarade de classe, réfugié autrichien, Joachim, un père résistant, fusillé par les Allemands en 1944. Joachim restera lié à la vie à la mort avec Roland. Il changera trois fois de nom pour prendre celui de Jean-Pierre François et deviendra un mystérieux banquier en Suisse, proche de François Mitterrand. Cette période vaudra à Roland Dumas la croix du combattant volontaire ainsi que la croix de guerre. Dès la Libération, il est pris en charge par Jean Mons, un ami de son père, futur Grand Maître de la Grande Loge de France, qui l'initiera très tôt à la franc-maçonnerie. Grâce à quoi il trouve des petits boulots de journaliste dans des feuilles de chou financières, ce qui lui donne de quoi vivre, le temps de s'inscrire au barreau. Il se lance dans la politique, écrit dans des journaux électoraux. Franc-maçon comme lui, Georges Bérard-Quélin, propriétaire du fameux *Bulletin Quotidien*, dont l'attitude pendant l'Occupation est controversée, le met en relation avec François Mitterrand, avocat et homme politique brillant qui, lui aussi, a fait du journalisme alimentaire – dans des journaux féminins qui appartiennent à L'Oréal.

En 1956, Roland Dumas se fait élire député de la Haute-Vienne, s'inscrit à l'UDSR et aide François Mitterrand à faire de ce petit parti charnière son tremplin politique en éliminant, un à un, les autres dirigeants. Les deux hommes sont très proches : ils ont en commun le goût de l'art, de la belle vie. Ce sont tous deux de grands séducteurs. Aucune femme ne les a jamais trahis. Roland Dumas et François Mitterrand ont aussi en commun le goût du pouvoir, une bonne dose de cynisme et un penchant étrange à fréquenter des gens « à la limite ». C'est ainsi que Mitterrand s'abstiendra de nommer son vieux complice ministre en 1981, car celui-ci était alors empêtré dans une affaire louche : il était l'avocat et l'ami d'un Corse, propriétaire de cercles de jeux parisiens qui venait d'être assassiné dans un parking du XVIe arrondissement. Roland Dumas fut aussi l'avocat, le conseiller et le promoteur du colonel Kadhafi qu'il fit rencontrer à François Mitterrand en tête-à-tête alors que le leader libyen était rejeté de toute la communauté internationale.

Après 1958, Roland Dumas s'installe résolument, avec Mitterrand, dans l'opposition au général de Gaulle et à la vague qui le porte. Battu aux élections, il décide de se consacrer à son métier. De continuer à faire de la politique, en gagnant de l'argent. Il défend Mitterrand dans l'affaire de l'Observatoire en négociant avec le Pouvoir – mais aussi, dit-on, avec certains magistrats soucieux de leur future carrière – un non-lieu difficilement acquis. On le retrouve au cœur de tous les gros dossiers politiques. Il plaide, en 1965, dans l'affaire Ben Barka, ce leader de l'opposition marocaine enlevé en plein Paris et dont on apprendra, plus tard, qu'il a été assasiné par le général Oufkir et ses sbires. Il interviendra, en 1968 dans l'affaire Marcovic, du nom d'un garde du corps yougoslave d'Alain Delon dont l'assassinat déstabilisera Georges Pompidou. Certains se souviennent d'avoir vu Roland Dumas courir les rédactions pour donner des scoops à des journalistes amis. Plus tard, Georges Pompidou le montrera du doigt pour avoir prétendument orchestré la campagne de désinformation mettant en cause son épouse, sur la base de photos trafiquées. Il plaidera aussi, en 1971, dans le scandale de la Garantie Foncière, qui révèle la face sombre du gaullisme immobilier, ainsi que dans l'assassinat du prince de Broglie, en 1976, alors que Valéry Giscard d'Estaing a conquis l'Elysée. Avocat du *Canard Enchaîné*, ami et confident de nombreux journalistes, au fait des turpitudes des uns et des autres, Roland Dumas contribuera ainsi pendant des années, à sa manière, à miner la coalition de droite au pouvoir depuis 1958. Jusqu'à ce que François Mitterrand, en 1981, recueille les fruits de son travail de sape.

Mais parallèlement à cette activité d'avocat médiatique et politique, Roland Dumas exerce ses activités de façon beaucoup plus directement lucrative. C'est ainsi que pendant des années, il s'est associé avec Jean-Marc Varaut. Franc-maçon comme lui, le futur avocat de Maurice Papon a toujours été classé à droite. « C'était la meilleure façon de ratisser large, confie alors Dumas à ceux qui s'étonnent de cette association. Plus tard, il ira s'installer rue de Bièvre, à côté de François Mitterrand. Tous deux ont acheté leurs appartements en copropriété, dans de bonnes conditions. Roland Dumas est alors un avocat d'affaires d'un genre particulier : il s'entremet, règle des affaires compliquées, arbitre plus souvent qu'il ne plaide. Et se retrouve en position charnière dans plusieurs successions, comme celles de Picasso ou de Giacometti. Tout simplement parce qu'il flatte les peintres et les écrivains, qu'il s'est lié avec les filles ou les femmes d'artistes célèbres, auprès desquelles il déploie tout son charme. C'est encore une femme qui le présentera à Daniel-Henry Kahnweiler, le marchand de Picasso. Puis aux époux Giacometti. Il est avocat, conseiller, confident, mais avant tout amateur : Roland Dumas est à son aise dans les milieux artistiques – au milieu du talent, de l'argent et des jolies femmes. Dans les années cinquante, il a songé devenir ténor. C'est un fan du bel canto. Il est vif, drôle et talentueux. Aucun art ne lui est étranger. Son flair est exceptionnel. Il s'est peu à peu constitué une superbe collection de sculptures, de tableaux et de dessins.

La politique, les affaires, l'art, les femmes. Les femmes ? Il y en eu tant, les officielles et les autres. Roland Dumas a été marié une première fois, après la guerre, avec une Grecque. Puis il a été lié à Suzanne Chauveau, cantatrice connue sous le nom de Maria Murano. En 1963, sur une plage du Cap-Ferret il rencontre Anne-Marie, héritière des apéritifs Lillet. Il a 41 ans, il la séduit, l'épouse, lui fait trois enfants et lui restera fidèle, à sa manière. Les femmes ? Parmi toutes celles qui ont traversé sa vie, connues et inconnues, deux au moins méritent d'être citées tant leur profil est singulier. Il y a d'abord Lucienne Tell, née Golfarb, plus connue sous le nom de Katia la Rouquine, qui a longtemps tenu une maison de rendez-vous, le Del Monaco, au 10 rue du Débarcadère. Cette maison a joué un rôle important dans le monde parisien du sexe et de l'argent. Selon le commissaire Roger Le Taillanter, ancien patron de la brigade mondaine, elle « bénéficiait de la protection d'un homme qui joignait à son éloquence l'amitié d'un chef d'Etat, l'indiscutable influence politique ». Or Lucienne Tell est vice-présidente d'Opéralia, une association dont le but est la découverte, la promotion de chanteurs, chanteuses d'opéra, créée par Roland Dumas et dont Christine Deviers-Joncour fut, un moment, la trésorière. Katia la Rouquine porte en elle soixante ans d'histoire parisienne, celle des bordels, des truands, de la police et des indics. Dans un livre de souvenirs que lui a consacré Alphonse Boudard en 1976[1], elle se vante elle-même d'avoir fait prospérer son commerce grâce à ses liens étroits avec la police qu'elle informait régulièrement. Katia la Rouquine, alias Lucienne Tell, devra-t-elle rendre des comptes devant la justice ? Elle a effectué de fréquents voyages Paris-Genève, au nom de l'association Opéralia. A-t-elle touché une partie des commissions ? En a-t-elle reversé ? C'est ce qu'aurait laissé entendre le banquier Carlo Pagani, interrogé par le juge suisse Paul Perraudin. Et c'est ce qu'essaient de vérifier Eva Joly et Laurence Vichnievsky.

Comment, dans un tout autre registre, ne pas évoquer aussi Nahed Ojjeh ? Cette Syrienne ravissante, drôle et exubérante, est veuve du marchand d'armes Akhram Ojjeh – qui fut l'intermédiaire officiel avec l'Arabie Saoudite. Mais elle est aussi la fille de Mustapha Tlass, ministre syrien de la Défense et patron des services secrets du président Assad. Le ministre français des Affaires étrangères en pareille compagnie ? Au Mossad, on s'étrangle. A la CIA aussi. Tous les réseaux s'activent et la DST obtiendra finalement que le président de la République oblige son ami à choisir entre sa relation et son maroquin. Roland Dumas gardera le Quai d'Orsay mais Nahed Tlass-Ojjeh ne se fâchera pas pour autant : en 1996, elle proposera même 8,2 millions de francs – via la fondation qu'elle préside – pour l'achat d'un scanner à Sarlat, ville où Roland Dumas se présente aux élections législatives[2] !

---

1. *La Rouquine*, Balland.
2. Pour la petite histoire, ce scanner financé par la Syrie aurait été fabriqué par la société israélienne dont Claude Joncour, l'ex-mari de Christine Deviers-Joncour, est le représentant en France !

Oublié, tout cela ! Ce matin du 27 janvier 1998, Roland Dumas ne ressemble plus du tout à l'avocat florentin, au brasseur d'argent et d'influence, à l'avocat inventif, au séducteur, au prince des plaisirs qu'il a été, aux côtés de François Mitterrand. C'est un vieil homme désemparé, qui a été cueilli à froid. Qui évite de s'emporter et adopte un profil bas. Au contraire, il co-opère de façon appuyée, en montrant aux juges plusieurs dossiers d'archives consacrés à l'opération Bravo. Il leur suggère de les emporter car ils prouvent, selon lui, qu'il s'est toujours opposé fermement à la vente des frégates à Taiwan et que si celle-ci a eu lieu, c'est bien contre son gré. Mais Eva Joly et Laurence Vich-nievsky refusent de saisir ces dossiers. Non pas parce qu'ils sont censés blanchir l'ancien ministre des Affaires étrangères, mais parce qu'elles sont convaincues qu'il s'agit d'un piège que celui-ci leur tend. Car ces documents, qui traitent du suivi diplo-matique d'une affaire sensible, sont couverts par le secret-dé-fense. Par surcroît, si Roland Dumas avait quelque chose à se reprocher à propos de cette opération Bravo, c'est à l'évidence en tant que ministre. Il serait alors passible de la Cour de justice de la République (l'ancienne Haute Cour) et échapperait aussitôt aux deux juges qui le traquent depuis plusieurs mois, à la limite de leur saisine. Surtout, les délits qu'on pourrait lui reprocher dans cette affaire revêtiraient les qualifications pénales de « trafic d'influence », voire de « corruption », qui sont prescrits au bout de trois ans alors que les faits remontent à 1991.

Qu'importe ! Eva Joly et Laurence Vichnievsky ont rendu la situation irréversible. Avec Eva Joly... la justice va bientôt pou-voir se passer de procès, écrira *Le Canard Enchaîné*[1]. De fait, la carrière politique de Roland Dumas se termine ce 27 janvier 1998, à 9 heures du matin, alors que le président du Conseil constitutionnel n'est pas mis en examen, qu'il n'est pas témoin, qu'il n'est pas prévenu. Seules les télévisions ont été averties et cela suffit : cette perquisition à grand spectacle scelle son destin.

---

1. Les Dossiers du *Canard*. « Elf, l'empire d'essence, enquête sur un superscandale d'Etat ». Avril 1998.

Comme son ami François Mitterrand, Roland Dumas a, certes, déjà connu de sombres périodes, dont il s'est toujours relevé. Mais il a 75 ans et son poste ne souffre pas le moindre soupçon : le président du Conseil constitutionnel est en effet garant de la loi fondamentale. Or, devant les caméras, au milieu des policiers et des juges, il est perçu par la France entière comme un coupable désigné. Lui-même semble maté. Alors qu'il quitte son bureau pour se rendre rue de Bièvre avec Eva Joly et Laurence Vichnievsky, celles-ci le prient de monter dans leur voiture. Rien ne l'y oblige. Jusqu'à plus ample informé, le président du Conseil constitutionnel est un homme libre qui dispose d'une voiture et d'un chauffeur. Il aurait pu, s'il l'avait voulu, leur donner rendez-vous à la porte de son cabinet. Mais, stressé, il n'y pense pas. Roland Dumas regrettera longtemps son apathie. Car l'image de l'ancien ministre des Affaires étrangères de François Mitterrand montant à l'arrière d'une voiture sombre, encadré par Eva Joly et Laurence Vichnievsky, sera diffusée partout, publiée dans tous les journaux et fera le tour du monde. Elle est terrible pour lui. Et aussi pour cette fiction hypocrite qu'est, en France, la présomption d'innocence.

Dès le lendemain, Roland Dumas affirme solennellement être « étranger aux affaires Elf et Thomson » et annonce avoir engagé des procédures au titre de la diffamation et de la violation du secret de l'instruction. Diffusé par ses avocats, le communiqué affirme qu'« à la suite d'une dénonciation soi-disant anonyme », M. Roland Dumas « a fait l'objet de perquisitions spectaculaires annoncées à grand renfort de presse. Cette mise en cause publique du président du Conseil constitutionnel ne peut pas avoir pour seul motif la communication de documents ou pièces que M. Roland Dumas a déjà déclaré tenir à la disposition de la justice pour les remettre spontanément si cela lui avait été demandé ». Ce communiqué met en doute la véracité des dénonciations à l'origine des perquistions et accuse, à mots couverts, les deux juges de poursuivre des objectifs éloignés de la simple recherche de la vérité. C'est la deuxième contre-attaque de Roland Dumas depuis que son nom est cité en marge de l'affaire Elf et fait la une de tous les journaux. Le 5 décembre précédent, protestant contre « la campagne de calomnies destinées à le compromettre à l'occasion d'une affaire actuellement à l'instruction de Mme Eva Joly », il avait écrit au procureur de Paris, Gabriel Bestard, afin de « provoquer la saisine » de la Cour de justice de la République. Roland Dumas avait alors ajouté : « Je ne crains aucun débat public dès lors qu'il est conduit par les juridictions du pays auxquelles tout citoyen peut être appelé à rendre compte. Je ne tolère pas, en revanche, que pour des motifs obscurs et en violation de la loi, on cherche à nuire à ma personne, à mon action passée et à la fonction que j'ai l'honneur d'exercer. » « Je n'aurai aucune difficulté à justifier [devant la Cour de justice] mon action à l'époque où j'étais ministre des Affaires étrangères, sur tout dossier qu'il lui plaira d'aborder avec moi », notait-il enfin dans un communiqué.

En violation de la loi ? Quelques jours plus tard, ses avocats déposeront deux plaintes, devant le procureur de Paris. La première pour diffamation contre un quotidien et la seconde, contre X, pour violation du secret de l'instruction. Les éléments versés à l'appui de cette plainte seront jugés suffisants pour que le parquet, désormais vigilant, ouvre une information judiciaire. Celle-ci sera confiée au juge d'instruction parisien Hervé Stephan, celui qui avait déjà entendu Eva Joly, après que Sophie Deniau eut, elle aussi, porté plainte pour violation du secret de l'instruction. Hervé Stéphan entendra Roland Dumas le 10 février suivant. En lui expliquant qu'il ne pouvait faire avancer son instruction, susceptible de mettre en cause les méthodes de certains de ses collègues, que dans une totale discrétion.

Cette perquisition à grand spectacle est perçue par certains magistrats comme une réponse du berger à la bergère après la décision du parquet d'annuler une partie de la procédure des deux juges. La bataille fait rage, mais elle reste secrète. Toute intervention un peu voyante de la hiérarchie judiciaire, toute distance prise avec leur action, serait immédiatement perçue comme un acte de collusion avec le pouvoir, visant à contrecarrer la bonne marche de la justice. Tout se passe donc à fleurets mouchetés.

Après un article de *Libération* affirmant qu'elles ont « subi des pressions », les deux juges sont « invitées » par Guy Carnivet, premier président de la cour d'appel, à lui donner des précisions : de quelles pressions ont-elles donc été l'objet ? Mais Eva Joly et Laurence Vichnievsky démentent aussitôt. Elles affirment à leur chef hiérarchique n'avoir jamais rien dit de tel et assurent qu'à aucun moment le parquet n'a fait pression sur elles. Ce qui n'est guère surprenant. Il n'est pas question, en effet, pour le gouvernement de Lionel Jospin, de faire quoi que ce soit, via la hiérarchie judiciaire, qui puisse être interprété comme un soutien à Roland Dumas : le droit d'inventaire vis-à-vis de l'héritage de François Mitterrand fonde le positionnement politique du Premier ministre, celui de la gauche vertueuse et morale. Il symbolise la rupture avec l'époque – et les amis – du président décédé.

La perquisition chez Roland Dumas met en ébullition le monde judiciaire, mais aussi politique. A gauche, le silence du Premier ministre et les prises de position convenues de François Hollande, premier secrétaire du Parti socialiste, sont remarqués. Mais plus encore la bordée d'injures que s'envoient mitterrandiens et rocardiens. Purulente, la plaie s'est rouverte aussitôt, béante. Michel Rocard n'a pas oublié que Roland Dumas l'avait qualifié, alors qu'il était Premier ministre, de « barreur de petit temps » : il dénonce la « culture politique cynique » de ces gens dont François Mitterrand s'entourait qu'il qualifie, on l'a vu, « d'un peu à la limite ». Gardien des mânes de Mitterrand, avec Roland Dumas, Michel Charasse répond aussitôt à Michel Rocard en rappelant que c'est lui qui a fait voter la « funeste loi d'amnistie ». Et, délicat, qualifie ce dernier de « châtelain qui engrosse la bonne et qui sort ensuite avec une manifestation de curés pour aller la lapider ».

A droite, les observateurs avertis notent, en revanche, que les attaques contre Roland Dumas sont relativement mesurées. Le commentaire de Philipe Séguin est balancé. Il suggère qu'aux yeux de certains, le soupçon va également se porter sur les décisions des gardiens de la Constitution. Mais pour le président du RPR, la mise en cause de Roland Dumas « est une affaire grave, quelle que soit l'hypothèse qui se vérifiera ». « Si les faits dont on parle çà ou là étaient avérés, ce serait très grave pour la République ; si les faits n'étaient pas démontrés, s'il apparaissait que c'est à tort qu'un des hauts personnages de l'Etat ait été ainsi jeté aux chiens, c'est également gravissime », affirme-t-il, sur TF1, le soir même de la perquisition.

Pourquoi une partie de la droite ménage-t-elle Roland Dumas ? A cause de certaines amitiés maçonnes, sans doute. Mais aussi par l'effet de tant de secrets partagés, d'amitiés anciennes, de services rendus. Certaines passerelles sont inattendues. L'affaire des diamants de Giscard a rapproché Roland Dumas d'un certain nombre de gaullistes. Avec Charles Pasqua, Roland Dumas entretient depuis des lustres des relations fortes. Les deux hommes connaissent aussi bien l'un que l'autre les milieux des cercles de jeu et des machines à sous. Franc-maçon, au Grand-Orient, comme Roland Dumas, Alfred Sirven est lié aux deux hommes. C'est loin d'être leur seul ami commun. Roland Dumas fait partie, avec Charles Pasqua, du groupe des 21, une association d'hommes politiques des deux bords qui déjeunent ensemble régulièrement. C'est ainsi que Jean-Marc Vernes, banquier du RPR, impliqué dans différents scandales financiers, a pu mourir en paix sans avoir été inquiété. Face à Dumas, le Front national lui-même évite d'en rajouter. Le Pen aurait donné des consignes en ce sens. Les deux hommes se sont connus et appréciés dans la turbulence du Quartier latin, en 1956. Ils sont liés par des souvenirs communs.

Et puis, dans cette réserve générale vis-à-vis du sort fait à Roland Dumas, il y a Jacques Chirac. Le chef de l'Etat a depuis longtemps compris la signification de la révolte des juges. Il sait que personne n'arrêtera ces deux-là – ou d'autres – en chemin. Derrière Maurice Bidermann, il y avait Le Floch, mais aussi Chirac. Derrière Le Floch, il y avait, en ligne de mire, Roland Dumas ou Charles Pasqua, et encore Chirac. Le chef de l'Etat est convaincu que lui aussi peut être mis en cause, via l'affaire Elf, via le Gabon, via les financements africains, via la Mairie de Paris ou autre chose. Comment imaginer qu'il puisse être à l'abri, dans cette bataille décisive pour la conquête du pouvoir que livre l'autorité judiciaire ? Jacques Chirac n'a pas besoin de donner des consignes : les hommes politiques, à droite, savent bien que le président du Conseil constitutionnel, avant d'être un adversaire politique, est une digue que les juges veulent faire sauter en s'appuyant sur la déferlante d'une opinion publique hostile aux élites, arrogantes et forcément corrompues.

Le lendemain de la perquisition, les Français apprennent qu'Eva Joly et Laurence Vichnievsky ont envoyé les enquêteurs de la brigade financière au siège d'une agence du Crédit Lyonnais, à Maubert-Mutualité, où Roland Dumas disposait de plusieurs comptes, à son nom et au nom de son cabinet. Là encore, l'élément déclenchant aurait été une dénonciation anonyme. Lorsqu'un homme public est, pendant des mois, montré du doigt dans les journaux et à la télévision, personne ne peut s'étonner que de bonnes âmes aillent apporter de nouveaux éléments, vrais ou faux, au juge. Qui supporterait de voir le contenu de ses comptes en banque, sur six ans, révélés dans la presse ? Le secret bancaire, en même temps que celui de l'instruction, est ouvertement violé, mais nul ne s'en émeut. Qu'il s'agisse de personnalités en vue ou d'anonymes, la protection des libertés individuelles – pourtant acquis démocratique majeur – est désormais considérée par l'opinion et par beaucoup de juges comme une valeur subalterne. La fin justifie les moyens. Ce qui compte, c'est la moisson. Or celle-ci, en apparence, est fort intéressante. Dès le lendemain de la perquisition, *Le Monde* révèle que les comptes de Roland Dumas ont reçu d'importants versements en espèces, entre 1991 et 1996, notamment à l'époque où il était ministre des Affaires étrangères [1]. Il y a des dépôts de 800 000 francs ainsi que d'autres, entre 200 000 et 500 000 francs. C'est une femme qui apportait l'argent, en coupures usagées. Il y a eu aussi un virement bancaire de 3,5 millions de francs en provenance d'un compte étranger qui appartiendrait à un Etat africain. Mais ce versement-là ne pose pas de problèmes. Il a eu lieu pendant la courte période où

---

1. *Le Monde* du 29 janvier 1998.

Roland Dumas n'était plus ministre et pas encore président du Conseil constitutionnel.

La fréquence et l'importance de ces dépôts en liquide avaient surpris les employés, puis la direction de la succursale, qui avait prévenu la direction générale. Décision avait été prise de ne pas prévenir Tracfin, le service chargé, au ministère des Finances, de la lutte contre le blanchiment de l'argent de la drogue. Alors que la déclaration est obligatoire lorsque des particuliers versent sur des comptes en banque, en liquide, des sommes de 200 000 francs et plus. Mais s'agissant du ministre des Affaires étrangères de la France, habilité à manier des fonds secrets, un tel soupçon n'était pas envisageable. La raison d'Etat devait expliquer de tels transferts, avait estimé la direction du Lyonnais, aussi bien à l'époque de Jean-Yves Haberer qu'à celle de son successeur Jean Peyrelevade. Selon les enquêteurs, le montant total des versements par virement, en chèques ou en espèces, approcherait les huit millions de francs.

Pendant quelques jours, les deux juges penseront que la mystérieuse femme venant remplir les comptes de Roland Dumas avec de l'argent liquide était Christine Deviers-Joncour. Trop simple. Car très vite, elles apprennent que les versements ont été effectués par une autre amie de Roland Dumas. Il s'agit d'une de ses collaboratrices, avocate dans son cabinet. Elle se nomme Stéphanie Bordier et son père était un proche ami, charentais, de François Mitterrand. Etrange histoire. Roland Dumas fut son pygmalion à Paris. Il entretient avec elle, de longue date, des relations compliquées. Il l'a poussée à devenir avocate, l'a prise à son cabinet, l'a formée. Elle est entrée dans le cercle de ses relations féminines, avant Christine Deviers-Joncour, du temps où il avait traité des affaires concernant les autonomistes basques. Elle avait été meurtrie par un enjeu qui la dépassait. C'est à elle que Roland Dumas livre certains de ses secrets. Surtout, il se montre généreux à son égard, alors que cet homme riche propose rarement de payer quoi que ce soit, lorsqu'il s'agit des autres. Lors de ses différentes campagnes électorales en Dordogne, Roland Dumas s'est ainsi toujours débrouillé pour se faire héberger chez des amies, qui lui assuraient vivre, couvert et tranquillité d'esprit.

Christine Deviers-Joncour, à plusieurs reprises, s'est d'ailleurs plainte de la pingrerie de son ami. Un trait de caractère que Stéphanie Bordier ne connaît pas. Elle a indiqué, sur procès-verbal, que Roland Dumas lui avait offert 2,5 millions de francs pour l'aider à acquérir son appartement.

« Elle souffrait d'ennuis de santé. Il s'agissait (...) de ne pas la laisser dans le besoin après ma disparition », explique Roland Dumas au *Figaro* [1].

Avocate dans son cabinet, Stéphanie Bordier est cliente de la même agence que Roland Dumas. Ils se sont signé des procurations réciproques sur leurs comptes respectifs. Cette particularité permettra-t-elle à Eva Joly et Laurence Vichnievsky d'éplucher indirectement les comptes de Roland Dumas, à travers Stéphanie Bordier, en évitant le risque d'être dessaisies au profit de la cour de justice ? Les deux juges, dit-on, envisagent une telle stratégie. Aussi Stéphanie Bordier est-elle placée en garde à vue. Mais très vite, les deux juges se rendent compte qu'elles ne pourront aller bien loin. Aucune charge sérieuse ne peut lui être imputée. Les juges lui rendront sa liberté le jour même, pour raison de santé. Stéphanie Bordier a quand même eu le temps d'affirmer que les sommes versées sur son compte venaient, à sa connaissance, du produit de la vente d'œuvres d'art, en particulier du peintre et sculpteur Giacometti, dont il est l'exécuteur testamentaire. Cette ligne de défense va ouvrir de nouveaux fronts. Elle conduira la presse à revenir sur les successions de Giacometti et de Picasso et sur le rôle qu'y aurait joué Roland Dumas. Un rôle trouble et controversé. François Mitterrand, qui connaissait Roland Dumas mieux que personne, n'a-t-il pas délibérément refusé d'en faire son propre exécuteur testamentaire, préférant confier cette tâche à André Rousselet ? Mais si cette ligne de défense active les rumeurs et réveille les vieilles histoires enfouies, elle a néanmoins le mérite de gagner du temps.

Le temps que Roland Dumas peaufine sa défense et élève des barrières de protection. Mais le temps aussi que les enquêteurs épluchent, une par une, les dépenses de Christine Deviers-Jon-

---

1 . *Le Figaro* du 9 mars 1998.

cour, vérifient ses retraits de fonds en Suisse et qu'ils les comparent avec les versements sur les comptes du président du Conseil constitutionnel. Les deux juges sont alors persuadées qu'elle découvriront des corrélations de sommes et de dates qui leur permettront de le confondre. Ce n'est qu'une hypothèse mais elle sera présentée dans plusieurs journaux comme un fait acquis. Pourtant, ni les dates, ni les sommes ne correspondent. Chou blanc ? Pas tout à fait. En épluchant, une à une, toutes les factures de la carte de crédit d'Elf qu'utilisait Christine Deviers-Joncour, les policiers de la brigade financière découvrent que cette carte a servi à payer la note de plusieurs grands restaurants parisiens où elle s'était rendue en compagnie de Roland Dumas. Mais surtout, ils tombent sur une facture de 11 000 francs, datée du 28 août 1991, émise par Berluti, célèbre bottier parisien. Il s'agit d'une paire de bottines pour homme. L'information est aussitôt publiée par *Le Point* et prendra une dimension symbolique. L'affaire Elf, la valse des milliards, se résume tout d'un coup au fait que le ministre de François Mitterrand s'est fait offrir par une amie des chaussures de 11 000 francs. La France entière, comme Marc Blondel, le leader de FO, s'étonne que Roland Dumas porte la valeur d'un Smic à chaque pied. Roland Dumas explique qu'il s'agit de chaussures orthopédiques[1]. Affirme que Christine Deviers-Joncour est allée les chercher et les a payées par commodité – elle était à proximité alors que lui était très occupé. Assure qu'il les lui a remboursées. Mais rien n'y fait. Les bottines de Roland Dumas resteront dans la mémoire populaire comme les diamants de Giscard. Les diamants de Giscard qui avaient été montés en épingle, dans un curieux raccourci de l'histoire, par Roland Dumas. Mais seuls quelques giscardiens se réjouiront de voir leur vieil ennemi blessé par où il a péché.

Le jeudi 29 janvier, surlendemain de la perquisition, Roland Dumas va présider, comme si de rien n'était, une séance de tra-

---

1. Berluti ne fabrique pas de chaussures orthopédiques. Chez ce chausseur, 11 000 francs pour une paire de bottines est un prix normal. Roland Dumas a effectivement des problèmes à ses chevilles, depuis un accident ancien, et il collectionne les bottines. Certains de ses amis disent que c'est son péché mignon !

vail du Conseil constitutionnel qui doit se prononcer sur la validité de l'élection de plusieurs députés. En fin d'après-midi, le président laisse sa place, pour raisons personnelles, à Maurice Faure. Est-ce le premier acte d'une démission devenue inéluctable ? Certains journaux en émettront l'hypothèse. En réalité, ce retrait était prévu de longue date[1]. Mais la démission sera ouvertement demandée dans des éditoriaux du *Monde* et du *Nouvel Observateur*, au nom de l'ordre public, quand bien même Roland Dumas serait-il innocent. Va-t-il céder ? La pression médiatique a naturellement l'effet inverse. Roland Dumas a été élevé à l'école de François Mitterrand : faire front, ne rien lâcher, ne rien accorder à ses ennemis, jamais. C'est donc un véritable bras de fer politico-juridique qui va s'engager.

Pendant tout le mois de février, il se se passe plus rien, du moins en apparence. Dans sa prison, Christine Deviers-Joncour garde le silence. Roland Dumas exhume ses vieux dossiers, consulte ses avocats, perd peu à peu le sommeil, sa superbe et ses moyens. Quant à Eva Joly, elle tisse sa toile, en liaison étroite avec le juge Perraudin, à qui elle rendra visite avec ses enquêteurs. C'est le vendredi 6 mars que le résultat de ses investigations va être publié, à la une du *Monde*[2]. Le journal révèle que Christine Deviers-Joncour n'a pas touché 45 millions de francs d'Elf, comme on l'avait cru, mais 59 millions[3]. Les enquêteurs ont reconstitué le parcours de cet argent, versé par un compte d'Elf au Crédit Lyonnais du Luxembourg sur ses comptes et ceux de Gilbert Miara en Suisse. Le cheminement est ensuite d'une extrême complexité, avec des passages éclairs d'un nouveau compte à un autre (sous de nombreux noms, dont Nersiv, Nitram et Oror), certains étant ouverts avant et fermés aussitôt

---

1. Le conseil devait trancher le cas de Laurent Dominati, secrétaire politique de Démocratie libérale, député dans la première circonscription de Paris. Or la candidate socialiste battue, qui contestait l'élection, est aussi secrétaire générale de l'Institut François Mitterrand, dont Roland Dumas est le président ! Son abstention est donc parfaitement naturelle. En son absence, les huit conseillers ne peuvent se départager et Laurent Dominati sauvera ainsi son siège.

2. *Le Monde* du 7 mars 1998.

3. En fait, il s'agit, apprendra-t-on plus tard, de 66 millions de francs au total.

après, avec de fréquents retraits d'espèces. *Le Monde* révèle aussi que Philipe Hustache, l'ancien directeur financier d'Elf, a déclaré devant les juges, le 11 février, qu'à sa connaissance, les versements de commissions étaient validés par la République. Un document regroupant les relevés de versements par pays et par compte était présenté par le président du groupe au secrétaire général de la présidence de la République tandis que lui-même le soumettait à la direction des douanes.

Cet article sonne le signal de l'hallali. Alors que le journal vient à peine d'être livré dans les kiosques, Roland Dumas ouvre, à 14 heures, une séance du Conseil constitutionnel. En un mois, il a vieilli de dix ans. L'air abattu, il demande à ses collègues :

— Est-ce que vous avez lu *Le Monde* ?

Personne n'ayant encore lu le journal, il n'y aura pas de commentaires. Vers 16 heures, le président du Conseil constitutionnel lève la séance et glisse à Maurice Faure :

— Il faut que je m'en aille. J'ai rendez-vous avec Jacques.

Il s'agit, bien entendu de Jacques Chirac. Roland Dumas a demandé audience pour informer le chef de l'Etat du courrier qu'il a reçu quelques jours plus tôt d'Eva Joly et de Laurence Vichnievsky. Il s'agit d'une convocation pour le 18 mars suivant. Sa rédaction est délibérément ambiguë, à mi-chemin entre l'audition comme témoin et l'annonce d'une mise en examen. « Il s'agit, écrivent les deux juges au président du Conseil constitutionnel, de vous notifier les faits qui vous sont reprochés [1]. » Pour Roland Dumas et ses avocats, aucun doute : Eva Joly et Laurence Vichnievsky ont prévu de mettre en examen le président du Conseil constitutionnel, sans doute pour « recel d'abus de biens sociaux ». Mise en examen seulement ? L'annonce, en première page du *Monde*, d'un viol de l'ordinateur d'un des responsables de la brigade financière en charge de l'affaire, le 26 janvier à 22 heures, veille de la perquisition quai de Bourbon, a été reçue comme un signal inquiétant. Ce cambriolage a été démenti de tous côtés. Peut-il s'agir d'une action de désinforma-

---

1. En termes juridiques, on ne notifie pas des faits, mais des charges, préalablement à une mise en examen, obligatoire dès que pèsent des soupçons. En revanche, un témoin est convoqué pour être interrogé sur des faits.

tion, permettant d'évoquer un climat de menaces et justifiant l'incarcération, comme ce fut le cas avec Loïk Le Floch ? Avertis des pratiques des deux juges depuis le début de l'affaire, les avocats de Roland Dumas craignent qu'elles ne décident la mise en détention, avant que le parquet n'ait le temps de réagir en leur enlevant le dossier Roland Dumas pour le confier à la Cour de justice. Afin que l'acte symbolique ait eu lieu, à leur seule initiative, marquant la prééminence des juges sur les politiques.

Qu'ont bien pu se dire Roland Dumas et Jacques Chirac ? Le président du Conseil constitutionnel a-t-il évoqué avec le chef de l'Etat les problèmes politiques que poseraient sa mise en examen, voire sa détention ? Le vieux lion mitterrandien a-t-il tenté de convaincre l'ancien chef du RPR et maire de Paris que tous deux étaient dans le même sac, face aux juges ? Nul ne le sait. Le président de la République a simplement confirmé publiquement, après cette rencontre, son « attachement au respect de la présomption d'innocence ».

Le lundi suivant, Roland Dumas va développer sa ligne de défense dans une longue interview au *Figaro* où il résume l'affaire à une opération politique visant à détruire l'héritage de François Mitterrand. Le choix de ce journal conservateur n'est pas innocent. Son directeur de la rédaction, Franz-Olivier Giesbert (FOG), ancien rédacteur en chef du *Nouvel Observateur*, a entretenu des relations compliquées mais nourries d'estime réciproque avec François Mitterrand. Il a écrit plusieurs livres remarquables sur lui, en particulier le dernier[1]. Sur une page entière, Roland Dumas tente de se justifier. Son plaidoyer est crédible sur certains points – notamment son opposition constante à la vente des frégates – beaucoup moins sur d'autres. On peine à croire qu'il n'a pas pistonné Christine Deviers-Joncour pour la faire embaucher par Elf avec un salaire conséquent et un poste fictif. On n'imagine pas qu'il ne se soit posé aucune question sur son brutal changement de train de vie et sur l'achat de son appartement de la rue de Lille. De même, ses explications sur les versements d'argent liquide sur ses comptes personnels sont

---

1. *Le Vieil Homme et la mort*, Gallimard, 1996.

laborieuses. « Il a toujours été de règle dans le cabinet (...) que l'on complète les fins de mois avec des espèces demeurées dans les coffres (...). Lorsque j'ai approché de l'âge de soixante-dix ans, j'ai voulu organiser ma succession. J'ai voulu mettre la situation au clair vis-à-vis de mes enfants et de mon entourage immédiat. Nous avons rassemblé, avec ma femme, tout ce que nous avions pour le distribuer. J'ai vendu également quelques œuvres d'art que je possédais et contracté des emprunts. »

Mais c'est pourtant pour une tout autre raison que l'interview de Roland Dumas au *Figaro* va faire scandale. Interrogé sur l'affaire de Taiwan, il répond :

— Je peux seulement indiquer qu'une commission d'un montant bien plus élevé que ceux annoncés ça et là, a été versée à la fin de l'année 1991 avec l'autorisation du ministère des Finances et celle de la présidence. Le Quai d'Orsay n'avait pas été informé des faits. C'est en faisant ma propre enquête que j'ai découvert cette opération.

— Quel était le montant de cette nouvelle commission ?

— C'était de l'ordre de 500 millions de dollars, soit 2,5 milliards de francs environ. Les noms des bénéficiaires, qu'il ne m'appartient pas de dévoiler ici, sont mentionnés dans un document concernant cet épisode.

A Taipeh, la révélation d'une commission de 2,5 milliards de francs ne passe pas inaperçue, c'est le moins que l'on puisse dire. Il y a eu mort d'homme. La presse locale, qui tente d'éclaircir l'affaire depuis des années, se déchaîne. Furieux, les hauts responsables militaires taiwanais annoncent qu'ils cessent de payer la dernière traite de la dernière frégate – il s'agit de 200 millions de francs. En réalité, le contrat sera honoré mais les taiwanais tenteront d'obtenir des rabais sur celui, en cours, des Mirage 2000 de Dassault.

L'évocation publique de cette commission – dont les initités avaient connaissance (voir Opération Bravo) – va avoir une autre conséquence : elle met Eva Joly et Laurence Vichnievsky hors d'elles. Alors que toute la difficulté de leur instruction consiste à démasquer les corrompus en France sans toucher aux étrangers bénéficiaires de commissions officielles ou officieuses, elles n'admettent pas qu'un ancien ministre des Affaires étrangères puisse trahir ainsi les secrets d'Etat et mettre en péril le crédit de la France et de ses entreprises.

Est-ce à cause de cette interview au *Figaro* que les deux juges se montreront l'après-midi, aussi aimables avec Loïk Le Floch qui n'a, lui, jamais rien révélé pendant ses six mois de prison? Une attitude d'autant plus surprenante que l'interrogatoire de l'ancien président d'Elf avait été précédé d'un lourd climat de menaces. Pendant plus d'une semaine, par différents canaux, Loïk Le Floch avait été prévenu : s'il n'accablait pas Roland Dumas, ses chances étaient grandes de retourner en prison. Le jour même de sa convocation, alors qu'il se rend au Palais de Justice en compagnie de ses avocats, Le Floch lira même dans *Le Monde*[1], sous la signature de Jacques Follorou, que « s'il persistait, lundi après-midi, à ne pas se souvenir des conditions d'embauche de Mme Deviers-Joncour chez Elf ainsi que des raisons pour lesquelles le groupe pétrolier a décidé, apparemment contre toute logique, de lui verser deux commissions d'un montant total de 59 millions de francs, il pourrait, une nouvelle fois, être mis en détention ».

L'ancien président d'Elf tremble comme une feuille à l'idée de retourner en prison. Ses avocats lui conseillent de lâcher du lest. Pourtant, la position de Le Floch ne variera pas : il affirme n'avoir jamais autorisé le versement de commissions à Christine Deviers-Joncour, pour quelque raison que ce soit. Et qu'il ne savait même pas que cette personne était payée par Elf. « Je n'aurais jamais accepté le versement d'un salaire fictif de 50 000 francs alors que j'en gagnais 80 000 à l'époque », dit-il à Eva Joly, avec l'accent de la vérité. C'est un argument qui porte. Mais les 59 millions de francs de commissions? Le Floch se dit convaincu que s'il les a autorisées, c'est qu'on lui a donné un faux prétexte. Au *Canard Enchaîné*, il avait affirmé, quelques jours plus tôt : « Je crois me souvenir que c'est Mitterrand qui m'avait demandé à l'époque d'autoriser le versement de ces

---

1. *Le Monde* du 10 mars 1998

fonds pour régler quelques affaires en Irak[1]. » Devant les juges, il se montrera plus évasif. Mais il affirme que jamais Roland Dumas ne lui a demandé de verser de telles commissions, ce qu'il n'aurait, de toute façon, pas accepté. A fortiori pour les frégates de Taiwan, car Elf n'était pas concernée. Il s'y serait opposé et s'en souviendrait.

Les deux juges enregistrent les déclarations de l'ancien président d'Elf, le mettent en examen une nouvelle fois et lui rendent sa liberté, sans autre forme de procès. Manifestement, le cas Le Floch ne les intéresse plus. On le verra à nouveau quelques jours plus tard, le 25 mars, lorsqu'elles recevront un document venant de la société fiduciaire d'André Guelfi à Lausanne. Ce document, que publiera *Libération*[2] est, en apparence, très gênant pour Le Floch qui, pour la première fois, apparaît en compagnie de Fatima comme le destinataire directement désigné d'une commission versée par Elf. Il s'agit d'une note interne signée de Roland Trachsel, directeur de la société d'André Guelfi. Elle est rédigée après une visite de Firmin Fernandez, lobbyiste installé à Caracas, et elle est adressée à Jacques Halphon, à l'époque directeur de l'exploration d'Elf. Elle évoque l'instruction de verser 2,5 millions de dollars à LLFP et autant à Fatima, après déduction des frais[3]. Immédiatement, Olivier Metzner, l'un des avocats de

---

1. Propos rapportés dans *Le Canard Enchaîné* du 11 mars 1998.
2. *Libération* du 1er avril 1998.
3. Voici le contenu de cette note :
« Note pour AG
M.F.F. est passé cet après-midi, pour vous rencontrer et, en votre absence, je l'ai reçu.
Il m'a fait savoir que suite à la réunion qu'il venait d'avoir à la tour, il partait sur Caracas pour obtenir un document réclamé par Elf.
A la remise de ce document, il a reçu l'assurance que les 20 millions de dollars à valoir sur le compte Sulina seront immédiatement versés sur le compte qu'il a remis à J.H.
Dès réception de ces 20 millions de dollars, il me demande d'exécuter les instructions suivantes :
1. Verser 10 000 000 USD en faveur de Sulina
2. 2 500 000 USD en faveur de L.L.F.P
3. 2 500 000 USD en faveur de A.S.
4. 2 500 000 USD en faveur de suite M.V. (Affaire Afrique.)
5. Placer les 2 500 000 USD restants en attendant l'approbation des relevés factures avions, séjours, etc. La différence devant être réservée à Fatima.

Le Floch, fait valoir que la répartition réelle de la commission versée au titre de l'implantation d'Elf au Venezuela ne correspond pas à cette note, souligne que le document n'est pas de la main de son auteur présumé et qu'il n'est même pas daté. La note est tombée du ciel, retrouvée par une secrétaire après avoir échappé à la perquisition du juge Perraudin, le 22 mai 1997. De plus, Firmin Fernandez est décédé, tout comme Jacques Halphon et Mathieu Valentini. Facile, dans ces conditions, de monter une opération de désinformation en forme de leurre. Tout laisse croire qu'il s'agit d'un faux. Pourquoi ? Cette note peut apparaître comme une opération de diversion dans la traque contre Roland Dumas. Elle a aussi le mérite de brouiller les pistes, en faveur d'André Tarallo qui a été mis en examen et menacé d'être écroué pour avoir pris sa part de commission sur ce dossier. Elle peut aussi, tout simplement, être le fruit du zèle d'André Guelfi, pour se faire bien voir d'Eva Joly et éviter d'être renvoyé en prison...

Tout cela pourtant, ne tient pas debout. Lors de la vraie distribution des prix, Sirven a bel et bien touché 5 millions de dollars : s'il a fait cagnotte commune avec Le Floch, cette somme pourrait représenter la part de Sirven et celle de Le Floch. Mais c'est toujours une hypothèse, que dément Le Floch. Apparemment, cette controverse n'intéresse plus personne. Les deux juges sont ailleurs. Loin de se retourner vers Le Floch, elle vont même assouplir son contrôle judiciaire, comme il le demande depuis des mois. Elles n'ont plus qu'une seule cible : Roland Dumas.

Le ministre flamboyant n'est plus qu'un vieillard traqué. Son souhait de voir instruire son dossier par la Cour de justice a fait long feu. Dans l'ignorance des charges qui pèsent sur le président

---

F.F. vous demande de lui téléphoner (É) pour qu'il vous transmette les données exactes de chacun des bénéficiaires.

T.R.

Graziella, veuillez adresser cette note à titre confidentiel à ma banque à l'attention de M.A.M., et l'aviser par téléphone.

Armand, dès réception des 20 millions de dollars, vous m'avisez et exécutez les ordres ci-dessus. Je vous communiquerai les coordonnées de tous les bénéficiaires.

R.T. »

du Conseil constitutionnel, le parquet s'est déclaré incompétent. Roland Dumas va tout faire, alors, pour gagner du temps, reculer les échéances, en mettant en avant des raisons de santé. Initialement, la convocation des juges avait été fixée au 11 mars. Mais ses avocats ayant fait savoir que leur client devait subir une intervention chirurgicale bénigne la veille, elles ont accepté de la décaler d'une semaine. Sans imaginer la suite. Le lendemain de l'acte médical – à la hanche – réalisé dans la clinique privée du Tondu, à Bordeaux, l'un de ses avocats, Me Charrière-Bournazel, annonce qu'il s'est agi « d'une opération lourde », nécessitant une convalescence qui « pourrait prendre du temps ». Les deux juges reconvoquent alors le président du Conseil constitutionnel pour le 10 avril. Le 1er avril, celui-ci déclare à *L'Est Républicain* qu'il « attend de connaître l'avis de [ses] médecins » pour se rendre à la convocation. Il cherche encore à faire illusion : « Si, le 10 avril, je ne suis pas en état de me rendre chez les juges, ce ne sera que partie remise, affirme-t-il. Je ne compte pas me défiler, car je tiens à en finir au plus vite avec cette affaire. » Eva Joly a le sentiment de s'être laissé rouler dans la farine. Elle fait savoir qu'elle a vérifié s'il y avait des cellules libres à l'hôpital-prison de Fresnes. Chacun en déduit que c'est pour y placer le président du Conseil constitutionnel. De même, les deux juges se rendent au quartier des personnalités de la Santé, pour vérifier l'état des lieux et réclamer un coup de pinceau. Surtout, Eva Joly prend alors la décision de libérer Christine Deviers-Joncour, qu'elle supportait mal de garder en prison alors que celui qu'elle considère comme son mentor n'y était pas.

Il faut en finir. Le lundi 6 avril, ordonnée par Eva Joly et Laurence Vichnievsky, une expertise médicale est pratiquée, à Saint-Selve. Cette expertise est rendue dans des délais très brefs. Ses résultats prennent à contre-pied les deux juges : l'état de santé très dégradé de Roland Dumas est confirmé par les experts. Ceux-ci excluent tout interrogatoire avant dix jours et fixent à 45 jours – renouvelable sur avis médical – le délai pendant lequel il lui est interdit de se déplacer. Les problèmes de santé de Roland Dumas dépassent les simples conséquences de son opération à la hanche. La mise à mort médiatique a distillé son poison : mis à

nu, bafoué avant d'être jugé, le président du Conseil constitutionnel, en robe de chambre, dans son fauteuil, tel que l'ont volé
les paparazzi, n'est plus que l'ombre de lui-même. Mais, aussi
affaibli soit-il, il est toujours un symbole. Un symbole à abattre.
Aussi, Eva Joly et Laurence Vichnievsky décident-elles de se
rendre à son domicile de Saint-Selve, le mercredi 29 avril, pour
lui notifier elles-mêmes sa mise en examen pour « complicité
et recel d'abus de biens sociaux ». Si elles l'avaient voulu, les
deux juges auraient facilement pu adresser au président du
Conseil constitutionnel sa mise en examen par courrier, comme
cela se pratique souvent. Mais, s'agissant d'un personnage
important, il n'est, à leurs yeux, de bonne justice qu'immédiate et
publique. La tension va monter lorsqu'on apprendra que les deux
juges sont accompagnées d'une représentante du parquet. Cela
signifie qu'il peut y avoir un débat contradictoire – et donc
incarcération.

Celle-ci n'aura pas lieu – en tout cas pas tout de suite. Au-delà
du tapage médiatique, les éléments susceptibles d'être retenus
contre Roland Dumas sont peu nombreux. « Dérisoires », assurent ses avocats. Et de toute façon totalement contestés. Les deux
juges ne sont pas parvenues à établir la moindre corrélation entre
les retraits d'argent de Christine Deviers-Joncour et les versements en liquide sur le compte de Roland Dumas. De tangible, il
ne reste que les chaussures Berluti. Néanmoins, leur conviction
est faite, comme en témoigne la caution de 5 millions de francs
qu'elles lui demandent et la nature du contrôle judiciaire qu'elles
lui imposent : le président du Conseil constitutionnel ne peut se
rendre en Suisse, au Luxembourg, au Liechtenstein, dans les
principautés de Monaco et d'Andorre ainsi que dans l'île caraïbe
d'Antigua. Ces interdictions ne peuvent être dictées par un souci
d'efficacité, puisque le propre des paradis fiscaux est qu'il n'est
pas besoin de s'y rendre pour en profiter, bien au contraire. C'est
tout simplement une liste d'infamie, en tout cas, reçue comme
telle par l'opinion publique.

Comme des milliers de justiciables, Roland Dumas a été cloué
au pilori avant d'être jugé. Belle leçon : désormais, la justice est
la même avec les riches et les puissants qu'avec les pauvres et les

sans-grade. Tant mieux. Mais comment ne pas regretter que le respect des droits de la défense et les principes de la présomption d'innocence ne soient pas plus respectés dans un cas que dans l'autre ? Pourquoi l'harmonisation nécessaire se fait-elle par le bas et non par le haut ?

TABLE

Achevé d'imprimer en septembre 1998
sur presse Cameron
*par **Bussière Camedan Imprimeries***
à Saint-Amand-Montrond (Cher)
pour le compte des éditions Grasset
61, rue des Saints-Pères, 75006 Paris

N° d'Édition : 10888. N° d'Impression : 984411/1.
Première édition : dépôt légal : mai 1998.
Nouveau tirage : dépôt légal : septembre 1998.

Imprimé en France

ISBN 2-246-51241-7

p. 179